孟子的读法

MENGZI DE
DUFA

袁保新 著

华夏出版社
HUAXIA PUBLISHING HOUSE

图书在版编目（CIP）数据

孟子的读法 / 袁保新著． -- 北京：华夏出版社有限公司，2025.1
ISBN 978-7-5222-0651-6

Ⅰ．①孟… Ⅱ．①袁… Ⅲ．①《孟子》—研究 Ⅳ.①B222.55

中国国家版本馆CIP数据核字（2024）第025643号

孟子的读法

作　　者　袁保新
责任编辑　赵学静
责任印制　周　然

出版发行　华夏出版社有限公司
经　　销　新华书店
印　　装　三河市少明印务有限公司
版　　次　2025年1月北京第1版
　　　　　2025年1月北京第1次印刷
开　　本　710mm×1000mm 1/16开
印　　张　32.25
字　　数　401千字
定　　价　88.00元

华夏出版社有限公司　地址：北京市东直门外香河园北里4号　邮编：100028
　　　　　　　　　　网址：www.hxph.com.cn　电话：（010）64618981
若发现本版图书有印装质量问题，请与我社营销中心联系调换。

目录

自序 001

导读：在古今之变的历史洪流中走出一条通达天人之际的成德之路 005

梁惠王上 036

梁惠王下 063

公孙丑上 098

公孙丑下 132

滕文公上 162

滕文公下 187

离娄上 213

离娄下 246

万章上 282

万章下 310

告子上 334

告子下 371

尽心上 397

尽心下 441

附录：孟子人性论现代诠释的困境与翻转——从中西哲学的基本差异谈起 477

自序

"孟子道性善",这应当是中国人对传统文化的基本认识之一。但是,知道孟子主张性善是一回事,了解孟子为什么主张性善,在哪个意义下提出的性善,又是另一回事,更遑论相信孟子性善的主张了。

三十多年前,我在"台湾中央大学"任教,因教学之便,写了《孟子三辨之学的历史省察与现代诠释》[①]一书,试图从当代学者在诠释孟子时所形成的一些争议性的问题出发,回归文献,提出一些分析及调适上遂的解决方案。该书于1992年出版之后,颇得学术界的好评,我也因这本著作,于次年侥幸获得了台湾地区文化复兴运动总会的"中正文化奖"。然而,几年后,令我仍不免失望的是,学术界对《孟子》诠释上的分歧依旧,并没有因为这本著作在学理思辨上的努力,而得到预期的厘清。

这之后的二十多年里,我不死心,又陆续写了十多篇论文,都聚焦在当代学者有关儒学诠释的争议上,但渐渐地,我有了更新、更深刻的体悟。原来,当代学者对儒学经典解读上的分歧,多半源于各个学者不同的问题意识,以及许多学者未加省察就径自沿袭了来自西方哲学的语言。因此,要平息当代学者间的争议,我们势必要拿出庄子

---

① "辨"应为"辩",此处尊重原书书名,未做改动。——编者注

在《齐物论》里的看家本领——"莫若以明",让争议的两端相互对照,逼显出彼此的洞见与盲点,从而开启更辽阔的空间,再一次面对经典。

事实上,根据我近年来的观察与体会,大部分学者在诠释经典时,为了回应当代文化对知识化的要求,会不自觉地运用西方哲学的分类架构及理论概念,来确认经典的义理及内涵。譬如把孟子的"性"理解为"本质"(essence),把"心"理解为"道德主体性"(moral-subjectivity),以及将孟子的人性论定位为"自律道德"(autonomous-morality),或者某种类似于亚里士多德的"德性伦理学"(virtue ethics)。虽然学者们多半会引用一些文献来支持这种做法,但这种做法忽略了这些西方哲学概念意义明确、旗帜鲜明的特点,其所具有的二分性架构,往往会引起不同立场的学者间永无休止的质疑与挑战。这也使得儒学经典的现代诠释,总是避免不了见仁见智、各吹各的号的情形。然而,更严重的问题是,这种知识化的工程,由于理论包装过多,反而掩盖了儒学经典原来是一套"生命的学问"这一事实,它本来就不是要建构一套严谨的知识系统,试图穷尽性地说明某个被对象化的课题。相反,它所记录的是生命间一次次真实精彩的对话,抑或紧扣生命实践的结论式的格言警策,而所有的言说都志在兴发受众的生命,使生命经由反思而有所自觉地改变,向上提升,让每个人都走向自己的成德之路。

因此,三年前,我接受了道善文化及华夏出版社的邀约,对《孟子》进行了现代解读,思考再三,决定放弃知识概念的讲解,以及孟子思想的理论体系的论证,恪守孟子成德之教的活泼生动的义理风格,将历史上为文化续命,为生民推敲意义,矢志捍卫孔子仁义之教的那个有血有肉的、具体的、真实的孟子还原出来。我不想再延续前贤在知识思辨层面上重塑孟子思想系统的工作,而是努力想表达出我作为一个两千多年后的读者,五十年来每次阅读《孟子》时不同的震撼、启发与深深的感动。

我于去年正式动笔写作，因每天与《孟子》原文对话交谈，而得以穿梭时空，时而倾听孟夫子的谆谆教诲，时而省察自己的时代与过去参与的种种文化教育的实践经验，常常兴奋地游走于斗室之中，激动之情油然而生，不能自已。八月，初稿完成，其中"简注"与"语译"部分，特别请静宜大学的廖怡嘉助理教授代为编写，让我得以专注于"现代解读"及"导读"的写作。不过，全书既经我最后审核定稿，文责亦当由我承担。这本书，由于卷帙浩繁，幸亏我的老学生叶人豪准博士帮我缮打，才得以及时完成。今年五月，出版社送来校对稿，旅美多年的老友舒诗玫博士得知消息后，慨然应允帮我做最后的总校。连续三个星期，每天利用手机短信往返讨论，不仅纠谬检错，还对文献及历史年代详加核查，其间更对许多义理问难质疑，让我得以更周全地呈现这本书的全貌。坦白说，如果没有这些人的鼎力协助，我是无法独立完成的。在此，由衷地对这些师友致上感谢之意。

最后，我想再表明的是，过去五十年，孟子学在学术界一直受到关注，前贤的辛勤耕耘功不可没。目前我在这本书里的许多见解，多得益于前辈的启发，不敢掠美。不过，或许是时代际遇的不同，每个人对经典的感悟不免也有差异，因此，本书的内容，若对前贤有所质疑，那多半也只是我个人忠于所学、忠于所思的区区之见而已。至于是否允当，尚祈海内外方家指正。是为序。

袁保新　于梅盦

二〇二三年五月二十八日

导读：在古今之变的历史洪流中走出一条通达天人之际的成德之路

一、孟子学在中国历史发展中的几个阶段

对现代中国人而言，孔孟并称，以及孟子是继孔子之后最重要的哲学家、思想家，这大概没有人会质疑。但是，事实上，孟子在儒学传统中的地位与重要性，在两宋以后才被确认。在很长一段时间内，《孟子》主要是以儒家诸子之一的著作，或者解经之传，保留在众多先秦典籍之中的。虽然赵岐在《孟子题辞》中对孟子推崇有加，如称孟子为"命世亚圣之大才者也"[1]，但这种说法其实只是一家之言，并没有在学术界取得共识。即便到了唐代中叶，作为唐宋八大家之首的韩愈，力持儒家道统之说，认为"自孔子没，独孟轲氏之传得其宗。故求观圣人之道者，必自孟子始"[2]，但这也只是韩愈及少数人的看法，并未成为儒学研究的主流观点。

驯致北宋，汉学式微，人们对经典的研究由重章句训诂转向性命

---

[1] 焦循：《孟子正义》，台北：文津出版社1988年版。
[2] 朱熹：《四书章句集注》，台北：大安出版社1999年版。

义理的探索，理学抬头。在这个背景下，孟子的地位不断提升，无论是张载的关学、二程的洛学，还是王安石的新学，都对孟子倍加推崇。特别是在宋神宗熙宁年间到元丰年间王安石执政时期，《孟子》更是首次被列入科举考试科目之中，孟子受封邹国公，配享孔庙。南宋时期，孟子在学界的地位益隆，朱熹将《论语》《孟子》《大学》《中庸》合编为"四书"，并详为之集注。而陆象山更自谓学无所受，"因读孟子而自得之"[1]。从此以后，孟子的地位再无争议，无论是主张"性即理"的程朱理学，还是主张"心即理"的陆王心学，《孟子》都是他们所援引的重要经典之一。元文宗至顺元年，加赠孟子为邹国亚圣公，这是孟子首度被朝廷封为亚圣，从此，"亚圣"便正式成为孟子的代名词。

虽然孟子的心性论在宋明两代是思想主流，但是孟子"民贵君轻""君之视臣如土芥，则臣视君如寇雠"之说，一度不能见容于明太祖朱元璋，《孟子》一书不但遭到删节，甚至连孟子也几至被逐出圣庙。至清末民初，西学东渐，面对中国君主专制政权的腐败，西方民主政治之开明进步，当时提倡变法者如康有为，倡导革命者如孙中山先生，莫不推尊孟子"民贵"之说，于是乎，孟子俨然又成为"中国民本民主之政治思想之宗师"[2]。

1912年，蔡元培先生担任中华民国临时政府的教育总长，颁布壬子学制，正式将西方大学的教育体制移植到中国。从此，中国传统的经典教育失去了舞台，所有的文化典籍都必须在西方学术的分类架构及知识体系中拆解重构，中国哲学思想的传承，面临着两千多年来前所未有的巨变。其中，儒家受到的挑战尤其严峻，因为五四运动以后，

---

[1] 陆九渊：《陆象山全集》，台北：世界书局1971年版。
[2] 唐君毅：《中国哲学原论·原道篇（一）》，香港：新亚研究所1973年版。

"打倒孔家店"的口号震天响,孔孟的光环不再,所以他们必须通过知识化的包装,才能取得在大学殿堂里的生存空间。二十世纪五六十年代,张君劢、唐君毅、牟宗三、徐复观四位先生,共同发表《为中国文化敬告世界人士宣言——我们对中国学术研究及中国文化与世界文化前途之共同认识》,面向世界及国人重新肯定儒学及中国文化的价值,引起热烈反响[1]。一时之间,儒学得以重现生机,其中,牟宗三先生的影响力最大,他在香港、台湾两地,带动了许多年轻学者投入儒学研究的阵营。牟先生是熊十力先生的弟子,对西方哲学有很深的研究,尤其是十八世纪的康德哲学。牟先生在研究中西哲学数十年之后,很谨慎地选择了康德哲学的架构与语言,几经深思熟虑,在保留中国哲学作为生命的学问这一特质之下,将孟子的心性论定位为一种"道德形上学"与"自律伦理学"的义理形态,为孟子学的知识化赋予了最鲜明的哲学立场。迄今为止,在海峡两岸的学术社群中,仍占有主流地位。但是,西方文化变迁的脚步太迅速,二十世纪八十年代的后现代思潮,风起云涌,对十七世纪以降的西方的理性主义、基础主义的思维模式,发动了摧枯拉朽的攻击,也使得海峡两岸中国哲学的研究,有了更多的对比及诠释空间。于是,孟子思想的现代诠释,在近二十年来也呈现出非常热闹的情形,除了前述牟宗三先生影响下的主流论述外,知名学者如傅佩荣教授的人性向善论及杨泽波教授把孟子的"王霸之辩"解读为君本论的见解等,各种说法也浮出水面。只是身为现代的经典阅读者,面对孟子思想体系在知识化过程中产生的这么多的诠释成果,要做出判断、抉择,无疑是一项很艰难的工作。

因此,为了让读者面对经典有更多空间独立思考,本书保留了经典全文,在"简注"与"语译"部分,除参考历代注释外,也比照了

---

[1] 唐君毅:《中华人文与当今世界》,台北:台湾学生书局1975年版。

当代学者的成果，为读者克服古文阅读的障碍提供了方便。至于"现代解读"部分，所反映的乃是作者五十年来研究《孟子》的体会，从早年亦步亦趋地追随牟先生的诠释，到逐渐能得心应手地从中西哲学的差异中，用孟子自己的语言，以及华人生活世界里的一些存在体验，来契接孟子的思想。因此，读者在阅读这一部分时，看到的将是作者不断地撕去孟子思想被知识化过程中的一些理论标签，尽可能地恢复孟子原来的成德之教的义理风貌，让孟子的思想少了一些知识包装，多了一些可以贴近生活，让我们一再反思的意义与趣味。

目前，为了精简篇幅，以及引导读者进入孟子的心灵世界，作者先将普通人对孟子其人及其思想的误解厘清，并在排除一些妨碍我们理解孟子的成见后，再对孟子思想的认知以及《孟子》一书的阅读方法，提供一些建议。

二、孟子其人

孟子是一个迂阔、固执又霸道的雄辩家，还是一个富于历史使命感的孔子信徒？

如何借阅读《孟子》文本，进入孟子的心灵世界？孟子自己在《万章下·八》中给过我们一个重要提示，他说："颂其诗，读其书，不知其人，可乎？是以论其世也。是尚友也。"换言之，我们必须通过知人论世这个途径，亲近古人，进入他们的心灵世界。钱穆先生就曾根据这个原则，指明了理解孟子的最佳途径，他说："而凡研究一伟大之人物者，最先首当注意其一生之行实，次及其人之性情，以至于日常之琐事。凡以考察其为人真精神之所在，而使其全人格之真相活现于我之脑际，自明晰而感亲昵，自亲昵而生了解，然后乃研究其思想学说之大体，乃为得之。"① 果如是，那我们的当务之急，就是将孟子还原到他的时代，掌握他一生重要阶段的行事记录。而我们可以找到的有关孟子生平的第一个传记，就是《史记》作者司马迁所述的《孟子荀卿列传》。其中，司马迁这样记录孟子：

> 孟轲，邹人也。受业子思之门人。道既通，游事齐宣王，宣王不能用。适梁，梁惠王不果所言，则见以为迂远而阔于事情。当是之时，秦用商君，富国强兵；楚、魏用吴起，战胜弱敌；齐威王、宣王用孙子、田忌之徒，而诸侯东面朝齐。天下方务于合从连衡，以攻伐为贤，而孟轲乃述唐、虞、三代之德，是以所如者不合。退而与万章之徒序《诗》《书》，述仲尼之意，作《孟子》七篇。
>
> ……
>
> 梁惠王谋欲攻赵，孟轲称大王去邠。此岂有意阿世俗苟合而已哉！持方枘欲内圜凿，其能入乎？②

太史公惜墨如金，不但对孟子的生卒年未做交代，而且对其生平行旅叙述次序颠倒、过简，虽然如此却依然生动地总结了孟子的行事风格，以及他与整个时代风潮格格不入的情形。所谓"迂远而阔于事情"，其实就是说孟子无意"阿世俗苟合"，硬是要拿着方榫头往圆榫眼里塞。问题是，司马迁对孟子的这种评价，恰当公平吗？为什么孟子会跟当时合纵连横的风潮如此对立？也许我们要先对孟子一生行事的阶段，做较精准的定位，才会有清楚的答案。

---

① 钱穆：《四书释义》，北京：九州出版社2010年版。
② 司马迁：《史记》，台北：新安书局1972年版。

关于孟子的生卒年，迄今并没有定论，但学界逐渐有一致的看法，大体上采认元代程复心的推断，生于周烈王四年，卒于周赧王二十六年（前372—前289），享年八十四岁。其间，孟子幼年得母教甚多，及长便受业于子思门人。我们参考近人如蔡仁厚教授[①]、梁涛教授的考证[②]，可以将孟子一生的行旅及重要事件，约略分为下面九个阶段。

1. 居邹讲学设教

孟子四十岁前主要在其母国设教授徒，可参阅《孟子》原典部分的 2.12、4.4、12.1、12.5。

2. 游齐，与匡章交友

孟子曾两度游齐，在齐威王时就已到齐国，并与通国皆称不孝的匡章交友，但现今文本中没有孟子与威王交谈的记录。又据梁涛教授推测，孟子与告子有关人性的辩论可能就在此时期。可参阅 6.10、8.30、11.1、11.2、11.3、11.4。

3. 尝居于宋

孟子在齐不得志，听说宋国"今将行王政"，遂来到宋国。目前的《孟子》原典中并无与宋王交谈的记录，却保留了与宋大夫戴不胜、戴盈之的讨论。其间，滕文公为世子时两度过宋求教，可谓孟子一生行旅中的大事。可参阅 5.1、6.5、6.6、6.8、13.9。

4. 去宋，过薛，返邹

可参阅 4.3、5.2。

5. 孟子至滕

孟子一生最受诸侯尊重大概就是在滕国的时候。滕文公对孟子言

[①] 蔡仁厚：《孔孟荀哲学》，台北：台湾学生书局1984年版。
[②] 梁涛：《孟子解读》，北京：中国人民大学出版社2010年版。

听计从，但滕国毕竟是小国，夹在列国之间，处境艰难。可参阅2.13、2.14、2.15、5.3、5.4。

6. 去滕游梁

孟子游梁，一般学者认为是在梁惠王后元十五年，是时，孟子已五十三岁。孟子与梁惠王初相见，即展开了一段铿锵有力的"义利之辩"，名垂千古。可参阅1.1、1.2、1.3、1.4、1.5。

7. 去梁，二度游齐

孟子在梁两年，惠王卒，襄王即位，"望之不似人君"，孟子遂去梁再度游齐。当时，齐宣王即位不久，野心勃勃，对孟子虽有礼敬之心，却无意接受孟子的仁政理想。孟子对宣王可谓是循循善诱，可惜仍旧无法改变宣王。宣王五年，齐国趁燕国内乱，出兵伐燕，孟子劝阻不听，遂萌生去意。可参阅1.7、2.2、2.3、2.4、2.5、2.7、2.10、2.11、3.1、3.2、4.6、4.7、4.8。

8. 去齐，居于休

孟子去齐的心路历程，复杂而动人，颇耐人寻味，因为毕竟孟子在齐宣王一朝待了六年之久，而且一度位列三卿，但是与整个战国时代风潮对抗的孟子，仍旧壮志未酬，最后选择致为臣而归。可参阅4.10、4.11、4.12、4.13。

9. 归隐著书

据司马迁记载，孟子回到邹国后，与弟子公孙丑、万章编订《孟子》一书。

根据前述的线索，我们发现孟子四十岁以后，有长达二十年的时间奔波于当时的诸侯列国之间。依据太史公的记载来看，孟子的际遇似乎远不及与其同时的邹衍，但是显然也有一定的声望与影响力，否则不会被弟子彭更质疑："后车数十乘，从者数百人，以传食于诸侯，不以泰乎？"①

孟子所游历的国家，基本上可以分成两种：一种是像滕国、宋国这样的小国，夹在齐、楚两个强国之间，虽力图振兴，却难逃被兼并的命运；另一种是像梁、齐那样的大国，在诸侯混战的年代里，国君都抱持着大欲，穷兵黩武，试图建立霸业。而孟子与这些国君的对谈，不分强弱大小，均保持着高度的一致性，正如司马迁所说，孟子总是从尧、舜、禹及三代谈起，宣讲着仁政的理想。但是，孟子并非一味地不通时务、好高骛远，他所描绘的施政蓝图里，可以精准地指出中国传统农村经济最核心的问题，否则他不会说："夫仁政必自经界始，经界不正，井地不钧，谷禄不平，是故暴君污吏必慢其经界。"②可是，不容争辩的是，孟子有些言论的确给"迂远而阔于事情"的批评留下了口实，这方面我们确实也很难为孟子开脱。

孟子面对弱国的困局，如滕文公询问："滕，小国也，竭力以事大国则不得免焉，如之何则可？"③孟子的回答是"世守"，即带领老百姓死守家园。再如，孟子又举"昔者大王居邠，狄人侵之……邑于岐山之下居焉"之例，建议滕文公放弃家园，迁徙他地另谋出路。孟子提出的这两个方案，宋代理学家杨时就曾说："孟子所论，自世俗观之，则可谓无谋矣。然理之可为者，不过如此。舍此则必为仪、秦之为矣。凡事求可，功求成。取必于智谋之末而不循天理之正者，非圣贤之道也。"④换言之，在苏秦、张仪这些纵横家看来，孟子的回应毫无谋略可言，根本没有提出解决问题的办法，无怪乎太史公批评孟子迂阔。然而，还不止如此，孟子在与梁惠王、齐宣王这些大国国

---

① 《孟子·滕文公下·四》。
② 《孟子·滕文公上·三》。
③ 《孟子·梁惠王下·十五》。
④ 可参阅朱熹《四书章句集注》，《梁惠王下·十五》。

君的应答中，虽时而疾言厉色、咄咄逼人，时而滔滔不绝、强聒不休，但所有言论均围绕着仁政来发挥，而且都是紧扣人民这个唯一的主题展开。诸如国君好乐，请"与民同之"，国君好色、好货，也请"与民同之"。这种民贵君轻的言论自然会让国君倍感压力，以致不得不"顾左右而言他"。更有甚者，在孟子看来，当时列国诸侯想要以军事手段一统天下，以一敌八，不啻是"缘木求鱼"。因为王天下的首要条件是得民心，而这要靠政治文化的手段才能达成，亦即施行仁政，所谓"不嗜杀人者能一之"。孟子的这种非战思想，的确与当时醉心于军事竞赛的诸侯们大相径庭。太史公评论孟子是"持方枘欲内圜凿"，可谓一语中的。

问题是，孟子为什么要如此坚持己见，甚至不惜与整个时代风潮对抗？孟子的弟子陈代就曾质疑，"'枉尺而直寻。'宜若可为也"①，孟子只要稍作退让，就可以获得更大的伸展空间，这不是很值得一试吗？我们要想厘清这个问题，必须搞清楚孟子是如何诊断他所处的时代的，以及他是如何对自己进行历史定位的，弄明白这些，才能豁然开朗。

公都子曰："外人皆称夫子好辩，敢问何也？"

孟子曰："予岂好辩哉？予不得已也！天下之生久矣，一治一乱。当尧之时，水逆行，泛滥于中国，蛇龙居之。民无所定，下者为巢，上者为营窟。《书》曰：'洚水警余。'洚水者，洪水也。使禹治之，禹掘地而注之海，驱蛇龙而放之菹。水由地中行，江、淮、河、汉是也。险阻既远，鸟兽之害人者消，然后人得平土而居之。

---

① 《孟子·滕文公下·一》。

"尧、舜既没，圣人之道衰，暴君代作，坏宫室以为污池，民无所安息。弃田以为园囿，使民不得衣食。邪说暴行又作，园囿、污池、沛泽多而禽兽至。及纣之身，天下又大乱。周公相武王，诛纣伐奄，三年讨其君，驱飞廉于海隅而戮之，灭国者五十，驱虎、豹、犀、象而远之。天下大悦。《书》曰：'丕显哉，文王谟，丕承哉，武王烈。佑启我后人，咸以正无缺。'

"世衰道微，邪说暴行有作，臣弑其君者有之，子弑其父者有之。孔子惧，作《春秋》。《春秋》，天子之事也。是故孔子曰：'知我者，其惟《春秋》乎！罪我者，其惟《春秋》乎！'

"圣王不作，诸侯放恣，处士横议，杨朱、墨翟之言盈天下，天下之言，不归杨，则归墨。杨氏为我，是无君也；墨氏兼爱，是无父也。无父无君，是禽兽也。公明仪曰：'庖有肥肉，厩有肥马，民有饥色，野有饿莩，此率兽而食人也！'杨、墨之道不息，孔子之道不著，是邪说诬民，充塞仁义也。仁义充塞，则率兽食人，人将相食。吾为此惧，闲先圣之道，距杨、墨，放淫辞，邪说者不得作。作于其心，害于其事，作于其事，害于其政。圣人复起，不易吾言矣。

"昔者，禹抑洪水而天下平。周公兼夷狄、驱猛兽而百姓宁，孔子成《春秋》而乱臣贼子惧。《诗》云：'戎狄是膺，荆舒是惩，则莫我敢承。'无父无君，是周公所膺也。我亦欲正人心，息邪说，距诐行，放淫辞，以承三圣者。岂好辩哉？予不得已也。能言距杨、墨者，圣人之徒也。"（《滕文公下·九》）

上引"予岂好辩哉"一章，可谓《孟子》全书的关键，是我们进入孟子心灵世界的一把钥匙。在这一章中，我们必须掌握三个重点。

首先，孟子如何理解人类历史的进程？"天下之生久矣，一治一乱"，也就是说，人类的历史，基本上是依着治乱交替的循环进行着的。因为冲击着人类生存及文明的因素，不外乎天灾与人祸，在尧、舜的时代是洪水肆虐，之后则多半是暴君代作，而其造成的灾难则是野兽侵袭，人不得平土而居之，文明几乎无法存续，最后都要靠圣王的出现，才得以"鸟兽之害人者消""诛纣伐奄……驱虎、豹、犀、象而远之"。换言之，唯有人与自然界的生物各安其位，人类文明才得以赓续发展。及至春秋时代，"邪说暴行有作，臣弑其君者有之，子弑其父者有之"，人间秩序又陷入一片混乱。"孔子成《春秋》而乱臣贼子惧"，这才又重建了君臣父子间的伦常轨道。因此，在孟子看来，历史的一治一乱，全在于我们有没有圣人的引导，能不能在圣人的引导下走出野蛮，缔造文明，建立足以彰显人性尊严的人文秩序。

其次，孟子是如何诊断他所处的战国时代的？显然，依据孟子对治乱的分判，战国时代是一个前所未见、更加严峻的时代。因为"圣王不作，诸侯放恣，处士横议"，三者互相交织，其中至为关键的就是"处士横议"，即"杨朱、墨翟之言盈天下，天下之言，不归杨，则归墨。杨氏为我，是无君也；墨氏兼爱，是无父也。无父无君，是禽兽也"。在孟子看来，"杨子取为我，拔一毛而利天下，不为也。墨子兼爱，摩顶放踵利天下，为之"[1]。前者过度看重自己，有反社会的倾向，而后者兼爱无差等之说，视其至亲与他人无异，有反家庭的倾向。更糟糕的是，无论是拔一毛而利天下，还是摩顶放踵而利天下，两者都只是着眼于当时的功利思潮来思考问题，不复知利益之上还有关于人性尊严的仁义，这将导致"仁义充塞，则率兽食人，人将相食"的严重后果。因此，孟子诊断战国时期的乱象，归根结底就是"杨、墨之道不息，孔子之道不著，是邪说诬民，充塞仁义也"。战国时期

---

[1] 《孟子·尽心上·二十六》。

战祸连年，功利之风弥漫天下，而唯一能够捍卫人性价值的孔子之学却黯然不彰，在这种情况下，孟子究竟该如何自处，答案其实是不言而喻的。

再者，面对战国乱世，孟子如何进行自我定位？即以"圣人之徒"来自我期许。所谓"我亦欲正人心，息邪说，距诐行，放淫辞，以承三圣者"，就是扛起捍卫孔子仁义之道的大旗，与当时铺天盖地的功利思潮相对抗。孟子力辟杨、墨，批判他们"无父无君，是禽兽也"，虽然失之于严苛霸道，但是如孟子所述，"作于其心，害于其事，作于其事，害于其政"。亦即，错误的观念与思想所带来的政治文化的后果，往往是整个家国文明的沉沦，不可不慎。在这方面，根本没有退让的余地。因此，孟子以其无碍的辩才与梁惠王辩"义利"，与齐宣王辩"王霸"，与告子辩"仁义内在""性善"，乃至不惜与整个时代的思潮决裂，与"所如者不合"，孟子的全部底气，其实来自他深刻的历史意识，以及效法历代圣人志业的使命感。我们参考太史公对孟子的评论，"迂远而阔于事情"，认为孟子是一位迂阔、固执且有时几近霸道的雄辩家，如果更全面深入地追问他为何选择以这样的方式回应他所处的时代，那我们会发现，孟子也许会认为自己其实只是一个怀有历史使命感的孔子信徒，因为他自始至终都只是一位活在历史长河中的为坚持人性理想而奋斗的儒者而已。

三、当代孟子诠释争议的厘清与再定位

近百年来，孟子学的发展跌宕起伏，孟子曾一度被推尊为"中国民本民主之政治思想之宗师"，五四运动之后，又被打落为封建落后吃人礼教的渊薮。但是孟子学面临的真正的考验，是1912年之后中

国哲学知识化的挑战,即如何通过西方知识分类及概念、逻辑的框架,一方面取得一定高度的理论形式,另一方面又能保持中国哲学的本色。这项考验,一直到二十世纪六十年代才逐渐开花结果。唐君毅、牟宗三、徐复观先生所代表的当代新儒家,在香港地区、台湾地区及西方汉学界逐渐受到重视,俨然成为主流。迄今,海峡两岸仍有不少学者,踵续其后。但是,近三十年来,西方后现代思潮抬头,对西方近代哲学高涨的理性主义、基础主义的思维模式,有颇多质疑,连带着也为孟子学的现代诠释打开了反省的空间。我们分析这段时期孟子学的研究成果,发现当代学者在孟子人性论、天道论、政治哲学这三个领域一直存在着的一些诠释上的混乱与争议,亟待厘清。

第一,孟子的人性论是一种本质主义,还是更近似于一种非本质主义或存在主义哲学?

第二,孟子"尽心、知性、知天"的命题,是否蕴含着一种形上学?

第三,孟子民贵君轻之说是民本论,还是君本论?

第一项争议,在整个孟子学的研究中意义重大。它不仅关系到孟子在伦理学上的立场,究竟是属于规则伦理学中的自律道德,还是更近似于亚里士多德的德性伦理学?或者两者都不是,孟子有其独立的义理形态?尤有进者,这将决定我们对孟子学义理性格的终极判读。而点燃这项议题的导火索,则是《孟子》文本中的这段文献:

> 人之所以异于禽兽者几希,庶民去之,君子存之。舜明于庶物,察于人伦,由仁义行,非行仁义也。(《离娄下·十九》)

过去有许多学者，最早如冯友兰先生①，后来如劳思光先生②、傅佩荣教授③，他们在引述了这段文献后，都表达了孟子的人性概念正相当于亚里士多德对人的本质下的定义，因为孟子在这里强调人和禽兽的区别，与亚里士多德倡言"属加种差"的本质定义法，若合符节。但是这种类比，只要稍微深入孟子和亚里士多德的哲学史背景及文献，就可以发现是一种过于草率的比附。不但在《孟子》文本中找不到亚里士多德生物学、逻辑学的分类体系与架构，而且在变动不居、杂多紊乱的世界中找到永恒不变的本质，为经验世界建立一套普遍、必然且具有同一性的可理解秩序，似乎也不是孟子人性论首出的、重要的哲学课题。④

事实上，牟宗三先生早在二十世纪六十年代，就曾撰文《论无人性与人无定义》⑤，来区分孟子的人性论与亚里士多德的逻辑定义中所表示的人性的概念。牟先生说："定义中的人性是客观了解中划类的人性，而不是归于主体在实践尽性中的人性。客观了解中划类的人性表示人这一有限存在之'形成之理'（principle of formation），而归于主体在实践尽性中的人性则表示人的'实现之理'（principle of actualization）。"⑥他又说："形成之理之人性表示划类，而实现之理之人性则归于每一个人之自己而言其具体的实践生活之本源或动

---

① 冯友兰：《中国哲学史》，台北：辅仁大学出版社重印版。
② 劳思光：《新编中国哲学史》，台北：三民书局1984年版。
③ 傅佩荣：《儒家哲学新论》，台北：业强出版社1993年版。
④ 袁保新：《孟子人性论现代诠释的困境与翻转——从中西哲学的基本差异谈起》，收录于本书附录与《孔孟学报》，台北：孔孟学会2020年版。
⑤ 牟宗三：《道德的理想主义》，台中：东海大学出版社1970年版。
⑥ 同上。

力。"①善哉斯言！牟先生在壮盛之年，曾用心于当时西方盛行的存在主义，因此在这个特定的背景中，非常有洞见地将孟子的思维，从西方哲学本质主义的主流论述中区别出来。

近十几年来，也有越来越多的年轻学者，质疑采取本质主义的路数来谈孟子的人性论，指出这种方法是一项严重的误解。"人之所以异于禽兽者几希"，如果它是指人的本质的话，那作为人性内容的仁、义、礼、智，将成为已发展完成，不会改变的某种先验性，或称为超越性的元素。这样一来，我们马上必须面对如下问题：人为什么会为不善？人性之善既然已发展完成，孟子为什么还要如此重视存养、扩充这些道德修养功夫？因此，就孟子人性论的道德关怀，着眼点是引导每个人走向成德之路、成圣成贤而言，孟子其实不是从认知的观点，提出识别人之所以为人的某种普遍的、同一性的、不会改变的、已发展完成的超越性元素（牟先生所谓的"形成之理"）。相反，孟子从"四端之心""几希"来揭示人性之善，目的在告诉世人，每个人都有实现道德的能力（牟先生所谓的"实现之理"），但是，这些能力作为实践道德的初始条件，必须不断扩充，必须时时存养，人才可以成为圣人。换言之，孟子的"几希之辩"，一方面意在警示告诫，即"庶民去之，君子存之"，另一方面，则志在兴发一切人如舜一样，因为四端之心一经扩充、存养，不但可以成就吾人仁、义、礼、智的美德，而且它会提升为一种明察的能力，建立与时俱进的价值理序，令天、地、人、我各安其位，共生共长。由此可见，孟子的言论充满了实践的关怀，是一种教化性的论述，旨在兴发鼓励每个人走向自己的成德之路。这和亚里士多德志在通过本质的寻找，一成永成、一定永定地将人从其他物种中鉴别出来，根本是两种迥然有别的理趣。

---

① 牟宗三：《道德的理想主义》，台中：东海大学出版社1970年版。

果如前论，我们说不宜将孟子的人性论看作一种有关人的本质的理论，更根本的依据在于本质这个概念在西方的哲学理论体系中，担负的是"什么"问题（"what" question）的答案，答案一经提出，就一成永成、一定永定，没有更动的余地。换言之，本质在亚里士多德的哲学里，虽然没有像柏拉图哲学中的理型那样高踞于理型世界，但作为事物内一再重复出现的同一性结构或形式，它仍然与具体、真实存在于生灭变化世界的事物，迥然有别。《孟子》文本中对"即心以言性"的表述，与其视其为在回答"什么是人"，倒不如理解为孟子是通过自身的修行体验，或历史上真实存在过的圣人的生命行事的记录，来回应我们"如何成为一个人""如何在生命实践中成就仁、义、礼、智的品德""如何成为圣人"等问题。换言之，孟子围绕心性所提供的论述，是在回应"如何"问题（"how" question），而孟子给出的答案，不是来自理论的思辨，而是基于每一个人的可反省亲证的存在体验之上。

> 孟子曰："人皆有不忍人之心。先王有不忍人之心，斯有不忍人之政矣。以不忍人之心，行不忍人之政，治天下可运之掌上。所以谓人皆有不忍人之心者，今人乍见孺子将入于井，皆有怵惕恻隐之心。非所以内交于孺子之父母也，非所以要誉于乡党朋友也，非恶其声而然也。由是观之，无恻隐之心，非人也；无羞恶之心，非人也；无辞让之心，非人也；无是非之心，非人也。恻隐之心，仁之端也；羞恶之心，义之端也；辞让之心，礼之端也；是非之心，智之端也。人之有是四端也，犹其有四体也。有是四端而自谓不能者，自贼者也；谓其君不能者，贼其君者也。凡有四端于我者，知皆扩而充之矣，若火之始然，泉之始达。苟能充之，足以保四海；苟不充之，不足以事父母。"（《公孙丑上·六》）

孟子曰："牛山之木尝美矣，以其郊于大国也，斧斤伐之，可以为美乎？是其日夜之所息，雨露之所润，非无萌蘖之生焉，牛羊又从而牧之，是以若彼濯濯也。人见其濯濯也，以为未尝有材焉，此岂山之性也哉？虽存乎人者，岂无仁义之心哉？其所以放其良心者，亦犹斧斤之于木也。旦旦而伐之，可以为美乎？其日夜之所息，平旦之气，其好恶与人相近也者几希。则其旦昼之所为，有梏亡之矣。梏之反复，则其夜气不足以存，夜气不足以存，则其违禽兽不远矣。人见其禽兽也，而以为未尝有才焉者，是岂人之情也哉？故苟得其养，无物不长，苟失其养，无物不消。孔子曰：'操则存，舍则亡。出入无时，莫知其乡。'惟心之谓与！"（《告子上·八》）

孟子曰："鱼，我所欲也；熊掌，亦我所欲也。二者不可得兼，舍鱼而取熊掌者也。生，亦我所欲也；义，亦我所欲也。二者不可得兼，舍生而取义者也。生亦我所欲，所欲有甚于生者，故不为苟得也。死亦我所恶，所恶有甚于死者，故患有所不辟也。如使人之所欲莫甚于生，则凡可以得生者，何不用也？使人之所恶莫甚于死者，则凡可以辟患者，何不为也？由是则生，而有不用也，由是则可以辟患，而有不为也。是故，所欲有甚于生者，所恶有甚于死者。非独贤者有是心也，人皆有之，贤者能勿丧耳。一箪食，一豆羹，得之则生，弗得则死。呼尔而与之，行道之人弗受。蹴尔而与之，乞人不屑也。万钟则不辨礼义而受之，万钟于我何加焉？为宫室之美、妻妾之奉，所识穷乏者得我与？乡为身死而不受，今为宫室之美为之；乡为身死而不受，今为妻妾之奉为之；乡为身死而不受，今为所识穷乏者得我而为之。是亦不可以已乎？此之谓失其本心。"（《告子上·十》）

孟子曰："人之所不学而能者，其良能也；所不虑而知者，其良知也。孩提之童，无不知爱其亲也，及其长也，无不知敬其兄也。亲亲，仁也；敬长，义也。无他，达之天下也。"（《尽心上·十五》）

我们仔细玩味孟子对人性的这些说明，无论是怵惕恻隐之心、萌蘖之生、才、平旦之气、本心、良知、良能，甚至如尧、舜的圣人，都不是西方哲学理论系统内的意义明确的概念。相反，这些概念其实是生活实践上的指点语或一种"启发性的示例"（a heuristic illustration）。它们更像是实践修行道路上指引我们走向成人、成德的地标，它们所蕴含的丰富明确的意义，只有在它们的受众也走上这条路的时候才变得鲜明显豁。从这个意义上说，把孟子的人性论视同西方哲学的本质主义，是一种严重的错误。其实在伦理学的意义上，如果将孟子的人性论视为一种德性伦理学，就显得过于草率，如果将孟子的人性论归类为康德式的自律道德，或是贴上规则伦理学的标签，也是一种过于简化的做法。关于这一点，因受限于篇幅，在这里只能扼要说明，我们先提供三个观点让大家来斟酌研判。

首先，无论是亚里士多德的德性伦理学，还是康德的自律道德，在背景上仍都属于一种本质主义的理论产物。

其次，亚里士多德伦理学中对"实践智慧"（practical wisdom）诸德的重视，或与孟子思想相近，但他心目中最高的品德智德，却是对上帝的"沉思"（contemplation），此点完全透露出他的本质主义思维的特性，与孟子忠于历史的实践态度迥然有别。

再者，康德伦理学中道德行为应本于人的自由自主性，这一点诚然与孟子一致，但是康德哲学背后的诸多预设，比如主客二分、应然与实然的二分、知情意三分，这些近代西方哲学的大框架，恐怕未必是孟子思想所本有，或所乐意承担的。因此，综合以上的考量，我们觉得撕去孟子哲学的洋标签，恢复它原来成德之教的义理风格，也许是一个比较妥当的做法。

第二项争议，是关于孟子学现代诠释中的争议，即孟子的人性论是否蕴含着形上学。引发这个议题的主要人物是劳思光先生。而西方汉学家安乐哲（Roger T. Ames）教授，也有这种意向，但理据可能又与劳思光先生不一样。诚如大家所熟悉的那样，牟宗三先生作为当代新儒家的大家，素来主张儒家思想包含着一种"道德形上学"，它既与西方传统的"又见解形上学"（theoretical metaphysics）不同，也不能混同于康德的"道德神学"（moral theology）。因为在牟先生的理解里，儒家的天道虽然是传承《诗经》《尚书》中人格天的观念而来，但在孔孟生命的下学上达中，天道不仅不是一个像西方古典思辨形上学中的理论性的概念，而且也早已褪去了原始宗教信仰的内涵，而转化为一个全部由道德实践来规范其意义的超越实体或创造性自身。然而，令人好奇的是，与牟先生论交五十年的劳思光先生，一样有着深厚的康德哲学的背景，一样主张主体性乃儒学心性论的基础，却坚决认为儒学作为成德之教，基本上乃一人文之学、价值之学，其特色主要在将道德生活之根源收归于一自觉心中，显现主体自由就已足够，根本无涉乎担负事物有无说明之形上学原则。因此，劳先生在诠释孟子"尽心、知性、知天"中的"天"时，仅视其为古代宗教信仰的残余，是一种话头而已。劳先生的分析有一贯的理路，也有一定的精彩之处。只是，天在孟子的意义世界中，真的只是古代宗教信仰的残余，是一种可有可无的话头吗？

    鲁平公将出。嬖人臧仓者请曰："他日君出，则必命有司所之。今乘舆已驾矣，有司未知所之，敢请。"

公曰:"将见孟子。"

曰:"何哉?君所为轻身以先于匹夫者,以为贤乎?礼义由贤者出,而孟子之后丧逾前丧,君无见焉。"

公曰:"诺。"

乐正子入见,曰:"君奚为不见孟轲也?"

曰:"或告寡人曰'孟子之后丧逾前丧',是以不往见也。"

曰:"何哉?君所谓逾者?前以士,后以大夫,前以三鼎,而后以五鼎与?"

曰:"否。谓棺椁衣衾之美也。"

曰:"非所谓逾也,贫富不同也。"

乐正子见孟子曰:"克告于君,君为来见也。嬖人有臧仓者沮君,君是以不果来也。"

曰:"行,或使之;止,或尼之;行止,非人所能也。吾之不遇鲁侯,天也。臧氏之子,焉能使予不遇哉?"(《梁惠王下·十六》)

万章问曰:"人有言:'至于禹而德衰,不传于贤而传于子。'有诸?"

孟子曰:"否,不然也。天与贤,则与贤;天与子,则与子。昔者,舜荐禹于天,十有七年,舜崩,三年之丧毕,禹避舜之子于阳城,天下之民从之,若尧崩之后,不从尧之子而从舜也。禹荐益于天,七年,禹崩,三年之丧毕,益避禹之子于箕山之阴,朝觐讼狱者,不之益而之启,曰:'吾君之子也。'讴歌者,不讴歌益而讴歌启,曰:'吾君之子也。'丹朱之不肖,舜之子亦不肖,舜之相尧,禹之相舜也,历年多,施泽于民久。启贤,能敬承继禹之道,益之相禹也,历年少,施泽于民未久。舜、禹、益相去久远,其子之贤不肖,皆天也,非人之所能为也。莫之为而为者,天也;莫之致而至者,命也。匹夫而有天下者,德必若舜、禹,而又有天子荐之者,故仲尼不有天下。继世以有天下,天之所废,必若桀、纣者也,故益、伊尹、周公不有天下。伊尹相汤,以王于天下,汤崩,太丁未立,外丙二年,仲壬四年。太甲颠覆汤之典刑,伊尹放之于桐。三年,太甲悔过,自怨自艾,于桐处仁迁义。三年,以听伊尹之训己也,复归于亳。周公之不有天下,犹益之于夏、伊尹之于殷也。孔子曰:'唐、虞禅,夏后殷、周继,其义一也。'"(《万章上·六》)

从以上所引的两段文献中,我们看到天在孟子生命中,不再是那么遥远冷漠、不食人间烟火地高踞永恒神圣的领域而孤芳自赏。相反,天在孟子思想中,不但是他生命重大际遇得以理解接纳的根据,比如"吾之不遇鲁侯,天也",而且它也是渗透到变动的时间领域,是我们解释说明历史重大事件意义的基础,比如"舜、禹、益相去久远,其子之贤不肖,皆天也,非人之所能为也"。劳先生为了成就他将孟子人性论诠释为一种价值学,认为心性作为主体性就足以说明整个价值领域,无须再说明事实界的形上原理。虽说在近代西方理论哲学思考中,因为接受事实、价值的二分领域,有其成立的理由,但是,仅因为这个理由就将孟子的天打落为可有可无的话头,其实是一种"诠释上的施暴"(the violence of interpretation),就这一点而言,牟先生保留了天这个概念在孟子人性论中的地位,这种学术思想是应该被尊重的。

然而,为什么劳思光先生与牟先生论交半个世纪,却始终不能接受牟先生的诠释?作者认为和牟先生仍旧将天定位为超越实体这个地道的西方传统形上学的概念有关。因为在西方的形上学中,超越实体是负责一切有限存有物存在的基础，它作为第一因，其超越性在于它创生了一切物，但其自身却不是被创造的。换言之，它不属于受造物的世界，而是高踞于一个没有时间、没有变化、圆满自足的永恒领域。问题是，孟子思想中的天真的是如此遥不可及、高高在上、不食人间烟火吗？其实不然，回到原文我们就会发现，孟子的天作为造化，它一直渗透在流变的历史洪流之中，对人形成召唤并等待人的领会与回应。它从来都不可能是既作为一种超越实体而同时又被我们亲证到的存在。

因此，多年以来，作者一直根据唐君毅先生"义命合一"的说法来解释孟子的天人关系。唐先生在说明孔子义命关系时曾说："孔子之言义与命，皆恒与人于其所处之位、所在之时之遇合，相连而言。……盖凡人之处不同之位于不同时，有不同之遇合，非己之所自然能决定，亦非他人所能决定，即皆可说其出于天。"[1] 于是，作者就将唐先生这个洞见，带到《孟子》文本的解读中，比如：

> 尽其心者，知其性也。知其性，则知天矣。存其心，养其性，所以事天也。夭寿不贰，修身以俟之，所以立命也。(《尽心上·一》)

> 莫非命也，顺受其正。是故知命者，不立乎岩墙之下。尽其道而死者，正命也；桎梏死者，非正命也。(《尽心上·二》)

在孟子的人性论里，基本上是四端之心以言性，因此，尽心固足以知性。但是，我们又为何知天呢？答案就必须从"义命合一"这个线索里寻找。根据"莫非命也"的说法，生命的每一种情境在某种意

---

[1] 唐君毅：《中国哲学原论·原道篇（一）》，台北：台湾学生书局1986年版。

义上讲，都是"莫之为而为者，天也；莫之致而至者，命也"。换言之，都是"非人之所能为也"的命，因为这些情境并非我们能事先预料、掌控的，就发生在我们眼前。而这些情境、遇合，无论是夭或寿，是穷或达，是乱世或治世，都有其义所当为之事等待回应。譬如或隐，或现；或独善其身，或兼善天下。因此，敞开吾人的心灵，倾听生命每一当前情境、遇合的召唤，行吾人当然之义，一方面可谓之尽心，另一面亦即立命、正命之事。于是，在吾人"以义立命"之际，其实也就是尽心以知天之时。《中庸》引《诗经·周颂》云"维天之命，于穆不已。于乎不显，文王之德之纯"，就是在表明天道造化深远而不间断，周文王在领受天命的各种考验之际，其品德自然也日新不已、纯一无杂。换言之，儒家"天人合一"的智慧，并不是少数人的神秘经验，而是每个人只要认真地尽心立命，走在君子成德的路上，则天道造化的奥义，就会在我们日新其德的过程中，凝萃为一种通达天人之际的形上智慧。果如是，我们由"义命合一"的观点来解读文献，不但保有孟子成德之教的实践特色，而且也成功地维持住了天在孟子学中的地位。

第三项争议，关于孟子的政治思想是否可以用民本论来统而称之，抑或是一种君本论（或再修饰为理想化的君本论），这是二十多年前由杨泽波教授所挑起的一场讨论。其实，以民本论来总持儒家的政治思想，其来有自，并非新说，而且，在当代新儒家学者如徐复观、牟宗三先生论述的影响下，学界也都能鉴别孟子民本与西方民主的差异，争议并不多。杨教授现在提出的观点，虽然有其个人的考量，但语出惊人，颇有"众人皆醉我独醒"之势，这就要回归原典，略加澄清了。

> 孟子曰："民为贵，社稷次之，君为轻。是故得乎丘民而为天子，得乎天子为诸侯，得乎诸侯为大夫。诸侯危社稷，则变置。牺牲

既成,粢盛既洁,祭祀以时,然而旱干水溢,则变置社稷。"(《尽心下·十四》)

孟子曰:"桀、纣之失天下也,失其民也;失其民者,失其心也。得天下有道:得其民,斯得天下矣。得其民有道:得其心,斯得民矣。得其心有道:所欲与之聚之,所恶勿施尔也。民之归仁也,犹水之就下、兽之走圹也。故为渊驱鱼者,獭也;为丛驱爵者,鹯也;为汤、武驱民者,桀与纣也。今天下之君有好仁者,则诸侯皆为之驱矣。虽欲无王,不可得已。今之欲王者,犹七年之病求三年之艾也。苟为不畜,终身不得;苟不志于仁,终身忧辱,以陷于死亡。《诗》云:'其何能淑?载胥及溺。'此之谓也。"(《离娄上·九》)

从以上所引文献中,我们清楚地看到,在孟子心目中,人民的重要性,远在国君、社稷之上,而民心更决定了一个政权的存续、成立。社稷作为政权的象征,如果不能福祐人民,就会遭到变置,更何况国君、诸侯呢?因此,在孟子看来,人民不但有革命的权利,如"闻诛一夫纣矣"[1],而且有对统治者报复的权利,如"夫民今而后得反之也"[2],还有更换人君的权利,如"四境之内不治,则如之何"[3]。就这个意义而言,我们究竟应该认为孟子是持民本论,还是君本论呢?理应无须争辩。

万章曰:"尧以天下与舜,有诸?"

---

[1] 《孟子·梁惠王下·八》。
[2] 《孟子·梁惠王下·十二》。
[3] 《孟子·梁惠王下·六》。

孟子曰："否。天子不能以天下与人。"

"然则舜有天下也，孰与之？"

曰："天与之。"

"天与之者，谆谆然命之乎？"

曰："否。天不言，以行与事示之而已矣。"

曰："以行与事示之者，如之何？"

曰："天子能荐人于天，不能使天与之天下；诸侯能荐人于天子，不能使天子与之诸侯；大夫能荐人于诸侯，不能使诸侯与之大夫。昔者尧荐舜于天，而天受之，暴之于民，而民受之。故曰：'天不言，以行与事示之而已矣。'"

曰："敢问：'荐之于天，而天受之'，暴之于民，而民受之'，如何？"

曰："使之主祭，而百神享之，是天受之；使之主事而事治，百姓安之，是民受之也。天与之，人与之，故曰天子不能以天下与人。舜相尧二十有八载，非人之所能为也，天也。尧崩，三年之丧毕，舜避尧之子于南河之南。天下诸侯朝觐者，不之尧之子而之舜；讼狱者，不之尧之子而之舜；讴歌者，不讴歌尧之子而讴歌舜，故曰天也。夫然后，之中国，践天子位焉。而居尧之宫，逼尧之子，是篡也，非天与也。《泰誓》曰：'天视自我民视，天听自我民听。'此之谓也。"（《万章上·五》）

不仅如此，在孟子解释尧、舜的禅让时，更清楚地表示"天子不能以天下与人"，这就表明天下不是天子的私有物，天下是天下人的天下。因此，舜的继位不是尧的私相授受，而是经过尧的荐举，然后"天受之""民受之"，最后"天与之""人与之"。换言之，天子并没有天下的所有权，他其实是受天与民的委托的管理人。孟子正是基于这个体认，才肯定了汤武革命的合理性。遗憾的是，孟子这种视人民的认受乃政权转移是否合法的观念，因为未充分地客观化为一种制度，所以在面对禹之后"传子不传贤"时，对"继世"这个历史传统，孟子还是采取了妥协的态度。因此，孟子这种民贵君轻的政治思考，并未进一步客观化地落实为一种民治的制度，在此，我们仍不能说孟子已发展出了成熟的民主思想。

尽管我们确认孟子的政治思想尚未发展出政权的民主，可是政治管理的目标、目的，却很明确地指向唯一的对象是人民，关注的是人民的生活、人民的福祉。如果民本是说人民乃政治的核心、主轴，拿这样的观点来总持孟子王道仁政的思想，应该是公允且合理的做法，我们实在很难把孟子的政治思想放在君本论的帽子底下。杨泽波先生引述《孟子》文本中有关"为民父母"的文献，认为："在中国，家庭是家长制，社会是君主制，这是最基本的常识。孟子认为，为官即等于'为民父母'，父母掌管着最高权力，百姓只是其手下的子民，这就再清楚不过地说明了孟子是主张君本论的。"① 在这里，杨先生可能是受到日本福泽谕吉偏激言论的影响。但很明显，他忽略了两点，第一点，孟子谈到国君为民父母时，是强调国君照顾人民的责任，正如家庭中父母之于子女，这个责任是无限、无尽的，并不是说国君有无上的权力宰制人民。第二点，也是更为关键的一点，在家庭伦理中，孟子不可能赞成儿子革父亲的命，父亲不对，儿子可以置换父亲。但是当孟子谈到为民父母的国君时，孟子的主张是，国君若不能照顾好百姓的生活，百姓不但可以将其置换，而且还可以"闻诛一夫纣矣，未闻弑君也"。因此，杨先生排斥民本论，坚持用君本论来总持孟子的政治思想，并非持中正之论。

---

① 杨泽波：《孟子评传》，南京：南京大学出版社1998年版。

其实，就像徐复观先生在研究孟子的政治思想时，总是提醒我们现代读者，既要分辨一个思想形成时所凭借的特殊的历史条件，也要能洞悉这个思想背后历久弥新的普遍性真理。我们要明白，一个思想对后代的影响，往往是原则性的、启发性的，而不会是一个具体的蓝图，更不会要我们以现代的社会条件作为评判古人思想的尺度。因此，我们不能因为孟子之前的两千年，以及之后的两千年，就断言他的政治思想是主张君主乃政治之本，硬是要把他民贵君轻以及王道仁政思想里明确传递的国家政权的成立乃是为人民服务的主张，扭曲为一种理想化的君本论。相信孟子地下有知，固不期待现代人对他有任何"不虞之誉"，也不愿看到这种"求全之毁"。

四、《孟子》其书及阅读方法

关于《孟子》这本书的成篇、作者及篇章组成，最早的记录应该保留在太史公司马迁的《史记·孟子荀卿列传》中："……天下方务于合从连衡，以攻伐为贤，而孟轲乃述唐、虞、三代之德，是以所如者不合。退而与万章之徒序《诗》《书》，述仲尼之意，作《孟子》七篇。"从这段记录来看，《孟子》这本书应是在孟子的主导下，与弟子协力完成的，共计七篇。但是，到东汉赵岐为《孟子》作注时，他在《孟子题辞》中却说："此书，孟子之所作也，故总谓之《孟子》。"① 显然认为《孟子》一书就是孟子的自著。赵岐在《孟子题辞》中说明孟子著书立言的动机时，表示："孟子亦自知遭苍姬之讫录，值炎刘之未奋，进不得佐兴唐虞雍熙之和，退不能信三代之余风，耻没世而

---

① 焦循：《孟子正义》，台北：文津出版社1998年版。

无闻焉，是故垂宪言以诒后人。仲尼有云：'我欲托之空言，不如载之行事之深切著明也。'于是退而论集，所与高第弟子公孙丑、万章之徒，疑难问答，又自撰其法度之言，著书七篇。"①似乎又暗示弟子公孙丑、万章也参与其事。但是，到了唐代，韩愈开始怀疑《孟子》一书出于孟子之手，宋人晁公武也为韩愈的见解提供了证据，即《孟子》一书所载诸侯皆称谥法，但孟子著书之时，所见诸侯不应皆死。于是乎，《孟子》一书，究竟是孟子自著，还是弟子共同著述，抑或是孟子与弟子协力合著完成，在学术史上，也是众说纷纭。

目前，关于《孟子》一书的作者，渐有共识，就如杨伯峻先生所论，太史公的年代，去孟子不远，所见史料及传闻远比后人多，自是比较可信。而赵岐自著的说法，其前后说法并不一致。至于《孟子》一书国君、诸侯都称谥法的问题，则从太史公的见解来看，既由孟子与弟子合作编辑整理而成，则孟子卒后由门人进一步叙定，自亦不成问题。

另外，有关《孟子》一书的篇章组成，除《史记》记载"作《孟子》七篇"外，应劭《风俗通义·穷通》篇却说"作书中外十一篇"，到赵岐《孟子章句》便针对这十一篇分列真伪，《孟子题辞》中说："又有《外书》四篇，《性善》《辨文》《说孝经》《为政》，其文不能弘深，不与《内篇》相似，似非《孟子》本真，后世依放而托之者也。"②因此不给它注解，后来失传。现在所存的《外书》，一般认为是明代姚士粦的伪作，学术界很少有人会引用。所以，《孟子》一书，目前学界公认是由《梁惠王》《公孙丑》《滕文公》《离娄》《万章》《告子》《尽心》七篇组成，而每篇又各分上下，共十四卷。

我们在阅读《孟子》文本时，传统注疏有两个本子最值得推荐，

---

① 杨泽波：《孟子评传》，南京：南京大学出版社1998年版。
② 焦循：《孟子正义》，台北：文津出版社1998年版。

一个是南宋朱熹的《孟子集注》，现收录在《四书章句集注》中，代表理学的观点下对《孟子》的研究。另一个是清代焦循的《孟子正义》，它是在东汉赵岐注、唐孔颖达疏之上，又博采清儒有关孟子研究的观点所集结而成代表汉学传统的一项成果。至于现代语体文的译注，杨伯峻先生的《孟子译注》及梁涛教授的《孟子解读》，都是公认的值得参考阅读的著作。

除了前述协助我们阅读《孟子》文本的一些参考书籍外，作者野人献曝，还想从比较哲学及诠释学的角度，简略地谈一下，如要深入《孟子》这样的思想经典，我们还可以注意的一些事。

中国传统经典的传承，百年来最大的挑战，就是不可避免地要在中西学术文化交流的脉络下，通过知识化的包装，来取得现代意义的表达形式。而知识化的规格与标准，在今天中国的高等教育机构中，基本上是由西方的逻辑、分类架构及各种理论概念的思考模式来主导的，它强调的是精确性、系统性、一丝不苟，并尽可能地要排除语言的歧义与含混。但问题是，中国的哲学经典，作为一门生命的学问，它传递的往往是一些真实生命在某种具体情境下的相遇、交谈，再不就是没有明确的交谈对象及情境脉络下的对生命感悟的表达，语言非常简单，没有过多的抽象概念，但对它的读者却形成了一种启发性的邀请，从而共构了一个无限宽广、深刻的意义世界。而这个意义世界的奇妙之处在于，它容许不同的人，在不同的生命阶段，可以有不同的领会。它容许模糊、暧昧，因为这个意义世界的结构是靠字词意义间之家族的相似性来维持，而不是坚持由每个语词的单一性、同一性，来确保它的精确性。因此，当我们为中国的哲学经典赋予现代意义的表达时，对西方哲学语言的援引，这种知识化过程中的过度包装，表面上是为经典取得了明确的表达方式，实际上往往造成了对经典丰盈的意义世界的减杀与切割。

熟悉西方哲学的人都知道，每个西方哲学的概念都棱角分明，而且在理论系统内的逻辑锁定下，形成的都是一个个迥然分明的套路。当我们把孟子的心性论定位为自律道德时，孟子不但不可能是主张他律道德，而且一定是反对德性伦理学的。同时，属于康德哲学所有的哲学预设，我们也得照单全收，包括理性、感性，知、情、意，心、物，事实、价值等的区分。同样，当我们将人性理解为一种等待"被实现的潜能"时，①我们也无法跳脱出亚里士多德的本质主义的立场。因此，我们在为传统经典进行现代解读之时，既然不得不在中西文化思想做比较的脉络下展开，那么如何在援引西方哲学语言为经典赋予新义时，始终保有经典作为一门生命的学问的开放性、感动力，并与之对话，这才是格外值得我们留意的。

果如是，我们应该如何对经典进行现代诠释呢？约略言之，分为三个层次，其间，须跨过两道门槛。第一个层次是在文字语义方面。文字是我们现代人跨越阅读经典的第一道门槛，毕竟像《孟子》这样的经典，是两千多年集结的文字记录，名物用语与现代总是有差距，所以，像本书的"简注"与"语译"的设计，就是帮助我们现代读者，先排除因时代距离所造成的经典语义理解上的障碍。第二个层次是我们不可避免地要把通过文字所理解的内容，分门别类地将散落在不同篇章中的观念思想，加以重组，进行知识性、系统性的重建。而所谓分门别类的理解架构，可以是激进地从西方哲学直接借用的一些知识分类，硬生生地将经典内涵重新拆解，或者是经过中西哲学的差异化对比后，类同比附地借壳上市。但也可以是保守地参考自家传统已有的一些分类，如孟子的"三辩"（人禽之辩、义利之辩、王霸之辩），对文献再分别加以梳理，甚至我们也可以直接依据自己的问题意识，

---

① 傅佩荣：《儒家哲学新论》，台北：业强出版社1993年版。

诸如"人性善，为何表现为不善""孟子民本的政治思想，为何发展不出西方的民主"进行孟子思想的现代诠释。所有的这种知识性的重建，基本上都带有强索力探的性质，携带着诠释者现代的知识理解的装备，向经典强迫性地索取答案，或者看似华丽实则粗暴地径自对经典文献进行知识包装。因此，这个层次要跨过的门槛，就是这种知识化的工程，对于经典本身的义理形态、性格，是否有意识地予以尊重，避免过度施暴。如果我们能跨过这道门槛，就可以进入第三个层次，与经典展开互为主体的生命对谈。这时，我们阅读到的经典的章节，不再是一段段文字的组成，也不是一个个独立的观念或思想，它是一个真实的生命，在某个真实具体的时空情境下，以毫不隐藏的方式呈现自身，然后跨越时空，与我们相遇，与我们共同分享着关于生命、世道、历史的意义。最重要的是，这样的阅读，不再只是意义的领会，而是一种生命的感动与成长。我们将经由与经典的这种深度的对谈，走上一条改变并提升自己的道路。

因此，几经考虑，本书的编写放弃采取选文的方式呈现，而是保留《孟子》的全文，而且不更动次序，以原貌呈现。毕竟《孟子》一书，记录的就是他一生作为孔子的信徒，以及作为往圣先贤的追随者，面对战国乱世，为生民请命奋斗的一段真实的心路历程。所以，阅读经典，如果最终目的是要尚友古人，那么忠于经典的阅读方法，就是将自己的心态调整到孟子的生命频道上，试着在古今之变中推敲天人之际这个严肃的课题，只要我们真的能被孟子所鼓励踏上了成德之路，相信我们定会与孟子有一番精彩的相遇。

梁惠王上

《梁惠王上》共七章，前六章记录了孟子与梁惠王、梁襄王的对话，最后一章则记录了孟子与齐宣王最精彩的一段问答。综观这七章内容，主要集中在王道仁政的议题上。其中，第一章孟子劝梁惠王"何必曰利"，从而引出"义利之辩"，名垂青史。第七章，孟子从齐宣王不忍羊之无罪就死地，循循善诱，提出"保民而王"的王道思想。这两章，无疑是《孟子》中非常重要的篇章，值得读者深思。

1.1 孟子见梁惠王①。王曰:"叟②!不远千里而来,亦将有以利吾国乎?"

孟子对曰:"王何必曰利?亦有仁义而已矣。王曰:'何以利吾国?'大夫③曰:'何以利吾家④?'士庶人曰:'何以利吾身?'上下交征⑤利,而国危矣。万乘⑥之国,弑⑦其君者,必千乘之家;千乘之国,弑其君者,必百乘之家。万取千焉,千取百焉,不为不多矣。苟为后义而先利,不夺不餍⑧。

"未有仁而遗其亲者也,未有义而后其君者⑨也。王亦曰仁义而已矣,何必曰利?"

【简注】①梁惠王:《孟子》共七篇,每篇取前两三个字作为篇名,每篇分上下,《梁惠王》是《孟子》第一篇的篇名。梁惠王即战国时期的魏惠王,因迫于秦国的压力而迁都大梁,故称为梁惠王。

② 叟:老先生。

③ 大夫:先秦时期,天子、诸侯之下设卿、大夫、士三级官职。

④ 家:大夫的封邑、采地。天子、诸侯曰国,大夫曰家。

⑤ 交征:上下互相争夺、谋取。

⑥ 乘:量词,以兵车车乘的多寡衡量诸侯、卿大夫封邑的大小。

⑦ 弑:臣子弑杀君王,指下杀上。

⑧ 餍:满足。

⑨ 未有仁而遗其亲者也,未有义而后其君者也:没有仁德之人遗

弃双亲的事，没有仁义之人将国君抛诸脑后，不顾其君而妄为的事。

【语译】孟子去见梁惠王。梁惠王说："老先生，您不远千里而来，将提供什么对我们梁国有利的意见呢？"

孟子回答："王啊！您何必只在乎利益呢？治国无非用仁义罢了。国君问：'你怎样使我的国获利？'大夫问：'怎样使我的家获利？'士和老百姓问：'怎样使我自身获利？'上下都互相争抢利益，整个国家就危险了。在有万辆兵车的大国，杀他们国君的，一定是拥有千辆兵车的大夫；在有千辆兵车的小国，杀他们国君的，一定是有百辆兵车的大夫。在有万辆兵车的国家，大夫就占有千辆兵车；在有千辆兵车的国家，大夫就占有百辆兵车。这些大夫的实力不可谓不大了。如果凡事都将利益摆在优先地位，而将仁义放在后头，那他们不劫掠争夺就不会感到满足。

"没有听闻仁德之人会遗弃双亲，也没有听闻仁义之人会将国君抛诸脑后，不顾其君，恣意妄为。王只要谈论仁义就足够，何必还要谈论利益呢？"

【现代解读】第一章以孟子刚到梁国，与梁惠王初相见时的对话来呈现，显然有其特殊的寓意与用心。

要洞见这场对话的重大意义，我们必须回到历史现场，还原出梁惠王与孟子对话的场景。根据史学家的观点，三家分晋初期，魏文侯、武侯礼贤下士，任用李克、吴起，使魏国成为战国以后继承春秋时期晋国霸业的新的强权国家。惠王即位，迁都大梁，目的即在争取优势，统一三晋。公元前344年，梁惠王首先称王，召集宋、卫、邹、鲁等国会于逢泽，朝见周天子，是为逢泽之会。但是，好景不长，在列国的争战中，梁惠王面临着一连串的挑战，且屡屡遭受挫败。先是梁惠王二十八年（前342）马陵之战，齐大败梁，太子申被俘。接着惠王三十一年（前339），秦败魏于岸门。惠王后元五年（前330），魏再败于秦，献河西之地。惠王后元十二年（前323），楚伐魏，破襄陵，取八邑。换言之，在差不多二十年当中，梁由极盛接连败于齐、秦、楚，从此霸权光环不再。这时，在位将近五十年的梁惠王，为了重返荣耀，再造霸业，决定卑礼厚币，招贤纳士，以求重振雄风。

公元前320年，梁惠王终于迎来了孟子。根据学者的考证，孟子造访梁国时，应是五十三岁。当时，孟子已是知名的学者，因此，惠王对孟子礼遇有加，以敬称"叟"来称呼孟子，并且迫不及待地询问孟子："老先生，您不远千里而来，将提供什么对我们梁国有利的意见呢？"孟子并没有顺着梁惠王所期待的方向回答，而是出人意料地回应道"王何必曰利？亦有仁义而已矣"，展开了一段铿锵有力的"义利之辩"。

孟子身处"杀人盈城""杀人盈野"的时代，他精准地看出人间的苦难主要来自唯利是图、利益挂帅的意识形态。他认为，这样的意识形态必然会引发人与人之间的利益冲突，从而导致力量的撕扯与决裂，最后演变为为争夺土地而罔顾人命的下场，即所谓的"率土地而食人肉"。因此，他不愿顺着梁惠王牟利的方向，从"连诸侯""辟草莱""任土地"的角度给出答复。相反，他斩钉截铁地指出，"苟为后义而先利，不夺不餍"，认为只有在道德秩序的维持下，利益的创造才能为人类带来福祉。

从急功近利的立场来看，孟子的答复自然是"迂远而阔于事情"，因为梁惠王提问的是富国强兵之"利"，是政治观点的问题，但孟子的回答是从道德伦理的立场出发，似乎是政治领域与道德领域的界限的混漫。对一个深谙人性、洞悉历史的伟大心灵而言，人间的灾难如果是由追逐利益所带来的，那拔本塞源的解决之道，也必须在利益之上找到更根本、更重要的价值。在孟子看来，这就必须期诸仁义，在西方，则是对正义（justice）的探索。孟子表面上的答非所问，其实是针对梁惠王的诉求以及战国时期的兵荒马乱、民不聊生，提出了一项基于对人性及历史进行了长期观察后的解决之道。两百年后，《史记》的作者司马迁，堪称孟子的知音，他在为孟子立传时，一开始就提道："余读《孟子》书，至梁惠王问'何以利吾国'，未尝不废书而叹也。曰：嗟呼，利诚乱之始也。夫子罕言利者，常防其原也。故曰'放于利而行，多怨'。自天子以至于庶人，好利之弊，何以异哉？"太史公对孟子的惋惜与掷书长叹，无疑佐证了孟子的"义利之辩"，实乃从历史中千锤百炼出的一项伟大洞见，足以照耀千古。

然而，我们需要厘清的是，"义"与"利"作为两种价值观或思维模式，固然迥然有别，但两者之间并不见得一定是完全排斥、互不相容的关系。就本章的文脉来看，"苟为后义而先利，不夺不餍"，显然孟子更看重的是义利之间轻重、先后、本末的关系。换言之，孟子强调的是，人间如果没有道德秩序，让人我和谐共存，则个人利益的追逐就会演变为不夺不餍的结果。孟子并没有否定人生需求的满足，事实上，孟子王道仁政的思想，强调的就是仁君必须为民制产、为民兴利。孟子从未提出"只准言义，不准言利"的极端主张，这里我们应当还原孟子思想的本来面目。

近几十年来，西方哲学进入中国学术领域，在中西思潮汇流的过程中，有些学者也将近代西方伦理学中的"功利主义"与康德的"义务论"的二分，带到对孟子文本的解读中，并且基于孟子主张的"义利之辩""仁义内在"，认为孟子属于康德自律道德这个形态，因此与功利主义的理路分道扬镳。但是，严格地说，这样进行中西哲学对比未免草率。因为孔孟儒学作为一门生命的学问，一种成德之教，在义理形态、问题意识上，都与作为客观的知识之学的西方哲学不同，我们不能仅仅从一两个方面的相似性，就武断地为儒学贴上标签，而是应当从上下文的脉络，来确认孟子在不同的段落谈论"义利之辩"的含义，尽可能避免用西方哲学的理论标签来简单归类孟子学的立场。

关于"义利之辩"，类似的言论，可以参读本书 12.4 章。

1.2 孟子见梁惠王，王立于沼①上，顾鸿雁麋鹿，曰："贤者②亦乐此乎？"

孟子对曰："贤者而后乐此，不贤者，虽有此，不乐也。《诗》云：'经始灵台③，经之营之，庶民攻④之，不日成之。经始勿亟⑤，庶民子来。王在灵囿，麀鹿攸伏⑥，麀鹿濯濯⑦，白鸟鹤鹤⑧。王在灵沼，于牣鱼跃⑨。'文王以民力为台为沼，而民欢乐之，谓其台曰灵台，谓其沼曰灵沼，乐其有麋鹿鱼鳖。古之人与民偕乐，故能乐也。《汤誓》曰：'时日害⑩丧，予及女⑪偕亡。'民欲与之偕亡，虽有台池鸟兽，岂能独乐哉？"

【简注】① 沼：水池。

② 贤者：贤明有德之人。

③ 经始灵台：文王要建灵台前，先度量其基址。灵，美善的。

④ 攻：用力建造。

⑤ 亟：急速。

⑥ 麀鹿攸伏：母鹿悠游安伏于其所在。

⑦ 濯濯：丰腴而毛有光泽的样子。

⑧ 鹤鹤：羽毛洁白的样子。

⑨ 于牣鱼跃：于，读作呜，赞叹、赞美词。牣，满。赞叹池中满是跃动的鱼儿，生机勃勃，生意盎然。

⑩ 害：何。

⑪女：同"汝",你。

【语译】 孟子去见梁惠王,王伫立在水池上,观赏园中养的鸿雁、麋鹿,对孟子说:"有仁德的贤者也喜欢这些娱乐吗?"

孟子回答:"贤者才能真正感受到这种快乐,不贤的人即使有这些娱乐也无法享受。《诗经》有云:'文王想建造灵台,让人度量地基,地基量好了,又叫人标明方位。百姓来施工建筑灵台,很快就造好了。开始动工时,文王未催促赶工,百姓自发踊跃地建筑灵台。文王巡游到园囿,看到母鹿安然自在地栖息。母鹿长得丰腴且毛有光泽,白鸟的羽毛丰满洁白。文王行至灵沼,赞叹着池中满是跃动的鱼儿,生机勃勃。'文王依靠百姓的劳力建造了高台与水池,百姓却感到欢喜高兴,称呼高台为美好的灵台,称呼水池为美好的灵沼,乐见他的园子里有麋鹿、鱼鳖可观赏。因为古代的贤君能与民同乐,所以能感到真正的快乐。《尚书·汤誓》篇记载了老百姓对夏桀的心声:'这个太阳何时才会灭亡,我要跟你同归于尽!'百姓恨不得与夏桀同归于尽,即使他拥有高台、水池与鸟兽,又哪里能真正独自享受这些快乐呢?"

【现代解读】 孟子在这一章提出了"与民同乐"的观念,这一观念在之后的《孟子》文本中反复出现。它反映出君、臣、民在国家的结构中,具有休戚与共的关系,因此,只有共好,没有独好。值得我们注意的是,在这里孟子并没有板起脸孔,批判梁惠王追求享乐,而是回到历史文献,征引周文王营建灵台,与民同乐的佳话,鼓励梁惠王心系百姓。由此看来,孟子的确不是一个道德的严肃主义者,我们不要被孟子力辟杨墨、斥人近于禽兽的言论所遮蔽,而忽略了他的思想中开明通达的一面。

本章可与 2.1、2.2、2.4、2.5 合参。

1.3 梁惠王曰:"寡人之于国也,尽心焉耳矣!河内凶①,则移其民于河东②,移其粟于河内。河东凶,亦然。察邻国之政,无如寡人之用心者。邻国之民不加少,寡人之民不加多,何也?"

孟子对曰:"王好战,请以战喻。填然③鼓之,兵刃既接,弃甲曳兵④而走,或百步而后止,或五十步而后止。以五十步笑百步,则何如?"

曰:"不可,直不百步耳,是亦走也!"

曰:"王如知此,则无望民之多于邻国也。不违农时,谷不可胜食⑤也;数罟⑥不入洿池⑦,鱼鳖不可胜食也;斧斤以时⑧入山林,材木不可胜用也。谷与鱼鳖不可胜食,材木不可胜用,是使民养生丧死⑨无憾也。养生丧死无憾,王道之始也。

"五亩之宅,树之以桑,五十者可以衣帛矣;鸡豚狗彘之畜,无失其时⑩,七十者可以食肉矣;百亩之田,勿夺其时,数口之家可以无饥矣;谨庠序⑪之教,申之以孝悌之义,颁白⑫者不负戴⑬于道路矣。七十者衣帛食肉,黎民不饥不寒,然而不王⑭者,未之有也!

"狗彘食人食而不知检⑮,涂有饿莩⑯而不知发⑰,人死,则曰:'非我也,岁⑱也。'是何异于刺人而杀之,曰:'非我也,兵也!'王无罪岁,斯天下之民至焉。"

【简注】① 河内凶:今河南省黄河以北,旧时称河北,时为魏国领土。凶,凶年、荒年。

② 河东:今山西省西南部,旧时称河东,时为魏国领土。

③ 填然:鼓声咚咚响,形容声势浩大。古代战争以鸣鼓前进,鸣金钲则后退。

梁惠王上 | 043

④ 弃甲曳兵：抛弃铠甲，拖着兵器。

⑤ 胜食：食物多到吃不完。胜，尽。

⑥ 数罟：细密的网。

⑦ 洿池：低洼之地，指水塘。

⑧ 时：按照一定的时令。

⑨ 丧死：葬送死者。

⑩ 无失其时：畜养家畜不错过其繁育后代之时。

⑪ 庠序：古代地方所设的学校。

⑫ 颁白：颁，通"斑"，头发花白的老人家。

⑬ 负戴：背负重物。

⑭ 王：成就王业，统一天下。

⑮ 检：收敛。

⑯ 饿莩：饿死的人。

⑰ 发：开仓赈济，发放赈灾的粮食。

⑱ 岁：凶年。

【语译】梁惠王说："我对于治国真是尽心尽力了！当河内发生饥荒，就把那边的百姓迁到河东去，把粮食运到河内去赈灾。河东发生饥荒时也这么做。遍察邻国的政务，没有像我这样用心对待百姓的国君了。但是邻国的人民并未因此减少，我的子民没有因此增多，这是什么原因呢？"

孟子回答："王喜欢打仗，请让我用战争来打个比方。当鼓声咚咚响起，战士们声势浩大地前进，双方一交手，兵刃碰撞，就有士兵丢盔卸甲，拖着兵器逃走，有人跑了一百步就停止，有人跑了五十步才停止。逃跑五十步的人嘲笑逃了一百步的人，您觉得可以吗？"

梁惠王说："不行，只不过是还没逃到一百步罢了！一样也是逃跑啊！"

孟子说："王如果明白这个道理，就不要期待您的人民能比邻国更多。如果在农耕的时节，没有妨碍农人耕作，粮食就能享用不尽；不用细密的网子去池塘捕鱼，鱼鳖就能享用不尽；在适当的季节进山砍伐林木，木材就能取用不尽。粮食和鱼鳖吃不完，木材也用不完，百姓就能养生送死而没有遗憾了。百姓能养生送死而没有遗憾，便是推行王道的开始。

"本着这个原则，让每家农户在五亩大的宅地上种桑养蚕，那么五十岁以上的人都能穿上丝织棉袄；畜养鸡、猪、狗等家畜，不错过其繁育后代的时机，那么七十岁以上的老人家就都有肉可吃。每家配给一百亩田地，不用徭役去剥夺他们耕种的时节，那么数口之家就可以不挨饿了。好好办理地方学校的教育，时常引导人们孝敬父母、友爱兄弟，那么头发花白的长者就不用辛苦地背负重物在路上走。七十岁以上的老人家就有丝织棉袄可穿，有肉可吃，百姓不会挨饿受冻，这样做还不能称王于天下，那是从来没有的事。

"现在，富贵人家的猪狗吃着人吃的粮食却不知节制，路上有饿死的人却不知开仓放粮以救济百姓，人被饿死了，却推托说：'不是我的缘故，是因为荒年收成不好。'这样跟拿刀子去刺伤人，却说：'不是我杀的，是刀子杀的。'有什么不同？王若能做到上述要点，不把罪过推托到荒年歉收上，那么，天下的百姓自然就都来投奔归顺了。"

【现代解读】本章中梁惠王对自己施政未得民心，不免怨天尤人，孟子因而提出王道思想，予以导正。值得我们留意的是，孟子对于"养生丧死无憾，王道之始"的具体建议，诸如"不违农时""数罟不入洿池""斧斤以时入山林"，在今天看来，完全符合环保及生态永续的进步观念。其实，孟子在这里传递的正是儒家天人合一思想中"敬物""惜物"的观念，也是人类与自然界长久和谐共生所必须持守的基本态度。尤有进者，孟子对农村经济的规划，"五亩之宅，树之以桑""鸡豚狗彘之畜，无失其时"，正呼应了安顿照顾老人的需要，让我们现代人不得不钦佩有加。因此，王道作为孟子救世的政治理想，虽然未被当时的诸侯青睐，但无论如何，我们都不能批评这一理想是空洞无实的设想。

本章关于王道仁政施行的内容细节，还可参读的篇章有5.3、13.23等。

1.4 梁惠王曰："寡人愿安承教①。"

孟子对曰："杀人以梃②与刃，有以异乎？"

曰："无以异也。"

"以刃与政，有以异乎？"

曰："无以异也。"

曰："庖有肥肉，厩有肥马，民有饥色，野有饿莩，此率兽而食人也。兽相食，且人恶之。为民父母，行政不免于率兽而食人，恶在其为民父母也？仲尼曰：'始作俑③者，其无后乎！'为其象人而用之也，如之何其使斯民饥而死也？"

【简注】① 愿安承教：乐意接受指教。

② 梃：木棍。

③ 俑：古代殉葬用的陶偶或木偶。

【语译】梁惠王对孟子说："寡人愿诚心接受您的指教。"

孟子问道："用木棍打死人跟用刀杀死人，有什么不同？"

惠王说："没有什么不同。"

孟子又问："用刀杀人跟用苛政害死人，有什么不同？"

惠王说："没有什么不同。"

孟子说："厨房里有肥肉，马厩里有肥马，老百姓却面带饥色，野外有饿死的人，这就像带领着野兽来吃人一样。看到野兽互相残杀，人们尚且感到厌恶，而国君作为百姓的父母官，在施行政策时，却不免做出有如率领野兽来吃人的事，哪里能够成为百姓的父母官呢？孔子说：'最初制作陪葬人偶的人，大概会断子绝孙！'只因那些陪葬人偶，是仿造真人的样子制作而成的。这样尚且不可，又怎能让百姓活活饿死呢？"

【现代解读】这一章延续上一章的内容，检讨为政者的失政是不可以推诿于外在因素的，诸如收成不好等。一开始，当梁惠王表示愿意虚心受教之后，孟子就不假辞色地指出，战国时代诸侯国之间的战争从未停歇，导致"庖有肥肉，厩有肥马，民有饥色，野有饿莩"的现象出现，面对这种人间惨剧，为政者是难辞其咎的。因此，孟子就说道："为民父母，行政不免于率兽而食人，恶在其为民父母也？"这个质问，也许在今天看来，还是人保守，未能诉诸法律清楚地规定为政者失职的刑责。但是，在两千多年前的封建专制时代，当孟子再引述孔子的话"始作俑者，其无后乎"时，如同在告诫为政者如果有亏为民父母的职责，以致百姓饥饿而死，那是要断子绝孙的。看到这里，我们不得不承认，孟子这种批判的口气，其实是极其严厉的。

1.5 梁惠王曰："晋国①，天下莫强焉，叟之所知也。及寡人之身，东败于齐，长子死焉②，西丧地于秦七百里③，南辱于楚④。寡人耻之，愿比死者一洒之⑤，如之何则可？"

孟子对曰："地方百里而可以王。王如施仁政于民，省刑罚，薄税敛，深耕易耨⁶。壮者以暇日修其孝悌忠信，入以事其父兄，出以事其长上，可使制梃以挞秦楚之坚甲利兵矣！彼夺其民时，使不得耕耨以养其父母，父母冻饿，兄弟妻子离散。彼陷溺其民，王往而征之，夫谁与王敌？故曰：'仁者无敌。'王请勿疑。"

【简注】① 晋国：指魏国。韩、魏、赵三家分晋，魏在战国初年称霸一时，梁惠王自称魏国为晋国。

② 东败于齐，长子死焉：指马陵之战，齐威王派田忌、孙膑大败魏军于马陵。魏将庞涓自杀，太子申被俘后处死。

③ 西丧地于秦七百里：指秦将公孙鞅打败魏国，迫使魏国割让河西及上郡的土地。

④ 南辱于楚：指楚魏襄陵之战，魏被楚击败，被迫割让大片土地。

⑤ 愿比死者一洒之：希望替死者洗刷仇恨。洒，音义同"洗"。

⑥ 易耨：及时锄草。

【语译】梁惠王对孟子说："过去我们魏国，全天下没有比它更强大的国家了，这您是知道的。可是传到了我手上，东边败给齐国，长子不幸被俘身亡，西边割让了七百里的土地给秦国，南边又受到楚国的欺辱。这些使寡人深感耻辱，但愿能替那些死者报仇雪恨，我该怎么做才好？"

孟子回答："即使只是百里见方的小国也能使天下归顺，何况魏国还是个大国！王如果能对百姓施行仁政，减少刑罚，降低赋税，提倡深耕细作，及时锄草，让年轻人在耕种之余修习孝悌忠信，在家可侍奉父兄，在外懂得尊敬长上，那么，即便他们手里只是拿着木棍，也可与军队装备精良的秦、楚两国相抗衡。秦、楚两国占用百姓耕作的时间，使百姓无法种植五谷来奉养父母，导致父母挨饿受冻，兄弟妻儿分离四散。他们让老百姓陷入痛苦中，王如果兴兵去讨伐他们，又有谁能抵挡得住呢？所以古人说：'仁君可无敌于天下。'请王不要怀疑。"

【现代解读】战国时期，各国诸侯为了追求国富兵强，无不全力发展军事，通过不断地兼并，扩张自己的土地、财富。所以，在追逐利益的舞台上，人间其实就是力量的竞技场。问题是，在赤裸裸的力量拼搏中，谁可以永远独强？

这一章梁惠王的无助与困惑，就源自这个时代背景。而孟子的回答，还是一贯地从人民的基本需求谈起，指出只要做好养民、教民的工作，让百姓仰足以事父母，俯足以畜妻子，他们自然会站在统治者这边，抵抗外侮。

本章还可以参看 1.6、4.1、7.9。

1.6 孟子见梁襄王①。出语人曰："望之不似人君，就之而不见所畏焉。"

卒②然问曰："天下恶乎③定？"

吾对曰："定于一。"

"孰能一之？"

对曰："不嗜杀人者能一之。"

"孰能与之？"

对曰："天下莫不与也。王知夫苗乎？七八月之间旱，则苗槁矣。天油然作云，沛然下雨，则苗浡然兴之矣。其如是，孰能御之？今夫天下之人牧④，未有不嗜杀人者也，如有不嗜杀人者，则天下之民皆引领而望之矣。诚如是也，民归之，由⑤水之就下，沛然谁能御之？"

【简注】① 梁襄王：梁惠王之子，名嗣，公元前318年—前296年在位。

② 卒：通"猝"，突然。

③ 恶乎：怎样、如何。

④ 人牧：治理人民的人，指国君。

⑤ 由：同"犹"，如同、好像。

【语译】孟子去拜见梁襄王，出来后对人说："远远望见他，毫无国君的气度，走近了看，又觉得他毫无威严，看不出有何令人敬畏的地方呀。"

他突然问我："天下要如何安定？"

我回答："只有天下统一了，才能安定。"

他又问："谁能统一天下？"

我答道："不爱杀人的人能统一天下。"

他又问："谁会去归顺这样的人啊？"

我回答："天下没有不归顺他的人。王是否了解禾苗生长的情况呢？七八月份久旱不雨，禾苗就枯萎了。但如果此时乌云密布，降下大雨，枯萎的禾苗就又能蓬勃地生长起来。像这样的情况，谁又能挡得住呢？当今天下的国君，没有不爱杀人的，如果有一位不爱杀人的国君，那么天下的百姓都会伸长脖子盼望他来解救。果真这样，百姓归顺他，就会像水向下奔流一样，浩浩荡荡，谁能阻挡得了呢？"

【现代解读】孟子到梁国第二年，也就是公元前319年，惠王含恨去世，襄王即位。目前在《孟子》一书中，仅仅保留了这一段孟子与襄王的对话。但从文字上看，这次会面显然有点话不投机。

孟子回忆与襄王见面的过程，一开始是"望之不似人君，就之而不见所畏"。也就是说，襄王的仪态举止不符合人君的身份，没有任何威严足以让人尊敬。然后，襄王唐突地问道："天下要如何安定？"孟子回答："只有天下统一了，才能安定。"从历史的角度来看，孟子的回答是有重大意义的。因为对比于孔子所处的时代，孔子提出"吾从周"，以及"尊王攘夷"的诉求，反映了春秋时代虽然周天子式微，但是孔子对恢复旧政权仍抱有期待。可是，到了战国时期，天下大乱，群雄并起，周王室的权威已彻底瓦解，因此，孟子的"定于一"，其实是对新的大一统的政治秩序有着强烈的期许。问题是，谁可以结束当时的诸侯混战？孟子站在儒家王道仁政的立场上，指出只有"不嗜杀人"的仁君，才符合天下万民的期待，才能够安定天下。可惜的是，这次宾主相见，显然没有擦出火花，孟子很快就决定离开大梁，开始了他一生中更重要的一次行旅。

本章还可以参看 4.1、7.9。

1.7 齐宣王[①]问曰："齐桓、晋文之事[②]，可得闻乎？"

孟子对曰："仲尼之徒无道桓文之事者，是以后世无传焉，臣未之闻也。无以，则王乎？"

曰："德何如，则可以王矣？"

曰："保民而王，莫之能御也。"

曰："若寡人者，可以保民乎哉？"

曰："可。"

曰："何由知吾可也？"

曰："臣闻之胡龁[③]曰：'王坐于堂上，有牵牛而过堂下者，王见之曰："牛何之？"对曰："将以衅钟[④]。"王曰："舍之！吾不忍其觳觫[⑤]，若无罪而就死地。"对曰："然则废衅钟与？"曰："何可废也？以羊易之！"'不识有诸？"

梁惠王上 | 051

曰:"有之。"

曰:"是心足以王矣。百姓皆以王为爱⑥也,臣固知王之不忍也。"

王曰:"然,诚有百姓者,齐国虽褊小,吾何爱一牛?即不忍其觳觫,若无罪而就死地,故以羊易之也。"

曰:"王无异于百姓之以王为爱也,以小易大,彼恶知之?王若隐其无罪而就死地,则牛羊何择焉!"

王笑曰:"是诚何心哉?我非爱其财而易之以羊也,宜乎百姓之谓我爱也!"

曰:"无伤也,是乃仁术也。见牛未见羊也,君子之于禽兽也,见其生,不忍见其死;闻其声,不忍食其肉。是以君子远庖厨也。"

王说⑦曰:"《诗》云:'他人有心,予忖度⑧之。'夫子之谓也。夫我乃行之,反而求之,不得吾心;夫子言之,于我心有戚戚焉。此心之所以合于王者,何也?"

曰:"有复于王者曰:'吾力足以举百钧,而不足以举一羽;明足以察秋毫之末,而不见舆薪。'则王许之乎?"

曰:"否。"

"今恩足以及禽兽,而功不至于百姓者,独何与?然则一羽之不举,为不用力焉;舆薪之不见,为不用明焉;百姓之不见保,为不用恩焉。故王之不王,不为也,非不能也。"

曰:"不为者与不能者之形,何以异?"

曰:"挟太山以超北海,语人曰:'我不能。'是诚不能也。为长者折枝⑨,语人曰:'我不能。'是不为也,非不能也。故王之不王,非挟太山以超北海之类也;王之不王,是折枝之类也。老吾老,以及人之老,幼吾幼,以及人之幼,天下可运于掌⑩。《诗》云:'刑于寡妻⑪,至于兄弟,以御于家邦。'言举斯心加诸彼而已。故推恩足以保四海，不推恩无以保妻子。古之人所以大过人者，无他焉，善推其所为而已矣。今恩足以及禽兽，而功不至于百姓者，独何与？权[12]，然后知轻重；度，然后知长短。物皆然，心为甚。王请度之！抑王兴甲兵，危士臣，构怨于诸侯，然后快于心与？"

　　王曰："否。吾何快于是！将以求吾所大欲也。"

　　曰："王之所大欲，可得闻与？"王笑而不言。

　　曰："为肥甘不足以口与？轻暖不足于体与？抑为采色不足视于目与？声音不足听于耳与？便嬖[13]不足使令于前与？王之诸臣，皆足以供之。而王岂为是哉？"

　　曰："否。吾不为是也。"

　　曰："然则王之所大欲，可知已。欲辟土地，朝[14]秦楚，莅[15]中国，而抚四夷也。以若[16]所为，求若所欲，犹缘木而求鱼也。"

　　王曰："若是其甚与？"

　　曰："殆有甚焉。缘木求鱼，虽不得鱼，无后灾。以若所为，求若所欲，尽心力而为之，后必有灾。"

　　曰："可得闻与？"

　　曰："邹人与楚人战，则王以为孰胜？"

　　曰："楚人胜。"

　　曰："然则小固不可以敌大，寡固不可以敌众，弱固不可以敌强。海内之地，方千里者九，齐集有其一；以一服八，何以异于邹敌楚哉？盖亦反其本矣。今王发政施仁，使天下仕者皆欲立于王之朝，耕者皆欲耕于王之野，商贾皆欲藏于王之市，行旅皆欲出于王之涂，天下之欲疾其君者，皆欲赴愬[17]于王。其若是，孰能御之！"

　　王曰："吾惛，不能进于是矣。愿夫子辅吾志，明以教我。我虽不敏，请尝试之。"

　　曰："无恒产而有恒心者，惟士为能。若民，则无恒产，因无恒心；苟无恒心，放僻邪侈，无不为已。及陷于罪，然后从而刑之，是罔民也。焉有仁人在位，罔民而可为也！是故，明君制民之产，必使仰足以事父母，俯足以畜妻子；乐岁终身饱，凶年免于死亡；然后驱而之善，故民之从之也轻。今也制民之产，仰不足以事父母，俯不足以畜妻子；乐岁终身苦，凶年不免于死亡；此惟救死而恐不赡⑱，奚暇⑲治礼义哉？

"王欲行之，则盍反其本矣。五亩之宅，树之以桑，五十者可以衣帛矣；鸡豚狗彘之畜，无失其时，七十者可以食肉矣；百亩之田，勿夺其时，八口之家可以无饥矣；谨庠序之教，申之以孝悌之义，颁白者不负戴于道路矣。老者衣帛食肉，黎民不饥不寒，然而不王者，未之有也！"

【简注】① 齐宣王：姓田，名辟疆。齐威王之子，齐湣王之父，约公元前319—前301年在位。

② 齐桓、晋文之事：指春秋时期齐桓公和晋文公称霸之事。

③ 胡龁：齐宣王的近臣。

④ 衅钟：古代的一种礼节仪式。凡是国家新器物开始启用或宗庙落成，都要杀牲取血来祭祀。

⑤ 觳觫：因恐惧而发抖的样子。

⑥ 爱：吝啬。

⑦ 说：通"悦"。

⑧ 忖度：猜测。

⑨ 折枝：折取树枝，比喻轻而易举。一说弯腰行礼，另有一说按摩挠痒，两者都能解释得通。

⑩ 天下可运于掌：治理天下就像在手掌上运转东西，比喻治理天下很容易。

⑪刑于寡妻：刑，同"型"，树立典范。寡妻，国君的正妻。为正妻树立典范。

⑫权：以秤称量物体。

⑬便嬖：受君王宠爱之近臣。

⑭朝：使来朝拜。

⑮莅：临。

⑯若：你。

⑰愬：通"诉"，控告。

⑱赡：充足。

⑲奚暇：哪有闲暇。

【语译】齐宣王问孟子："您可以为我讲述齐桓公、晋文公称霸的事迹吗？"

孟子答道："孔子的学生没有谈论齐桓公、晋文公的事迹，所以没有流传到后代，我也就没听说过。如果非要我说的话，那我就来说说统一天下的王道如何？"

齐宣王问："具备什么样的德行才能统一天下呢？"

孟子说："安养照顾百姓而统一天下的人，没有谁阻挡得住他。"

齐宣王问："像寡人这样，也可以安养照顾百姓吗？"

孟子说："可以。"

齐宣王问："凭什么知道我可以呢？"

孟子说："我听胡龁说过，有一天，王坐在大殿上，有人牵着牛从大殿下方走过，王看见了便问：'要把这头牛牵去哪儿？'牵牛的人回答道：'准备杀了做祭祀的牺牲。'王说：'放了它吧！我不忍心看它发抖的样子，可怜它没犯错却要被宰杀做祭品。'那人回答：'那么，要废除衅钟的礼仪吗？'王说：'祭祀之礼哪能废除？用羊去替

梁惠王上 | 055

换这头牛。'不知道有没有这回事？"

齐宣王说："有。"

孟子说："王凭借这样的心就足以统一天下。只是老百姓听说这件事，都说您小气吝啬，我却明白王是因为不忍心才这么做的。"

齐宣王说："是啊！的确有百姓这么说。齐国虽然小，但我哪会吝惜一头牛呢？就因为不忍心看到它发抖，而且没有犯错却要被宰杀当作牺牲，所以让人用羊来代替它。"

孟子说："王请不要怪百姓误会您吝啬。您用小的羊代替大的牛，他们哪能了解您的用心？如果王因为可怜它没有犯错就要被杀死作牺牲，那么，牛和羊又有什么不同呢？"

齐宣王笑着说："这到底是什么样的心态呢？我不是因为舍不得那点钱，才用羊去换牛的。怪不得百姓都说我吝啬。"

孟子说："没关系，这正是仁心、仁术的表现，因为王当时只看到了牛没看到羊。君子对于飞禽走兽，看到它们活生生的，就不忍心看它们被杀死，听到它们临死前的哀鸣，便不忍心吃它们的肉。所以，君子总是离厨房远远的。"

齐宣王高兴地说：《诗经》说：'别人心里怎么想的，我能揣摩出来。'说的正是夫子吧！我只是这么做了，但回头想想，却不清楚自己心里是怎么想的，经夫子说明后，我内心很受触动，深有同感。但是您说这样的心态能够统一天下，是什么道理呢？"

孟子说："如果有人向王禀告：'我的力量足够举起三千斤重的东西，却不足以举起一根羽毛；我的视力足够清晰地看见秋天里鸟兽生长的细毛的末端，却看不见满满一车柴薪。'王会相信他说的话吗？"

齐宣王说："不会。"

孟子说："如今王的恩德都能够施予到禽兽身上，却无法使老百姓受惠，这到底是为什么呢？显然，一根羽毛举不起来，是因为不肯花力气；满满一车柴薪看不见，是因为不愿意看；老百姓没有受到爱护与照料，是因为君上不肯施恩照顾百姓。因此，王无法统一天下，只是不愿意做，而不是做不到。"

齐宣王问："不愿意做和做不到，有什么区别吗？"

孟子说："让一个人挟着泰山跳过北海，这人说：'我办不到。'这是真的做不到。为长辈折一根树枝，这人说：'我办不到。'是不愿意做，而不是做不到。所以王您没有用王道仁政来统一天下，不是属于把泰山夹在胳膊下跳过北海的一类，而是属于为老年人折枝一类。敬爱自己的长辈，进而敬爱他人的长辈，爱护自家的孩子，进而去爱护别人家的孩子，这样，治理天下就像在手掌上转动东西一样容易了。《诗经》说：'为妻子树立好的榜样，推广影响到兄弟，再推广影响到天下国家。'说的就是把这种心意推广到其他人身上。所以，若推广恩德足够庇护天下人，若不推广恩德，就连自己的妻子儿女都保护不了。古代的贤人之所以远远超越常人，没别的原因，只是善于推广他们的仁心善举罢了。现在，王的恩德都可以遍及禽兽，却无法顾及百姓，这到底是为什么呢？拿秤来称，然后才知道轻重；拿尺来量，然后才明白长短。所有东西都是这样，心更是如此。王，请好好地考虑吧！或是王认为要发动战争，让文武百官冒着生命危险，去跟列国诸侯结仇，然后内心才痛快？"

王说："不，这哪能使我痛快呢！不过是借此来追求我心中最大的渴望。"

孟子说："王内心最大的渴望，可以说给我听吗？"宣王只是笑，却不回答。

孟子说："难道王内心的渴望，是因为缺少肥美甘甜的食物吃吗？是因为缺少轻薄温暖的衣服穿吗？是因为缺少五彩缤纷的东西观赏吗？是因为缺少美妙的音乐听吗？还是身边的侍从不够贴心可供您使唤？这些，王的臣子都可以尽量为您提供。王难道是为了追求这些吗？"

王说："不，我不是为了这些。"

孟子说："那么，王心中最大的渴望，就可想而知了。是想要开疆拓土，使秦、楚两国来朝拜称臣，君临天下，并安抚四方的夷狄吧！然而，以您现在的所作所为，去追求您内心的渴望，就像是爬到树上去捉鱼一样，是绝不可能的。"

王说："有这么严重吗？"

孟子说："恐怕比这严重多了。爬到树上去捉鱼，即使没捉到鱼，也没有后患。但依您目前的所作所为，去追求您内心的渴望，即使费尽心力去做，也必定会有随之而来的灾祸。"

宣王问："您能为我说清楚些吗？"

孟子说："如果邹人跟楚人打仗，王认为谁会获胜？"

王答："楚人会获胜。"

孟子说："由此可知，小国肯定敌不过大国，人少肯定敌不过人多，弱国肯定不敌强国。四海之内，方圆千里的土地有九份，齐国七拼八凑也不过占其中的九分之一；以一想要征服八，那跟邹人对抗楚人有什么不同？因此，想达到目标，还是要返回王道的根本着手！如果现在王能发布政令，施行仁政，就能让天下出仕当官的人，都想在王的朝中做官；耕种的农夫，都想在王的土地上耕作；做生意的商人，都想在王的市场上做买卖；出门在外的旅人，都想行走在王的道路上；天下痛恨他的国君的人，都想跑来向王控诉。果真如此，又有谁能挡得住百姓从四方前来归顺呢？"

齐宣王说："我头脑不清楚，不能够进一步领会这些道理。希望夫子辅佐我实现大志，明确地教导我。我虽迟钝，请让我努力试试。"

孟子说："没有固定的产业却能有坚定不移的心志，只有读书明理的士才能做到。至于百姓，如果没有固定的产业，也就没有恒心能坚持下去。如果一个人没有坚定不移的恒心，就容易胡作非为。等到他们犯了罪，然后才去惩罚他们，这就像是提前布下天罗地网去坑害百姓呀！哪有仁君在位，是用这种坑害百姓的手段治理国家的呢？所以，贤明的君主规划制定产业政策，一定会让百姓往上足够侍奉父母，往下足够养活妻儿。丰年时，整年都能温饱，遇到荒年歉收，也可以免于死亡。然后，督促他们向善，百姓就能很容易听从了。现在，规划制定的产业政策，百姓对上不足以侍奉父母，对下不足以养活妻儿。丰年时，一年到头都很劳苦，遇到荒年歉收，免不了要饿死。这样，连保住性命都快顾不上了，哪里还有空去讲求礼义呢？

"王想要行仁政，为何不返回来从根本处着手。在五亩大的宅地上，种桑养蚕，那么五十岁以上的人就都能穿上丝织棉袄；畜养鸡、猪、狗等家畜，不错过其繁育后代之时节，那么七十岁以上的老人就都有肉可吃；有百亩田地的家庭，不用徭役去剥夺他们耕种的时节，那么有八口人的家庭就不会有人挨饿了；妥善地办理地方学校教育，时常引导人们孝敬父母、友爱兄弟，那么头发花白的长者就不用辛苦地背负重物在路上走。老人家都有肉可吃，有衣服穿，百姓不用挨饿受冻，温饱无虞。这样还不能统一天下，是从来没有的事！"

【现代解读】《孟子》七篇中，前三篇保留了许多孟子与当时国君的对话记录。其中，最多、最值得留意的，就是孟子与齐宣王的接触与交流。因为孟子离开梁国后，第二度游历齐国，适逢齐宣王即位，重开稷下学宫，礼贤下士，孟子一度受到礼遇，高居卿位。后来由于孟子劝谏齐王撤军燕国，未果，孟子对宣王彻底失望，最后决定退隐。这一次，孟子来到齐国，时间长达六年之久，是孟子停留一地最久的一次，可以想见，这是孟子用心、用情最深的一次从政经历。总体来说，这个阶段孟子与齐宣王的互动，有两个议题最值得关注，一是如何落实王道仁政的理念，二是在日渐膨胀的政统面前，士应如何进行自我定位。至于目前看到的这一章，在篇幅上是最长的，它记录着孟子刚到齐宣王朝廷不久，通过齐宣王的一次真性情的流露对其循循善诱，并进行了一场关于如何实现王道仁政的大论述。其间，年轻狂放的齐宣王与沉稳练达且极富智慧的孟子，这两个主角，一老一少，一来一往，在言语的迅速试探、冲撞、交换中，构建了一篇非常有戏剧张力的对话。现代读者一定要仔细玩味。

孟子对宣王询问"齐桓、晋文之事"，说了一个善意的谎言。孟子表示，"仲尼之徒无道桓文之事"，并非事实。《论语·宪问》保留了许多孔子评价齐桓公、晋文公的言论，诸如"晋文公谲而不正，齐桓公正而不谲""桓公九合诸侯，不以兵车，管仲之力也。如其仁！如其仁""管仲相桓公，霸诸侯，一匡天下，民到于今受其赐"等等。孟子之所以会说这个弥天大谎，是因为他身处战国时代，其时群雄争霸的结果，就是战争不断，民不聊生，如果要救民于水火，唯一的途径就是要尊王贱霸，鼓励时君行仁政。所以，孟子不愿顺着宣王的提问回答，而是设法将宣王的兴趣转移到三代的王道之上。

但是，什么样的政治领导者可以实现王道？毕竟夏、商、周大一统的建立，都是成于古代圣王之手，齐宣王作为一个甫接政权的年轻国君，对自己其实是没有信心的。而孟子身为孔子的追随者，彻底展现了一位师长循循善诱的耐心，独具慧眼地掌握了宣王真性情流露的事件，直接叩击到宣王恣意好胜性格背后那颗柔软的心——"不忍其觳觫，若无罪而就死地"，引导宣王从"不忍人之心"通过"推恩"到"老吾老，以及人之老，幼吾幼，以及人之幼"，最后达到行"不忍人之仁政"。孟子整个论述，简明扼要，他先诱导宣王承认自己的确有不忍牛之觳觫而易之以羊的事情，继而质问宣王"恩足以及禽兽，而功不至于百姓"的原因，目的就在于点醒宣王不得不承认自己因为心系其他的大事，"将以求吾所大欲"，所以无意于孟子所说的推恩、施恩之事。

宣王的"大欲"是什么？孟子毫不客气地拆穿道："您不就是'辟土地，朝秦楚，莅国中，而抚四夷'吗？"这个图霸的野心，在孟子看来，不但是"缘木求鱼"，而且必有后灾。个中关键，其实很简单，因为小不敌大、寡不敌众，以当时齐国的军事实力，以一敌八根本不可能取胜。但问题是，孟子讲"反其本"的"本"又是什么？孟子认为，如果宣王的"大欲"是建立新的大一统，那就不能以军事的手段来达成，因为这是一个政治问题，而且是一个执政者能不能保证人民基本需求的与道德有关的政治问题。

因此，在孟子看来，战国时期的苦难，主要是因为列国诸侯试图以错误的军事手段，来达到一个必须靠仁政才能获致的政治目标。如果执政者将心比心，了解到老百姓的基本需要，为民制产，使他们仰足以事父母，俯足以畜妻子，农暇之时，谨庠序之教，申之以孝悌之义，使老有所安，黎民不饥不寒，那么，王道的实现指日可待。可惜年富力强的齐宣王，虽有旺盛的政治企图心，但尚待教化。孟子的谆谆教诲，一时之间恐怕还是听者藐藐。

不过，在孟子的大论述里，有一段文字的内涵并未展开，却是关乎孟子的政治理想能否实现的支柱，应该先略作说明，也就是"无恒产而有恒心者，惟士为能。若民，则无恒产，因无恒心"这段话。表面看来，这只是孟子对士与民的一个区分，但若与孟子的其他篇章关联着来看，孟子对士的规范与期许，其实是孟子政治哲学中，维系政治清明的一项重要观念。近年来，研究孟子政治哲学的学者，在与西方的民主观念进行对比时，总是一针见血地指出孟子虽有民本的想法，却没有民权、民治的制度设计，因此王道仁政的政治理想，全系于明君一端，未免过于薄弱。但是，这个批评，诚有所见，可是以西方近两百年才发展出的政治制度，求全于两千多年前的孟子，恐怕是过于苛刻了。而且，我们在理解孟子的王道仁政的观念时，绝对不要忽略孟子思想中的道统、政统二分的架构，以及道统其实是高于政统的观念。因为在这个架构下，孟子之所以重视士的出处进退取予，并强调士以道抗势，以德抗位，目的就在于平衡传统政治过于依赖君王顶端的制度设计，试图以道统救济政统过于集权于君王一人之上的单薄。我们在看待孟子这种对士阶层的重视以及对士要重新进行自我定位的期许时，不可以脱离他的"王霸之辩""义利之辩"，在以后的篇章中，我们可以有更多的文献参考。

本章可与4.2、5.3合参。

梁惠王下

《梁惠王下》共十六章。前十一章记录的是孟子与齐宣王的对话，涉及的题材范围颇广。值得注意的是，孟子的劝说时若春风，循循善诱，时若寒冰，不假辞色，由此可以看出，孟子与齐宣王的互动，充满了张力。在他们君臣之间，孟子始终是师儒的角色，而齐宣王则经常脱口而出好乐、好勇、好色、好货，让人觉得他是一位生命力旺盛，却未蒙教化的年轻国君。第十二章，记录了孟子与邹穆公仅有的一段对话，应是孟子早年从政的记录。第十三、十四、十五章，则保留了滕文公与孟子对滕国危急处境如何因应的讨论，看似平淡无奇，却正足以证明孟子虽有无碍的辩才，但也绝非纵横捭阖的权谋之士。第十六章，记录了孟子未能见到鲁平公的故事，让我们得以一窥圣贤是如何面对横逆的，殊堪玩味。

2.1 庄暴①见孟子曰:"暴见于王,王语暴以好乐,暴未有以对也。"曰:"好乐,何如?"

孟子曰:"王之好乐甚,则齐国其庶几②乎!"

他日,见于王曰:"王尝语庄子以好乐,有诸?"

王变乎色曰:"寡人非能好先王之乐也,直好世俗之乐耳。"

曰:"王之好乐甚,则齐其庶几乎!今之乐,犹古之乐也。"

曰:"可得闻与?"

曰:"独乐乐③,与人乐乐,孰乐?"

曰:"不若与人。"

曰:"与少乐乐,与众乐乐,孰乐?"

曰:"不若与众。"

"臣请为王言乐。今王鼓乐于此,百姓闻王钟鼓之声、管籥之音,举疾首蹙頞④而相告曰:'吾王之好鼓乐,夫何使我至于此极⑤也?父子不相见,兄弟妻子离散。'今王田猎于此,百姓闻王车马之音,见羽旄⑥之美,举疾首蹙頞而相告曰:'吾王之好田猎,夫何使我至于此极也?父子不相见,兄弟妻子离散。'此无他,不与民同乐也。今王鼓乐于此,百姓闻王钟鼓之声、管籥之音,举欣欣然有喜色而相告曰:'吾王庶几无疾病与!何以能鼓乐也?'今王田猎于此,百姓闻王车马之音,见羽旄之美,举欣欣然有喜色而相告曰:'吾王庶几无疾病与!何以能田猎也?'此无他,与民同乐也。今王与百姓同乐,则王矣。"

【简注】① 庄暴：齐宣王的臣子。

② 庶几：差不多。

③ 独乐乐：前一个"乐"指听音乐，一说喜好。后一个"乐"指快乐。表示独自聆听音乐感到快乐。

④ 举疾首蹙頞：举，都。疾首蹙頞，愁眉苦脸的意思。

⑤ 极：穷困窘迫。

⑥ 羽旄：鸟羽和旄牛尾，代指旗帜。

【语译】齐国的臣子庄暴拜见孟子，说："我被齐王召见，王对我说他喜好音乐，我一时不知该如何回答。"又问孟子："喜好音乐，您认为怎么样？"

孟子回答："王十分喜好音乐的话，那齐国差不多可以治理好了！"

过了几天，孟子被齐王接见，说："王曾经对庄暴说您喜好音乐，有这回事吗？"

王脸色一变，说："寡人并不能欣赏先王的雅乐，只是喜好世俗的流行音乐。"

孟子说："王十分喜好音乐的话，那齐国差不多可以治理好了！现在的流行音乐，就如同古代的雅乐一样。"

王说："可以跟我说明其中的道理吗？"

孟子答："独自享受音乐，比起跟别人一起享受音乐，哪个更快乐？"

王说："和别人一起享受音乐比较快乐。"

孟子说："和少数人一起享受音乐，比起和多数人一起享受音乐，哪个更快乐？"

王答："和多数人一起享受音乐比较快乐。"

孟子说："请让我为王讲讲欣赏音乐的道理吧。如果现在王在这里奏乐，百姓听到王鸣钟击鼓的声音、吹箫奏笛的声音后，都愁眉苦脸地纷纷议论道：'我们的王喜好音乐，为什么使我们沦落到父子不能相见，兄弟妻儿分离四散的窘境呢？'如果现在王在这里打猎，百姓听到王的车马的声音，看到华丽的仪仗后，都愁眉苦脸地纷纷议论道：'我们的王喜好打猎，为什么使我们沦落到父子不能相见，兄弟妻儿分离四散的窘境呢？'其中没有别的原因，就是因为王只图自己快乐，不与百姓共同享乐。如果现在王在这里奏乐，百姓听到王鸣钟击鼓的声音、吹箫奏笛的声音后，都眉开眼笑、欢欣鼓舞地奔走相告：'我们的王应该身体无恙吧！不然怎么能奏乐呢？'如果现在王在这里打猎，百姓听到王的车马的声音，看到华丽的仪仗后，都眉开眼笑、欢欣鼓舞地奔走相告：'我们的王应该身体无恙吧！不然怎么能打猎呢？'这没有别的原因，是王能和百姓共同享乐的缘故。如果王能和百姓共同享乐，就能统一天下了。"

【现代解读】本章与孟子对话的"王"，虽未明说，但从上下文来看，应该是齐宣王，殆无疑义。

全文围绕着宣王喜好音乐展开。孟子听说宣王好乐，不但未加批评，反而为齐国称庆。为什么呢？这就像孟子听说宣王不忍即将衅钟的牛无罪而就死地一样，孟子认为宣王的好乐，也是每个生命最真实直接的表现。因此，只要宣王好乐的热情不减，那么，"独乐乐"不若"与人乐乐"，"少乐乐"不若"众乐乐"，宣王势必也会在意百姓的快乐。换言之，孟子认为，齐宣王在沉浸于音乐之美的愉悦时，若能"与民同乐"，则这颗柔软的心，也就是"不忍人之心"了，其发用为"不忍人之政"，只是迟早的事。

然而，或可讨论的是，孟子在劝说宣王"与民同乐"时，不追究宣王所好的不是"先王之乐"，而是"世俗之乐"，这是否有违孔子推崇古代雅乐,"放郑声"的一贯立场?对于这个质疑,朱熹在《四书章句集注》中,曾引宋儒范祖禹的说法,"……孟子切于救民,故因齐王之好乐开导其善心,深劝其与民同乐,而谓今乐犹古乐,其实,今乐、古乐何可同也?但与民同乐之意,则无古今之异耳……盖孔子之言,为邦之正道;孟子之言,救时之急务,所以不同",可谓允当之论。尤可进者,孟子因庄暴语齐王好乐,特加引申运用,借以唤起齐王"与民同乐"的爱民之心,充分反映出孟子救民济世的良苦用心。

本章可与1.2、2.2、2.4、2.5参读。

2.2 齐宣王问曰:"文王之囿①,方七十里,有诸?"

孟子对曰:"于传有之。"

曰:"若是其大乎?"

曰:"民犹以为小也。"

曰:"寡人之囿,方四十里,民犹以为大,何也?"

曰:"文王之囿,方七十里,刍荛②者往焉,雉兔③者往焉,与民同之。民以为小,不亦宜乎!臣始至于境,问国之大禁,然后敢入。臣闻郊关之内,有囿方四十里,杀其麋鹿者,如杀人之罪。则是方四十里,为阱于国中,民以为大,不亦宜乎?"

【简注】① 囿:古代畜养禽兽的园林。

② 刍荛:割草、砍柴。

③ 雉兔:捕鸟、猎兽。

【语译】齐宣王问孟子说:"听说文王打猎的园囿有七十里见方,有这回事吗?"

孟子回答:"文献上有记载。"

宣王问:"竟然有这么大吗?"

孟子说:"老百姓还觉得小呢!"

宣王问:"我的园囿才四十里见方,百姓还觉得太大,这是为什么呢?"

孟子说:"文王的园囿七十里见方,割草、砍柴的人能进去,捕鸟、猎兽的人也能进,他与百姓共享。百姓觉得太小,不是很自然的事吗?我刚到齐国边境时,先问清楚齐国有什么重要的禁令,然后才敢入境。我听说国都郊区内有个四十里见方的园囿,如果杀了里面的麋鹿,就等同于犯了杀人之罪。这就好像是在国内设下一个四十里见方的陷阱,百姓认为太大不是理所当然的事吗?"

【现代解读】本章与《梁惠王上》第二章的旨趣大体相同,都在发挥孟子"与民同乐"的观念。孟子并不反对执政者有园囿池沼的生活享受,但指出"古之人与民偕乐,故能乐也",国君只有做到与民同乐,才能有真正的快乐。孟子的这种观念,其实就是认为君、臣、民在一个国家里,实属一个生命共同体,这中间只有共好,没有独好。若只追求一己独大、独好,那将成为"一夫",就像武王伐纣,"闻诸一夫纣矣,未闻弑君也",最后落得被诛杀的下场。

2.3 齐宣王问曰:"交邻国,有道乎?"

孟子对曰:"有。惟仁者为能以大事小。是故,汤事葛①,文王事昆夷②。惟智者为能以小事大,故大王事獯鬻③,勾践事吴④。以大事小者,乐天者也;以小事大者,畏天者也。乐天者保天下,畏天者保其国。《诗》云:'畏天之威,于时保之。'"

王曰:"大哉言矣,寡人有疾,寡人好勇。"

对曰:"王请无好小勇。夫抚剑疾视曰:'彼恶敢当我哉!'此匹夫之勇，敌一人者也。王请大之。《诗》云：'王赫斯⑤怒，爰整其旅；以遏徂莒⑥，以笃周祜⑦，以对⑧于天下。'此文王之勇也。文王一怒而安天下之民。《书》曰：'天降下民，作之君，作之师，惟曰其助上帝宠之。四方有罪无罪惟我在，天下曷敢有越厥志？'一人衡行⑨于天下，武王耻之，此武王之勇也。而武王亦一怒而安天下之民。今王亦一怒而安天下之民，民惟恐王之不好勇也。"

【简注】① 汤事葛：汤，商汤，商朝的创建者。葛，葛伯，葛国国君。葛国为紧邻商的小国。其事参见《滕文公下·五》。

② 文王事昆夷：文王即周文王。昆夷，亦作"混夷"，周初的西戎国名。

③ 大王事獯鬻：大王即太王，文王的祖父古公亶父。獯鬻，即猃狁，当时北方的少数民族。

④ 勾践事吴：勾践，春秋时越国国君。吴，指吴王夫差。

⑤ 赫斯：国君盛怒的样子。

⑥ 以遏徂莒：遏，止。徂，到。莒，国名。阻止前往莒国侵略的敌人。

⑦ 以笃周祜：笃，厚。祜，福。

⑧ 对：答谢。

⑨ 一人衡行：一人，指殷纣王。衡行，通"横行"。

【语译】齐宣王请教孟子："和邻国打交道有什么原则吗？"

孟子答道："有。只有仁者能够以大国的身份侍奉小国，所以，商汤曾经侍奉葛国，文王曾经侍奉昆夷。只有智者能够以小国的身份侍奉大国，所以古公亶父曾经侍奉獯鬻，越王勾践曾经侍奉吴王夫差。以大国的身份侍奉小国，是乐于顺应天命者；以小国的身份侍奉大国，是懂得敬畏天命者。乐于顺应天命的人能安定天下，懂得敬畏天命的人能保住他的国家。《诗经》有说：'敬畏上天的威严，小心谨慎，因此能保住安定。'"

宣王说："您说得太好了！但是我有个毛病，我喜欢争强斗勇。"

孟子答道："请王不要只喜好小勇。若有人按着剑、瞪着眼说：'他怎么抵挡我！'这不过是个人的勇猛，只能对付一个人。请王扩大这种勇。《诗经》中说：'文王一发怒，整顿军队，就能遏阻侵犯莒国的敌军，提升周国的威望，增加百姓的福祉，以此报答天下对周国的期望。'这是文王的勇。文王一发怒，就能使天下百姓得到安定。《尚书》中说：'上天降生万民，为他们设立君王、设立师长，要他们协助上天爱护百姓。天下有罪的人和无罪的人都由我负责，普天之下，谁敢逾越本分胡作非为呢？'当纣王横行霸道于天下时，武王感到耻辱，这是武王的勇。武王一发怒，就能使天下人得到安定。现在，王如果一发怒，就能使天下人得到安定，那么百姓唯恐王不喜好勇呢！"

【现代解读】 本章谈到了两个主题，一个是与邻国的相处之道，另一个是"大勇"与"小勇"的区别，也就是孟子心目中的用兵的原则。

战国时期，群雄争霸，每个国家因为天时、地利、人和条件的差异，自然也就有强与弱、大与小的区分。齐宣王问孟子与邻国的相处之道，其实也就是问如何与这些强弱、大小不一的国家相处。孟子站在儒家的立场，提出了"以大事小者，乐天者也"与"以小事大者，畏天者也"两种模式。所谓"以大事小"，孟子以商汤宽待小国葛，文王厚待小邦昆夷为例，认为这种做法体现了上天化育万物，无不覆盖养育的仁爱之德，所以称为"乐天者"。而所谓"以小事大"，孟子以周太王侍奉獯鬻，勾践侍奉吴王夫差为例，指出当时两位国君既身处劣势，就必须尊重上天的造化原则，面对它给出的既定秩序，绝不做僭越挑衅之事，这也就叫作"畏天"。孟子在此所传递出的儒家理念，就是和平共处，天下一家，依据吾人对天道造化的体认，来维系各国家族群的共同的生命结构与秩序。这中间，兵戎相见或武力兼并，均不是国与国相处的常态与可选项。

可是，孟子这种奠基于天道体认的历史智慧，显然无法被恣意狂放的年轻国君所接纳。齐宣王毫不羞耻地脱口而出"寡人有疾，寡人好勇"，拒绝了孟子的建议。原来，齐宣王关心的是如何用武力去称霸。然而，孟子并没有灰心，他又立刻提出"小勇"与"大勇"的区分。所谓"小勇"，指的是毫无正当性，仅仅是凭着好勇斗狠的精神，孟子斥其为"匹夫之勇"。而所谓"大勇"，孟子则以文王、武王为例，指的是顺天应人、吊民伐罪的军事行动。换言之，孟子勉励齐宣王不要好匹夫之勇，而应该效法文王、武王之勇，行王道于天下。

2.4 齐宣王见孟子于雪宫①。王曰："贤者亦有此乐乎？"

孟子对曰："有。人不得，则非其上矣。不得而非其上者，非也；为民上而不与民同乐者，亦非也。乐民之乐者，民亦乐其乐；忧民之忧者，民亦忧其忧。乐以天下，忧以天下，然而不王者，未之有也。

"昔者，齐景公问于晏子②曰：'吾欲观于转附朝儛③，遵海而南，放于琅邪④。吾何修而可以比于先王观也？'晏子对曰：'善哉问也！天子适诸侯曰巡狩。巡狩者，巡所守也。诸侯朝于天子曰述职，述职者，述所职也，无非事者。春省耕而补不足，秋省敛而助不给。夏谚曰："吾王不游，吾何以休？吾王不豫⑤，吾何以助？一游一豫，为诸侯度。"今也不然。师行而粮食，饥者弗食，劳者弗息。睊睊胥谗⑥，民乃作慝⑦。方命虐民，饮食若流。流连荒亡，为诸侯忧。从流下而忘反，谓之流，从流上而忘反，谓之连；从兽无厌，谓之荒，乐酒无厌，谓之亡。先王无流连之乐，荒亡之行。惟君所行也。'景公说，大戒⑧于国，出舍于郊，于是始兴发补不足。召太师，曰：'为我作君臣相说之乐。'盖《徵招》《角招》⑨是也。其诗曰：'畜君何尤⑩！'畜君者，好君也。"

【简注】①雪宫：齐宣王的离宫。离宫，帝王在都城之外的宫殿。

②齐景公问于晏子：齐景公，春秋时齐国国君，公元前547至公元前490年在位。晏子，齐国著名贤臣晏婴。

③转附朝儛：转附、朝儛，皆山名。

④琅邪：山名，在今山东省境内，临黄海。

⑤豫：义同游，指帝王秋天出巡。

⑥睊睊胥谗：睊睊，侧目怒视貌。胥，皆。谗，毁谤。

⑦慝：恶。

⑧戒：准备。

⑨《徵招》《角招》：古乐曲名。

⑩畜君何尤：畜君，匡正国君的过失。尤，过错。

【语译】齐宣王在他的离宫雪宫接见孟子。宣王问："有贤德的人也有这种快乐吗？"

孟子回答："有的。人们得不到这种快乐，就会抱怨他们的国君了。得不到就抱怨国君，固然不对，但身为百姓的国君不与百姓同乐，同样也不对。国君把百姓的快乐当作自己的快乐，百姓也会将国君的快乐当作他们的快乐；国君把百姓的忧愁当作自己的忧愁，百姓也会将国君的忧愁当作他们的忧愁。快乐，就与天下人同乐，忧愁，就与天下人同忧，这样还不能使天下归顺于他，是从来不曾有的事。

"昔日齐景公问晏子：'我想去巡游转附和朝儛两座名山，然后沿着海边向南，一直到琅邪去。我该怎么做，才可以与古代帝王的壮游相比呢？'晏子回答：'问得好！天子到诸侯的辖区内叫作巡狩。所谓巡狩，就是巡视诸侯所守卫的疆土。诸侯到王宫去朝见天子叫作述职，述职就是诸侯汇报自己履行职守的情况，必定都和政事有关。春天去巡视百姓耕作的情形，补足他们欠缺的农具；秋天巡视百姓的收成，给予歉收的人补助。夏朝有谚语说："我们的君王不巡游，我们哪能得到休息？我们的君王不出巡，我们哪能得到救济补助？他每次出巡游览，都是诸侯的楷模。"现在却不是这样了。国君一出巡就劳师动众，征集粮食，导致饥饿的百姓没有食物，劳苦的士卒无法休息。人们侧目怒视，怨声载道，于是百姓纷纷作乱造反。这样的巡游违逆天命，祸害百姓，大吃大喝如同流水般浪费。这般流连荒亡之政，造成了地方诸侯的忧思。从上游一路顺流到下游，乐而忘返，叫作流；从下游一路逆行到上游，乐而忘返，叫作连，追逐打猎而不知足，叫作荒，饮酒作乐而不知足，叫作亡。先王没有这种流连的享乐，也没有这种荒亡的行径。就看您怎么做了。'景公听了十分高兴，在都城内做好了充分的准备，接着离开宫室搬去郊外住，然后开仓救济穷人。又招来乐官，吩咐道：'给我作一首君臣同乐的乐曲。'或许作的就是《征招》《角招》这两首曲子。其中有句歌词：'匡正国君有什么不对！'所谓的匡正国君，就是爱护君主的意思。"

【现代解读】本章记载的是齐宣王在其离宫中，炫耀自己生活享乐的一段对话。那一天，宣王心情一定很好。在欢愉之际，不经意地问道："有贤德的人也有这种快乐吗？"意外得到孟子的一番启发："乐民之乐者，民亦乐其乐；忧民之忧者，民亦忧其忧。"千年之后，北宋名臣范仲淹在《岳阳楼记》中提出"先天下之忧而忧，后天下之乐而乐"，其实正是受孟子这种思想的影响。孟子的这个观念，也就成了日后中国士人投身政治的最高规范。

孟子一如往昔，总是从历史说起。他特举当年齐景公接受晏子建议的例子，指出古代天子巡狩、诸侯述职，其目的主要在深入民间"春省耕而补不足，秋省敛而助不给"，完全基于政务需求，绝非像现在的国君这样，只是追求个人的流连之乐、荒亡之行，置百姓需求于不顾。齐景公聆听教诲后，大悦，从此开始约束自己的行为，并"兴发补不足"，更命令乐师为自己与晏子的君臣庆会创作乐曲，以资纪念。

孟子的一番论述，不知宣王听进去多少。但是，"乐民之乐""忧民之忧"，是为政者必须奉行的最高原则。

2.5 齐宣王问曰："人皆谓我毁明堂[①]，毁诸？已乎？"

孟子对曰："夫明堂者，王者之堂也。王欲行王政，则勿毁之矣。"

王曰："王政可得闻与？"

对曰："昔者，文王之治岐[②]也，耕者九一，仕者世禄，关市讥[③]而不征，泽梁[④]无禁，罪人不孥[⑤]。老而无妻曰鳏，老而无夫曰寡，老而无子曰独，幼而无父曰孤，此四者，天下之穷民而无告者。文王发政施仁，必先斯四者。《诗》[⑥]云：'哿[⑦]矣富人，哀此茕独[⑧]。'"

王曰："善哉言乎！"

曰："王如善之，则何为不行？"

王曰："寡人有疾，寡人好货。"

对曰："昔者公刘[⑨]好货。《诗》[⑩]云：'乃积乃仓，乃裹糇粮[⑪]。于橐于囊，思戢用光[⑫]。弓矢斯张，干戈戚扬，爰方启行。'故居者有积仓，行者有裹粮也，然后可以爰方启行。王如好货，与百姓同之，于王何有？"

王曰："寡人有疾，寡人好色。"

对曰："昔者大王好色，爱厥妃。《诗》⑬云：'古公亶父，来朝走马；率西水浒⑭，至于岐下；爰及姜女⑮，聿来胥宇⑯。'当是时也，内无怨女，外无旷夫。王如好色，与百姓同之，于王何有？"

【简注】① 明堂：周天子东巡时接受诸侯朝拜的地方，古代天子宣明政教之场所。

② 岐：地名，在今陕西省岐山县东北。相传周太王古公亶父自豳迁至此处建立都城，成为周人居住之处。

③ 讥：稽查。

④ 泽梁：设置鱼梁，拦水捕鱼。

⑤ 不孥：罪不及妻儿，不牵连妻子儿女。

⑥ 《诗》：出自《诗经·小雅·正月》。

⑦ 哿：同"可"。

⑧ 茕独：指孤独无依靠的人。

⑨ 公刘：后稷的曾孙，周朝的始祖。

⑩ 《诗》：出自《诗经·大雅·公刘》。

⑪ 糇粮：干粮。

⑫ 思戢用光：思，语气词，无义。指团结聚集百姓，将基业发扬光大。

⑬ 《诗》：出自《诗经·大雅·绵》。

⑭ 率西水浒：沿着西边水滨。率，沿着。浒，水边。

⑮ 爰及姜女：爰，助词，无义。姜女，太姜，太王的妃子。

⑯ 聿来胥宇：聿，助词，无义。胥，视察。宇，屋宇。视察可住之处。

【语译】齐宣王问孟子："别人建议我拆掉明堂，您看是拆了好，还是不拆好呢？"

孟子答道："明堂乃是天子宣明政教的地方，如果宣王要施行王道于天下，就不要拆掉。"

宣王说："该怎么实行王道政治，可以讲给我听听吗？"

孟子回答："从前文王治理岐地时，施行井田制度，耕田的人缴纳九分之一的税，出仕当官的人给予世袭的俸禄，在关卡和市场，只稽查而不征税，人民可以蓄水养鱼，或自由地在湖泊中设置鱼梁捕鱼，政府不加禁止，犯罪的人自己受惩罚，不牵连其妻子儿女。年老无妻的人叫作鳏夫，年老无夫的人叫作寡妇，年老无子的人叫作独居长者，年幼无父的人叫作孤儿，这四种人，都是社会上孤苦无依的人。因此周文王施行仁政时，一定会优先照顾他们。《诗经·小雅·正月》有说：'富人的生活尚且过得去，只可怜这些孤苦无依的人。'"

宣王说："说得真好啊！"

孟子说："王如果觉得好，为什么不照着做呢？"

宣王说："因为我有个毛病，我喜好钱财。"

孟子回答："从前公刘也喜欢钱财。《诗经·大雅·公刘》中说：'粮食多到堆满仓库，然后打包干粮装满橐囊。他要团结百姓，将基业发扬光大。箭上弦，弓开张，干戈斧钺拿在手上，然后启程奔向前方。'这是说，留守的人堆积充足的粮食，行军的人带足了干粮，准备好了，然后才启程奔向前方。国君您如果喜欢钱财，只要和百姓共享，让百姓也能拥有钱财，那么让天下归服，又有什么困难的呢？"

宣王说："我还有个毛病，我喜好美色。"

孟子答："从前太王也喜好美色，十分宠爱他的妃子。《诗经·大雅·绵》中说：'太王古公亶父清晨便骑着马奔驰，沿着西边水滨一直到了岐山脚下，还带着宠妃太姜来察看居住的地方。'在那时，国境内没有无夫的怨女，也没有无妻的旷夫。王如果喜好美色，不妨也学太王，使人人也都有配偶，那么要统一天下，又有什么困难的呢？"

【现代解读】本章孟子与齐宣王的对话，从现代人的角度来看，其实是非常有戏剧张力的。

宣王向孟子请教，是否要拆掉以前周天子东巡时所建的明堂。孟子回答，"明堂乃是天子宣明政教的地方，如果宣王要施行王道于天下，就不要拆掉"。宣王一时兴起，接着又问该怎样施行王道政治，于是孟子又滔滔不绝地把文王施行的有关财税关市的政策，讲述了一遍，并在宣王点头称赞之余，鼓励宣王也要积极施行。不料，宣王立刻摇头表示不行，脱口而出，"我有个毛病，我喜好钱财"。孟子听了，并没有板起面孔教训宣王，而是语重心长地说，"国君您如果喜欢钱财，只要和百姓共享，让百姓也能拥有钱财，那么让天下归服，又有什么困难的呢"。可是，没想到桀骜不驯的宣王又脱口而出，"我还有个毛病，我喜好美色"，进一步回绝了孟子。这次，孟子又举文王祖父古公亶父的例子，指出他也是一位宠爱妻子的国君，在他治理的时期"内无怨女，外无旷夫"，所以"王如好色，与百姓同之，于王何有"，鼓励宣王只要懂得"与民同之"，即使好色，也不会妨碍王道的实现。

我们从这次一老一少的对话中，一方面看到了孟子在政治思考中，持有"与民同乐"的一贯立场；另一方面也见识到了孟子当时在齐国辅佐宣王的处境有多么艰难。从好的方面说，宣王年轻，有旺盛的企图心；但从坏的地方看，宣王根本就是一个猖狂恣意、肆无忌惮的国君，"寡人有疾，寡人好货""寡人有疾，寡人好色"的话，不加遮掩，脱口而出，显然是一个没有教养的家伙。孟子在宣王一朝，待了六年之久，若非孟子坚持师儒的身份，将宣王视为待教导的学生，真的是很难理解孟子为什么会如此苦口婆心！

2.6 孟子谓齐宣王曰:"王之臣,有托其妻子于其友,而之楚游者。比其反①也,则冻馁②其妻子,则如之何?"

王曰:"弃之。"

曰:"士师③不能治士,则如之何?"

王曰:"已之。"

曰:"四境之内不治,则如之何?"

王顾左右而言他。

【简注】① 比其反:比,及、至。反,通"返"。

② 馁:饥饿。

③ 士师:古代的司法官。

【语译】孟子对齐宣王说:"如果王有个臣子,把妻儿托付给他朋友照顾,自己跑去楚国游历,等他回来时,却发现朋友让他的妻儿挨饿受冻,那么,对待这样的朋友,该怎么办呢?"

宣王说:"跟他绝交!"

孟子说:"如果司法官无法管理约束他的属下,那该怎么办呢?"

宣王说:"罢免他!"

孟子说:"如果国君治理不好国家,政治腐败,那该怎么办呢?"

宣王左顾右盼,把话题岔开了。

【现代解读】好的老师在教导学生时,一定是恩威并施的。因此,孟子在面对齐宣王时,有的时候循循善诱,给人如沐春风的感觉,有的时候却冷若冰霜,不假辞色,根本不惧宣王一国之君的身份。目前我们看到的这一章,可以让我们见识到孟子在教导宣王时所用的霹雳手段。

在这一章中，孟子通过三个设问，层层逼近，迫使宣王"顾左右而言他"。孟子的逻辑很清楚，在委托关系中，如果被委托方不能尽到责任，那他是可以被罢黜的。在中国古代的政治传统中，统治者的政权来自上天的委托，是上天委托统治者来护佑万民，如果统治者不能使百姓过上安定的生活，上天就可以取消这项委托，所以说"天命靡常""天视自我民视，天听自我民听"。换言之，统治者是受委托的管理者，他拥有经营权，却没有所有权，如果他辜负委托，他的政权一样可以被撤换。对于孟子这种不假辞色、据理直陈的言论，宣王哪里招架得住！

2.7 孟子见齐宣王曰："所谓故国①者，非谓有乔木之谓也，有世臣②之谓也。王无亲臣③矣，昔者所进，今日不知其亡也。"

王曰："吾何以识其不才而舍之？"

曰："国君进贤，如不得已，将使卑逾尊，疏逾戚，可不慎与？左右皆曰贤，未可也；诸大夫皆曰贤，未可也；国人皆曰贤，然后察之；见贤焉，然后用之。左右皆曰不可，勿听；诸大夫皆曰不可，勿听；国人皆曰不可，然后察之；见不可焉，然后去之。左右皆曰可杀，勿听；诸大夫皆曰可杀，勿听；国人皆曰可杀，然后察之；见可杀焉，然后杀之。故曰国人杀之也。如此，然后可以为民父母。"

【简注】① 故国：历史悠久的国家。
② 世臣：世代建立功勋的大臣，与国家休戚与共。
③ 亲臣：亲近的臣子，与国君休戚与共。

【语译】孟子拜见齐宣王，说："所谓历史悠久的国家，不是说它拥有高大的乔木，而是指有世代建立功勋的大臣。但王现在不仅没有

梁惠王下 | 079

亲近的臣子，连过去进用的人，现在也不知道去哪里了。"

宣王说："我怎样才能知道这个人没有才干，早早就舍弃他呢？"

孟子说："国君进用贤才，迫不得已要将地位卑微的人凌驾于地位尊贵的人之上，将关系疏远的人提拔到关系亲近的人之上，怎么能不谨慎呢？左右近臣都说这个人贤能，不可轻信；大夫们都说这个人贤能，不可轻信；等到全国的人都说这个人贤能，然后再进一步去考察他；若发现他确实贤能，就任用他。左右近臣都说这个人不好，不可听信；大夫们都说这个人不好，不可听信；等到全国的人都说这个人不好，再进一步去考察他；若发现他确实不能用，就罢免他。左右近臣都说这个人该杀，不可听信；大夫们都说这个人该杀，不可听信；等到全国的人都说这个人该杀，再进一步去考察他；若发现他确实该杀，就处死他。所以说，这个人是由全国人民杀的。这样，才够格做百姓的父母。"

【现代解读】 孟子王道仁政的政治思想，不被当时列国诸侯所采信，在历史上，就如司马迁说的"迂远而阔于事情"，给人一种过于理想、不通实务的印象。但是就本章记录的孟子与宣王的对话内容来看，一是孟子警示宣王朝廷中没有"世臣"，二是孟子谈到人才晋用必须谨慎，多方考察，并以民意为依归。这两点，就充分显示了孟子是一位行政管理大师，眼光精准，见解中肯。我们检视历史，任何一个盛世的来临，都不是靠一个不世出的领袖，而是由一个团队、一群干练且能独当一面的贤臣良相所共谋共成的。孟子发现宣王一朝，管理团队频频更换，经验无法传承，政策没有连续性，当然做不出大事业来，因而提出警示。宣王接着询问如何辨别哪些人该被罢黜，孟子的回答更是中肯，一语切中一般统治者但凭好恶，或者被小圈子、小团体把持操控的弊端。如果我们在大学里学管理方法，读了西方的管理学教科书，却不读历史，不通人情世故，恐怕是看不出孟子在行政管理方面的睿智的。

2.8 齐宣王问曰："汤放桀①，武王伐纣②，有诸？"

孟子对曰："于传有之。"

曰："臣弑其君，可乎？"

曰："贼仁者谓之贼，贼义者谓之残，残贼之人，谓之一夫③。闻诛④一夫纣矣，未闻弑⑤君也。"

【简注】①汤放桀：桀，夏朝最后一个国君，暴虐无道。汤，商朝的开国之君。传说商汤灭夏后，将桀流放到南巢。

②武王伐纣：纣，商朝最后一个国君，残暴无道。武王起兵讨伐，灭掉商朝，纣王自焚而死。

③一夫：独夫，众叛亲离。

④诛：指合乎正义地讨杀罪犯，褒义。

⑤弑：指臣下无理地杀死国君，或儿女杀死父母，贬义。

【语译】齐宣王问孟子："商汤放逐夏桀，武王讨伐商纣，有这回事吗？"

孟子回答："文献上有这样的记载。"

宣王问："臣子杀害他的国君，可以吗？"

孟子说："残害仁的人叫作贼，残害义的人叫作残，残害仁义的人叫作独夫。我只听说武王诛杀了独夫商纣，没听说武王杀害国君。"

【现代解读】本章是孟子在政治哲学方面最具有代表性的一章。孟子面对气焰嚣张的宣王的质问"臣子杀害他的国君，可以吗"，正

梁惠王下 | 081

气凛然地回应:"……残害仁义的人叫作独夫。我只听说武王诛杀了独夫商纣,没听说武王杀害国君。"孟子这番义正词严的回答,为中国人民两千多年来抗议、推翻暴政,给出了莫大的底气。在古代没有民主宪法保证的情况下,为人民当家作主提供了正当性、合法性支持。难怪明代朱元璋读到《孟子》的这些篇章时,如芒刺背,不惜对其进行删改,甚至一度要将孟子逐出圣庙。我们可以想见孟子的这些言论,在历史长河中,曾支撑了多少代中国人走过黑暗,为他们点亮希望之光。

本章可与10.9、14.14参读。

2.9 孟子见齐宣王曰:"为巨室,则必使工师①求大木。工师得大木,则王喜,以为能胜其任也。匠人斫②而小之,则王怒,以为不胜其任矣。夫人,幼而学之,壮而欲行之,王曰:'姑舍女所学而从我。'则何如?今有璞玉于此,虽万镒③,必使玉人雕琢之。至于治国家,则曰:'姑舍女所学而从我。'则何以异于教玉人雕琢玉哉?"

【简注】① 工师:管理工匠的官员。
② 斫:砍削。
③ 镒:黄金二十两为一镒,表示贵重。

【语译】孟子拜见齐宣王,说:"建造大房子,一定要让管理工匠的工师去寻找高大的木料。工师找到了高大的木料,王就欢喜,认为他很称职。木匠把木材砍小了,王就不高兴,认为他不称职。一个人从小学习一门专业,长大后想要实际操作,王却对他说:'暂且把你所学的东西放下,改听我的。'这行不行呢?假如现在有一块未经雕琢的璞玉,虽然价值二十万金,王也一定要请玉匠来雕琢它。至于治理国家，却说：'暂且把你所学的东西放下，改听我的。'那和让玉匠按您的方式去雕琢玉石有何不同呢？"

【现代解读】本章的主题，用现代的话来说，涉及的是专业人才的问题。从文义上看，孟子带着不满及批评的口吻质疑齐宣王：为什么不尊重专业人才？如果我们得到一块未经雕琢加工的美玉，我们一定会找治玉的专家来雕琢，可是，面对国家治理如此严肃又复杂的事务，却不求教于真正学有专精的专家，仍固执地认为自己是一国之君，理所当然地有资格让大臣听命于己，这不就像是教导玉石专家如何治玉吗？从这里我们可以想见，孟子在教导宣王这种桀骜不驯的国君时，有多么辛苦。在《公孙丑下》第二章中，孟子总结战国时代的乱象，说道："今天下地丑德齐，莫能相尚。无他，好臣其所教，而不好臣其所受教。"也就是说，今天战国群雄实力相当，没有谁比其他人强，这没什么原因，只是因为这些国君喜欢任用听自己话的人当大臣，而不喜欢任用能够教导他们的贤者为大臣。用现代管理学的术语来说，领导者分不清所有权与经营权，不尊重真正有能力的专家，是企业组织没有竞争力的原因。孟子在战国时期周游列国，却"所如者不合"，时遇如此，也是无可奈何之事。

本章可参读 4.2。

2.10 齐人伐燕①，胜之。

宣王问曰："或谓寡人勿取，或谓寡人取之。以万乘之国，伐万乘之国，五旬②而举之，人力不至于此。不取，必有天殃，取之何如？"

孟子对曰："取之而燕民悦，则取之，古之人有行之者，武王是也。取之而燕民不悦，则勿取，古之人有行之者，文王是也③。以万乘之国，伐万乘之国，箪食壶浆④以迎王师，岂有他哉？避水火也。如水益深，如火益热，亦运而已矣。"

【简注】① 齐人伐燕：齐宣王五年，燕王哙将燕国让给燕相子之，国人不服，将军市被和太子平进攻子之，子之反攻，杀了将军市被和太子平，国内一片混乱，齐宣王派匡章趁机进攻燕国，很快便取得了胜利。

② 旬：十日为一旬。

③ 文王是也：指周文王三分天下有其二，因时机未成熟，取之唯恐殷民不悦，故未取之，仍然服侍商纣。

④ 箪食壶浆：箪，盛饭的圆形竹器。用箪盛着食物，用壶装着酒。

【语译】齐国攻打燕国，获得了胜利。

宣王问孟子："有人建议我不要占领燕国，又有人建议我占领它。以一个拥有万辆兵车的国家去攻打另一个拥有万辆兵车的国家，五十天就打了下来，光凭人力是办不到的。不占领它，就是违背了天意，上天一定会降下灾祸，干脆占领它，怎么样？"

孟子回答道："如果占领它而使燕国人民高兴，那就占领它，古时候有人这么做，武王伐纣就是这样。如果占领它而使燕国人民不高兴，那就不要占领它，古时候有人这么做，文王就是如此。以齐国这样拥有万辆兵车的大国，去攻打燕国这个同样拥有万辆兵车的大国，燕国百姓却带着食物和酒，夹道欢迎王的军队，难道有别的原因吗？是期盼齐军能把他们从水深火热中解救出来啊！但如果齐军的占领只是让水更深，火更热，百姓更加痛苦，那么他们就会转而期盼其他国家的拯救了。"

【现代解读】本章与下一章，谈的都是宣王伐燕这件事，这也是孟子与齐宣王渐行渐远，乃至孟子最后离开齐国的一个关键事件。公元前315年，燕王哙让位给国相子之，结果却遭到国内各贵族势力的反对，齐国趁机出兵占领燕都，燕国几至亡国。目前这一章记载的是，当时齐国大胜，宣王向孟子询问他是否要兼并燕国，孟子觉得在宣王兴高采烈之际，或许不宜直接浇冷水，就含蓄地表示，如果这次行动受到燕国百姓的欢迎，那便是因为燕国的内乱，使得百姓生活在水深火热之中，而齐军的到来，可以解救他们。但是，如果事实不然，齐军的占领，让燕国百姓依旧活在痛苦中，那么他们也就会转而期待其他国家的拯救。换言之，孟子认为没有仁政支撑的军事行动，就是侵略，迟早会遭到人民的抵抗与唾弃。结果，真如孟子所预见的那样，宣王的行动，很快就遭到其他诸侯的联合讨伐。我们在下一章就可以看到孟子在这件事上的立场。

2.11 齐人伐燕，取之。诸侯将谋救燕。

宣王曰："诸侯多谋伐寡人者，何以待之？"

孟子对曰："臣闻七十里为政于天下者，汤是也。未闻以千里畏人者也。《书》曰：'汤一征，自葛始①，天下信之。东面而征，西夷怨；南面而征，北狄怨，曰："奚为后我？"'民望之，若大旱之望云霓也；归市②者不止，耕者不变；诛其君而吊③其民，若时雨④降，民大悦。《书》曰：'徯我后⑤，后来其苏⑥。'今燕虐其民，王往而征之，民以为将拯己于水火之中也，箪食壶浆以迎王师。若杀其父兄，系累⑦其子弟，毁其宗庙，迁其重器⑧，如之何其可也？天下固畏齐之强也，今又倍地⑨而不行仁政，是动天下之兵也。王速出令，反其旄倪⑩，止其重器，谋于燕众，置君而后去之，则犹可及止也。"

【简注】① 汤一征,自葛始:一,开始。《滕文公下·五》作:"汤始征,自葛载。"

② 归市:指赶集。

③ 吊:慰问。

④ 时雨:及时雨。

⑤ 徯我后:徯,等待。后,王、君主。

⑥ 苏:复苏、复活。

⑦ 系累:束缚、捆绑。

⑧ 毁其宗庙,迁其重器:指灭亡其国家。

⑨ 倍地:兼并燕而土地增一倍之多。

⑩ 旄倪:旄,同"耄",老人。倪,儿童。

【语译】 齐国攻打燕国,占领了燕国。各国诸侯都很反对,想出兵救燕国。

齐宣王说:"许多诸侯都在谋划着讨伐我,该怎么对付他们呢?"

孟子回答:"我听说有凭借区区七十里见方的土地,就能统一天下的,那就是商汤。没听说过有千里见方的土地的国家,还怕别人来攻打。《尚书》说:'商汤的征伐,从葛国开始,天下人都信服商汤。他向东征伐,西方的夷人就抱怨,他向南征伐,北方的狄人就抱怨,他们抱怨道:"为什么把我们放在后面,不先来拯救我们?"'百姓盼望他,就像大旱时盼望下雨前的乌云一样。军队所到之处,集市上的人照常进行买卖,在田里耕种的人也照常耕作。他杀了暴君,抚慰百姓,就像及时雨从天而降,百姓欣喜若狂。《尚书》说:'等待我们的君王,王一来,我们就可以脱离苦难,重获新生了。'现在燕王虐待他的百姓,王去征伐他,燕国人民以为王要把他们从水深火热中解救出来,纷纷用箪盛着食物,用壶装着酒来迎接王的军队。您却杀死他们的父兄，囚禁他们的子弟，毁坏他们的宗庙，搬走他们的宝器，这怎么可以呢？天下的诸侯本就畏惧齐国的强大，现在土地又扩张了一倍，却不施行仁政，暴虐无道，这是要挑动天下的诸侯出兵啊！王赶快发布命令，把抓来的老人、孩子遣送回去，停止搬运燕国的宝器，再和燕国的人民商量，为他们选立一位新君，然后撤离燕国，这样还来得及阻止各国诸侯出兵。"

【现代解读】齐国占领燕国，不久，其他诸侯国就联合出兵讨伐齐国。齐宣王再次询问孟子该如何应对，孟子就举历史上商汤以方七十里的小国，吊民伐罪，因行仁政而得到万民的拥戴，取代了夏朝。如今，齐国出兵燕国，起初燕民以为齐国是来拯救他们的，却未料到，齐军不仅杀害燕人，还掠夺财物，让燕民再次陷入水深火热之中。现在，齐国的土地又扩张了，还不行仁政，这必然会激起燕民的抵抗，同时给足了其他诸侯国出兵干涉的口实。孟子建议宣王赶快将燕民释放，归还财物，并与燕民商量另立新君，迅速撤退，或许可以避免与其他诸侯国交战，带来更大的损伤。可惜刚愎自用的宣王，并未听从其建议。《公孙丑》篇中记录了这个事件的后续发展，我们可以合参。

本章可与4.8、4.9参读。

2.12 邹与鲁哄①。

穆公②问曰："吾有司死者三十三人，而民莫之死也。诛之则不可胜诛，不诛则疾视③其长上之死而不救。如之何则可也？"

孟子对曰："凶年饥岁，君之民，老弱转乎沟壑④，壮者散而之四方者，几千人矣。而君之仓廪⑤实、府库⑥充，有司莫以告，是上慢⑦而残下也。曾子⑧曰：'戒之戒之，出乎尔者，反乎尔者也。'夫民今而后得反之也，君无尤焉。君行仁政，斯民亲其上，死其长矣。"

【简注】① 邹与鲁哄：邹，小国名，孟子的母国。哄，交战。
② 穆公：指邹穆公，孟子所始仕者。
③ 疾视：瞋目怒视。
④ 转乎沟壑：死者多不胜葬，转而弃尸于沟壑中。
⑤ 仓廪：储藏粮食之所。
⑥ 府库：存放财货兵甲之所。
⑦ 慢：轻忽怠慢。
⑧ 曾子：孔子弟子曾参，字子舆。

【语译】邹国与鲁国交战。

邹穆公问孟子："在这场仗中，我的官员牺牲了三十三人，百姓却没有一个肯为他们效命的。想杀了他们吧，又杀不完，不杀他们吧，可恨他们眼睁睁地看着自己的长官战死而不去救，该怎么办才好？"

孟子回答道："饥荒年头，您的百姓，年迈体弱的被弃尸在荒野山沟，年轻力壮的四处逃荒，有上千人。可是您的粮仓中堆满了粮食，库房里财货充盈，官员们却不向您报告这个情况，这是在上位的官员怠慢渎职、残害百姓的表现啊！曾子说过：'警惕啊！警惕啊！你怎样对待他人，他人就会怎样回报你。'现在，就是老百姓报复这些官员的时候了，您不要怪罪百姓。如果您能施行仁政，百姓自然会亲近爱护他们的长官，并为他们效命。"

【现代解读】本章记录的是孟子与邹穆公的一段对话。虽然邹国是孟子的母国，但孟子与邹穆公接触得并不多，此处的这段交谈，据学者考证，应属孟子早年周游列国之前，四十岁左右的记录。这次晤谈的重点，起于邹鲁之间的一次冲突，当时邹国有三十三位长官在战争中牺牲，百姓却坐视他们的官员战死而不伸以援手，穆公对此深恶痛绝，束手无策，于是向孟子请教。孟子的分析是，这些官员平素就不关心百姓疾苦，凶年之时，民不聊生，国君的府库却充实依旧，这就是在上位者因玩忽职守而对百姓所造成的伤害。如今，百姓只是找到报复的时机罢了。因此，孟子劝谏穆公施行仁政，以此唤起百姓对政府的信任和爱戴。此处值得注意的是，孟子并未像与梁惠王、齐宣王对话时那样，对仁政的施行有诸多细节的展开，可能这个时期孟子的王道思想还在形成之中。

有关君、臣、民之间相对关系的论述，可参读8.3。

2.13 滕文公①问曰："滕，小国也，间于齐楚。事齐乎？事楚乎？"

孟子对曰："是谋，非吾所能及也。无已，则有一焉：凿斯池也，筑斯城也，与民守之，效死而民弗去，则是可为也。"

【简注】① 滕文公：战国时期滕国国君。滕国在今山东省滕州市。

【语译】滕文公问孟子："滕国是个小国，夹在齐、楚之间。是应该侍奉齐国，还是应该侍奉楚国呢？"

孟子回答道："这个问题不是我所能解决的。这些大国，哪个靠得住？非要我说的话，就只有一个办法：把护城河挖深，把城墙筑牢，与百姓一起齐心守卫，倘若百姓情愿牺牲也不肯离去，倒是可以勉强保住国家。"

【现代解读】根据学者的考证，孟子在游梁之前，曾在滕国停留过一段时间，而且得到了礼遇。目前看到的这一章，与后两章涉及的是相同的问题，那就是滕国作为一个小国家，在群雄争霸的过程中，处境越来越艰难。特别是滕国的两个邻国齐国与楚国，都想染指滕国，滕文公不知如何是好。面对究竟是要事齐，还是要事楚的两难困境，孟子没有在两者之间做抉择，而是从根本处来思考滕国的自处之道。因为两个大国最后的目的就是要吞并滕国，所以与其在两个大国之间选边站，倒不如釜底抽薪，从"世守"的正道、正理来自处。所谓"世守"，是说土地乃由祖先所受，后代子孙有责任捍卫它。敌人若要侵占，就必须挖好护城河、筑高城墙，和百姓一起保卫国家，庶几可以保存。孟子的建议，也许在那些纵横捭阖的谋略家眼中，根本算不上好办法，却忠实地呈现了孟子作为一位儒者，光明磊落的性格。读者在阅读这些篇章时，应当仔细玩味。

2.14 滕文公问曰："齐人将筑薛①，吾甚恐，如之何则可？"

孟子对曰："昔者大王居邠②，狄人侵之，去之岐山③之下居焉。非择而取之，不得已也。苟为善，后世子孙必有王者矣。君子创业垂统，为可继也。若夫成功，则天也。君如彼何哉！强为善而已矣。"

【简注】① 薛：古国名，其地在今山东省滕州市，靠近滕国。战国初期，为齐所灭，后成为齐国权臣田婴、田文的封地。

② 邠：古地名，在今陕西省彬州市。

③ 岐山：在今陕西省岐山县东北。

【语译】滕文公问孟子："齐国要在薛这个地方修建城池，我感到寝食难安，该怎么办才好？"

孟子回答道："从前周太王居住在邠，狄人来侵犯，为了不波及百姓，他就避开，跑到岐山下定居。这不是太王自己选择要住到那里，而是迫不得已的。如果能仿效太王行善，后代子孙中肯定有能统一天下的！有德的君子创立基业，传给后世，是为了后代子孙能继承下去。至于能否成功，那就是天命了。您要怎么对抗齐这个大国呢？唯有勉力行善罢了。"

【现代解读】本章的背景与上一章一致。比较具体的是，齐国在薛这个地方修建城池，明显摆出了侵略的架势。薛国离滕国很近，这让滕文公寝食难安，因此，他又求教于孟子。孟子这次与上一次不同，举了周太王由邠迁徙于岐山之下的例子，指出太王的迁徙其实是迫于形势，不得已而为之，太王不愿意因固守旧地而伤害百姓，但是没有想到，百姓纷纷弃守家园，乐意追随太王移居岐山，日后反而成了文王、武王壮大强盛的基地。个中关键，即在于太王是一位仁人君子，他因勤政爱民得到了百姓的真诚拥护。因此，孟子力劝滕文公行仁政、立善国，即使不能立即在自己身上看到善果，也能树立榜样，让后世子孙有所效仿，将来也一定会收到好的回报。不过，孟子在这里有一段话值得深思，一方面，孟子说"苟为善，后世子孙必有王者矣"，另一方面，孟子又说"君子创业垂统，为可继也。若夫成功，则天也"。那么，后代子孙的王行天下，究竟是由天决定的，还是由我们的"为善"决定的？衡诸《孟子》的其他篇章，我们方知，在孟子心目中，一件事的成败兴废有非常复杂的因素，"非人所能也……天也"，因此，就将事之成败交给造化不测的天道来决定。但是，"为善"，亦即树立典范、垂范后代这件事，却是操之在我的，属于吾人义所当为之事。朱熹在《四书章句集注》中曾说："此章言人君但当竭力于其所当为，不可侥幸于其所难必。"可谓善解。《尽心上》记载："求之有道，得之有命。"从这个角度来看，此处的"为善"，亦即"求之有道"

之事，但是后代子孙能否王行天下，毕竟是"得之有命"，乃不可求必之事。《尽心下》云"君子行法，以俟命而已矣"，正是这个意思。

本章宜合参 2.16、9.5、9.6、9.8、13.3、14.33。

2.15 滕文公问曰："滕，小国也，竭力以事大国则不得免焉，如之何则可？"

孟子对曰："昔者大王居邠，狄人侵之，事之以皮币①，不得免焉；事之以犬马，不得免焉；事之以珠玉，不得免焉。乃属②其耆老而告之曰：'狄人之所欲者，吾土地也。吾闻之也：君子不以其所以养人者害人。二三子何患乎无君！我将去之。'去邠，逾梁山③，邑④于岐山之下居焉。邠人曰：'仁人也，不可失也。'从之者如归市⑤。或曰：'世守⑥也，非身之所能为也，效死勿去。'君请择于斯二者。"

【简注】① 皮币：毛皮和缯帛。

② 属：召集。

③ 梁山：在今陕西省乾县西北五里。

④ 邑：动词，修建城邑。

⑤ 归市：众人争先恐后，如同归趋市集，将有所得。

⑥ 世守：后代子孙守卫祖先留下的土地基业。

【语译】滕文公问孟子："滕国，一个小国，竭尽全力去侍奉大国，仍不免遭受侵犯，该怎么办才好？"

孟子回答："从前周太王定居在邠，狄人来侵。太王拿毛皮、缯帛给狄人，仍不免遭受侵犯；拿好狗、名马给狄人，仍不免遭受侵犯；拿珠宝、玉器给狄人，仍不免遭受侵犯。于是召集了邠地的父老乡亲，跟他们说：'狄人想要的不过是这块土地。我曾听说有德的君子不拿用来养活人的东西害人。你们何必担心没有君主呢？我要离开这里了。'于是太王离开邠地，越过梁山，在岐山下建立新城邑，定居下来。邠地的百姓说：'多么仁慈的人啊，我们不可以失去他。'追随他迁居的人争先恐后，多得就像要去赶集市一样。不过也有人说：'世世代代守卫祖先留下的土地基业，不是自己可以做主的，为祖宗基业效命，即便死也不能离去。'请您在这两条路中，选择一条吧！"

【现代解读】本章所述，与前两章大体相似，面对的是同一个问题。滕国在强敌环伺、虎视眈眈之际，如何自处？孟子给出了两个建议。一是仿效周太王迁国图存，另一则是采用世守之策，与国家共存亡。问题是，这两个建议，究竟如何权衡轻重？宋儒杨时做过一个分析，他认为孟子一开始告诉文公要世守效死而毋去，这是走正礼常法的态度。之后，滕文公又对齐人筑薛表示甚恐，孟子以周太王迁国的做法相告，则是不得已的权宜之策。因为如果滕文公没有周太王的德望，百姓很有可能不愿跟从，而导致滕国灭亡，在这种情况下，迁移之策反而不若效死为妥。朱熹在《四书章句集注》中说："迁国以图存者，权也；守正而俟死者，义也。"此可谓精准的注解。孟子在讨论士的进退时，一丝不苟，我们后人在阅读《孟子》时，对于乱世自处之道，自应再三推敲圣贤的心意，不可含混其事。

杨时还总结这三章孟子对滕文公询问的回答，认为："孟子所论，自世俗观之，则可谓无谋矣。然理之可为者，不过如此。舍此则必为仪、秦之为矣。凡事求可，功求成，取必于智谋之末而不循天理之正者，非圣贤之道也。"孟子以其无碍的辩才，舌战群贤，在历史上，总是有人怀疑他究竟是儒家，还是近于纵横家。但是，从杨时的分析来看，孟子作为亚圣，确有其平正从容之处，不贪功冒进，全无侥幸之思，可谓一丝不苟，令人钦佩。

2.16 鲁平公①将出，嬖人②臧仓者请曰："他日君出，则必命有司所之。今乘舆已驾矣，有司未知所之，敢请。"

公曰："将见孟子。"

曰："何哉？君所为轻身以先于匹夫者，以为贤乎？礼义由贤者出，而孟子之后丧逾前丧③，君无见焉。"

公曰："诺。"

乐正子④入见，曰："君奚为不见孟轲也？"

曰："或告寡人曰：'孟子之后丧逾前丧。'是以不往见也。"

曰："何哉？君所谓逾者？前以士，后以大夫，前以三鼎，而后以五鼎与？"

曰："否。谓棺椁衣衾⑤之美也。"

曰："非所谓逾也，贫富不同也。"

乐正子见孟子曰："克告于君，君为来见也，嬖人有臧仓者沮⑥君，君是以不果来也。"

曰："行，或使之；止，或尼⑦之。行止，非人所能也。吾之不遇鲁侯，天也。臧氏之子，焉能使予不遇哉？"

【简注】①鲁平公：鲁君，名叔，一曰名旅，谥号平，公元前322—前303年在位。

② 嬖人：受宠幸而地位卑下的臣子。

③ 后丧逾前丧：孟子先丧父，后丧母，这里是说厚葬母，薄葬父。逾，超过。

④ 乐正子：孟子弟子，姓乐正，名克，子为男子通称。当时在鲁国当官。

⑤ 棺椁衣衾：古代棺木内曰棺，外曰椁。衣衾，亡者入殓时所用的殓衣与被褥。

⑥ 沮：通"阻"，阻止。

⑦ 尼：阻止。

【语译】鲁平公准备外出，宠臣臧仓请示平公，说："以前您外出，一定会告诉管事的人您要去的地方。现在，车马都预备好了，管事的人还不知道您要去哪里，因此冒昧来请示。"

平公说："我想去拜访孟子。"

臧仓说："为什么您要纡尊降贵去拜访一个普通百姓呢？莫非当他是有贤德的人吗？礼义是从贤人身上所表现出来的，但是孟子办理母亲的丧礼超过了父亲的丧礼，他这样厚母薄父，不像是懂礼义的人，您就不要去见他了吧！"

平公说："好吧。"

乐正子入朝晋见平公，问道："您为什么不去见孟轲呢？"

平公说："有人跟我说：'孟子办理母亲的丧礼超过了父亲的丧礼，不像是懂礼义的人。'所以我就不去见他了。"

乐正子说："您所说的超过是什么意思呢？是指先前办理父丧用士礼，后来办理母丧用大夫之礼，之前父丧用三个鼎祭祀，后来母丧用五个鼎祭祀吗？"

平公说："不是。是指棺椁衣衾的华美程度。"

乐正子说："这不叫超过，是因为前后贫富状况不同罢了。"

乐正子去见孟子，说："我跟国君说了，他本打算来拜访您，可恨的是，宠臣臧仓阻止了他，最终没能来。"

孟子说："来，是某种力量促使；不来，也是某种力量阻止。来与不来，不是个人所能决定的，背后往往有非常复杂的原因。我与鲁君不能相遇，是天意啊！姓臧的小子哪能左右我和鲁君不遇这件事呢！"

【现代解读】本章记录了孟子不遇鲁平公的故事，情节颇为曲折，但最值得深思的是孟子通过天来看待这件事。孟子到了鲁国，他的得意弟子乐正子在鲁为官，特意将孟子推荐给鲁平公，力促鲁平公去拜访孟子。未料，鲁平公动身去拜访孟子时，身边宠臣臧仓以孟子"后丧逾前丧"为由，阻止了鲁平公。事后，乐正子虽然解释孟子之所以后丧超越前丧，是因为"前以士，后以大夫"，以及"贫富不同"，但是误会已经形成。乐正子不得已，将事情经过回报给孟子，表明嬖人臧仓阻挠鲁平公，所以鲁平公未能前来。孟子听了，却认为自己与鲁平公不能相遇，与臧仓无关。"吾之不遇鲁侯，天也"，这全是天意。孟子为什么会有与一般人迥然不同的反应？天在孟子的心灵世界中，究竟扮演着什么样的角色？

其实，在孟子的心目中，一件事的发生或终止，固然有使它发生或结束的原因，但真正追究起来，往往并非如表面所见，不可以单纯地归咎于某一人、某一事，其背后有着无限复杂的历史因果脉络，这在传统中国人的理解中，称为"造化"，或名曰"天"。孟子对于鲁平公不来拜访他这件事，基本上不像一般人那样，认为一定要归咎于某个人，而是认为"行止，非人所能也。吾之不遇鲁侯，天也"。孟子将这件事"照之于天"，从超越人的造化的角度以及大历史的角度去接纳它、理解它，所以，他也就完全没有一般人的情绪反应，胸中一片坦荡与自在。

在孟子的心灵世界中，天既不是宗教意义上的至上神，人们只有向其祈求赐福的分，也不是西方形上学思想中的超越实体，作为第一因，高踞于永恒不变的领域，自足自了。天作为造化，在孟子的心目中，一方面固然是吾人良知善性、天爵良贵的根源，另一方面它也形成了对人的各式各样命运的召唤，等待着人们的接纳、理解、回应、参与。换言之，天作为人们心性的根源，其丰盈不测的造化奥义，不断地通过生活中的各种事件，对人发出邀请，而人们对这些生命事件的领会，也理当以不同的当然之义回应之，从而圆满成就天命的召唤，走上率性修道的成德之路。天作为"非人所能也"的造化，固然超越于人之上，但是人类"不怨天，不尤人""修身以俟之"的回应，使得我们的生命化被动为主动，因为自我的承担，使得我们有尊严地参与了造化与历史。在本章中，孟子对不遇鲁平公这件事的回应，超乎常人，寓意深远，读者宜再三体会。

本章对天的讨论，宜与2.15、9.5、9.6、9.8、13.1、13.2合参。

公孙丑上

　　《公孙丑上》共九章，大体上记录了孟子第二次游齐时的对话，第一、二章是与弟子公孙丑的对话，其他对话者则均不详。第一、三章谈王霸之辩，第二章则为著名的"知言养气"章，谈及孟子的功夫论，第六章谈及"不忍人之心"与"四端说"，以上均属《公孙丑上》的重要章节。

3.1 公孙丑①问曰:"夫子当路②于齐,管仲、晏子③之功,可复许④乎?"

孟子曰:"子诚齐人也,知管仲、晏子而已矣!或问乎曾西⑤曰:'吾子与子路孰贤?'曾西蹙然⑥曰:'吾先子⑦之所畏也。'曰:'然则吾子与管仲孰贤?'曾西艴然⑧不悦,曰:'尔何曾⑨比予于管仲!管仲得君,如彼其专也,行乎国政,如彼其久也,功烈,如彼其卑也。尔何曾比予于是!'"

曰:"管仲,曾西之所不为也,而子为⑩我愿之乎?"

曰:"管仲以其君霸,晏子以其君显;管仲、晏子犹不足为与?"

曰:"以齐王由⑪反手也。"

曰:"若是,则弟子之惑滋甚!且以文王之德,百年而后崩,犹未洽于天下;武王、周公⑫继之,然后大行。今言王若易然,则文王不足法与?"

曰:"文王何可当也?由汤至于武丁⑬,贤圣之君六七作,天下归殷久矣,久则难变也。武丁朝诸侯有天下,犹运之掌也。纣之去武丁,未久也,其故家遗俗,流风善政,犹有存者,又有微子、微仲、王子比干、箕子、胶鬲⑭,皆贤人也,相与辅相之,故久而后失之也。尺地,莫非其有也;一民,莫非其臣也。然而文王犹方百里起,是以难也。齐人有言曰:'虽有智慧,不如乘势;虽有镃基⑮,不如待时。'今时则易然也。夏后、殷、周之盛,地未有过千里者也,而齐有其地矣,鸡鸣狗吠相闻,而达乎四境,而齐有其民矣。地不改辟矣,民不改聚矣；行仁政而王，莫之能御也！且王者之不作，未有疏于此时者也；民之憔悴于虐政，未有甚于此时者也。饥者易为食，渴者易为饮。孔子曰：'德之流行，速于置邮⑯而传命。'当今之时，万乘之国行仁政，民之悦之，犹解倒悬也。故事半古之人，功必倍之，惟此时为然。"

【简注】① 公孙丑：孟子的弟子。

② 当路：掌政当权。

③ 管仲、晏子：管仲，名夷吾，齐桓公之相。晏子，晏婴，齐景公之相。

④ 许：兴起。

⑤ 曾西：曾申，字子西，曾参之子。

⑥ 蹙然：不安的样子。

⑦ 先子：已去世的长辈，此指其父曾参。

⑧ 艴然：生气的样子。

⑨ 曾：竟、居然。

⑩ 为：谓。

⑪ 由：犹。

⑫ 周公：姬旦，文王之子，武王之弟。因采邑在周，故称周公。辅佐武王伐纣，统一天下，后又辅佐成王，巩固周初的政治局势。

⑬ 武丁：殷商君王名，后称高宗。

⑭ 微子、微仲、王子比干、箕子、胶鬲：微子，名启，商纣的庶兄。微仲，微启之弟。王子比干，纣王叔父，多次进谏，被纣王剖心而死。箕子，纣王叔父。胶鬲，纣王之臣，殷之贤人。

⑮ 镃基：锄头。

⑯ 置邮：驿站。

【语译】孟子的学生公孙丑问孟子："假若夫子执掌齐国的政权，能建立管仲、晏子那样的功绩吗？"

孟子说："你果然是个齐国人，只知道管仲和晏子。曾有人问曾西：'您和子路谁比较贤能？'曾西不安地说：'子路是连我先祖都敬畏的人，我哪敢和他相提并论。'那人又问：'那么您和管仲谁比较贤能？'曾西脸上露出怒色，不高兴地说：'你竟然拿我跟管仲相比！管仲得到国君的宠信而专擅朝政，把持朝政那么久，做出的功绩却是如此微不足道。你竟然拿我跟管仲相比！'"

孟子又说："管仲是连曾西都不屑与之相比的人，你以为我愿意像他一样吗？"

公孙丑说："管仲辅佐桓公使他称霸天下，晏子辅佐景公使他威名显赫，管仲跟晏子难道还不值得仿效吗？"

孟子说："以齐国的实力，要想一统天下，应该是易如反掌。"

公孙丑说："照您这样讲，学生就更疑惑了。以文王的德行，且活了将近百岁，他的教化都还没能普遍施行于天下。武王、周公继承他的事业，然后王道仁政才广为推行。现在您将施行王道仁政说得那么容易，难道连文王也不足以效法吗？"

孟子说："我怎么能和文王相比呢？从商汤到武丁，贤明的君王就出了六七位，而且天下归顺于殷商已经很久了，时间久了，局势就很难改变。武丁时，诸侯纷纷前来朝拜，治理天下就像在手掌上玩弄东西一样容易。商纣与武丁相隔没有多久，那些武丁时的世家、传统、优良作风、善政德教，都还存留着，又有微子、微仲、王子比干、箕子、胶鬲这些贤臣共同辅佐他，所以虽然商纣暴虐无道，但也过了很长时间才失去天下。在当时，没有一尺土地不属于纣王，没有一个百姓不归纣王统治，所以文王凭借着百里见方的小块土地兴起，是很困难的。齐国有句俗语说：'纵然有智慧，不如把握时势；纵然有锄头，

公孙丑上 | 101

不如等待农时。'现在要施行王道仁政就容易多了。即使是在夏、商、周朝最兴盛的时期，任何国家的土地都没有超过方圆千里的，然而现在齐国有这么广阔的土地，鸡鸣狗吠的声音，从国都到四方边境到处都可以听得到，而且齐国已经有这么多百姓了。土地不需要再开拓，百姓不需要再增多，只要能施行王道仁政，就没有人能阻挡得了！况且，从武王至今已经有七百年了，未见有王者兴起，没有比现在还久的了；百姓被暴政折磨，没有比现在更严重的了。饥饿的人容易吃饱，口渴的人容易喝足。孔子曾说：'德政教化的推行，比驿站的政令传达得更加快速。'现在这个时候，拥有万辆兵车的大国如果能推行仁政，百姓的喜悦，就像倒挂着的人被解救了一样。所以，施行仁政的效果，比起古人更加事半功倍，只有现在这个时候才做得到啊。"

【现代解读】本章记录了孟子与弟子公孙丑之间的对话。从公孙丑询问孟子在齐国执政，是否可以效法管仲、晏婴，我们就能看到孟子作为孔门后学，坚持德行高于事功的立场。接着我们看到孟子为何始终以王政而非霸业勉励齐国，盖"王者之不作，未有疏于此时者也；民之憔悴于虐政，未有甚于此时者也"。换言之，战国群雄争霸，连年的战争使得百姓生活在水深火热之中，这时，再也没有比不嗜杀人的仁政更为当时万民所期盼。

本章谈及孟子的抱负，还可以参考 4.13、14.38 章。

3.2 公孙丑问曰："夫子加①齐之卿相，得行道焉，虽由此霸王不异矣。如此，则动心②否乎？"

孟子曰："否。我四十不动心。"

曰："若是，则夫子过孟贲③远矣！"

曰："是不难，告子④先我不动心。"

曰："不动心有道乎？"

曰："有。北宫黝⑤之养勇也，不肤挠⑥，不目逃，思以一毫挫于人，若挞之于市朝⑦，不受于褐宽博⑧，亦不受于万乘之君。视刺万乘之君，若刺褐夫，无严⑨诸侯。恶声至，必反之。孟施舍⑩之所养勇也，曰：'视不胜犹胜也。量敌而后进，虑胜而后会⑪，是畏三军者也。舍岂能为必胜哉？能无惧而已矣。'孟施舍似曾子，北宫黝似子夏。夫二子之勇，未知其孰贤，然而孟施舍守约也。昔者曾子谓子襄⑫曰：'子好勇乎？吾尝闻大勇于夫子矣：自反而不缩⑬，虽褐宽博，吾不惴焉？自反而缩，虽千万人，吾往矣！'孟施舍之守气，又不如曾子之守约也。"

曰："敢问夫子之不动心，与告子之不动心，可得闻与？"

"告子曰：'不得于言，勿求于心；不得于心，勿求于气。'不得于心，勿求于气，可；不得于言，勿求于心，不可。夫志，气之帅也；气，体之充也。夫志至焉，气次焉，故曰：'持⑭其志，无暴其气。'"

"既曰'志至焉，气次焉'，又曰'持其志，无暴其气'者，何也？"

曰："志壹⑮则动气，气壹则动志也。今夫蹶者、趋者⑯，是气也；而反动其心。"

"敢问夫子恶乎长？"

曰："我知言，我善养吾浩然⑰之气。"

"敢问何谓浩然之气？"

曰："难言也。其为气也，至大至刚，以直养而无害，则塞于天地之闲。其为气也，配义与道，无是，馁也。是集义所生者，非义袭而取之也。行有不慊⑱于心，则馁矣。我故曰告子未尝知义，以其外之也。必有事焉而勿正⑲，心勿忘，勿助长也。无若宋人然。宋人有闵⑳其苗之不长而揠㉑之者，芒芒然㉒归，谓其人曰：'今日病㉓矣！予助苗长矣！'其子趋而往视之，苗则槁矣！天下之不助苗长者寡矣。以为无益而舍之者，不耘㉔苗者也。助之长者，揠苗者也。非徒无益，而又害之。"

"何谓知言？"

曰："诐辞知其所蔽㉕，淫辞知其所陷㉖，邪辞知其所离㉗，遁辞知其所穷㉘。生于其心，害于其政；发于其政，害于其事。圣人复起，必从吾言矣。"

"宰我、子贡，善为说辞；冉牛、闵子、颜渊，善言德行。孔子兼之，曰：'我于辞命，则不能也。'然则夫子既圣矣乎？"

曰："恶㉙！是何言也！昔者子贡问于孔子曰：'夫子圣矣乎？'孔子曰：'圣，则吾不能。我学不厌而教不倦也。'子贡曰：'学不厌，智也；教不倦，仁也。仁且智，夫子既圣矣！'夫圣，孔子不居，是何言也！"

"昔者窃㉚闻之，子夏、子游、子张，皆有圣人之一体；冉牛、闵子、颜渊，则具体而微。敢问所安？"

曰："姑舍是。"

曰："伯夷㉛、伊尹㉜，何如？"

曰："不同道。非其君不事，非其民不使，治则进，乱则退，伯夷也。何事非君？何使非民？治亦进，乱亦进，伊尹也。可以仕则仕，可以止则止，可以久则久，可以速则速，孔子也。皆古圣人也，吾未能有行焉，乃所愿，则学孔子也。"

"伯夷、伊尹于孔子，若是班㉝乎？"

曰："否。自有生民以来，未有孔子也！"

曰："然则有同与？"

曰："有。得百里之地而君之，皆能以朝诸侯，有天下。行一不义，杀一不辜，而得天下，皆不为也，是则同。"

曰："敢问其所以异？"

曰："宰我、子贡、有若㉞，智足以知圣人。污㉟，不至阿其所好。宰我曰：'以予㊱观于夫子，贤于尧、舜㊲远矣。'子贡曰：'见其礼而知其政，闻其乐而知其德，由百世之后，等百世之王，莫之能违也。自生民以来，未有夫子也！'有若曰：'岂惟民哉！麒麟之于走兽，凤凰之于飞鸟，泰山之于丘垤㊳，河海之于行潦㊴，类也。圣人之于民，亦类也。出于其类，拔乎其萃㊵，自生民以来，未有盛于孔子也！'"

【简注】① 加：使居其位，担任。

② 动心：因有所恐惧、疑惑而动摇其心。

③ 孟贲：古之勇士。

④ 告子：与孟子同时的学者。

⑤ 北宫黝：齐人，姓北宫，名黝。

⑥ 挠：屈从、退却。

⑦ 市朝：指市场。

⑧ 褐宽博：宽大的粗布衣服，为贱者之服。

⑨ 严：畏惮。

⑩ 孟施舍：古人名，姓孟名舍，施为发音。一说孟施为复姓，另一说施舍为名。

⑪ 会：交战。

⑫ 子襄：曾子的弟子。

⑬ 缩：直。

⑭ 持：保守、坚持。

⑮ 壹：专一。

公孙丑上 | 105

⑯ 蹶者、趋者：蹶者，跌倒的人。趋者，奔跑的人。

⑰ 浩然：盛大流行貌。

⑱ 慊：畅快、满足。

⑲ 正：预期。

⑳ 闵：通"悯"，忧心、担心。

㉑ 揠：拔。

㉒ 芒芒然：疲惫不堪貌。

㉓ 病：疲倦、劳累。

㉔ 耘：锄草。

㉕ 诐辞知其所蔽：诐辞，偏执的言辞。蔽，掩盖、遮蔽。

㉖ 淫辞知其所陷：淫辞，过分的言辞。陷，沉溺。

㉗ 邪辞知其所离：邪辞，邪僻不正的言辞。离，背离、偏离。

㉘ 遁辞知其所穷：遁辞，躲闪的言辞。穷，理屈。

㉙ 恶：感叹词，表示惊讶不安。

㉚ 窃：我，谦辞。

㉛ 伯夷：孤竹君之长子，与其弟互相让位，避纣隐居。武王伐纣，周统一天下，兄弟二人亦不食周粟，饿死于首阳山。

㉜ 伊尹：本为有莘氏的陪嫁奴隶，后得商汤赏识，被提拔为宰相。太甲即位，昏庸无能，伊尹流放太甲并摄政，及太甲改正又迎回执政。

㉝ 班：等齐之貌，相提并论。

㉞ 宰我、子贡、有若：三人皆孔子的弟子。

㉟ 污：夸大，一说卑下。

㊱ 予：宰我之名，古人自称其名以表敬意。

㊲ 尧、舜：古代的圣明君主。

㊳ 丘垤：小土堆。

㊴ 行潦：沟中的流水。

㊵萃：聚在一起的人或物。

【语译】公孙丑问："老师要是您担任齐国的卿相，能实现您的理想，即便成就了霸业，甚或王业，也不足为怪。如果是这样，您会不会因此动心呢？"

孟子说："不会。我四十岁就不动心了。"

公孙丑说："若是这样，那么夫子比孟贲更加有勇气。"

孟子说："这并不难，告子比我更早不动心。"

公孙丑问："要做到不动心，有什么方法吗？"

孟子答："有。北宫黝培养勇气的方法是，有人拿刀刺向他的肌肤，他坚决不退缩，有人拿刀刺向他的眼睛，他的眼睛坚决不闪避。他认为即使受到一点点挫折与羞辱，也像是在大庭广众之下被鞭打一样，既不肯受辱于穿宽大粗布衣服的平民，也不肯受辱于拥有万辆兵车的国君。他把行刺大国国君看得跟行刺普通百姓一样，不畏惧诸侯。如果受到辱骂，一定反击。至于孟施舍如何培养不动心的勇气，据他自己说：'我打仗勇往直前，绝不计较胜败，把失败当作胜利一样。如果在评估敌人的强弱后才前进，考量是否可获胜后才与对方交战，就是畏惧强敌。我孟施舍哪能一定获胜呢？只是无所畏惧罢了。'孟施舍的养勇功夫就像曾子之反求诸己，北宫黝的养勇功夫就像子夏之谨守圣道。这两人的勇气，不知谁比较高明，但孟施舍倒是把握住了养勇的要领。从前曾子告诉他的学生子襄说：'你好勇吗？我曾听孔子谈论大勇：自我反省若觉理屈，即使面对穿粗布的平民，也会恐惧，自我反省若觉理直，即使面对千万人，我也会勇往直前！'只是，孟施舍的养勇，又不如曾子的能守道义。"

公孙丑说："我斗胆请问老师的不动心跟告子的不动心有什么区别？可以说给我听听吗？"

孟子说:"告子曾说:'在语言方面不了解,就不求助于心;内心没有领会,就不求助于气。'内心没有领会,不求助于气,行得通;在语言方面不了解,却不求助于心,是行不通的。志,是气的统帅;气,是身体内的力量。志到哪里,气就跟着到哪里。所以说:'持守住志,不要妄动扰乱了气。'"

公孙丑说:"既然您说:'志到哪里,气就跟着到哪里。'为什么又说'持守住志,不要妄动扰乱了气'呢?"

孟子说:"志专一就能牵动气,气专一也会影响志啊。那些跌倒、奔跑的人,就是因为气的失调,反过来扰动了他们的心啊。"

公孙丑说:"关于志和气,请问老师擅长哪个呢?"

孟子说:"我善于剖析言辞,善于培养我的浩然之气。"

公孙丑说:"请问什么是浩然之气?"

孟子说:"不容易说啊。这种气,极大、极刚强,如果用合理恰当的方式去存养它,不加以戕害,它就会充满于天地之间。这种气,要用义和道去培养它,不然,它就容易萎缩。这种气是由内心的义所积聚产生的,不是从外在获取来的。如果做了令内心愧疚的事,它就会萎缩。所以我说,告子不懂得义,因为他把义看作心外的东西。对于浩然之气,一定要善加培养,不要抱着预期心理,心中也不忘记,也不去刻意助长。不要像宋国人那样。宋国有个人担心他的禾苗不生长而去将它拔高,然后疲惫不堪地回到家,对家里人说:'今天真是累啊!我去帮助禾苗长高了。'他儿子跑到田里一看,禾苗都枯死了。天下不拔苗助长的人很少啊。对于浩然之气,以为存养功夫没有助益而放弃努力的人,就像是种田不锄草的人。去干扰而企图助长的人,就像是拔苗的人,非但没有帮助禾苗长高,还伤害了它。"

公孙丑说:"什么叫作剖析言辞呢?"

孟子说:"听了偏执的言辞,能洞悉它有所遮蔽;听了过分的言辞，能洞悉它有所沉溺；听了邪僻不正的言辞，能洞悉它有所偏离；听了躲闪的言辞，能洞悉它有所困穷。这四种言辞，从心中产生，必然会危害到政教，既表现在政教，就会危害到具体事务。如果再有圣人出现，也会赞同我说的话吧。"

公孙丑问："孔门弟子中，宰我、子贡都善于言辞；冉牛、闵子、颜渊都善于阐述德行。孔子两者兼备，自谦道：'我对于辞令，不太擅长啊。'夫子却说您善于剖析言辞，想必您已是圣人了吧？"

孟子说："哦！这是什么话！以前子贡问孔子：'夫子是圣人了吧？'孔子说：'圣人，我还做不到。我只是学习从不自满，教人从不觉得厌倦而已。'子贡说：'学习从不自满，这是智；教人从不觉得厌倦，这是仁。既有仁又有智，夫子当然是圣人了。'圣人之名，连孔子都不敢自居，你说我是圣人，说的是什么话！"

公孙丑说："以前，我听人说，子夏、子游、子张，这三人都学到了圣人的某一部分；冉牛、闵子、颜渊，这三人却学到了圣人的全部，只是境界还不够高。既然您说不敢自比圣人，那这两种类型，请问您是哪一种呢？"

孟子说："暂且不谈这个。"

公孙丑说："那么，像伯夷、伊尹这两个人又怎么样呢？"

孟子说："他们两人的处世态度不同。不是他理想的君主就不去侍奉，不是他理想的百姓就不去管理，局势稳定就出来当官，社会动乱就隐居起来，这是伯夷的处世态度。什么样的君主都可以侍奉，什么样的百姓都可以管理，局势稳定就出来当官，社会动乱也出来当官，这是伊尹的处世之道。局势适合当官就当官，局势适合隐居就隐居，局势适合留任就留任，局势适合速速辞去就赶紧离开，这是孔子的处世之道。这三位都是古代的圣人，虽然我还未能做到像他们一样，但我希望可以向孔子学习。"

公孙丑问:"伯夷、伊尹,难道不能与孔子相提并论吗?"

孟子说:"不能。自从有人类以来,没有人比得上孔子!"

公孙丑问:"那么,他们三个人有什么共同点吗?"

孟子说:"有。如果有方圆百里的土地让他们当君王,则都能使诸侯来朝见,统一天下。但是若让他们做一件不义的事,杀一个无罪的人,来取得天下,他们都不会去做,这就是他们的共同点。"

公孙丑说:"请问他们的不同之处在哪儿?"

孟子说:"宰我、子贡、有若这三个人,他们的智慧都足以了解圣人,即使再夸大,也不至于无缘无故地恭维他们喜欢的人。宰我说:'以我个人来看,夫子比尧、舜更加贤明。'子贡说:'前代的君王,早已人亡政息,但孔子看到遗留下来的典章制度,就能推知他们的政治,听到他们制作的音乐,就能了解他们的德教。即使百代之后,品评百代以来的君王,也没有能违背孔子的主张的。自从有人类以来,没有比得上孔子的!'有若也说:'何止人类各自不同!像麒麟之于一般走兽,凤凰之于一般飞禽,泰山之于一般土堆,河海之于一般水沟,都属于同类。圣人对普通人民来说也是同类,但他超越了他的同类,高出了他的同群。自从有人类以来,没有比孔子更伟大的人了!'"

【现代解读】 在《孟子》一书中,"知言养气"章一直受到重视。朱熹在《四书章句集注》中引程子语:"孟子此章,扩前圣所未发,学者所宜潜心而玩索也。"主要就是针对"养气"之说而来。近几十年来,许多学者都曾针对本章做出过梳理,论点参差不齐,若在此逐一评点,恐非现在篇幅所允许。其实,诠释出现分歧,主要是因为文献不足征,学者虽然语出有据,但文献证据少,推论设想之辞较多,反而让读者很难做抉择。目前,我们采取的做法是,在诠释《孟子》

原文时，对于援引思想史的材料，或新出土的文献，如竹简、帛书，尽可能少做联想、推测。尤其需要戒慎恐惧的是，避免用西方哲学理论的思维与语言来框定原文中的思想，诸如唯心、唯物的区分，因为这种做法非但厘清的效果未见，还减损了原文义理的丰富性，甚至混淆了中西学术性格的差异。由于本章篇幅较长，议题与观念颇多，为了便于掌握，我们用分条列点的方式，展开义理内涵的说明。

第一，本章由公孙丑的提问开始。"老师要是您担任齐国的卿相，能实现您的理想，即使成就了霸业，甚或王业，也不足为怪。如果是这样，您会不会因此动心呢？"换言之，"动心"是本章的主题。问题是，"动心"指的是什么？赵岐说："动心畏难，自恐不能行否邪？丑以此为大道不易，人当畏惧之，不敢欲行也。"亦即将"动心"解释为畏难、畏惧。朱熹继承这个说法，唯斟酌孔子"四十而不惑"之义，在畏惧的基础上又加上了"疑惑"的含义，说："任大责重如此，亦有所恐惧疑惑而动其心乎？四十强仕，君子道明德立之时。孔子四十而不惑，亦不动心之谓。"朱熹增加的这个诠释，引起了杨泽波教授的注意，经过对《孟子》原文中"动"字的分析研究，他认为"不动心"就是不畏难、不畏惧，涉及的是"勇"的范畴，和"疑惑"这个与认知相连的概念，没有直接关系，因此，朱熹的解释是不合理的[①]。杨教授进一步解释，他之所以要追究这个问题，并非要在词句上"做定义"，而是要厘清本章在理解上的混乱。

善哉斯言！杨教授此举虽有其真知灼见之处，但也有盲点以及语焉未详之处。杨教授批评朱熹把"疑惑"之义带到"不动心"的问题上不妥，因为他忽略了赵岐说的"自恐不能行否邪"本来就有疑惑之意。只是，"疑惑"不见得只和认知相关联，它反映的是心中是否有主，

---

① 可参考杨泽波《孟子评传》，南京：南京大学出版社 1998 年版。

是否有自信的问题。换言之，动心与否，关乎的是面对外部世界的变化与冲击，自我能否安顿、挺立前行的问题。它一方面与"养勇"有关，另一方面也与我们如何认定自我与世界的关系有关。前者要处理"志"与"气"的关系，后者则会碰触到"心"与"言"的关系，以及人世间各式各样的意识形态与价值主张之间的关系。因此，孟子在回应公孙丑"不动心"的提问时，首先，针对"养勇"，做了养"血气之勇"与养"义理之勇"的分辨。其次，又紧扣自己与告子在"不动心"修养方面上的差异，指出自己的特色是，一方面善养"浩然正气"，另一方面又擅长"知言"，即同时兼顾生命的本末与内外，做整体性修持。最后，孟子又借公孙丑的提问，指出儒者这种生命修养，其所能达到的最高人格形态——"圣人"，当以孔子作为最有价值且应该学习的典范，并以此作为这场讨论的总结。

因此，回到杨泽波教授的意见，我们认为弄清楚本章讨论的"不动心"是什么样的问题，非常重要。但是，"不动心"并不只是"不畏惧"这么表面的问题，而是牵涉到自我如何在身心的紧张状态下，以及人与世界的冲突中既能挺立又能前行的复杂问题。在本章中，每个子题都看似独立，但彼此之间又有千丝万缕的关联，不易掌握。读者宜再三玩味。

第二，如何达到"不动心"？孟子回答，要有方法，取径不同，成就也就不一样。以北宫黝为例，朱熹说："黝盖刺客之流，以必胜为主。"换言之，北宫黝不断地锻炼自己的体魄，增强自己的意志力，直至将自己的对手压制下去，以独强的姿态临世。但在这个世界上，有谁可以永远独强呢？孟施舍作为力战之士，就做了不同的抉择。他不求必胜，只求无惧，借此在战场上也可以达到"不动心"。但这两个人，基本上都处在自然生命的层面，通过养"血气之勇"达到"不动心"的效果，与儒者曾子、子夏不同，曾子的养勇受到了孔子的启发，舍弃了养"血气之勇"的小勇，而专务大勇，亦即通过道德生命的省察，要求自己的行事完全符合道义，以期无愧于心。换言之，只要我们的行事无愧于心，即使是千军万马现于前，也能做到勇往直前，毫无畏惧。而这种大勇由于主要在心上着力，又可称为养"义理之勇"，与北宫黝、孟施舍的只在气上用功夫，层次、形态迥然不同。

但为什么孟子又称"孟施舍似曾子，北公黝似子夏"？孟子并未进一步说明，但朱熹给出了合理的解释："黝务敌人，舍专守己。子夏笃信圣人，曾子反求诸己。故二子之与曾子、子夏，虽非等伦，然论及气象，则各有所似。"换言之，北宫黝务外，孟施舍守内，与子夏笃信圣人，曾子强调反求诸己，在外取内取的方向性方面，各有相似之处，但究其实，养"血气之勇"的生命形态，与养"义理之勇"的生命形态，不可同日而语。

第三，在说明"养勇"与"不动心"的关系后，公孙丑接着问孟子与告子在"不动心"的修养方式上有何差异，这也是当代学者在诠释上争议最多的部分。但有趣的是，大家的争执多集中在告子的"不得于言，勿求于心；不得于心，勿求于气"应该如何解释，而没有正视孟子"言、心、气"这种关联性的修养论特色。这场诠释争论很可能就是因当代新儒家的著名学者徐复观而起。他曾写过一篇《孟子知言养气章试释》[①]，在这篇文章中，徐先生一方面说"告子的不得于言，勿求于心，是对社会上的是非得失，一概看作与己无关，不去管它，这便不致使自己的心，受到社会环境的干扰"，另一方面受到清代毛奇龄的暗示，认为告子与"道家之嗒然若丧，佛氏之离心意识参"，因此他又极其生动、极其大胆地断言："这与庄子'知止于其所不知，至矣'（《齐物论》）的态度，甚为相洽。""禅宗是空了外缘，而

---

① 可参考徐复观《中国思想史论集》，台北：台湾学生书局1974年版。

告子则是隔绝了外缘。……告子或者可以说是我们历史上土生土长的禅宗的前身。"坦白地说，徐先生前一段话虽无争议，但后面的论断就启人疑窦。一如所知，目前在思想史上，大多数学者都认可梁启超、钱穆的看法，视告子早年曾为墨子学生。既然如此，告子怎么又持近于道家之流的立场，甚或是成为本土禅宗的先驱？职是之故，许多学者又开始重新解释告子的"不得于言，勿求于心；不得于心，勿求于气"。结果现在这段文字的许多诠释令人眼花缭乱，莫衷一是。

回归原文，我们可以确认的，告子其实主要是持人性论主张的，诸如"生之谓性""食色性也""仁内义外"等，我们甚至都不能百分之百地确认《孟子》原文中的告子，就是《墨子·公孟》篇中的那个告子。在这种情况下，要将告子归为道家、禅宗固所不宜，但若一定要给他贴上墨家的标签，恐怕也有讨论的空间。所以，要从告子的学术立场、流派来解释"不得于言，勿求于心；不得于心，勿求于气"不是不可以，但据此要证明自己的解释是正确的，别人的解释是不对的，其实就未必是这么铁证如山了。因此，如实地忠于原文来解读孟子，以及在"不动心"的问题上看待"言""心""气"的关系，才是稳妥的做法。

朱熹在《四书章句集注》中曾有一段极佳的注解，他说："告子谓于言有所不达，则当舍置其言，而不必反求其理于心；于心有所不安，则当力制其心，而不必更求其助于气，此所以固守其心而不动之速也。孟子既诵其言而断之曰，彼谓不得于心而勿求诸气者，急于本而缓其末，犹之可也；谓不得于言而不求诸心，则既失于外，而遂遗其内，其不可也必矣。"换言之，孟子、告子在"不动心"修养方式上的根本差异，在于告子为了让心不动，一方面截断了"言"与"心"的关联，不让各种意识形态、价值主张干扰内心的平静，另一方面也截断了"心"与"气"的相互渗透，不允许生理血气的涌动介入寂静的心湖。可是，孟子作为一个儒者，身心安顿之余，还必须行道于天下，要让生命有光有热、善化人间。因此，孟子的"不动心"不可能采取截断法，相反，他要让"言""心""气"这三者形成一种"本末""内外"的整体性结构，并要求做到"内外本末，交相培养"，最后达到"不动心"的境界。陆象山曾说："夫子以仁发明斯道，其言浑无罅缝。孟子十字打开，更无隐遁。"什么是十字打开？孟子在将"言""心""气"纳入"本末""内外"这个整体结构，并以此来修养、锻炼自己的精神人格时，其实给予了很形象立体的展示。

第四，让我们进一步厘清孟子"心"与"气"的关系。孟子说："夫志，气之帅也；气，体之充也。""夫志至焉，气次焉。"换言之，在孟子心目中，"心"与"气"在一身之中具有主从的关系。或许，现代读者在阅读这些文献时，最急于知道的是："心"是什么？"气"是什么？"心"与"气"究竟是一元，还是二元？其实，这种疑问大多是受到了西方哲学思想的影响，如果我们不清楚西方哲学的语言、概念，看似各有精确的含义，但其实每个概念背后都是一个个复杂又相互排斥的套路，那么，草率地运用往往未必有厘清之功，反而造成对中国哲学整体性思维的覆盖与扭曲。其实，回到我们日常生活的经验，譬如我们说一个人"英雄气短"，就是说这个人有高大的志向，但生命缺少活力来支撑他的志向的实现，这时，这个人的"心"与"气"就呈现分裂、紧张的样态。但有时我们也会说一个人有"英雄气概"，那么这个人在我们的眼中就是生命力足以负载远大的志向，"心"与"气"呈现为交融一体的风貌。换言之，我们对孟子讲的"心"与"气"的关系，在日常生活中早就有许多体认，并不陌生。但是，如果我们将孟子讲的"心"理解为西方哲学中的心灵（mind）或理性（reason, intellect）一类的事物，将"气"理解为身体（body）的生理活动，依据传统西方哲学二分法的思维，将心灵与身体进行明确划分，再把唯心、唯物的本体论区分带到这个脉络里追根究底一番,那孟子在经历过这种西方哲学的严刑拷打之后,势必面目全非。因此,对于孟子"心"与"气"关系的认定,笼统地说,所谓"心",指的就是我们理解、判断、规划、抉择的心理活动,而"气"就是我们生命力的综合表现。孟子认为,一方面,这两者在我们生命中各有功能,但另一方面,又相互影响,彼此渗透。因此,在功夫修养方面,孟子主张必须"持其志,无暴其气",亦即要两者兼顾,不但要克服两者之间可能的对立,而且要相互交织渗透,最后提升为一种至大至刚的浩然之气。

第五,浩然之气无疑是孟子功夫修养最重要的学说之一,也是中国文化中人格养成的最高典范。而浩然之气的养成,我们从原文中可以知道,孟子走的是曾子反求诸己的内省路线,配义与道,由集义而生。也就是说,在长时间的磨炼后,不但要求自己的行为都符合道义原则,而且都是发自吾人道德心灵的一种不容已的自我表现,久而久之,生命就会呈现出一种开阔恢宏的气象。徐复观先生曾经对浩然之气的养成,做过一个很生动的解释,他说:"孟子的养气,便不能仅像摄生家的调节身体一样,而系进一步将志与气融合而为一。这种合而为一,乃是由志的主宰性所给予气的塑造力(养),使气向志那里升华,使气与道义不分,因而也具备了道义的普遍性、无限性。"徐先生的说法,大体是从《孟子》原文中整理出来的,有一定的可靠性,我们阅读《尽心上》第二十一章看到"君子所性,仁义礼智根于心,其生色也,睟然见于面,盎于背,施于四体,四体不言而喻",其实正是徐先生所讲的心性的主宰性,一方面,下贯于生理身体,另一方面,吾人的生理身体也向上升华为一整体的道德生命的体态。这里,浩然之气,是气,也是心,它是一个儒者生命修养所达到的一种整体无间的境界。

最近,看到一些治思想史的学者,认为孟子的浩然之气说,是受到稷下黄老道家气化论的影响,不同的是,孟子将原本道家物质性的

"气"赋予了道德性、精神性的内涵。对于这种说法，我持保留的态度。理由有三：其一，孟子两度游齐，在稷下学宫与各地学者相遇，思想交流应属可能，但是认为浩然之气说承袭了稷下黄老道家的思想，推测成分多，文献证据并不充足。其二，气化宇宙论应该不是道家思想的专利，而应视为先秦诸子共同承袭的老传统，脱胎自更古老的萨满信仰。其三，气化宇宙论中的"气"，用来说明万物的生成变化（becoming），主要是取义于它的无形多变、不拘一方，而非某种固定不变的本体论底性（ontological status），如"物质性"。这种思想史的推测性说法，只能聊备一说，尚待更多文献的支撑。尤有进者，长沙马王堆汉墓出土的文献《五行》篇有"德之气"的说法，因此有些学者认为孟子的浩然之气属于"德气"，与一般所说的"血气"又不同。这些见解，虽非无的放矢，但从忠于原文的角度来看，总觉得证据少了一些，推论的成分稍多，在此，亦只能聊备一说。

第六，孟子"不动心"的修养，其特色在于"知言"与"善养浩然之气"，但这两者并非两段不同的功夫。一如前论，"不动心"触及的正是道德自我如何建立的课题，亦即面对"身""心"的对立紧张以及人与世界的冲突激荡，我们如何既能挺立又能前行。孟子与告子不同，他不是将"言""心""气"三者的关联截断，以保持一心的平静，而是将三者置于一种"本末""内外"的整体结构中，让我们的道德心灵由本及末，由内而外，最后达到一体通达的境界。因此，孟子认为，面对可能扰动吾人心灵的各种意识形态与价值主张，一定要有分辨的能力，并能洞悉这些言论的偏颇、放荡、邪僻、逃避之处，从而重新彰显出人间世界的价值理序，让吾人的生命行动顺利地展开。所以，孟子"不动心"的修养，必须通过"知言"，亦即对邪说、诐行、淫辞的批判，以收正人心的效果。孟子生逢诸侯放恣、处士横议的时代，他深知"生于其心，害于其政；发于其政，害于其事"，亦即错误的观念会形成错误的政策、行动，最后导致人间失序、"人将相食"的惨剧。"知言"的重要性，可谓不言而喻。

第七，在聆听孟子畅谈"本末""内外"一体通贯的"不动心"修养之后，公孙丑对孟子更加钦佩，于是就问："夫子既圣矣乎？"由此引发了孟子对历代圣人成就的论述。孟子在列举了伯夷、伊尹、孔子的人格成就的形态后，进一步比较其异同之处，表示"乃所愿，则学孔子也"。在孟子的心目中，孔子是一位"可以仕则仕，可以止则止，可以久则久，可以速则速"的圣之时者，是一个穿越时空，在历史上足以为任何时代之人效法的完美典范。在《孟子》原文中，关于圣人有多处讨论，并认为孔子是拳拳服膺、立志师法的圣人典范。在之后的章节中，我们还可以做更多的观察。

3.3 孟子曰："以力假仁者霸，霸必有大国。以德行仁者王，王不待大。汤以七十里，文王以百里。以力服人者，非心服也，力不赡[1]也。以德服人者，中心悦而诚服也，如七十子[2]之服孔子也。《诗》[3]云：'自西自东，自南自北，无思[4]不服。'此之谓也。"

【简注】[1] 赡：充足。

[2] 七十子：据《史记》记载，孔子以诗、书、礼、乐教弟子三千人，身通六艺者有七十二人，此举整数。

[3]《诗》：出自《诗经·大雅·文王有声》。

[4] 思：虚词，无义。

【语译】孟子说："凭借武力还假托仁义的人想称霸于诸侯，必须仰赖国家的强大。凭借德行来推行仁政的人想统一天下，不需要仰赖国家的强大。商汤只用七十里见方的土地，文王只用百里见方的土地，就能统一天下。靠武力去征服他人，无法令人心甘情愿地归顺，只是因为对方力量不足以抵抗罢了。依靠德行让别人顺服，才会让人内心欢喜而心甘情愿地归顺，就像孔门的七十多位弟子信服并追随着孔子一样。《诗经·大雅·文王有声》上说：'从东西南北四方来归顺的人民，没有不心悦诚服的。'就是这个意思。"

【现代解读】本章孟子对王道和霸道做了本质上的区分。所谓"以利假仁者霸"，就是说霸业是假借仁义之名，实际上却是各个有野心的国家为了追逐利益，在彼此利益冲突无法摆平的情况下，而诉诸武力，所以必须是大国才可以称霸。但是"以德行仁者王"，就纯粹是行仁政，以仁德使百姓归顺，就像孔子以其品德得到七十子的心悦诚服一样。不一定依靠大国，即使是小国也一样可以行王道。

本章可与 6.5、14.4 参读。

3.4 孟子曰："仁则荣，不仁则辱。今恶辱而居不仁，是犹恶湿而居下也。如恶之，莫如贵德而尊士。贤者在位，能者在职，国家闲暇，及是时，明其政刑，虽大国必畏之矣。《诗》①云：'迨②天之未阴雨，彻彼桑土③，绸缪牖户④。今此下民，或敢侮予？'孔子曰：'为此诗者，其知道乎！能治其国家，谁敢侮之？'今国家闲暇，及是时，般乐怠敖⑤，是自求祸也。祸福无不自己求之者！《诗》⑥云：'永言配命，自求多福⑦。'《太甲》⑧曰：'天作孽，犹可违；自作孽，不可活⑨。'此之谓也。"

【简注】①《诗》：出自《诗经·豳风·鸱鸮》。

② 迨：趁着。

③ 彻彼桑土：剥取桑树根上的皮。

公孙丑上 | 119

④绸缪牖户：绸缪，缠绕打结。牖户，窗户。

⑤般乐怠敖：般，大。般乐，大肆作乐。怠敖，怠惰傲慢。

⑥《诗》：出自《诗经·大雅·文王》。

⑦永言配命，自求多福：永远与天命相应和，靠自己的努力以求取众多福祉。

⑧《太甲》：《尚书》篇名，已失传。现存《太甲》为晋人梅赜伪造。

⑨天作孽，犹可违；自作孽，不可活：活，《尚书》原文作"逭"，逃避。上天降灾尚可躲避，自己造的罪孽无从逃避。

【语译】孟子说："施行仁政会带来荣耀，不行仁政则会遭受耻辱。现在这些国君厌恶耻辱却不行仁政，就像是厌恶潮湿又自居于低洼的地方一样。如果真的厌恶耻辱，不如以德为贵，尊敬士人，让贤德的人居于掌权的地位，让有能力的人担任相应的职务。若国家安定，趁这时候修明政教刑法，即便是大国也必定会畏惧他。《诗经·豳风·鸱鸮》说：'鸱鸮趁着天还未下雨，剥取桑树根上的皮来修补门窗。今后在桑树底下的人，看谁还敢欺侮我！'孔子说：'写这首诗的人，是懂得道理的啊！能治理好自己的国家，谁还敢欺侮他呢？'现在国家安定，此时若只顾着享乐、偷懒就是自招祸患。不管是福是祸都是自招的。《诗经·大雅·文王》说：'永远与天命相应和，靠自己的努力以求取众多福祉。'《尚书·太甲》说：'上天降灾尚可躲避，自己造的罪孽无从逃避。'就是这个意思。"

【现代解读】本章是针对为政者讨论如何通过施行仁政得到荣耀。其实一个人站在政治舞台上，多半都想有所作为，获得荣耀，但是实际的做法却往往与之背道而驰，关键全在能否施行仁政、乐民所乐、苦民所苦。尤有进者，国家政务千头万绪，一个好的为政者，一定要做到选贤与能，让有能力、有贤德的人在各个领域为民服务。这个道理，证诸历史，可以说是再清楚不过了。但是，有些人位居上位后就作威作福，罔顾人民苦难，这就会让自己落得"自作孽，不可活"的下场。《孟子》一书多次引用"天作孽，犹可违；自作孽，不可活"，揭示祸福自招的道理，读者宜仔细体会其背后的良苦用心。

本章可与7.8参读。

3.5 孟子曰："尊贤使能，俊杰在位，则天下之士，皆悦而愿立于其朝矣；市，廛①而不征，法而不廛②，则天下之商，皆悦而愿藏于其市矣；关，讥而不征③，则天下之旅④，皆悦而愿出于其路矣；耕者，助而不税⑤，则天下之农，皆悦而愿耕于其野矣；廛，无夫里之布⑥，则天下之民，皆悦而愿为之氓⑦矣。信能行此五者，则邻国之民，仰之若父母矣。率其子弟，攻其父母，自生民以来，未有能济者也。如此，则无敌于天下，无敌于天下者，天吏也。然而不王者，未之有也。"

【简注】①廛：集市中储藏堆积货物的宅舍，如现代的仓库。古代廛不征税，世道衰微时则征之。

②法而不廛：法，法令。按规定收购而不让存货囤积。一说依法管理市场，而不对储藏货物的宅舍征税。

③讥而不征：讥，检查、查看。意思是只稽查而不征税。

④旅：客居他乡的人。

⑤助而不税：指周代实行的井田制度，对助耕公田者就不再征收其私田的税。

⑥夫里之布：里，二十五户为一里。布，钱，古代的一种货币。

指劳役税和地税。

⑦氓：指从外地迁来定居的百姓。

【语译】 孟子说："尊敬贤德之人，任用有才能的人，让才德出众的人都能担任官职，那么就会让天下的士人，都乐于在这样的朝廷当官；在集市上，只征房屋税，对储藏堆积货物的仓库不征税，并按规定收购物品而不让存货囤积，那么天下的商人就都乐于将货物存放在集市中买卖；在关卡处，只稽查而不征税，那么天下的旅客就都乐于在这样的道路上往来；种田的农夫按井田制助耕公田，就不再缴纳私田的税，那么天下的农夫就都乐于在这样的田野上耕作；在百姓的住宅区，只要依法服役缴税，就不征收额外的劳役税和地税，那么天下的百姓就都感到高兴，乐于从他处迁居到这里。若国君真能够施行这五项政策，那么邻国的百姓就会像仰慕父母一样仰慕他。要知道率领子弟去攻打自己的父母，从有人类以来还没有谁成功过。一个国君若能够做到这样，就能无敌于天下，天下无敌的人，就是奉行天命的管理者。能做到这样还不能统一天下的人，还不曾有过。"

【现代解读】 在这一章中，孟子又提出了"天吏"这个概念。在孟子的心目中，天吏是上天派来的最佳执政者，因为他可以做到无敌于天下。但究其实，这个观念反映的是王者如何施行仁政，只是孟子借"天吏"这个概念传达仁政的内涵，针对社会分工结构中的"士""商""旅""农""民"，又提出了具体的施政内容。譬如在人事管理政策方面，"尊贤使能，俊杰在位"，将使天下士人皆愿供职你的政府单位；在税制方面，不但取消货物税，而且取消房屋税，这将使天下的商人都愿意在你的市场从事贸易。关口只作稽查，不再征税，在农业政策方面，只要求助耕公田，而不对私田征税，这些措施将使天下人皆愿来你的国家旅行,也都愿成为你的国家里的农民。尤有进者,取消房屋税、劳役税、土地税,则天下人皆愿设籍在你的国家,成为你的公民。孟子说,如果为政者能做到这五项,并安顿了社会阶层中这五种身份的人,那么邻国老百姓对这位为政者,就像孩子仰望父母一般,在这种情况下,邻国想要发动侵略战争,就如同要孩子围攻自己的父母,那是绝不可能成功的。所以,只要效法天吏,并能够安顿社会中这五种身份的人,你将无敌于天下,其实这和仁者无敌是同一个意思。

3.6 孟子曰:"人皆有不忍人之心①。先王有不忍人之心,斯有不忍人之政矣。以不忍人之心,行不忍人之政,治天下可运之掌上。所以谓人皆有不忍人之心者,今人乍②见孺子③将入于井,皆有怵惕恻隐④之心,非所以内交⑤于孺子之父母也,非所以要⑥誉于乡党朋友也,非恶其声而然也。由是观之,无恻隐之心,非人也;无羞恶之心,非人也;无辞让之心,非人也;无是非之心,非人也。恻隐之心,仁之端⑦也;羞恶之心,义之端也;辞让之心,礼之端也;是非之心,智之端也。人之有是四端也,犹其有四体⑧也。有是四端而自谓不能者,自贼⑨者也;谓其君不能者,贼其君者也。凡有四端于我者,知皆扩而充之矣,若火之始然⑩,泉之始达。苟能充之,足以保四海;苟不充之,不足以事父母。"

【简注】① 不忍人之心:不忍让他人受伤害的心。
② 乍:忽然。
③ 孺子:指刚会走路,还不懂事的幼儿。
④ 怵惕恻隐:怵惕,恐惧、害怕。恻隐,因同情怜悯而感到悲痛。

⑤内交：内，同"纳"，结交。

⑥要：音"邀"，平声，求取。

⑦端：通"耑"，草木初生的嫩芽。嫩芽虽小，经培育可长成禾苗。如同善端虽小，存养后可成仁义。

⑧四体：四肢。

⑨贼：害。

⑩然：通"燃"。

【语译】孟子说："人人都有不忍让他人受伤害的心。古代的帝王因为有不忍让他人受伤害的心，于是就有了不忍让他人受伤害的仁政。凭借着不忍让他人受伤害的心，施行不忍让他人受伤害的仁政，治理天下就像在手掌上运转东西一样容易。为什么说人人都有不忍让他人受伤害的心呢？譬如现在有人突然发现有个小孩快要掉进井里，不管是谁，都会有惊骇恐惧和怜悯悲痛的心情，这种心情本出于天性，既不是为了借此结交孩子的父母，也不是为了从邻里与朋友那里博取称赞，更不是因为厌恶孩子的哭叫声才这样。从这里看来，一个人要是没有同情怜悯的心，简直不算个人；没有羞耻憎恶的心，简直不算个人；没有辞谢退让的心，简直不算个人；没有分辨是非的心，简直不算个人。同情怜悯的心，是仁的开端；羞耻憎恶的心，是义的开端；辞谢退让的心，是礼的开端；分辨是非的心，是智的开端。自身具有这四种善端的人，就像有四肢一样。有这四种善端却认为自己不能行仁义的人，是残害自己本性的人；认为他的国君不能行仁政的人，是残害他的国君的人。凡是自身有这四种善端的人，懂得将此四种善端扩大充实、发扬光大，就如同刚点燃的火，就像刚涌出来的泉水，会越来越盛大。如果能扩充这四种善端，就能够保有四海，平定天下，若不能够扩充，就连赡养父母都做不到。"

【现代解读】 在《孟子》一书中，本章通常会和《告子》篇中讨论人性的文章合读，并引述为孟子"证成"（justify）他主张性善的重要文章。全文有几个重点，分述如下。

孟子提出人皆有不忍人之心这个命题，并指出先王的王道仁政就是建立在这个基础上。对于这个论点，我们应该不陌生，回顾《梁惠王上》"保民而王"一章，可以看到孟子就是以齐宣王不忍衅钟的牛无罪被宰杀，萌生怜悯之心，而展开了"推恩足以保四海，不推恩无以保妻子"的仁政的论述。换言之，先王之所以会苦民所苦、乐民所乐，就是把不忍人之心推广出去，一切以民意需求为施政主轴，这样才能成为无敌于天下的天吏。

问题是，我们怎么知道人皆有不忍人之心呢？孟子在这里就以"今人乍见孺子将入于井，皆有怵惕恻隐之心"来说明人的本心、真心的状态。而所谓的"怵惕恻隐"，朱熹在《四书章句集注》里说："怵惕，惊动貌。恻，伤之切也。隐，痛之深也。"就是指对孺子将入于井的危险，我们在惊吓中感同身受，而突然萌生的伤痛之感。如何知道这就是我们的本心、真心的呈现呢？孟子从两方面加以指点。一是"乍见"，亦即此时之"怵惕恻隐"，全然是在没有任何准备、预期心理的前提下自然而然地发生的。换言之，它乃是吾人在一种不容伪装的情况下，所呈现的一种本心状态。二是"非所以内交于孺子之父母也，非所以要誉于乡党朋友也，非恶其声而然也"。亦即吾人在"怵惕恻隐之心"呈现之后，再加以反省，发现它不是来自任何利益的考量，或对外在世界有所企图的谋划。于是乎，唯一合理的解释就是，它是我们本心、真心之"仁"的一种不容已的呈现。因此，孟子又进一步表示，"无恻隐之心，非人也"，认为不忍人之心乃是普遍的人性事实。如果有人否认自己有恻隐之心，那他一定不是严格意义上真实的人。

严格论之，孟子在这里的论述，并不适合理解为孟子为"证成"他的人性论，而提出一种知识层面的论证（argument），以支持他的主张。因为孟子自始至终都是站在生命实践的立场关注人性的发展与完善，与其将孟子视为西方形态的哲学家，试图建构人性本质的知识性系统，不如正视孟子试图在吾人的生活世界树立教化、典范的用心，把孟子的思想视作一种成德之教。孟子举"孺子入井"的例子，不是提出一个事例来论证人性的某个普遍性的原则，而是站在教化的立场提出的一个启发性的示例，邀请他的受众通过设身处地的情境参与，反省自己生命中这种跨越形体局限，拥抱另一个生命，与之同情共感的一体性的道德经验，从而体认到自己生命中最深刻、最真实的情感。

因此，孟子虽然只提出此一例，却站在教化的立场指出，我们不仅有恻隐之心，还有羞恶之心、辞让之心、是非之心。这些道德情感的涌现，虽如萌蘖之生，仅是一个"端"，但只要得到适当的扩充与存养，就会凝结成我们生命中仁、义、礼、智的美德，此即孟子著名的"四端说"，通常也被视作孟子提出性善论的主要内容。孟子认为："凡有四端于我者，知皆扩而充之矣，若火之始然，泉之始达。苟能充之，足以保四海；苟不充之，不足以事父母。"换言之，四端之心的如实存在，正是先王不忍人之政得以实现的基础，也是一般人得以立足人世间的凭借。孟子三辩之学的特色就是将王道仁政的理论与他的人性学说，紧密地绾合在一起，成为内圣外王之学一以贯之的基本理路。

本章可与11.6、11.8参读。

3.7 孟子曰："矢人[①]岂不仁于函人[②]哉？矢人惟恐不伤人，函人惟恐伤人。巫匠[③]亦然。故术不可不慎也。孔子曰：'里仁为美，择不处仁，焉得智[④]？'夫仁，天之尊爵[⑤]也，人之安宅[⑥]也。莫之御[⑦]而不仁，是不智也。不仁不智，无礼无义，人役也。人役而耻为役，由⁸弓人而耻为弓、矢人而耻为矢也。如耻之，莫如为仁。仁者如射，射者正己而后发。发而不中，不怨胜己者，反求诸己而已矣。"

【简注】① 矢人：制造箭的人。
② 函人：制造铠甲的人。
③ 巫匠：巫，古代降神驱病的巫医。匠，泛指从事手工业的人，这里指造棺材的木匠。
④ 里仁为美，择不处仁，焉得智：出自《论语·里仁》篇第一章。
⑤ 尊爵：尊贵的爵位。
⑥ 安宅：可安居的住宅。
⑦ 御：止，阻挡。
⑧ 由：犹，好像。

【语译】孟子说："制造箭的人难道比制造铠甲的人还要残忍不仁吗？造箭的人就怕箭不够锐利，无法射伤人，造铠甲的人就怕铠甲不够坚硬，被箭射穿而伤到人。治病的巫医和制造棺材的木匠，也是如此。所以，在选择职业时，不能不谨慎啊！孔夫子曾说：'要跟仁者当邻居才好，如果不选择在仁者附近居住，怎么算得上明智呢？'仁，是上天给予人最尊贵的爵位，是人可以安心居住的住宅。如果没有人阻止你成为一位仁人，自己却不愿做个仁人，那就是不明智。一个既不仁不智又无礼无义的人，只配被别人役使。既做了仆役却又耻于被别人役使，就像是造弓的人认为造弓是可耻的，造箭的人认为造箭是可耻的一样。如果真的觉得被人役使是可耻的，不如好好地践行仁道。践行仁道的人就像射箭的人，射箭时首先端正自己的姿势，然后才放箭。如果箭发射出去却没有射中，不去埋怨胜过自己的人，而应回过头来反躬自省。"

【现代解读】 本章的义理涉及两个层面，一是强调职业、环境的选择对于我们品德的养成有深刻的影响，二是站在性善论一贯的立场，指出仁心乃上天赋予人的最高贵的品质，也是人性尊严安立的凭借，因此，人若自爱，莫若反求诸己。

3.8 孟子曰："子路，人告之以有过则喜。禹[①]闻善言则拜。大舜有[②]大焉，善与人同[③]，舍己从人，乐取于人以为善。自耕、稼、陶、渔以至为帝[④]，无非取于人者。取诸人以为善，是与[⑤]人为善者也。故君子莫大乎与人为善。"

【简注】 ①禹：夏朝开国国君，亦称大禹、夏禹、戎禹，是鲧的儿子。他奉舜的命令治水，因治水有功而被选为舜的继承人。

②有：又。

③善与人同：朱熹注："善与人同，公天下之善而不为私也。"

④自耕、稼、陶、渔以至为帝：从耕种庄稼、制陶、捕鱼到成为天子，指舜的经历。

⑤与：赞许、帮助。

【语译】 孟子说："子路，别人指出他的过错，他就高兴。禹，听到了善言，他就拜服。伟大的舜就更了不起了，他行善不分人我，乐于与他人一起做善事，且总是能放下己见去接纳大家的意见，乐于吸取他人的优点来行善。他从微贱时种庄稼、制陶器、捕鱼一直到当上天子，没有一个优点不是从他人身上吸取来的。吸取他人的优点来行善，也是鼓励他人一起行善啊。所以，对君子来说，没有什么比鼓励他人一起行善更重要的了。"

【现代解读】 本章谈的是圣贤的修养之道。子路闻过则喜，禹闻善言则拜，舜则更彻底地敞开生命，做到善与人同。所谓"舍己从人"，就是不固执己见，而乐于接纳他人。孟子提到舜由一介农夫，历经各种工作，到当上天子，都是从别人那里吸取优点，偕同他人一起行善。因此，孟子认为，一个君子最重视的，就是能够敞开生命与人为善。

3.9 孟子曰："伯夷，非其君不事，非其友不友。不立于恶人之朝，不与恶人言。立于恶人之朝，与恶人言，如以朝衣朝冠，坐于涂炭。推恶恶之心，思与乡人立，其冠不正，望望然①去之，若将浼②焉。是故，诸侯虽有善其辞命而至者，不受也。不受也者，是亦不屑就已。柳下惠③不羞污君，不卑小官。进不隐贤④，必以其道。遗佚⑤而不怨，厄穷而不悯⑥。故曰：'尔为尔，我为我，虽袒裼裸裎⑦于我侧，尔焉能浼我哉！'故由由然⑧与之偕而不自失焉。援⑨而止之而止；援而止之而止者，是亦不屑去已。"

孟子曰："伯夷隘，柳下惠不恭。隘与不恭，君子不由也。"

【简注】 ① 望望然：去而不顾的样子。

② 浼：污染、玷污。

③ 柳下惠：鲁大夫展禽，因食邑于柳下，谥号惠，故称柳下惠。一说居于柳下。

④ 进不隐贤：入朝为官并不隐藏自己的才能。一说，见贤人而不隐蔽。

⑤ 遗佚：遗弃放失。佚，通"逸"，隐逸。

⑥ 厄穷而不悯：厄，困厄。悯，忧。

⑦ 袒裼裸裎：袒裼，脱去上衣。裸裎，赤身裸体。

⑧由由然：高兴自得的样子。

⑨援：牵引、拉拽。

【语译】孟子说："伯夷这个人，不是他认可的君主，他就不侍奉，不是他认可的朋友，他就不与之结交。不愿在坏人的朝廷当官，也不跟坏人交谈。在他看来，在坏人的朝廷当官，跟坏人交谈，就像是身穿上朝的礼服、头戴上朝的礼帽却坐在肮脏的泥地与炭灰上面。他把这种厌恶坏人的心推广出去，与乡里的普通百姓站在一起时，如果那个人的帽子戴歪了，他就愤然不回头地走掉，好像会被污秽玷污一样。所以，即便当时的诸侯用动听的言辞请他来当官，他也不接受。不接受的原因，是不愿与他们同流合污。而柳下惠这个人，不会因侍奉不好的君主而羞耻，也不会因为自己官职低而自卑。入朝为官时，不隐藏自己的才能，凡事必定按照自己的原则行事。若被君主冷落遗弃，也不怨恨，处境困穷，也不忧愁。所以他说：'你是你，我是我，即使你赤身裸体站在我旁边，你又怎么能够玷污我呢！'因此他能欢喜自在地与形形色色的人相处，而不会失去自身的操守。当他被辞退时，有人挽留他让他留下，他就留下。他留下的原因，就是他不会因自命清高而离开啊。"

孟子接着又说："伯夷心胸狭隘，不够宽宏。柳下惠过于随和，不够庄重严谨。心胸狭隘和过于随和都不合中道，君子是不会这样做的。"

【现代解读】本章孟子对伯夷、柳下惠的生命形态做了描述，他们两个人都是在乱世之中能洁身自好的人，但具体表现出来却反差极大。伯夷是在行为上严守分际，与一切不合礼义的人与事都划清界限。柳下惠则心中有主，不在乎外在的环境能否玷污自己，所以反而能出入自得。

　　孟子站在儒家中庸之道的立场，认为伯夷的生命失于偏狭，不够宽宏，而柳下惠则失于草率，不够严谨。但无论如何，孟子认为他们两个都已达到圣人的完美境界，只是儒家君子之道追求的是中正平和，故而他们两人的生命形态在儒者的高标准下不被认可。

公孙丑下

《公孙丑下》共计十四章,朱熹在《四书章句集注》中曾说:"自第二章以下,记孟子出处行实为详。"其中,第二章反映了孟子在齐宣王朝廷上的自处之道,最后五章则详细记录了孟子离开齐国时的复杂心情,颇能体现孟子作为一代宗师的开阔胸襟及精神面貌。

4.1 孟子曰:"天时不如地利,地利不如人和①。三里之城,七里之郭②,环而攻之而不胜。夫环而攻之,必有得天时者矣,然而不胜者,是天时不如地利也。城非不高也,池非不深也,兵革③非不坚利也,米粟非不多也,委而去之④,是地利不如人和也。故曰:域⑤民不以封疆之界,固国不以山溪之险,威天下不以兵革之利。得道⑥者多助,失道者寡助。寡助之至,亲戚畔⑦之,多助之至,天下顺之。以天下之所顺,攻亲戚之所畔,故君子有不战,战必胜矣。"

【简注】① 天时、地利、人和:据《荀子·王霸》所说"农夫朴力而寡能,则上不失天时,下不失地利,中得人和,而百事不废",天时,指时机与天候。地利,指山川险要、城池坚固。人和,指人心所向、内部团结。

② 三里之城,七里之郭:内城叫城,外城叫郭。内外城郭比例一般是三里之城,五里之郭,或五里之城,七里之郭。

③ 兵革:兵,戈、矛、刀、箭一类用于进攻的武器。革,皮革所制的甲胄,用以防御。

④ 委而去之:委,放弃。去,离开、逃走。

⑤ 域:界限。此处作动词,划分疆界。

⑥ 得道:得治国之道,指施行仁政。

⑦ 畔:通"叛"。

【语译】 孟子说："有利的天时比不上有利的地势，有利的地势比不上众人的齐心协力。譬如有个内城方圆三里，外城方圆七里的地方，围攻它却不能取胜。在围攻的过程中，一定有合乎天时的作战时机，然而没能取胜，是因为把握天时比不上占有地利。又譬如另一个地方城墙不是不高，护城河不是不深，兵器和盔甲不是不坚固锋利，粮食不是不多，然而守城的人还是弃城逃跑了，这是因为虽占了地利却比不上众人的齐心协力。所以说，不专靠划分疆界来限制百姓，不只凭借山川的险要地势来巩固边防，不只倚仗兵器盔甲的坚固锋利来威服天下。坚持行王道仁政的国君，能得到许多的帮助，不行王道仁政的国君，得到的帮助就少。帮助少到一定的地步时，会众叛亲离，帮助多到极致时，全天下都会归顺于他。要用全天下归顺的力量，去攻打众叛亲离的那一方，在这种情况下，君子不战则已，一旦战斗，必定获胜。"

【现代解读】 本章孟子从各国竞争的角度，分析了天时、地利、人和三个条件的重要性，并指出战争胜负的关键，天时不如地利，地利不如人和。换言之，民心归向才是决定性的因素。全文不但义理主轴明确，而且在文字运用上层层展开、对仗工整，读来铿锵有声，被认为是先秦最佳议论文之一。

4.2 孟子将朝王，王使人来曰："寡人如① 就见者也，有寒疾，不可以风。朝，将视朝②，不识可使寡人得见乎？"

对曰："不幸而有疾，不能造③ 朝。"

明日，出吊于东郭氏④。公孙丑曰："昔者⑤ 辞以病，今日吊，或者不可乎？"

曰："昔者疾，今日愈，如之何不吊？"

王使人问疾,医来。孟仲子[6]对曰:"昔者有王命,有采薪之忧[7],不能造朝。今病小愈,趋造于朝,我不识能至否乎?"

使数人要[8]于路,曰:"请必无归,而造于朝。"

不得已而之景丑氏[9]宿焉。景子曰:"内则父子,外则君臣,人之大伦也。父子主恩,君臣主敬。丑见王之敬子也,未见所以敬王也。"

曰:"恶,是何言也!齐人无以仁义与王言者,岂以仁义为不美也?其心曰:'是何足与言仁义也。'云尔,则不敬莫大乎是。我非尧舜之道,不敢以陈于王前。故齐人莫如我敬王也。"

景子曰:"否,非此之谓也。《礼》曰:'父召,无诺[10];君命召,不俟驾[11]。'固将朝也,闻王命而遂不果,宜[12]与夫《礼》若不相似然。"

曰:"岂谓是与?曾子曰:'晋楚之富,不可及也。彼以其富,我以吾仁,彼以其爵,我以吾义。吾何慊[13]乎哉?'夫岂不义而曾子言之?是或一道也。天下有达尊三:爵一,齿一,德一。朝廷莫如爵,乡党莫如齿,辅世长民莫如德。恶得有其一,以慢其二哉?故将大有为之君,必有所不召之臣。欲有谋焉,则就之。其尊德乐道,不如是,不足与有为也。故汤之于伊尹,学焉而后臣之,故不劳而王。桓公之于管仲,学焉而后臣之,故不劳而霸。今天下地丑[14]德齐,莫能相尚,无他,好臣其所教,而不好臣其所受教。汤之于伊尹,桓公之于管仲,则不敢召。管仲且犹不可召,而况不为管仲者乎?"

【简注】① 如:宜、应当、理应。

② 朝,将视朝:第一个"朝"读 zhāo,指早晨;第二个"朝"读 cháo,指朝廷。

③ 造:到。

公孙丑下 | 135

④ 东郭氏：齐国的大夫。

⑤ 昔者：之前，此指昨天。

⑥ 孟仲子：孟子的从昆弟，曾向孟子学习。

⑦ 采薪之忧：《礼记·曲礼》下："君使士射，不能，则辞以疾。言曰：'某有负薪之忧。'"表示士疲于采樵导致生病。为士对君告病之谦辞。

⑧ 要：平声，在路上拦截。

⑨ 景丑氏：齐国的大夫，下文的景子即景丑。

⑩ 父召，无诺：《礼记·曲礼》上："父召无诺，先生召无诺，唯而起。"唯、诺都表示回应的声音，急时用唯，缓时用诺。父召无诺，意思是听到父亲召唤，不等答"诺"就起身。

⑪ 君命召，不俟驾：君主召唤，不等车马备好就立即动身。

⑫ 宜：同"殆"，大概、恐怕。

⑬ 慊：憾恨、不满。

⑭ 丑：类似、相近。

【语译】孟子正要去朝见齐宣王，碰巧宣王派人来说："寡人理应来见夫子，但是着凉了，不能吹风。夫子如果能明早上朝，我可以临朝接见，不知能否让寡人见夫子一面？"

孟子回答使者："不幸得很，我也抱病在身，明早不能到朝廷上去见王。"

第二天，孟子到齐国大夫东郭氏家中吊丧，公孙丑劝他："昨天王派人来召见，您称病推辞了，今天却出去吊丧，恐怕不太妥当吧？"

孟子说："昨天病了，今天痊愈，为什么不能去吊丧呢？"

齐王派人来探病，而且带了医生一起过来。孟仲子对来人搪塞说："昨天有王命召见，因为身体抱恙，不能到朝廷拜见。今天病稍好些，就赶紧去上朝了,不知道现在到了没有?"

孟仲子派几个人在路上拦截孟子,对他说:"请千万不要回家,直接去朝廷一趟吧。"

孟子不得已,只好去景丑氏家借宿。景丑氏知道了孟子的做法后,对他说:"在家中有父子关系,在外有君臣关系,都是人与人之间最重要的伦理关系。父子之间相处,以慈爱为主;君臣之间相处,以恭敬为主。我只看到王对您十分敬重,却看不到您对王有何恭敬的表现。"

孟子说:"哎!你说的这是什么话!齐国没有一个人向君王进谏仁义之道,难道是他们认为仁义不好吗?他们不过是心里想:'这个君王,哪里值得跟他谈论仁义之道呢?'这么看来,对王不恭敬的,没有比这些人更严重的了。而我,如果不是尧舜的治国之道,是万万不敢拿到王面前谈论的。所以齐国没有比我对王更恭敬的人了。"

景丑氏说:"不!我说的不是这个意思。《礼记》上说:'听到父亲召唤,不等回答"诺"就要立刻起身。国君有命召见,不等车马备好就立即动身。'您原本要去朝见齐王,但听到王的召见后反而不去了,这恐怕不符合《礼记》的规范吧!"

孟子说:"原来你说的是这个呀!曾子说过:'晋国、楚国国君的财富,是我们赶不上的。但是,他有他的财富,我有我的仁道,他有他的爵位,我有我的义道。我哪里有什么不足呢?'这些话难道是曾子随便讲的吗?其中或许蕴含着一定的道理吧。天下有三样东西被认为是最尊贵的:一个是爵位,一个是年寿,一个是道德。在朝廷中,最重要的是爵位;在乡里中,最重要的是年寿;在辅助君王、教养百姓上,最重要的是道德。哪里可以只固执于其中的爵位,而轻慢了年寿与道德呢?所以,将要大有作为的君主,必定有他不能随意召唤的臣子。如果有事要和他商量,就得亲自去拜访。身为国君要尊重贤德、喜爱道义，如果连这个基本态度都没有，就不值得跟他一起做些什么。所以，商汤对于伊尹，先向伊尹学习，然后才任命他为臣子，于是能不费力气地统一天下。齐桓公对于管仲，也是先向管仲学习，然后任命他为臣子，乃能不费力气地称霸于诸侯。现在天下诸侯国之间，土地大小相似，国君的德性也差不多，没有谁能超过谁。这没有别的原因，只是因为他们喜欢听话的臣子，却不喜欢能教导他们道理的臣子。商汤对于伊尹，桓公对于管仲，就不敢随意召唤。管仲尚且不可被随意召唤，更何况不屑成为管仲的人呢？"

【现代解读】本章非常有戏剧张力，一方面反映出孟子在出处进退细节上的讲究，另一方面也揭示了孟子在政统占据主导地位时，提出"天下有三达尊"的观点，以凸显以德抗位的理由。故事是由齐宣王托病婉谢孟子的拜见，却要求次日早朝再说开始。孟子敏锐地意识到宣王的轻慢，因此，他也以生病为由，拒绝上朝。第二天，孟子未上朝却出吊东郭氏，弟子公孙丑觉得不妥，孟子却不以为意。未料，宣王竟然派御医来为孟子看病。弟子孟仲子在半路上拦住孟子，要求孟子改道上朝。孟子不得已，借宿于齐国大夫景丑氏家。

一般人很难理解孟子的行事方式，因此引来了景丑氏的质疑，认为孟子此举有不敬之嫌。孟子通过两点来回应这个质疑。

第一点，孟子指出，齐国人从不向宣王进言仁义之道，其实是认为宣王不足以言仁义，而他则是"非尧舜之道，不敢以陈于王前"。他认为，在这种情况下，没有人比他更尊敬宣王。

第二点，孟子指出，人世间有三个尊贵的标准，即"爵一，齿一，德一"。在朝廷上，以爵位定高低；在乡里中，以年龄长幼定尊卑；在治国理民方面，则以德行定高下。不可以因为自己的爵位，而轻慢另外两个标准。更重要的，孟子在这里提出，"将大有为之君，必有所不召之臣。欲有谋焉，则就之。其尊德乐道，不如是，不足与有为也"。换言之，孟子在政统与道统已然分立的情况下，明确地表示，道统高于政统。因此孟子一针见血地指出，战国时期的混乱，根本原因就在于拥有政统之尊的国君只喜欢任用听自己话的人为臣，却不喜欢任用身负道统传承能教导他们的人为臣。孟子既然坚持位居师儒之位，当然不允许宣王对自己召之即来挥之即去，使自己沦为一个仅供差遣任用的可召之臣。

果如前述，我们可以理解为什么孟子对自己的出处进退这么讲究了。因为以道自任的儒者，既无客观的体制保障自己的身份，那就只有在自己的行事上自尊自重，通过自我定位来确保道统的优先性。以世俗的眼光看孟子的行事风格，不免会误认为孟子矫情，但从大历史来看，若没有孟子的风骨在前，又怎么会有无数的知识分子在风雨如晦的苦难时刻，鸡鸣不已，以捍卫历史文化自许呢？

本章可与 6.1、6.7、10.7 参读。

4.3 陈臻[①]问曰："前日于齐，王馈兼金[②]一百[③]而不受。于宋，馈七十镒而受。于薛，馈五十镒而受。前日之不受是，则今日之受非也；今日之受是，则前日之不受非也。夫子必居一于此矣。"

孟子曰："皆是也。当在宋也，予将有远行，行者必以赆[④]，辞曰：'馈赆。'予何为不受？当在薛也，予有戒心[⑤]，辞曰：'闻戒，故为兵馈之。'予何为不受？若于齐，则未有处[⑥]也。无处而馈之，是货[⑦]之也。焉有君子而可以货取乎？"

【简注】① 陈臻：孟子的学生。

② 兼金：良金，价值双倍于普通金，故称兼金。

③ 一百：一百镒，省略了量词，古代以一镒为一金，每镒为

二十两。

④赆：临别赠予远行者的旅费或礼物。

⑤戒心：戒备意外发生的心。因为当时有恶人要害孟子，所以孟子心有戒备。

⑥未有处：没有接受礼物的理由。

⑦货：动词，收买、贿赂。

【语译】孟子的学生陈臻问孟子："前些日子在齐国，齐王送给您上等黄金一百镒，您不肯收。后来到宋国，宋君送给您七十镒金，您却收下了。到了薛国，薛君又送给您五十镒金，您也收了。如果之前的不接受是合理的，那么后来的接受就不合理了呀。老师在这当中，必定有个选择是错的。"

孟子说："前后都是合理的。当时在宋国，我将要远行，对远行的人一定要赠送旅费，宋国国君送金来，对我说：'赠送点盘缠。'我为什么不接受？在薛国时，因为有人要暗中谋害，所以我怀有戒心，薛国国君送金来，对我说：'听说您有戒备之心，送您一些购买兵器的钱吧。'我为什么不接受？至于在齐国时，安居无事，没有接受馈赠的理由。没接受馈赠的理由，对方却来送礼，这是拿钱收买我啊。哪有君子是可以被收买的呢？"

【现代解读】本章记录的是孟子与弟子陈臻的对话，围绕着的主题仍是儒者的出处进退、取与辞受之道。陈臻质疑孟子在接受馈赠时，或受或不受，行为并不一致，心想，这其中一定有可议之处。于是，他构建了一个"两难式"的形式逻辑来论证，迫使孟子承认错误。未料，孟子轻松地破解了两难之论，因为只要前提不成立，这个结论就不成立。孟子解释，无论他拒绝齐王的馈赠，还是接受宋国、薛国的馈赠，都有接受与不接受的理由，不能只看行为的表面，还要深入探讨背后的道理。重要的是，孟子的取与辞受，都有不容置疑的立场。如果没有立场，而接受馈赠，那就是收买，哪有行道的君子是可以被收买的呢？孟子的这一番话，今日听来，格外振聋发聩！

4.4 孟子之平陆①，谓其大夫②曰："子之持戟之士③，一日而三失伍④，则去之⑤否乎？"

曰："不待三。"

"然则子之失伍也亦多矣。凶年饥岁，子之民，老羸⑥转于沟壑，壮者散而之四方者，几千人矣。"

曰："此非距心⑦之所得为也。"

曰："今有受人之牛羊而为之牧之者，则必为之求牧与刍矣。求牧与刍而不得，则反诸其人乎？抑亦立而视其死与？"

曰："此则距心之罪也。"

他日，见于王曰："王之为都⑧者，臣知五人焉，知其罪者，惟孔距心。"为王诵⑨之。

王曰："此则寡人之罪也。"

【简注】① 平陆：齐国边境的邑，在今山东省汶上县北。
② 大夫：治邑大夫，指的是邑宰，此指孔距心也。
③ 持戟之士：手持武器的人，战士。
④ 失伍：失其行列，失职，擅离职守。
⑤ 去之：革除他、罢免他。
⑥ 羸：身体瘦弱。
⑦ 距心：人名，孔距心，齐国大夫，平陆的邑宰。

公孙丑下

⑧ 为都：治理都城。

⑨ 诵：讲述。

【语译】 孟子到齐国的边邑平陆去，对守邑的大夫孔距心说："如果您的守卫一天之内失职三次，是否要开除他？"

孔距心说："不用等到三次就把他开除了。"

孟子说："那么，您自己失职的次数也够多了！遇灾荒的年岁，您底下的百姓，年老与瘦弱的都死在了山沟里，年轻力壮的都四处逃命，几乎有一千人了。"

孔距心说："这不是我孔距心能处理好的事。"

孟子说："假如现在有一个人接受了别人的牛羊而替别人放牧，他就一定会设法为牛羊寻找牧场和草料。要是找不到牧场和草料，是该把牛羊还给别人，还是眼睁睁地看着它们饿死呢？"

孔距心回答："这是我距心的罪过。"

过几天，孟子朝见齐宣王，说："宣王一朝担任地方长官的，我认识五位，但愿意承认错误的，只有孔距心一人。"于是就把他和孔距心的谈话跟齐宣王复述了一遍。

齐宣王说："这是我的罪过啊！"

【现代解读】 本章主题反映的是，孟子对政治委托及责任承担的看法。一开始，孟子试探性地询问平陆大夫孔距心："如果您的守卫一天之内失职三次，是否要开除他？"孔距心表示，不等到三次就会罢黜他。孟子接着就质问，凶年的时候，你的老百姓流离失所，甚至弃尸山沟，年轻力壮的逃离四散，不也是一种严重的失职吗？孔距心表示，这不是他身为地方官吏能够解决的。孟子又接着质问："假如现在有一个人接受了别人的牛羊而替别人放牧，他就一定会设法为牛羊寻找牧场和草料。要是找不到牧场和草料,是该把牛羊还给别人,还是眼睁睁地看着它们饿死呢?"这时,孔距心听懂了孟子的意思,立刻承认了错误。过了一些时日,孟子又有机会和齐宣王议政,谈到了这件事,表示宣王一朝担任地方长官的,他认识五位,但只有孔距心一人愿意承认错误。于是孟子转述了他们的谈话,借此讽喻宣王,宣王听了当下也承认了错误。

整段对话,《四书章句集注》曾引陈旸评论道:"孟子一言而齐之君臣举知其罪,固足以兴邦矣。然而齐卒不得为善国者,岂非说而不绎,从而不改故邪?"从现代民主法治的观点来看,此章充分反映了孟子的政治委托论,虽然可以追究政治责任,但是其约束力仅在于当事人主观的道德意识,而无客观法律的效果,良可叹惜!

4.5 孟子谓蚳鼃①曰:"子之辞灵丘②而请士师③,似也,为其可以言也。今既数月矣,未可以言与?"

蚳鼃谏于王而不用,致为臣而去④。

齐人曰:"所以为蚳鼃则善矣,所以自为,则吾不知也。"

公都子⑤以告。

曰:"吾闻之也,有官守者,不得其职则去。有言责⑥者,不得其言则去。我无官守,我无言责也,则吾进退,岂不绰绰然⑦有余裕哉?"

【简注】① 蚳鼃:人名,齐国大夫。鼃即今"蛙"字。

② 灵丘:地名,齐国南境的边邑。

③ 士师:官名,掌管禁令、刑罚、狱讼,古代为法官的通称。

④ 致为臣而去:致为臣即致仕,意即当官。致为臣而去,意即辞官。

⑤ 公都子：孟子的弟子。

⑥ 言责：献言之责。

⑦ 绰绰然：宽裕的样子。

【语译】孟子对蚳鼃说："您辞去灵丘县令的职务，转而请求担任狱官，似乎很有道理，因为可以向王进谏。现在既然已任新职，难道还没有到进谏的时机吗？"

蚳鼃向王进谏而不被采纳，他就辞官了。

齐国有人说："孟子替蚳鼃出的主意倒是挺好，他自己是什么打算，那我就不知道了。"

孟子的学生公都子把这话告诉了孟子。

孟子说："我曾听说，有官职在身的人，若无法尽忠职守，就该辞职。有进言职责的人，如果谏言不被采纳，就可以辞官离去。我既无官职在身，也没有进言的责任，那么，我要进要退，不是很有余地吗？"

【现代解读】本章记录孟子鼓励蚳鼃向齐王进谏，以免有怠职守。因为齐王未采纳蚳鼃的谏言，蚳鼃便辞官回乡了。孟子的这个做法引发了齐人的议论，质疑孟子为什么不以同样的标准来要求自己。孟子解释自己无官守、无言责，没有进言的必要。换言之，孟子认为他只是奉行孔子的原则，"不在其位，不谋其政"，所以进退不是那么紧迫，有较大的余地。

4.6 孟子为卿于齐，出吊于滕①。王使盖大夫王驩②为辅行③。王驩朝暮见，反齐滕之路，未尝与之言行事也。

公孙丑曰："齐卿之位，不为小矣，齐滕之路，不为近矣。反之而未尝与言行事，何也？"

曰："夫既或治之，予何言哉？"

【简注】①出吊于滕：到滕国去吊丧。指滕文公之丧。

②盖大夫王驩：盖，齐国邑名，在今山东省沂水县西北。王驩，齐王宠信的嬖臣。

③辅行：副使。

【语译】孟子在齐国当齐王的客卿，代表齐国出使到滕国去吊丧，齐王派盖邑大夫王驩为副使与孟子一同前往。王驩早晚都会来见孟子，可是孟子在往返齐国与滕国的路上，不曾与他讨论关于出使的事宜。

公孙丑问孟子："夫子身居齐卿的职位不算小，齐、滕两国之间的路程不算近，但在往返的路上，您却未曾与副使王驩讨论出使的公事，这是为什么呢？"

孟子说："他既然已经包办了所有的事，我还有什么话好说呢？"

【现代解读】本章记载孟子出吊滕文公，宣王派权臣王驩担任副使，一路上王驩从不向孟子报告这趟出行的相关公务，这使陪行的弟子公孙丑非常不解，就询问孟子，这样是否妥当。孟子回答，他既然已专断独行了，我又何必与他斤斤计较。所谓"道不同，不相为谋"，在现实中，孟子与权臣王驩，亦只能各行其是罢了。

4.7 孟子自齐葬于鲁①，反于齐，止于嬴②。

充虞③请曰："前日不知虞之不肖，使虞敦匠事④。严⑤，虞不敢请。今愿窃有请也，木若以⑥美然。"

曰:"古者棺椁无度,中古棺七寸,椁称之。自天子达于庶人,非直为观美也,然后尽于人心。不得⁷,不可以为悦;无财,不可以为悦。得之为有财,古之人皆用之,吾何为独不然?且比⁸化者⁹,无使土亲肤,于人心独无恔ⁱ⁰乎?吾闻之也:君子不以天下俭其亲。"

【简注】① 自齐葬于鲁:孟子仕于齐,母丧,从齐国回到鲁国安葬。

② 嬴:古地名,在今山东省莱芜市西北。

③ 充虞:孟子的弟子。

④ 敦匠事:敦,治、督管。匠事,木匠制作棺椁的事。

⑤ 严:急、忙。

⑥ 以:太。

⑦ 不得:为礼制规定所不允许。

⑧ 比:为了。

⑨ 化者:死者。

⑩ 恔:快意、满意。

【语译】孟子带着母亲的灵柩从齐国回到鲁国安葬,又返回齐国,在嬴邑停留。

学生充虞向孟子请教说:"之前先生不嫌弃我能力不足,让我督管匠人制作棺椁的事。因时间仓促,不敢请教夫子。现在想私下请问一下,那棺木好像太华美了点吧?"

孟子回答:"上古对于内棺外椁的尺寸没有规定,到中古时,周公制礼规定内棺厚七寸,外椁的厚薄与之相称。从天子到百姓,都是如此,不仅仅是为了讲究棺椁的美观,而是这样才能满足人子对父母的孝心。如果因为不合礼制而不能用好一点的棺椁,人子就会不称心;

如果没有足够的钱这样做，人子也会不称心。既合于礼制，又有足够的钱，连古代的人都会用这种棺椁，为什么只有我不能用呢？而且替死者把棺木做得厚一点，不让泥土沾到皮肤上，对人子来说，不也感到欣慰吗？我曾听说，君子不会因天下人的批评，而在父母身上节省的。"

【现代解读】孟子去鲁国安葬母亲，在返程途中，弟子充虞忍不住了，因为他看到孟子在安排母亲丧事上，用了太华美的棺木，似乎有违当时世俗的标准。孟子解释，古制棺椁用木并无一定的厚度，选材时并非着眼于美观，而是为了充分地表达孝心。如果没有礼制上的限制，也没有财力上的压力，孝子为什么不可以尽心致孝呢？孟子表示："君子不以天下俭其亲。"换言之，孟子不受世俗眼光的约束，选择遵从内心的感情来表达他对母亲的孝思。孟子厚葬其母的事，曾引起许多质疑和非议，但是孟子参酌古礼，并无不合礼制，就不顾当时似是而非的礼俗，而忠于自己身为孝子的内心情感，在当时亦可谓特立独行之举。

本章可参读 2.16、8.6。

4.8 沈同[①]以其私问曰："燕可伐与？"

孟子曰："可。子哙[②]不得与人燕，子之[③]不得受燕于子哙。有仕[④]于此，而子悦之，不告于王，而私与之吾子之禄爵。夫士也，亦无王命而私受之于子，则可乎？何以异于是？"

齐人伐燕。

或问曰："劝齐伐燕，有诸？"

曰："未也。沈同问：'燕可伐与？'吾应之曰：'可。'彼然而伐之也。彼如曰：'孰可以伐之？'则将应之曰：'为天吏则可以伐之。'

今有杀人者，或问之曰：'人可杀与？'则将应之曰：'可。'彼如曰：'孰可以杀之？'则将应之曰：'为士师则可以杀之。'今以燕伐燕，何为劝之哉？"

【简注】①沈同：齐国大臣。
②子哙：燕国国君燕王哙。
③子之：燕王哙的相国，燕王哙让位子之，引发内乱。
④仕：为官。

【语译】齐国大臣沈同以私人身份问孟子："可以去攻伐燕国吗？"

孟子说："可以。燕王子哙不可以私自把燕国交给别人，燕相子之不可以私下从子哙手中接受燕国。比如有人在这里做官，您很喜欢他，所以没有禀告君王，就私自把自己的俸禄和官爵转让给他。这人也没有得到君王任命，就私下偷偷接受您转让的俸禄和官爵，这样可以吗？这与子哙和子之私相授受，有什么区别呢？"

后来齐国人去攻打燕国。

有人问孟子："听说夫子曾劝齐国攻伐燕国，有这回事吗？"

孟子说："没有。沈同私下问我：'可以去攻伐燕国吗？'我回答他：'可以。'他们就这样去攻打燕国了。他如果再问我：'谁可以去伐燕？'那么我就会回答他：'奉行天命的天吏可以去伐燕。'比如现在有个人杀了人，有人问我：'这个人可以杀吗？'我就会回答他：'可以。'他再接着问：'谁可以杀他？'我就会回答他：'身为执法人员的狱官可以杀他。'如今，齐国跟燕国一样无道，叫齐国去攻打燕国，就像叫燕国去攻打燕国一样，我怎么会劝他这么做呢？"

【现代解读】《梁惠王下》记载，宣王伐燕曾询问孟子的意见，当时孟子的态度就是，如果齐出兵是吊民伐罪，救燕民于水深火热之中，固无不可。但是，如果齐出兵只是掠夺，燕民自然会反抗，那就没有正当性。目前，本章的主题也集中在伐燕这件事的相关问题上。

沈同是孟子的好友，曾私下询问伐燕的正当性。孟子根据当时燕国的情形，认为燕王哙让国于子之是一种私相授受的行为。在未得到充分的民意的支持下，酿成内乱，死者数万，百姓惶恐之余，自然会期待正义之师吊民伐罪。因此，孟子回答"可"。可是，齐国出兵后，因为烧杀掠夺，引发燕民反抗，所以各国诸侯联军讨伐，最后齐国落得铩羽而归。于是乎，又有人事后找原因，试图归咎于孟子。孟子不得已，回到他王道仁政的一贯主张，重申燕王哙的让国，属私相授受，造成了内乱，固可伐也，但只有具有行仁政能力的天吏才可以出兵。

其实，质诸其他篇章，我们很清楚地知道，孟子的王道理想，基本上就是强调要用政治文化的力量治国，反对兵戎相见，除非是为吊民伐罪。尤有进者，国家权位乃天下重器，必须有客观的程序与历史条件，如《万章上》所述"使之主祭，而百神享之，是天受之；使之主事而事治，百姓安之，是民受之也。天与之，人与之，故曰天子不能以天下与人"，才有政权转移的正当性。换言之，孟子虽不反对禅让，但反对没有民意基础的私相授受，因此，才在燕国内乱这件事上有条件地支持征伐的正当性。读者阅读《孟子》这些段落，必须做整体性的考量，参考其他篇章的相关文献，才能理解孟子思想的一贯性。

本章可参读 2.10、2.11、9.5、9.6。

4.9 燕人畔①。王曰："吾甚惭②于孟子。"

陈贾③曰："王无患焉。王自以为与周公，孰仁且智？"

王曰："恶！是何言也？"

曰："周公使管叔监殷④，管叔以殷畔。知而使之，是不仁也；不知而使之，是不智也。仁智，周公未之尽也，而况于王乎？贾请见而解之。"

见孟子，问曰："周公，何人也？"

曰："古圣人也。"

曰："使管叔监殷，管叔以殷畔也，有诸？"

曰："然。"

曰："周公知其将畔而使之与？"

曰："不知也。"

"然则圣人且有过与？"

曰："周公，弟也；管叔，兄也。周公之过，不亦宜乎？且古之君子，过则改之，今之君子，过则顺⑤之。古之君子，其过也，如日月之食，民皆见之，及其更⑥也，民皆仰之。今之君子，岂徒顺之，又从为之辞⑦。"

【简注】①燕人畔：畔，通"叛"。指燕国人群起反抗齐国，不肯归顺齐国。

②愬：通"惭"，惭愧。

③陈贾：齐国大夫。

④周公使管叔监殷：周公派管叔监管殷地。朱注："管叔名鲜，武王弟，周公兄也。武王胜商杀纣，立纣子武庚，而使管叔与弟蔡叔、霍叔监其国。武王崩，成王幼，周公摄政，管叔与武庚畔，周公讨而诛之。"

⑤顺：放任。

⑥更：改。

⑦ 辞：辩解。

【语译】 齐宣王不顾孟子劝告，派兵攻占燕国，后来燕国人群起反抗，不肯归顺齐国。宣王说："我感到十分愧对孟子。"

陈贾说："王不必忧虑。王觉得您跟周公相比，谁更仁厚且明智呢？"

宣王问："咳！你这是什么话呀？（我怎敢和周公相比？）"

陈贾说："周武王灭了殷商，周公派兄长管叔去监管殷地，管叔却据殷叛乱，最后被周公讨伐杀死。如果周公早知道管叔会叛变，还故意派他去，害他最后被杀，就是不仁了；如果不知道他会叛变而派他去，就是不智了。仁厚和明智，像周公那样的圣人都没能做到，何况是王呢？我请求替王去见孟子，跟他解释这件事。"

陈贾见了孟子，问道："周公是怎样的人呢？"

孟子说："是古代的圣人。"

陈贾说："他曾派管叔监管殷地，管叔却据殷叛乱，有这事吗？"

孟子说："有的。"

陈贾说："周公是早知道管叔会叛变，但还是派他去的吗？"

孟子说："不知道。"

陈贾说："这样看来，圣人也会犯错吧？"

孟子说："周公是弟弟，管叔是兄长。周公的过错不是合乎情理吗？而且古时候身居高位的君子，犯了过错就立刻改正，现在身居高位的君子，犯了过错却放任自己一错再错。古时候的在上位者，当他犯了错，就像天上的日食和月食一样明显，百姓都能看到，等到他改正了，百姓都能仰望钦佩他。现在的在上位者，不仅一错再错，还想掩饰自己的过错且狡辩呢！"

【现代解读】齐宣王伐燕，不听取孟子的建议，为燕民选立新君然后撤退，反而大肆搜刮，结果不仅遭到燕民的背反，还遭到诸侯联军的进攻。齐国败还之后，宣王很后悔当初没听孟子的建议。这时候大夫陈贾为宣王开脱，他援引历史上周公派管叔监殷，但结果却引领殷民背叛为例，认为圣人都不免犯错，宣王不必为伐燕耿耿于怀。孟子听到陈贾的遁词后，非常感慨，将古之君子与今之君子做对比，指出，古之君子有过则改，是人民的榜样；今之君子有过不但不痛加反省，而且文过饰非，找一大堆借口。孟子曾说："五霸者，三王之罪人也……今之诸侯，五霸之罪人也……今之大夫，今之诸侯之罪人也。"(《告子下》)陈贾在这段文献中极力为宣王文过饰非，盖"长君之恶其罪小，逢君之恶其罪大"(《告子下》)，陈贾以周公的过失来为宣王开脱罪责，不正是逢君之恶吗？

4.10 孟子致为臣而归①。王就见②孟子曰："前日愿见而不可得，得侍同朝甚喜。今又弃寡人而归，不识可以继此而得见乎？"

对曰："不敢请耳，固所愿也。"

他日，王谓时子③曰："我欲中国④而授孟子室，养弟子以万钟⑤，使诸大夫国人，皆有所矜式⑥。子盍为我言之？"

时子因陈子⑦而以告孟子，陈子以时子之言告孟子。

孟子曰："然。夫时子恶知其不可也？如使予欲富，辞十万而受万，是为欲富乎？季孙曰：'异哉，子叔疑⑧！使己为政，不用，则亦已矣，又使其子弟为卿。人亦孰不欲富贵？而独于富贵之中，有私龙断⑨焉。'古之为市者，以其所有，易其所无者，有司者治之耳。有贱丈夫⑩焉，必求龙断而登之，以左右望而罔市利。人皆以为贱，故从而征之。征商，自此贱丈夫始矣。"

【简注】 ①致为臣而归：致，归还。指孟子辞去齐国的官职准备回乡。

②就见：亲自前往看望。

③时子：齐国大夫。

④中国：帝王所在的国都，指临淄城。

⑤万钟：钟，古代量器。万钟为古代六万四千石。

⑥矜式：矜，敬重。式，效法。

⑦陈子：孟子的弟子陈臻。

⑧子叔疑：朱注："季孙、子叔疑，不知何时人。"生平不可考。

⑨龙断：即垄断。

⑩丈夫：对成年男子的通称。

【语译】 孟子辞去齐国的官职准备回乡。齐王亲自来看孟子，说："从前我想见夫子却不得见，等到夫子来到齐国，能和夫子同朝共事，我的内心十分欢喜。如今您又要抛下寡人而归去，不知以后还能否相见？"

孟子回答："只是不敢请求，这原本就是我所盼望的。"

过了几天，齐王对大夫时子说："我想在都城中送一间房子给孟子，拿万钟俸禄供养他的弟子门生，让所有大夫和人民都能知而效法。你何不替我向孟子说说看？"

时子托陈臻把这话转告给孟子，陈臻就如实转达了。

孟子说："嗯。时子哪里知道这是行不通的呢？假如我贪图财富，辞掉了十万钟的俸禄却去接受一万钟的俸禄，这难道是贪图财富吗？季孙说：'真奇怪啊，子叔疑这个人！自己想要从政当官，国君不任用他，那就算了，他还要想方设法让自己的弟子去当卿大夫。一般人谁不想要富贵呢？他却偏偏自私地想要在富贵之中搞垄断。'古代从事买卖的人,不过是用自己所拥有的东西,去换自己没有的东西,管理市场的官员也只是处理争讼和维持秩序罢了。有个卑贱的男子,非得要找个高地攀登上去,左右张望,好想办法将市场的利益一网打尽。人人都觉得这种行为卑贱,所以就向他征税。征收商人的税,就是从这个卑贱的男子开始的啊。"

【现代解读】孟子决定辞官归里,原文中并未说明原因,但历来研究孟子的专家,一致认为与齐宣王不听孟子规劝,执意占领燕国,最后落得兵败弃守有关。但真正的原因应该是,孟子在宣王一朝六年,始终坚持师儒的立场,或循循善诱,或不假辞色,非尧舜仁义之道不敢陈于前,但仍然无法引导宣王推行仁政。从本章记录来看,宣王对孟子的离开并非无感,除了表达惋惜之外,更想把孟子留在齐国,提出"授孟子室,养弟子以万钟,使诸大夫国人,皆有所矜式"的方案,以给予最大的礼遇。结果孟子还是谢绝了,因为孟子出仕是为行道,而非谋食,宣王的慰留没有抓住重点。在《告子下》中孟子提到"君子何如则仕……迎之致敬以有礼,言将行其言也,则就之。礼貌未衰,言弗行也,则去之",说的就是虽然孟子在齐国六年,但最后还是落得个不得不走的结局。换言之,宣王对孟子不是不礼重,但桀骜不驯的生命,在当时各诸侯国混战的情况下,又被逢君之恶的群小簇拥着,孟子想要改变教化齐宣王,其实是孤立寡与的。因此,孟子的辞官之心充满了挣扎与无奈,我们在接下来的四个章节中,可以很生动地看到孟子在这件事上流露出的真性情。

4.11 孟子去齐[①],宿于昼[②]。有欲为王留行者,坐而言[③]。不应,隐几而卧[④]。

客不悦曰:"弟子齐宿[⑤]而后敢言,夫子卧而不听,请勿复敢见矣。"

曰:"坐。我明语子。昔者鲁缪公无人乎子思之侧⑥,则不能安子思。泄柳、申详,无人乎缪公之侧⑦,则不能安其身。子为长者⑧虑,而不及子思,子绝长者乎?长者绝子乎?"

【简注】 ① 孟子去齐:因燕国内乱,齐国派兵攻打燕国,燕人反抗齐国,孟子无奈离开齐国。

② 昼:齐国西南近邑,在今山东省淄博市临淄区西北。孟子由齐返邹,必经此邑。

③ 坐而言:坐,危坐,正襟而坐,表示严肃端坐。

④ 隐几而卧:隐,凭、伏。倚着茶几休息。

⑤ 齐宿:齐,通"斋"。前一天就斋戒沐浴净身,表示十分诚敬。

⑥ 鲁缪公、子思:鲁缪公,名显,在位三十三年。子思,名孔伋,孔子的孙子。

⑦ 泄柳、申详:泄柳,鲁缪公时的贤人,亦称子柳。申详,孔子学生子张之子,子游的女婿。

⑧ 长者:年长的人,此为孟子自称。

【语译】 孟子离开齐国,在昼邑歇宿。有人想替齐王挽留孟子,严肃地端坐着对孟子说明来意。孟子不回应,只是倚着茶几休息。

这位来客不高兴地说:"弟子先斋戒沐浴了一天,然后才敢来说这些话,夫子却躺着休息不听,今后再也不敢来求见您了。"

孟子对他说:"请坐,我明白地告诉你。从前鲁缪公敬重子思,若是没有留人在子思身边侍奉,缪公就会惴惴不安。泄柳和申详正相反,若是没人在缪公身边,他们就会惶惶不安。你替我这个老人家着想,要为宣王慰留我,却连缪公礼遇子思的待遇都不如。你不去劝说宣王检讨对待师儒的方式，而要求我单方面改变心意留下来，究竟是你先弃绝我这个老人家的，还是我先弃绝你的呢？"

【现代解读】孟子去齐，心情绝对是复杂而矛盾的。从本章中我们知道，孟子在离开齐国首都临淄后，在昼这个地方停留了下来，有人想为宣王再慰留孟子，孟子却隐几而卧，不予回应。来客非常尴尬，不高兴地表示，他是很慎重地沐浴斋戒后才来晋见孟子的，孟子却不近人情，不加理睬。孟子不得已而把个中理由挑明了。

孟子指出，当初鲁缪公是以国师之礼对待子思的。如果缪公没派人在子思身边侍奉，他就会惴惴不安。而那些鲁国的贤臣如泄柳、申详正好相反，若是没人在缪公身边，他们则惶惶不安。如今，前来挽留孟子的人，不去劝说宣王检讨对待师儒的方式，而要求孟子单方面改变心意留下来，其实是他在为难孟子，要和孟子绝交。换言之，孟子在齐国六年，始终以师儒自持，如今，宣王只要亲持弟子礼，亲自来慰留，表示愿意接受指导，奉行仁政，孟子也自然会回心转意。但其他的方法，都没有对应到问题的症结。

4.12 孟子去齐，尹士[①]语人曰："不识王之不可以为汤武，则是不明也；识其不可，然且至，则是干泽[②]也。千里而见王，不遇故去，三宿而后出昼，是何濡滞[③]也？士则兹不悦。"

高子[④]以告。

曰："夫尹士恶知予哉？千里而见王，是予所欲也。不遇故去，岂予所欲哉？予不得已也。予三宿而出昼，于予心犹以为速，王庶几[⑤]改之。王如改诸，则必反予[⑥]。夫出昼而王不予追也，予然后浩然[⑦]有归志。予虽然，岂舍王哉？王由[⑧]足用为善，王如用予，则岂徒齐民安，天下之民举安。王庶几改之，予日望之。予岂若小丈夫然哉！谏于其君而不受则怒，悻悻然⁹见⑩于其面。去则穷日之力而后宿哉！"

尹士闻之曰："士诚小人也。"

【简注】① 尹士：齐国人。

② 干泽：求取利禄。

③ 濡滞：迟缓。

④ 高子：孟子的弟子，齐国人。赵注："高子，齐人也。尝学于孟子，乡道而未明，去而学于他术。"

⑤ 庶几：表希冀的副词。

⑥ 反予：召回我。

⑦ 浩然：朱注："如水之流不可止也。"形容毅然决然的归志。

⑧ 由：同"犹"，还、尚。

⑨ 悻悻然：愤愤不平的样子。

⑩ 见：通"现"。

【语译】孟子离开齐国，尹士告诉别人说："不能识别齐宣王成不了商汤和周武王那样的圣君，这是不明智；如果他明知道不行，却还是到齐国来，这就是贪图富贵了。不远千里来见齐王，结果君臣不相知遇而悻悻离开，却又在昼邑住了三个晚上才离开，为什么离开得这么迟缓呢？我尹士对此感到很不高兴。"

孟子的学生高子把这番话告诉了孟子。

孟子说："尹士哪能理解我呢？我千里迢迢来见齐王，是出于自愿。但是，和齐王不相知遇而离开，又哪里是我所乐见的呢？我这个决定实在是不得已啊！在昼这个地方停留三天才离开，在我看来还是太快了。因为我真的希望齐王能改变心意挽留我，齐王如果改变心

公孙丑下 | 157

意,一定会邀请我再回到齐国。一旦我离开昼,齐王还不来追我,那我也坦然接受,自然生出归去的念头。然而,即便如此,又哪里是我舍弃了齐王呢?因为在我看来,齐王还是有行善的可能的,只要他能信任我,不仅可使齐国百姓过上安定富足的生活,而且全天下的老百姓都将因此而能安居乐业。我衷心地希望齐王赶快改变心意!我哪里像那些硁硁自守、气量狭小之人,对国君有所谏言,若国君不听,就非常生气,满脸愤愤不平,一旦决定离开,就不分昼夜全力赶路,头也不回!"

尹士听了孟子这番话,惭愧地说:"我真是个小人呀。"

【现代解读】孟子去齐,在昼这个地方一待就是三天,这种行为,令很多人费解。齐国人尹士就评论了孟子。

孟子就尹士的评论做了一个澄清。

孟子去齐的这个情节,坦白说,很难不让人猜想孟子是否在欲擒故纵,待价而沽。可是,当我们看到孟子这番坦荡的陈述后,就会发现,孟子一心行道于天下,个人得失或世俗毁誉全不放在心上,这才会一方面有宿昼三日之拖泥带水,另一方面有"不予追也,予然后浩然有归志"的洒脱自在,让这两种极端反差的回应,同时表现于一身的情形。孟子之遭人误会,诚然属意料之中的事,但孟子的自信与坦荡,也说明孟子的视野之广,胸襟之宽,自我期许之高。

4.13 孟子去齐,充虞路问曰:"夫子若有不豫[①]色然。前日,虞闻诸夫子曰:'君子不怨天,不尤人[②]。'"

曰:"彼一时,此一时也。五百年必有王者兴,其间必有名世[③]者。由周而来,七百有余岁矣。以其数,则过矣,以其时考之,则可矣。夫天未欲平治天下也,如欲平治天下,当今之世,舍我其谁也?

吾何为不豫哉？"

【简注】①豫：愉快、欢悦。

②不怨天，不尤人：出自《论语·宪问》，孔子的话。遇到不顺心的事，不抱怨老天，也不埋怨责怪他人。

③名世：指以道德修养闻名于世的人。一说"名世"即"命世"，指辅佐王者之臣。

【语译】孟子离开齐国，弟子充虞在路上问他："老师看起来好像不高兴的样子。以前我曾听老师讲过：'君子遇到不顺心的事，不抱怨老天，也不埋怨责怪他人。'"

孟子说："当时是当时，现在是现在。历史上每五百年就必定会有圣王出现，其中必定有当世闻名并能辅佐圣王的贤人。从周武王到现在，已经有七百多年了。从时间上来说，已经很久了，考察时势，也差不多该是圣贤出现的时候了。如今还没看到圣贤，可能是上天还不想让天下太平，如果想让天下太平，在这个时代，除了我还有谁呢？我为什么要不高兴呢？"

【现代解读】孟子在离开齐国的路上，脸上露出落寞的神情，弟子充虞就质疑道："前几天老师不是说君子不怨天，不尤人吗？怎么这会儿有些不开心呢？"孟子的回答非常耐人寻味，他话分两头，一方面从历史现象来说，"五百年必有王者兴，其间必有名世者"，认为战国的乱世已持续了很久，澄清天下之时指日可待；另一方面，又从王道仁政着眼，认为当今之世没有人比自己更了解人民的需求。因此，有"舍我其谁"的豪语。其实，孟子的整个言论，基本上是从天人之际着眼的。在孟子看来，王道仁政乃人心所向，所谓得民心者得

公孙丑下 | 159

天下，他的仁政理想势必成为结束战国时代动荡局面的治世良方，这是孟子自信的来源。但是，王道的实现需要许多历史条件，"非人所能也……天也"。因此，孟子在齐国奋斗六年，仍然徒劳无功，这也是"莫非命也"，必须"顺受其正"。所以，充虞问老师为何有不豫之色时，孟子起先承认"彼一时，此一时也"，透露了此时的不豫无关个人成败，而纯粹是历史的怅然之情。但最后又否认说，"吾何为不豫"，则是反映自己生命的圆满自足，因为王道仁政的渴望来自人性最根本的需求，孟子对自己的学术主张充满信心。

孟子究竟有没有不豫之情呢？或许很难辨明。但是，无论有无不豫之色，孟子的表现都不失大丈夫本色。

本章关于孟子的历史观，宜参考 14.38。

4.14 孟子去齐，居休①。公孙丑问曰："仕而不受禄，古之道乎？"

曰："非也。于崇②吾得见王，退而有去志。不欲变③，故不受也。继而有师命④，不可以请，久于齐，非我志也。"

【简注】①休：古地名，在今山东省滕州市附近，距孟子家约百里。

②崇：古地名，不可考。

③不欲变：不想要改变初衷。

④师命：师旅之命，指发生战争。

【语译】孟子离开齐国，暂时住在休邑。公孙丑问道："当官却不接受俸禄，合乎古代的常道吗？"

孟子说："不是这样的。当初我在崇邑晋见了齐王，回来后就产生了辞官归去的念头。因为不想改变初衷，所以就不接受俸禄。不久齐国便发生了战争，不能够请求离开，长久地留在齐国，并不是我的本意。"

【现代解读】孟子去齐返鲁，在休这个地方安顿。公孙丑询问孟子为何在齐国时有段时间"仕而不受禄"，孟子表示之前在崇这个地方见过齐宣王之后，便下决心不再接受俸禄。后来齐国伐燕，不便要求离开，但是去齐之心早已萌生。换言之，孟子与宣王这一老一少之间，早在宣王伐燕前已渐行渐远。因此，孟子后来留齐的这段日子，不但"仕而不受禄"，而且也反映出孟子的出仕与受禄无关，他的离开纯粹是行道之志无法伸展的缘故。

孟子去齐，许多情节宜再三玩味。其中，我们不仅可以见到孟子的真性情，还可以看到在行止去留的关键时刻，孟子的视野和格局。

滕文公上

《滕文公上》共五章，记录着孟子与滕文公的三段交往。第四章是孟子在滕国时与农家许行的弟子陈相之间的辩论，第五章是孟子对墨者夷之的批判。一般而论，孟子居滕期间，王道仁政及井田制都获得了得以实现的舞台。可惜的是，滕国毕竟是一个小国家，在列国相争中不易生存，最终孟子还是不得不怀揣着他的理想继续在列国间奔波。

5.1 滕文公为世子①,将之楚,过宋而见孟子。孟子道性善,言必称尧舜。

世子自楚反,复见孟子。

孟子曰:"世子疑吾言乎?夫道一而已矣!成覸②谓齐景公曰:'彼丈夫也,我丈夫也,吾何畏彼哉?'颜渊曰:'舜何人也?予何人也?有为者亦若是!'公明仪③曰:'文王,我师也,周公岂欺我哉!'今滕,绝长补短④,将五十里也,犹可以为善国。《书》曰:'若药不瞑眩⑤,厥疾不瘳⑥。'"

【简注】① 世子:太子。

② 成覸:人名,齐国的勇士。

③ 公明仪:复姓公明,名仪,鲁国贤人,曾子的弟子。

④ 绝长补短:绝,截。截长补短。

⑤ 瞑眩:指用药之后产生头晕目眩的强烈反应。

⑥ 瘳:病愈,治好病。

【语译】滕文公还是世子的时候,准备前往楚国,听说孟子在宋国,经过时特地去拜见了孟子。孟子对他讲述性善的道理时,不断地举尧、舜的言行事迹来印证。

世子从楚国回来,又来看孟子。

孟子说:"世子是怀疑我说的话吗?大道只有一个!从前,齐国勇士成覸对齐景公说：'他是男子汉大丈夫，我也是男子汉大丈夫，我为什么要害怕他呢？'颜渊也说：'舜是什么样的人？我是什么样的人？有作为的人也该像舜一样。'鲁国的贤人公明仪说：'周文王是我的老师，周公难道会欺骗我吗？'现在滕国的国土，截长补短差不多有方圆五十里，好好地施行仁政，仍然可以成为一个好国家。《尚书》上说：'用药如果没有产生头晕目眩的强烈反应，疾病就不可能治好。'"

【现代解读】目前研究孟子的学者，普遍接受孟子四十岁出仕，并在齐威王一朝时出游齐，然后去宋，至滕，游梁，再次返齐的说法。公元前327年，孟子听说宋王偃要推行仁政，因此来到宋国。不过，目前在《孟子》中，并没有保留任何孟子与宋王的对话记录，只看到他与宋国大夫论政的对话。在孟子居宋期间，滕文公两次来访，并成了孟子的知音，这在孟子一生中绝对是最快意之事。滕文公求见孟子的时候，仍是世子，尚未亲政。孟子的弟子总结他们两次见面的谈话，就是"孟子道性善，言必称尧舜"。这十个字，现在看起来，不仅是孟子与滕文公初次见面的谈话重点，也总括了《孟子》整个文本的内容。

孟子的思想，主要建立在三个重要区分之上，即"人禽之辩""义利之辩""王霸之辩"。其中，"人禽之辩"一方面是孟子人性论的核心内容，另一方面也是孟子价值论中"义利之辩"和政治文化论中"王霸之辩"的思想基础。因此，孟子的人性论，无疑是孟子思想中最重要的部分，与孟子的现实关怀，以及如何实现王道仁政互为表里，我们应做整体看待。只是难免令人好奇的是，孟子为什么要"言必称尧舜"呢？从文献统计来看，《孟子》中提到尧五十八次、舜九十七次，其他历代圣王被提到的次数也很惊人。这种对历史人物及事功的大量引述，当然不是基于逻辑方法学的考量。因为孟子自始至终都不像西方哲学家一样，志在构造知识理论系统，试图穷尽性地说明变动不居的世界。相反，孟子是活在历史中的，他从实践的角度激发人的心志，使人走向成德向上之路，使历史文明永续不坠。换言之，孟子站在教化的立场，关心的是人如何成德，人类文明如何在面对自然的挑战，以及人类因贪婪所带来的战争、灾难，持续地维护人性尊严及人间秩序。亦即，孟子的三辩之学是一套实践的学问，它是孟子从历史中汲取的智慧，以性善之说激发人类生命向上成德，并回到历史洪流中持续奋斗，以维护人间秩序与文明。

因此，回到本章文本，孟子虽然没有对性善说的内容做细节的展开，但引述成覸、颜渊、公明仪的言论，目的即在兴发滕文公的志向，以成圣成贤为自己奋斗的目标，并以文王的王道仁政为自己施政的理想。这样，滕国虽小，但还是能以善国的姿态争取存活发展的机会。

5.2 滕定公薨①。世子谓然友②曰："昔者孟子尝与我言于宋，于心终不忘。今也不幸，至于大故③，吾欲使子问于孟子，然后行事。"

然友之邹，问于孟子。

孟子曰："不亦善乎！亲丧，固所自尽④也。曾子曰：'生，事之以礼；死，葬之以礼，祭之以礼，可谓孝矣⑤。'诸侯之礼，吾未之学也，虽然，吾尝闻之矣。三年之丧⑥，齐疏之服⑦，饘粥之食⑧，自天子达于庶人，三代共之。"

然友反命，定为三年之丧。父兄百官皆不欲，曰："吾宗国⑨鲁先君莫之行，吾先君亦莫之行也，至于子之身而反之，不可。且《志》⑩曰：'丧祭从先祖。'"曰："吾有所受之也。"

谓然友曰："吾他日未尝学问，好驰马试剑。今也父兄百官不我足⑪也，恐其不能尽于大事。子为我问孟子。"

然友复之邹问孟子。孟子曰："然。不可以他求者也。孔子曰：

'君薨,听于冢宰⑫,歠⑬粥面深墨,即位而哭,百官有司,莫敢不哀,先之也。'上有好者,下必有甚焉者矣。君子之德,风也;小人之德,草也。草尚之风必偃⑭。是在世子。"

然友反命。

世子曰:"然。是诚在我。"

五月居庐⑮,未有命戒⑯。百官族人,谓曰知⑰。及至葬,四方来观之,颜色之戚,哭泣之哀,吊者大悦。

【简注】① 薨:古代诸侯死曰"薨"。

② 然友:人名,世子的老师。

③ 大故:重大的事故,指恶逆之事、父母之丧、凶灾等。

④ 自尽:竭尽全力。

⑤ 生事之以礼句:本为孔子告樊迟语,出自《论语·为政》。

⑥ 三年之丧:古代子女对父母、臣对君,有守孝三年之礼。

⑦ 齐疏之服:古代丧服叫作"衰"。用粗布制作,不缝衣边的叫作"斩衰",缝衣边的叫作"齐衰"。疏,粗布。

⑧ 饘粥之食:饘,稠粥。厚曰饘,稀曰粥。

⑨ 宗国:周朝重宗法制度,鲁国、滕国的始封祖都是周文王之子,周公封于鲁,于行辈较长,所以后来的姬姓诸国便以鲁为宗国。

⑩《志》:古时候的传记之书。

⑪ 不我足:即不足我。足,满意。

⑫ 冢宰:辅佐天子的官,六卿之长。

⑬ 歠:饮、喝。

⑭ 偃:伏,倒下。

⑮ 五月居庐:未葬之前,遭丧者所居之倚庐。古代丧礼,天子七月而葬,诸侯五月而葬,大夫三月而葬。五月居庐,指居住在丧庐中

五个月。

⑯未有命戒：命戒，命令与教戒。朱注："居丧不言，故未有命令教戒也。"

⑰谓曰知：朱注："疑有阙误。或曰：'皆谓世子之知礼也。'"

【语译】 滕定公薨逝了。世子跟他的老师然友说："以前在宋国曾和孟子交谈过，心中始终念念不忘。现在不幸遭逢父丧，我想请您替我去请教孟子，然后再来妥善办理丧事。"

然友就到邹国去，向孟子请教如何办理滕定公的丧礼。

孟子说："世子想问礼，这不是很好吗？对父母的丧事，本来就该竭尽全力。曾子说：'父母在世时，要以礼去侍奉；父母去世了，依礼安葬，依礼祭祀，这样便可算尽到孝道了。'至于诸侯的丧礼，我没有学过，虽然如此，但我曾经听人说过。父母过世，子女要服丧三年，穿着缝边的粗麻布孝服，吃着粥一类的食物，上自天子，下至百姓，在夏、商、周三代都是这样做的。"

然友回去向世子复命，世子就决定行守孝三年的丧礼。但滕国的父老、官员们都不同意，说："我们的宗国鲁国的历代君王没有这样行丧礼的，我们滕国的历代君王也没有这样举行丧礼的，怎么到了您这里就改变了祖先的传统，这可不行！而且《志》说过：'丧葬祭祀一律遵从祖先的礼法。'"接着又说，"我等应该沿袭祖先的礼法"。

世子对然友说："我从前没有好好研究学问，只喜欢骑马舞剑。现在父老、官员们都对我不满意，恐怕我无法尽力把这丧事办妥。请您再为我去问问孟子。"

然友又到邹国去问孟子。孟子说："是啊！这是不能够苛求别人的呀！孔子说过：'君王去世，政事听凭六卿之长冢宰处理，而继位的新君每天只喝粥，脸色漆黑，径直到孝子的位置上痛哭，朝中大小官

滕文公上 | 167

员没有人不哀恸，这是因为太子亲自带头啊。'在上位者有什么喜好，下面的人一定会加倍喜好。君子的德行就像风，小人的德行就像草。风往哪里吹，草就往哪里倒。这完全取决于世子。"

然友就回去向世子复命。

世子说："对！的确是取决于我。"

于是，世子依礼居住在丧庐中守丧五个月，不发布任何政令、教戒。百官和亲戚族人都称许太子懂得礼数。等到举行葬礼时，四面八方的人都前来观礼，世子的面容、神色十分哀戚，无比哀恸地哭泣，让前来吊唁的人都非常感动。

【现代解读】 孟子待在宋国的时间并不长，可能是发现宋王未必真心要行仁政，所以就回到邹国。就在这个时候，滕定公去世，文公即位。文公上任的第一要务，就是处理定公的丧事，而他想到的第一个人就是孟子，他想听听孟子的意见。由此可知，孟子在滕文公心目中的分量。

孟子站在儒家的立场，一方面力主三年之丧，认为它是上自天子下至庶人共守的礼制，但另一方面，战国时代，社会变迁的节奏太快，许多礼制遭到破坏，孟子提出儒家礼制的真正精神，在于当事人的决心以及情感不容已的要求，因此最后还是取决于滕文公本人。果然，滕文公欲行三年之丧，遭到国内百官的阻拦，认为时间太长会影响施政。滕文公只好再询问孟子的意见，孟子的回答很明快，认为一切都系于文公本人的决心。毕竟他是一国之君，也是当事人之子，他对父亲的孝思理应被尊重。滕文公在接受孟子的建议后谨守礼制，居丧庐的五个月间没有颁行任何政令，在丧礼举行之时，其哀痛之情自然流露，感动了所有在场的外宾及国人。

这一段孟子与滕文公在如何应对丧礼的接触中，情节虽不复杂，却透露出两人之间的尊重与信任，可以想见孟子对滕文公的重要性与影响力。

5.3 滕文公问为国。

孟子曰："民事不可缓也。《诗》①云：'昼尔于茅，宵尔索绹。亟其乘屋，其始播百谷②。'民之为道也，有恒产者有恒心，无恒产者无恒心。苟无恒心，放辟邪侈，无不为已。及陷乎罪，然后从而刑之，是罔民也。焉有仁人在位，罔民而可为也？是故，贤君必恭俭礼下，取于民有制。阳虎③曰：'为富不仁矣，为仁不富矣。'

"夏后氏五十而贡，殷人七十而助，周人百亩而彻，其实皆什一也。彻者，彻也；助者，借也。龙子④曰：'治地莫善于助，莫不善于贡。'贡者，校⑤数岁之中以为常。乐岁，粒米狼戾⑥，多取之而不为虐，则寡取之。凶年，粪其田而不足，则必取盈焉。为民父母，使民盻盻然⑦，将终岁勤动，不得以养其父母，又称⑧贷而益之，使老稚转乎沟壑，恶在其为民父母也？夫世禄，滕固行之矣。《诗》云：'雨我公田，遂及我私⑨。'惟助为有公田。由此观之，虽周亦助也。

"设为庠序学校⑩以教之。庠者，养也；校者，教也；序者，射也。夏曰校，殷曰序，周曰庠。学则三代共之，皆所以明人伦也。人伦明于上，小民亲于下。有王者起，必来取法，是为王者师也。《诗》云：'周虽旧邦，其命维新⑪。'文王之谓也。子力行之，亦以新子之国！"

使毕战⑫问井地。

孟子曰："子之君，将行仁政，选择而使子，子必勉之！夫仁政必自经界⑬始，经界不正，井地不钧⑭，谷禄不平，是故暴君污吏必慢其经界。经界既正，分田制禄可坐而定也。

"夫滕，壤地褊小，将为⑮君子焉，将为野人焉。无君子，莫治

滕文公上 | 169

野人，无野人，莫养君子。请野九一而助，国中什一使自赋。卿以下必有圭田⑯，圭田五十亩。余夫二十五亩。死徙无出乡，乡田同井，出入相友，守望相助，疾病相扶持，则百姓亲睦。方里而井，井九百亩，其中为公田，八家皆私百亩，同养公田。公事毕，然后敢治私事，所以别野人也。此其大略也。若夫润泽之，则在君与子矣。"

【简注】①《诗》：出自《诗经·豳风·七月》。

② 昼尔于茅句：于茅，前去割草。索绹，搓绳子。亟，急。乘，修理。

③ 阳虎：鲁国正卿季氏的家臣，又名阳货。曾一度挟持季氏，而专擅鲁国国政，后失败流亡。

④ 龙子：古代贤人。

⑤ 校：比较。

⑥ 狼戾：狼藉，纵横散乱，数量多。

⑦ 盻盻然：怒目而视的样子。

⑧ 称：举。

⑨ 雨我公田，遂及我私：引自《诗经·小雅·甫田之什·大田》。意思是雨先落到我们的公田，然后再落到我的私田。

⑩ 庠序学校：庠、序、校为乡里的地方学校。学为国学。朱注："庠以养老为义，校以教民为义，序以习射为义，皆乡学也。学，国学也。"

⑪ 周虽旧邦，其命维新：引自《诗经·大雅·文王之什·文王》。意思是周虽然是个古老的国家，它的前景却是光明的。

⑫ 毕战：人名，滕国的臣子。

⑬ 经界：指划分田界。

⑭ 钧：钧，通"均"。

⑮ 为：有。

⑯ 圭田：圭，洁。圭田，供祭祀用的田。

【语译】滕文公向孟子请教治国的方法。

孟子说："百姓的事是刻不容缓的。《诗经》上说：'白天出去割茅草，晚上就把绳索搓好。赶紧修缮房屋，又要开始播种五谷了。'对老百姓来说，有固定的产业，就有安分守己且向善的恒心；没有固定的产业，就没有安分守己且向善的恒心。如果没有安分守己且向善的恒心，种种无礼放荡、邪僻不正的事，就无所不为了。等到犯了罪，然后才用刑罚来惩处他们，是陷害百姓落入法网。哪有仁德之人在位执政，却陷害百姓落入法网的呢？因此，贤明的君主必定恭敬节俭，谦虚地礼贤下士，用一定的制度向人民征税。阳虎曾说：'想要发财，就不能讲仁德！想要行仁德，就发不了财！'

"以前，夏朝每家五十亩地行贡法，商朝每家七十亩地行助法，周朝每家一百亩地行彻法，三种税制看似不同，实际上税收都是抽十分之一。彻是通盘考量、贯彻全面的意思，助是借助农人来耕种公田。古代的贤人龙子说：'征收田税的办法，没有比助法更好的了，而贡法最不好。'所谓贡，是比较几年中的收成，取一个中间值作为征税的标准。在丰收的年头，谷物堆积四散，多征收一些也不算暴虐苛政，但因依照一定的标准征税，所以仍不会多收税。遇到灾荒歉收的年头，即便给田地灌溉施肥，收成也还是不够，却还是要依照标准定额缴纳。国君号称百姓的父母，却使百姓怒目而视，只因一年到头辛勤劳动，却连养活自己的父母都无能为力，还得举债借贷来凑足赋税，导致一家老小活活饿死，只能抛尸山沟，这样的人怎么配称作百姓的父母呢？那些大官世代承袭的俸禄制度，滕国本已实行了（然而百姓却无法拥有田产，是否也应考虑助法，使百姓也有产业赖以生

滕文公上 | 171

存)。《诗经》上说：'雨先落到我们的公田，然后再落到我的私田。'只有行助法才有公田。从这首诗来看，周朝在行彻法的同时也兼行助法。

"在人民有了固定产业后，还要设立庠、序、学、校来教化他们。庠，是施教的场所，主要奉养退休的卿大夫和士，并请他们担任老师；校，是教导人民的地方；序，是习射讲武的地方。地方的教育机构，夏朝叫作校，商朝叫作序，周朝叫作庠。中央的教育机构三朝共称学，这些都是用来阐明人伦大道的。如果在上位的君子们能了解这些人伦大道，下面的百姓就会友爱相亲。若有圣王兴起，肯定会来学习仿效，这样便可以做圣王的老师了。《诗经》上说：'周虽然是个古老的国家，它的前景却是光明的，充满着新气象。'这是赞美文王励精图治啊。你好好努力施行，也可以让你的国家焕然一新！"

滕文公派毕战询问孟子关于井田制度的问题。

孟子说："你的君王将要施行仁政，特意选派你来，你一定要努力啊！施行仁政一定要从划分田界开始着手，田界划分不公正，井田大小就不平均，作为俸禄收入的田租也就不会公平，所以暴虐的君王和贪官污吏一定要先打乱划分好的田界。田界划分公平了，分配田地、订立俸禄制度，就轻而易举了。

"滕国，虽然土地狭小，但也有入仕的官员和耕田的农夫。没有官员，就没有人管理农夫，没有农夫，就没有人供养官员。我建议，在郊野用九分抽一的助法，在都城用十分抽一的方法，让百姓自行纳税。公卿以下的官员一定要有祭祀用的圭田，圭田每户是五十亩地。年满十六岁尚未独立门户的子弟叫作余夫，如果家中有余夫，余夫每人可分配二十五亩田地。这样，无论是死者安葬还是生者迁居，都会因为有固定产业而不离开本乡，百姓都在同一个乡里耕作，在同一块井田上生活，平时出入往来，彼此友爱，共同协助以防盗贼，生病了也能彼此照应，如此，百姓之间就会和睦亲爱。井田制度的制定办法是将方圆一里的土地划分为一个井田区，每一区井田共九百亩，中间那一百亩是公田，旁边的八百亩分给八家作为私田，八家共同耕种公田。先耕种公田，之后才去料理各自的私事，这就是官员和农夫之间的不同职责。以上只是大概的井田制度，至于如何将它规划得更加健全完善，端看君王和你怎么做了。"

【现代解读】本章讨论的主题分两个方面：一是治国，另一则是井田制。孟子在回答滕文公如何治国时，开宗明义，首揭"民事不可缓"。换言之，孟子认为为政之道，首先在与民同心，因此，为民制产乃当务之急，让百姓有可以投身的产业，支持他们基本的生活所需。其次是"取于民有制"，在税制方面要有所节制。孟子比较夏、商、周的税法，认为助法最好，大体言之，也就是实施十取其一的地租。最后则是设置学校，明人伦，申之以孝悌。孟子认为，滕国只要掌握治理的重点，就可以让整个国家焕然一新。

滕文公派毕战请教井田制度。孟子"夫仁政必自经界始"，此可谓一语道破中国三千年农村社会安定的关键。过去，许多人都认为孟子的王道仁政是个理想，孟子也是一个无可救药的理想主义者，意即孟子是一个不通时务的人。孟子推动的井田制度，或许带有理想色彩，因为土地良劣、高低、宽狭不一，普遍实施起来的确有困难。但是，丈量土地，明确地籍，是实施均田制度的基础，孟子其实一开始就掌握了国家土地政策推动的要点，谁又能厚诬孟子是不通时务的儒者呢？我们后人阅读《孟子》一书，应该给孟子一个公正的评价。

5.4 有为神农①之言者许行②，自楚之滕，踵门而告文公曰："远方之人，闻君行仁政，愿受一廛而为氓③。"

文公与之处。

其徒数十人，皆衣褐，捆屦④织席以为食。

陈良⑤之徒陈相，与其弟辛，负耒耜而自宋之滕，曰："闻君行圣人之政，是亦圣人也，愿为圣人氓。"

陈相见许行而大悦，尽弃其学而学焉。

陈相见孟子，道许行之言曰："滕君，则诚贤君也。虽然，未闻道也。贤者与民并耕而食，饔飧⑥而治。今也滕有仓廪府库，则是厉⑦民而以自养也，恶得贤？"

孟子曰："许子必种粟而后食乎？"

曰："然。"

"许子必织布而后衣乎？"

曰："否，许子衣褐。"

"许子冠乎？"

曰："冠。"

曰："奚冠？"

曰："冠素。"

曰："自织之与？"

曰："否，以粟易之。"

曰："许子奚为不自织？"

曰："害于耕。"

曰："许子以釜甑爨，以铁耕乎⑧？"

曰："然。"

"自为之与？"

曰："否，以粟易之。"

"以粟易械器者，不为厉陶冶。陶冶亦以其械器易粟者，岂为厉农夫哉？且许子何不为陶冶，舍⑨皆取诸其宫中⑩而用之？何为纷纷然与百工交易，何许子之不惮烦？"

曰："百工之事，固不可耕且为也。"

"然则治天下独可耕且为与？有大人之事，有小人之事⑪。且一人之身，而百工之所为备。如必自为而后用之，是率天下而路⑫也。故曰：或劳心，或劳力。劳心者治人，劳力者治于人，治于人者食人，治人者食于人。天下之通义也。

"当尧之时，天下犹未平，洪水横流，泛滥于天下。草木畅茂，禽兽繁殖。五谷不登，禽兽偪⑬人，兽蹄鸟迹之道，交于中国。尧独忧之，举舜而敷⑭治焉。舜使益掌火，益烈山泽而焚之，禽兽逃匿。禹疏九河⑮，瀹济、漯而注诸海⑯，决汝、汉，排淮、泗，而注之江，然后中国可得而食也。当是时也，禹八年于外，三过其门而不入，虽欲耕，得乎？

"后稷⑰教民稼穑，树艺五谷⑱，五谷熟而民人育。人之有道也，饱食、煖衣、逸居而无教，则近于禽兽。圣人有忧之，使契⑲为司徒，教以人伦：父子有亲，君臣有义，夫妇有别，长幼有序，朋友有信。放勋⑳曰：'劳之来之，匡之直之，辅之翼之，使自得之，又从而振德之。'圣人之忧民如此，而暇耕乎？

"尧以不得舜为己忧，舜以不得禹、皋陶㉑为己忧。夫以百亩之不易㉒为己忧者，农夫也。分人以财谓之惠，教人以善谓之忠，为天下得人者谓之仁。是故，以天下与人易，为天下得人难。孔子曰：'大哉尧之为君！惟天为大，惟尧则之，荡荡乎民无能名焉！君哉舜也！巍巍乎有天下而不与焉㉓！'尧、舜之治天下，岂无所用其心哉？亦不用于耕耳。

"吾闻用夏变夷者，未闻变于夷者也。陈良，楚产也，悦周公、仲尼之道，北学于中国。北方之学者，未能或之先也。彼所谓豪杰之士也。子之兄弟事之数十年，师死而遂倍㉔之。昔者孔子没，三年之外，门人治任㉕将归，入揖于子贡，相向而哭，皆失声，然后归。子贡反，筑室于场，独居三年，然后归。他日，子夏、子张、子游以有若似圣人，欲以所事孔子事之，强曾子。曾子曰：'不可。江、汉以濯之，秋阳以暴之㉖，皜皜㉗乎不可尚已。'今也南蛮䴅（鴃）舌㉘之人，非先王之道，子倍子之师而学之，亦异于曾子矣。吾闻出于幽谷迁于乔木者㉙，未闻下乔木而入于幽谷者。《鲁颂》曰：'戎狄是膺，荆舒是惩㉚。'周公方且膺之，子是之学，亦为不善变矣。"

"从许子之道，则市贾㉛不贰，国中无伪。虽使五尺之童㉜适市，莫之或欺。布帛长短同，则贾相若；麻缕丝絮轻重同，则贾相若；五谷多寡同，则贾相若；屦大小同，则贾相若。"

曰："夫物之不齐，物之情也。或相倍蓰，或相什伯，或相千万。子比㉝而同之，是乱天下也。巨屦小屦同贾，人岂为之哉？从许子之道，相率而为伪者也，恶能治国家？"

【简注】① 神农：神农氏，上古传说中的人物。上古先民以采集、渔猎为生，神农氏用木材制耒、耜等农具，尝百草以教人治病。一说神农氏即炎帝。春秋战国时期，诸子多托古代圣贤以自重，当时的农家便标榜自己奉行神农之言。

② 许行：农家代表人物之一，生平不详。

③ 氓：从别处迁来的百姓。

④ 捆屦：编织麻鞋。

⑤ 陈良：楚国的儒士，陈相、陈辛皆其门人弟子。

⑥ 饔飧：饔，早餐。飧，晚餐。文中作动词用，即煮熟两餐。

⑦ 厉：病、害。

⑧ 以釜甑爨，以铁耕乎：用锅和瓦器做饭，用铁制农具耕种吗？釜，金属制的锅。甑，做饭用的瓦器。爨，烧火做饭。铁，指农具。

⑨舍：即今日方言"啥"，什么东西之意。

⑩宫中：家中。古代的住宅无论贵贱都叫作宫，秦汉以后才专指帝王住处。

⑪有大人之事，有小人之事：大人，指有地位、有权势者，意近君子。小人则为地位卑贱者，此指平民百姓。

⑫率天下而路：率，引导。带领天下人奔波，不得休息。

⑬偪：同"逼"。

⑭敷：遍布。

⑮禹疏九河：大禹疏通九条河道。相传古代黄河流至河北平原后分九条河道，分别是徒骇、太史、马颊、覆釜、胡苏、简、絜、钩盘、鬲津。

⑯瀹济、漯而注诸海：瀹，疏导。济、漯，皆水名。意思是疏导了济水、漯水，引流入大海。

⑰后稷：相传为周朝始祖，姓姬名弃，帝尧时为农师。

⑱五谷：稻、黍、稷、麦、菽之合称。

⑲契：相传为殷朝的祖先，姓子，帝尧时任司徒，主教化，后封于商。

⑳放勋：放，大。勋，功劳。原为史官称誉尧的伟大功劳，后渐渐成为尧的称号。

㉑皋陶：又作咎繇。舜时的司法官。

㉒易：治。

㉓大哉尧之为君句：引自《论语·泰伯》，文字有些许出入。荡荡乎，广远无边的样子。名，称赞、形容。与，原为参与之意，引申为享受、私有。

㉔倍：同"背"。

㉕治任：准备行李。治，整顿、收拾。任，担负。

滕文公上 | 177

㉖秋阳以暴之：秋阳，秋天的太阳，周历七月、八月为夏历五月、六月，此指夏天的太阳。暴，同"曝"，晒。

㉗皓皓：光明洁白的样子。

㉘鴃（jué）舌：鴃，伯劳鸟。鴃舌，指说话快而难懂，像鸟语一样，含有轻视、讥笑之意。

㉙出于幽谷迁于乔木者：引自《诗经·小雅·鹿鸣之什·伐木》。幽谷，深谷，喻低下。乔木，喻高上。

㉚戎狄是膺，荆舒是惩：出自《诗经·鲁颂·閟宫》。戎、狄，北方的异族。膺，击退。惩，惩戒、制止。

㉛贾：通"价"。

㉜五尺之童：指幼小无知的孩童。古代的尺较短，五尺约等于现在的三尺多。

㉝比：次。

【语译】 有位奉行神农氏学说的人叫许行，他从楚国到滕国来，亲自登门拜见滕文公，说："我从远方来到这里，听说王在施行仁政，希望能得到一个安身的住所，成为您的百姓。"

滕文公就给了他一栋房屋。

许行有几十个门徒弟子，都穿着粗布短服，以编织麻鞋、草席为生。

楚国儒者陈良的门徒陈相和他的弟弟陈辛，背着耒耜等农具从宋国到滕国来，也对文公说："听说王施行圣人之政，那也是圣人了，我们愿意成为圣人的子民。"

陈相见到许行，对许行的学问心悦诚服，完全抛弃了他过去所学的，转而向许行学习。

后来陈相去见孟子，转述许行的话，说："滕君确实算得上是一位贤明的君主。虽然如此，但他不懂圣人的道理。真正贤明的君主应该跟百姓一起耕种生活，一边早晚亲自烧饭，一边治理国家。现在，滕国有储存粮食和财物的仓库，这是损害百姓的利益来养肥自己，哪算得上是真正贤明呢？"

孟子问："许先生一定亲自种庄稼才吃饭吗？"

陈相说："是的。"

孟子又问："许先生一定亲手织布才穿衣服吗？"

陈相说："不是，许先生只穿最粗劣的毛布衣服。"

孟子问："许先生戴帽子吗？"

陈相说："戴。"

孟子问："戴什么帽子？"

陈相说："戴白丝绸帽。"

孟子问："是自己织的吗？"

陈相说："不是，是用谷米换来的。"

孟子问："许先生为什么不自己织呢？"

陈相说："因为会妨碍耕作。"

孟子问："许先生会使用锅和瓦器做饭，用铁制农具耕种吗？"

陈相说："会。"

孟子问："锅甑跟农具是他自己做的吗？"

陈相说："不是，是用谷米换来的。"

孟子问："如果说用谷米换取锅甑跟农具，不会损害瓦匠和铁匠的利益，那么，瓦匠和铁匠用锅甑跟农具去换取谷米，难道就会损害农夫的利益吗？而且，许先生为什么不亲自烧窑、冶铁，使需要的东西都可以直接从家中取得呢？为什么他还要忙忙叨叨地跟各种工匠进行交易，为什么许先生这样不嫌麻烦呢？"

陈相说："这些工匠本来就不能一边耕种一边又做他们自己的事情。"

孟子说："难道治理天下就可以一边耕种一边理政吗？在上位者有他们负责执掌的政务，平民百姓有他们各自从事的事务。而且一个人需要各种工匠所制的物品，如果每件物品必须自己亲手制作才能使用，那简直是带领着天下人奔波，不得片刻休息。所以说，有的人劳心，有的人劳力。劳心的人需要去管理人，劳力的人需要被人管理，被管理的人供养人，管理人的人受人供养，这是普天之下通行的道理。

"尧的时候，天下还不安宁，洪水横流，天下泛滥成灾。草木茂密，野兽成群地繁殖。五谷不熟，没有收成，禽兽威胁人类安全，到处是野兽飞鸟交错纵横的足迹。尧为此特别忧虑，选拔任用舜总领治理工作。舜派伯益掌管放火驱兽的事务，伯益便在山林沼泽间放火，让禽兽逃走或藏匿。又派遣禹疏通黄河的九条河道，疏导济水、漯水，引流入海，开凿汝水、汉水，疏通淮河、泗水壅塞之处，使它们注入长江，然后人民才得以在中原地区灌溉耕种，维持生活。在那个时候，禹在外治水八年，有三次经过自己家门口都没进去，即便他想耕种，能办得到吗？

"水患已经得到解决，后稷又奉命教导百姓耕种的技术，栽种五谷，五谷成熟后才使人民得到养育。一般人的习性是一旦吃饱穿暖、居住安逸，如果缺乏教育，不懂礼教，那就跟禽兽差不多。圣人为此感到担忧，便派遣契担任掌管教育的司徒，用伦理道德去教育人民，使他们明白这样的道理：父子之间要彼此相亲，君臣之间要有相敬的礼义，夫妇之间要有内外的分工，老少之间要有长幼的次序，朋友之间要有诚信。尧曾说过：'劳苦的人要慰勉他们，来归顺的人要体恤他们，心思偏邪的人要匡正他们，行为扭曲的人要导正他们，帮助他们树立心志，扶持他们奉行礼教，让他们自行领会大道，接着再时时提醒，常常施以恩惠，以免他们懈怠。'圣人就是这样为百姓考虑担忧的，哪有闲暇去耕种呢？

"尧把不能得到舜这样的人协助施政当作自己的最大忧虑，舜把不能得到禹、皋陶这样的人协助施政当作自己的忧虑。而那些为了百亩之田没种好而感到忧虑的人，只是普通的农夫啊。把财物分给他人叫恩惠，把为善之道教给他人叫忠厚，为全天下物色圣明的领导叫作仁德。所以说，把天下让给他人容易，为天下物色圣明的领导却很困难。孔子说：'了不起啊，尧这样的圣君！只有天最伟大，只有尧能效法天。他的德行广阔无边，百姓都不知该如何称赞他！舜不愧是位好君主啊！他的德行崇高伟大，虽贵为天子拥有天下，却不据为己有，好像与自己无关。'尧、舜治理天下，难道不够竭尽心力吗？只不过没有用在耕种上罢了。

"我只听说用中原的文化去教化转变蛮夷的人，没听说反过来被蛮夷风俗所同化的。你的老师陈良，是楚国人，因悦服于周公、孔子之道，而来到中原学习。北方的学者，没有一个能超越他的，他实在称得上是位豪杰之士了。你们兄弟用师礼侍奉他几十年，他一死就背弃了他。从前孔夫子过世，弟子们坚持守墓三年后，才收拾行李准备回去，大家到子贡家中作揖道别，仍然相对痛哭，泣不成声，然后才离去。子贡送别师兄弟后，回来在孔子墓前搭建了一间小屋，又独自守墓三年，然后才离去。又过了一段时间，子夏、子张、子游三人因为有若长得很像孔子，想要拿服侍孔子的礼节去侍奉他，还强求曾子与他们一起。曾子说：'不行。老师的德行就像用长江、汉水的水洗濯过，又像被夏天猛烈的太阳暴晒过，那种光辉皎洁无可比拟，有谁能取代呢？'现在许行这南蛮之人，说话像鸟语一样，开口便诋毁古代圣王之道，而你竟然背弃你的老师去向他学习，这也跟曾子的态度不同啊。我只听说过小鸟从幽暗的山谷飞出来，迁移到高大的乔木上居住，没听说过他们搬离高大的乔木而飞入幽暗山谷的。《诗经·鲁颂·闷官》说：'攻击戎狄，并惩戒荆舒。'周公尚且要讨伐他们，你却反过来要向他们学习，真是越变越糟了呀。"

陈相辩驳道："如果听从许先生的主张，市场上的物品就不会有两个价钱，国内没有诈欺行为。即使是让年幼的孩童自己去市场买东西，也没有人欺骗他。棉布与丝绸只要长短相同，价钱就一样；无论粗麻、细麻、蚕丝或丝绵，只要重量相同，价钱就一样；五谷不论是稻、黍、稷、麦、菽，只要数量相同，价钱就一样；鞋子只要大小相同，价钱就一样。"

孟子说："各种物品的质量不一，是物品本身的真实情况。所以有的相差一倍、五倍，有的相差十倍、百倍，有的甚至相差千倍、万倍。你却想让他们的价格一样，简直是扰乱天下啊。如果粗糙的鞋子和精致的鞋子都卖同样的价格，谁还肯去制作精致的鞋子呢？若听从许先生的主张，这是带领天下人一起欺诈，怎么能够治理好国家呢？"

【现代解读】 滕文公在孟子的指导下推行仁政，有一定的政声，于是吸引了各地的学者和人民来归依。本章记录的是孟子与农家学者陈相之间的一次辩论，讨论的重点则集中在社会分工及市场物价方面的问题，反映出孟子作为儒者，虽然重视历史经验的传承，但并不是一味地复古，不愿面对社会的快速变迁，相反，儒家是要求自己能与时俱进的。

农家学说作为九流十家之一，在战国时代一度盛行，燕王哙的让国，就是受到农家学说的影响，但是没有重要的人物经典留传下来。大体言之，其思想主轴应该是对当时功利主义的批判，有强烈的复古倾向，主张贤者与民并耕而食、饔飧而治。而与孟子辩论的陈相，他的老师本是儒者陈良，但来到滕国后，受到神农家之说影响，尽弃所学，成为农家理论的拥护者。

孟子与陈相的对辩，焦点放在社会分工的合理性及社会管理阶层的必要性上。孟子从现实生活出发，层层叩问，咄咄逼人，在迫使陈相承认百工之事与耕作无法同时负荷时，又单刀直入地质问："治天下独可耕且为与？"并理直气壮地指出："劳心者治人，劳力者治于人，治于人者食人，治人者食于人。天下之通义也。"不仅如此，孟子还回到历史层面，指出尧面对天下的不安宁，辛苦地找到舜，请舜来治理天下。而舜又如何寻觅益、禹、后稷、契这些大贤，在各方面竭尽所能地安顿民生，这才缔造出了太平盛世。因此，孟子不客气地评论道，为没有照顾好百亩之田而感到忧愁的是农夫，而真正心系万民的圣王，最焦虑的是没有找到治世的贤才，不能为百姓创造安和乐利的生活。

孟子针对社会的管理阶层，重新界定了"惠""忠""仁"的含义，指出唯有为百姓创造财富，引导百姓树立良好品德的人，才有资格被赞许为"惠""忠"。尤有进者，唯有为天下找到治世长才的人，才有资格被称为"仁君"。因此，孟子表示："以天下与人易，为天下得人难。"一方面志在批判农家鼓励燕王哙让国的浅陋，另一方面也深刻地揭露一个历史真理，即，一个太平盛世的来临，并不是仅靠一位不世出的圣人，而是一群豪杰俊彦愿意共建一个管理团队，分工合作才能达成。

陈相眼见自己无法质疑社会分工的合理性，于是另辟战场，试图维护农家在市场价格管理方面的做法，即将布帛、麻缕、五谷的价格，单纯地以量定价。孟子这次更直率地回应，"物之不齐，物之情也"，混淆事物之间的差异，不但会造成混乱，而且是掩耳盗铃、自欺欺人的做法，怎么可以成为治国的良策呢？

综观孟子与陈相的对辩，孟子无碍的辩才，或许令人印象深刻，但更让人钦佩的是，孟子对历史的深刻观察，使得他的政治思考远远超过一般人，他不但眼光长远，而且有务实独到的见地，颇值得深思。

5.5 墨者夷之①,因徐辟②而求见孟子。孟子曰:"吾固愿见,今吾尚病,病愈,我且往见,夷子不来。"

他日,又求见孟子。孟子曰:"吾今则可以见矣。不直,则道不见③,我且直之。吾闻夷子墨者,墨之治丧也,以薄为其道也④。夷子思以易天下,岂以为非是而不贵也?然而夷子葬其亲厚,则是以所贱事亲也。"

徐子以告夷子。

夷子曰:"儒者之道,古之人'若保赤子'⑤,此言何谓也?之则以为爱无差等,施由亲始。"

徐子以告孟子。

孟子曰:"夫夷子信以为人之亲其兄之子,为若亲其邻之赤子乎?彼有取尔也。赤子匍匐将入井,非赤子之罪也。且天之生物也,使之一本,而夷子二本故也。盖上世尝有不葬其亲者,其亲死,则举而委之于壑。他日过之,狐狸食之,蝇蚋姑嘬之⑥。其颡有泚⑦,睨而不视。夫泚也,非为人泚,中心达于面目,盖归,反蘽梩⑧而掩之。掩之诚是也,则孝子仁人之掩其亲,亦必有道矣。"

徐子以告夷子。夷子怃然为间⑨曰:"命之⑩矣。"

【简注】①墨者夷之:信奉墨子学说,名叫夷之的人。

② 徐辟:孟子的弟子。

③ 见:同"现"。

④ 墨之治丧也句:墨家主张薄葬。

⑤ 古之人"若保赤子":《尚书·康诰》:"若保赤子,惟民其康乂。"

⑥ 蝇蚋姑嘬之:蚋,蚊类昆虫。嘬,叮咬。意思是苍蝇蚊子之类的小虫在叮咬他。

⑦其颡有泚：颡，额头。泚，出汗的样子。

⑧蘽梩：蘽，盛土的笼。梩，锹或锸一类铲土的工具。

⑨怃然为间：怃然，怅然若失的样子。间，间歇，一会儿。怅惘地停顿了一会儿。

⑩命之：命，教。言孟子已教我矣。

【语译】有个信奉墨家学说的人，名叫夷之，通过孟子的学生徐辟来求见孟子。孟子说："我本愿意见他，但我现在还在生病，等病好了，我会去见他，请夷子不用过来。"

过了几天，他又请求徐辟想见孟子。孟子说："我现在倒是可以见他了。如果不直说，道就不能显现，我姑且照直说吧。我听说夷子是墨子的信徒，墨家办理丧事，以节约薄葬为其原则。夷子想要以此来改变天下的风俗，难道是认为不这样薄葬就不足为贵吗？然而，夷子自己安葬父母时却很丰厚，那他是用他所轻视的方式去对待他的父母了吧。"

徐辟将这话转告给夷子。

夷子回复道："按照儒家的学说，古代的圣王爱护百姓就像父母疼爱婴儿一样，这话是什么意思呢？我认为这是说爱是没有等级差别的，只是从自己的父母开始实行而已。"

徐辟将这话转告给孟子。

孟子说："夷子当真以为人们爱自己的侄子会跟爱他邻居的婴儿一样吗？夷子从若保赤子推论到爱无差等，他其实是断章取义，误解了'无知的婴儿在地上爬行快掉进井里，婴儿本身没有犯错，无论谁看到都会去救'这样的事，因为原意是强调君王不忍百姓无罪而就死地，并不是视人之父若己父的爱无差等。而且天生万物，只有一个根本，然而夷子却说有两个根本。在上古时期，有人不埋葬自己的父

滕文公上 | 185

母,父母一死,就把尸体抛弃到山沟中。过了几天经过时,看到狐狸在吃父母的尸体,苍蝇蚊子在尸身上争食。他不禁额头冒汗,斜眼望去,不忍直视。这汗水不是流给别人看的,而是心中有愧自然地表现在脸上,于是回家去拿来铲泥盛土的工具来掩埋父母的尸体。掩埋父母尸体当然是对的,因此,后世的仁人孝子埋葬他们的父母,也必然是有其道理的。"

徐辟把这话转告夷子。夷子怅然若失,沉默了一会儿,才说:"受教了。"

【现代解读】本章记录了孟子与墨者夷之之间的辩论,争辩的重点在墨家的主张薄葬及爱无差等两方面。孟子质疑夷之厚葬其亲,跟他自己信仰的薄葬有违失。对此,夷之引述《尚书》中的"若保赤子",指出儒家既然认为君王爱护百姓一如疼爱婴儿一样,显然也主张仁爱的普遍性(爱无差等),只不过实行起来是由父母开始,试图为自己的厚葬其亲稍加开脱。孟子听了,不以为然,认为夷之误会了"若保赤子"的意义。他原意是强调为政者爱护人民,不忍百姓若孺子无罪而陷入死地,并非主张爱无差等。更为关键的是,天生万物只有一个根源,就是我们的父母。可是夷之既然主张爱无差等,视己之父母无异于人之父母,这不是等于说人有两个根源吗?尤有进者,人之埋葬父母亲,主要是因为不忍见其亲人曝晒于沟壑之中,任其为兽蝇啃食,才积极予以掩埋。换言之,不是做给别人看的,而是完全出于自己的不容已之情,亦即,葬亲之道乃称情而发,实无关乎厚薄。

孟子对墨家爱无差等的批判,可另参见 6.9、13.26。

滕文公下

　　《滕文公下》共十章，记录的是孟子与弟子以及时人之间的对话。其中，第一、三、四、七章主要讨论士人在乱世中的出处辞受。第二章讨论的是什么样的条件才可以被称作"大丈夫"。第五、六、八章则记录了孟子在宋国与当时宋大夫的一些对话。第九章"予岂好辩"章，乃《孟子》全书的关键，要进入孟子的心灵世界，本章无疑是一把最好的钥匙。第十章记载孟子和匡章的对话，讨论重点则是当时齐国名人陈仲子。

6.1 陈代[①]曰:"不见诸侯,宜若小然。今一见之,大则以王,小则以霸。且《志》曰:'枉尺而直寻。'宜若可为也。"

孟子曰:"昔齐景公田,招虞人以旌[②],不至,将杀之。'志士不忘在沟壑,勇士不忘丧其元。'孔子奚取焉?取非其招不往也。如不待其招而往,何哉?且夫枉尺而直寻者,以利言也。如以利,则枉寻直尺而利,亦可为与?

"昔者赵简子[③],使王良[④]与嬖奚[⑤]乘,终日而不获一禽。嬖奚反命曰:'天下之贱工也。'或以告王良。良曰:'请复之。'强而后可。一朝而获十禽。嬖奚反命曰:'天下之良工也。'简子曰:'我使掌与女乘。'谓王良,良不可,曰:'吾为之范我驰驱[⑥],终日不获一,为之诡遇[⑦],一朝而获十。《诗》云:"不失其驰,舍矢如破[⑧]。"我不贯[⑨]与小人乘,请辞。'御者且羞与射者比[⑩],比而得禽兽,虽若丘陵,弗为也。如枉道而从彼,何也?且子过矣,枉己者,未有能直人者也。"

【简注】① 陈代:孟子的弟子。

② 招虞人以旌:用羽毛装饰旌旗召唤守苑囿的官吏。旌,用羽毛装饰的旗子。古代君王有所召唤,须有相应的信物为凭,召唤大夫用旌,召唤士用弓,召唤虞人只能用皮冠。虞人,狩猎场的小官,即狩猎场管理员。

③ 赵简子:晋国大夫,名赵鞅。

④ 王良：晋国大夫邮无恤，知名的善御者。

⑤ 嬖奚：受宠的小臣，名叫奚。

⑥ 范我驰驱：范，规范，依照法度。指依照规矩法度驾车奔驰。

⑦ 诡遇：不依法驾车。

⑧ 不失其驰，舍矢如破：出自《诗经·小雅·南有嘉鱼之什·车攻》，意思是驾车的人不失规矩法度，射箭的人一放箭就能射中目标。

⑨ 贯：同"惯"，习惯。

⑩ 比：合，阿党。

【语译】孟子的学生陈代问孟子："夫子不肯去拜见诸侯，好像太拘泥于小节了吧。如果现在去拜见他们，大则可以完成王业，统一天下，小则可以成就霸业，称霸诸侯。况且《志》上说：'委屈退缩一尺就可以伸长八尺。'不妨试试看。"

孟子说："从前齐景公打猎的时候，拿召唤大夫的旌旗去召唤狩猎场的管理员，召唤不来，景公就要杀了他。'有志之士不怕被弃尸山沟，勇士不怕丢掉头颅。'孔子称许哪一点呢？就是对于不合礼节的召唤，他便不去。不等君王召唤而自行主动前往，这算什么呢？而且委屈退缩一尺能伸长八尺，这是从谋利的观点来说的。如果只是为了谋求利益，那么弯曲八尺而能伸长一尺，也还有一点利益，难道也可以做吗？

"从前，赵简子派当时有名的驾车者王良为他宠爱的家臣奚驾车出猎，奚一整天都没有射中一只飞禽。他回来后告诉简子：'王良真是全天下最糟糕的驾车者。'有人把这话告诉了王良。王良说：'请让我再驾一次车吧。'奚犹豫再三才勉强同意。结果才一个早晨奚就射中了十只飞禽。他回来对简子说：'王良真是全天下最优秀的驾车者。'简子说：'我让他以后专门为你驾车。'并把这个决定告诉了王良，王

滕文公下 | 189

良不愿意接受，说：'我依照规矩为他驾车，结果一整天都没有射中一只猎物，后来不依规矩驾车，一个早晨就射中了十只。《诗经》上说："驾车的人不失规矩法度，射箭的人一放箭就能射中目标。"我不习惯替小人驾车，想辞去这份差事。'驾车的人尚且觉得讨好射箭的人是羞耻，虽然讨好他可以获得飞禽走兽，且猎物堆得像丘陵一样高，但他也不肯做。如果我违背道义原则去屈从那些无礼的诸侯，这算什么呢？而且您的想法错了，违背道义原则去屈从他人的人，自身不端正，也不可能导正别人。"

【现代解读】本章是孟子回答弟子陈代询问士人往见诸侯寻求出仕的原则。孟子用两个故事说明了两个原则。第一个是虞人"非其招不往"，亦即齐景公时一个狩猎场管理员，即使有杀头的危险，也还是拒绝了景公不合礼数的召见。这件事曾得到孔子的赞许，所谓"志士不忘在沟壑，勇士不忘丧其元"，亦即称许这个狩猎场管理员能够坚守礼节，同时也维护了自己的尊严。第二个是王良拒绝为赵简子的宠臣奚驾车，原因是奚的要求破坏了他驾驶马车的规范。王良借此指出，一个人若违反道义原则，为了利益而委屈自己，甚至有损自己的尊严，那他也将无法端正别人的行为。

孟子的论点是，士人的出仕，若是以行道为目的，就不应慑服于统治者的滥用权力与破坏礼节，而应该以道义自守自持，正己而后正人。一般人所谓的"枉尺而直寻"，先退一尺然后求一丈的伸展，这种想法都是出于利益的计算，早已违背了士人以行道为目的的职志，孟子期期以为不可。

本章可参读 11.7。

6.2 景春①曰："公孙衍②、张仪③，岂不诚大丈夫哉？一怒而诸侯惧，安居而天下熄④。"

孟子曰："是焉得为大丈夫乎？子未学礼乎？丈夫之冠⑤也，父命之。女子之嫁也，母命之，往送之门，戒之曰：'往之女家⑥，必敬必戒，无违夫子。'以顺为正者，妾妇之道也。居天下之广居，立天下之正位，行天下之大道。得志，与民由之，不得志，独行其道。富贵不能淫，贫贱不能移，威武不能屈，此之谓大丈夫。"

【简注】①景春：与孟子同时的人，学习纵横家的学说。一说孟子的弟子。

②公孙衍：魏国人，曾佩五国相印，为纵横家。

③张仪：魏国人，以连横之策事秦，与苏秦同为纵横家之主要代表人物。

④熄：战火止息，天下太平。

⑤冠：古代男子二十岁成年，行加冠礼，其礼至为隆重。

⑥女家：女通"汝"，汝家即夫家。

【语译】景春说："公孙衍、张仪难道不是真正的大丈夫吗？他们一发怒，诸侯就恐惧，他们安居在家，战火就会平息，天下就会太平。"

孟子说："这种人哪称得上是大丈夫呢？你没学过礼吗？男子成年行加冠礼时，父亲会给予训诫教导。女子出嫁时，母亲会给予训诫教导，送她到门口会告诫她说：'你到了夫家，一定要恭敬，一定要谨慎，不要违背丈夫。'把顺从当作正道，这是为人妻妾的道理。一个人理应居住在仁心这个天下最广大的住宅中，立身在礼法这个天下最中正的位置，行走在义道这个天下最宽广的道路上。当他得志时，就率领百姓一起顺着正道走，当他不得志时，就独自坚守善道而行。富贵不能使他沉溺腐化，贫贱不能动摇他的心志，权势武力也不能使他变节屈服，这样的人才称得上大丈夫。"

【现代解读】在本章中，孟子与信奉纵横家思想的学者景春辩论何者是大丈夫。在景春看来，像公孙衍、张仪这些纵横家，游走于诸侯列国之间，合纵连横，搞得天下大乱，"一怒而诸侯惧，安居而天下熄"，好不威风，堪称大丈夫。但是在孟子眼里，这些纵横家其实是迎合诸侯好恶，甘心为诸侯差遣，唯利是图之辈。而在孟子心目中，真正的大丈夫必须"富贵不能淫，贫贱不能移，威武不能屈"。问题是如何才能做到呢？只有当一个人的生命能够以"仁"为"广居"，以"礼"为"正位"，以"义"为"大道"时才能做到。换言之，要完全以道德仁义为依归，使内在生命饱满充实，如此外在的富贵、贫贱、威武自然也不足以撼动他的操守，就像拥有浩然之气一样，虽"千万人，吾往矣"，这才可以表现出顶天立地的大丈夫气概。孟子这种对大丈夫的刻画与理解，对两千多年来的中国知识分子有非常深远的影响，是许多英雄豪杰、气节之士心目中的典范。我们在后代许多动人的生命故事里，一如文天祥的《正气歌》所述，都可以看到孟子这种大丈夫精神的流露与表现。

6.3 周霄[①]问曰："古之君子仕乎？"

孟子曰："仕。《传》曰：'孔子三月无君，则皇皇如也，出疆必载质[②]。'公明仪曰：'古之人，三月无君，则吊。'"

"三月无君，则吊，不以急乎？"

曰："士之失位也，犹诸侯之失国家也，《礼》曰：'诸侯耕助，以供粢盛[③]，夫人蚕缫，以为衣服。牺牲[④]不成，粢盛不洁，衣服不备，不敢以祭。惟士无田，则亦不祭。'牲杀、器皿、衣服不备，不敢以祭，则不敢以宴，亦不足吊乎？"

"出疆必载质，何也？"

曰："士之仕也，犹农夫之耕也，农夫岂为出疆舍其耒耜哉？"

曰："晋国，亦仕国也，未尝闻仕如此其急。仕如此其急也，君子之难仕，何也？"

曰："丈夫生而愿为之有室，女子生而愿为之有家。父母之心，人皆有之。不待父母之命、媒妁⑤之言，钻穴隙相窥，逾墙相从，则父母国人皆贱之。古之人未尝不欲仕也，又恶不由其道。不由其道而往者，与钻穴隙之类也⑥。"

【简注】①周霄：魏国人。

②三月无君则皇皇如也，出疆必载质：三月无君，三个月不能出仕当官。皇皇如，惶恐不安、匆促急迫的样子。出疆，失去官位而离开国土。质，相见的礼物。意思是如果三个月没有得到君王的任用，就感到焦急不安，离开此地去别的国家，车上一定带着给他君王的见面礼，希望得到被任用的机会。

③诸侯耕助，以供粢盛：诸侯耕助，诸侯虽持耒躬耕，不过做个样子，其余仍借助民力来完成。粢盛，古代祭祀的仪式，把黍稷放在祭器中。

④牺牲：祭祀用的牛、羊、猪等。

⑤媒妁：婚姻介绍人。

⑥与钻穴隙之类也：跟钻洞寻缝的人一个样。

【语译】周霄问孟子："古时候的君子会出来当官吗？"

孟子说："会。《传》上说：'孔夫子如果三个月没有得到君王的任用，就感到焦急不安，离开此地去别的国家，车上一定带着给他国君

滕文公下 | 193

王的见面礼，希望得到被任用的机会。'公明仪说：'古代的人如果三个月不被君王任用，就要去安慰他。'"

周霄问："三个月没有被任命就要去安慰他，不是太急切了吗？"

孟子说："士人失去官职，就像诸侯失去国家一样，《礼》上说：'诸侯亲自持耒耕田，来生产用于祭祀的谷物，他们的夫人亲自养蚕缫丝，来制作用于祭祀的礼服。如果祭祀用的牲畜不够肥壮，谷米不够洁净，礼服尚未齐备，就不敢举行祭礼。士人如果失去官职而没有支持祭祀活动的田地，也就不能举行祭礼。'祭祀用的三牲、祭器、祭服如果不齐备，不敢举行祭礼，也就不能和乐地举行宴会，这难道不值得慰问吗？"

周霄问："离开此地去别的国家，车上一定带着给他国君王的见面礼，这是什么道理呢？"

孟子说："士人当官，就好比农夫耕田，难道农夫会因为离开国界就舍弃他的农具吗？"

周霄问："晋国也是个可以让君子来当官的国家，可是不曾听说有士人求官如此急切的。士人求官如此急切，君子却不轻易当官，这是为什么？"

孟子说："男孩一出生，父母就希望替他找个好妻室，女孩一出生，父母就希望为她找到好婆家。父母这种心情，人人都有的。如果不等父母的许可和媒人的说合，就自己钻洞挖墙缝互相偷看，甚至翻墙私奔，那么，就连父母和国人都会瞧不起他们。古代的人不是不想出仕当官，只是厌恶不依正道去谋取官位。不依正道去谋取官位，就跟钻洞挖墙缝偷看一样让人瞧不起。"

【现代解读】 本章讨论的是出仕之道。孟子回答周霄询问古之君子是否出仕时，很明确地表示出仕乃士人的本分。一个士人失去官职，就像诸侯失去国家一样，因为没有了可以支撑祭祀活动的圭田，所以就没有了社交活动，这种情况很糟糕，是足堪慰问的。虽说士人失位是很严重的事，就像《传》中记载，"孔子三月无君，则皇皇如也，出疆必载质"，亦即，孔子失位离开国境时，一定要带着拜见他国国君的礼物。然而，士人出仕也不是没有原则，不经由正当途径出仕，就像男女私自幽会，是为社会所不齿的，所以"古之人未尝不欲仕也，又恶不由其道"。事实上，士人的出仕非常讲究，在《万章下》第四、五章中，孟子对此还有更进一步的论述与展开，我们必须一并参读。

6.4 彭更①问曰："后车数十乘，从者数百人，以传食②于诸侯，不以泰③乎？"

孟子曰："非其道，则一箪食不可受于人；如其道，则舜受尧之天下，不以为泰。子以为泰乎？"

曰："否，士无事而食，不可也。"

曰："子不通功易事，以羡④补不足，则农有余粟，女有余布。子如通之，则梓匠轮舆⑤，皆得食于子。于此有人焉，入⑥则孝，出则悌，守先王之道，以待后之学者，而不得食于子。子何尊梓匠轮舆，而轻为仁义者哉？"

曰："梓匠轮舆，其志将以求食也。君子之为道也，其志亦将以求食与？"

曰："子何以其志为哉？其有功于子，可食而食之矣。且子食志乎？食功乎？"

曰："食志。"

曰："有人于此，毁瓦画墁⑦，其志将以求食也，则子食之乎？"

曰："否。"

滕文公下 | 195

曰："然则子非食志也，食功也。"

【简注】① 彭更：孟子的弟子。
② 传食：转食，轮流接受诸侯的供养。
③ 泰：过分。
④ 羡：多余。
⑤ 梓匠轮舆：梓匠，木匠。轮舆，车工。
⑥ 入：居家。
⑦ 毁瓦画墁：毁坏屋瓦，在新粉刷的墙壁上乱画。墁，墙壁上的涂饰，一说衣车盖也。

【语译】 孟子的弟子彭更问孟子："您后面跟随的车有几十辆，跟随的人有好几百人，到处接受诸侯的供养，是不是太过分了？"

孟子说："如果不合道理，那么连一小筐的饭也不能接受；如果合乎道理，那么即使像舜接受尧的天下那样，也不算过分。你觉得太过分了吗？"

彭更说："不过分。但士人没有功劳却接受供养，这是不行的。"

孟子说："你如果不和别人去交换物品互通有无、不分工合作，还不拿自己多余的去换自己缺乏的，那么，种田的农夫就会有多余的粮食，织布的妇女就会有多余的布匹。如果和别人互通有无，那么，木匠和车工都能从你那里取得粮食。有个人在家孝敬父母，出外友爱敬长，谨守古圣先王之道扶持栽培后来的学者，却不能从你那里谋食。你为什么只重视木匠车工，而轻视奉行仁义的人呢？"

彭更说："木匠车工做事的动机就是为了有饭吃，君子修习古圣先王之道的动机也是为了有口饭吃吗？"

孟子说："你凭什么追问他做事的动机呢？只要他的所作所为对你

是有贡献的，就可以让他有饭吃。况且，你是因为他的动机，还是因为他的功劳贡献才给他饭吃？"

彭更说："依据他的动机给他饭吃。"

孟子说："如果有人在这儿毁坏屋瓦，在新粉刷的墙壁上乱画，但他的动机是想要谋食，那你会给他食物吗？"

彭更说："不会。"

孟子说："那么，你就不是按照动机，而是按照他的功劳贡献来给他饭吃。"

【现代解读】孟子周游列国时，声名鹊起，曾经跟随的车子有数十辆，随从也有几百人，列国诸侯纷纷为其提供馆舍饮食，对其礼遇非常。他的弟子彭更质疑这样会不会太过分，毕竟孟子当年只是一名游士，无定主也无固定的职事。孟子就根据社会分工的理论反问他，为什么社会上不同行业的人可以交换产品，满足生活所需，而一个"入则孝，出则悌，守先王之道，以待后之学者"的人，却不可以得到尊重，获得食物呢？

彭更对此仍有困惑，就接着问道："君子与梓匠轮舆不同，谋道不谋食，难道君子的行道是为了谋取食物吗？"孟子就正本清源地表示，君子志在行道，但毕竟社会考量他的是人的客观贡献，不论他的动机、志向。君子是因为他对社会的贡献而得到衣食，与他行道的志向无关，这两者并不冲突。

6.5 万章①问曰："宋，小国也，今将行王政，齐楚恶而伐之，则如之何？"

孟子曰："汤居亳②，与葛③为邻。葛伯放④而不祀，汤使人问之曰：'何为不祀？'曰：'无以供牺牲也。'汤使遗之牛羊，葛伯食

滕文公下 | 197

之，又不以祀。汤又使人问之曰：'何为不祀？'曰：'无以供粢盛也。'汤使亳众往为之耕，老弱馈食。葛伯率其民，要⑤其有酒食黍稻者夺之，不授者杀之。有童子以黍肉饷，杀而夺之。《书》曰：'葛伯仇饷。'此之谓也。为其杀是童子而征之，四海之内皆曰：'非富天下也，为匹夫匹妇复雠也。'汤始征，自葛载⑥，十一征而无敌于天下。东面而征，西夷怨；南面而征，北狄怨，曰：'奚为后我？'民之望之，若大旱之望雨也。归市者不止，芸者不变，诛其君，而吊其民，如时雨降，民大悦。《书》曰：'徯我后，后来其无罚！''有攸不惟臣⑦，东征，绥厥士女，篚厥玄黄⑧，绍我周王见休⑨，惟臣附于大邑周。'其君子实玄黄于篚，以迎其君子。其小人箪食壶浆，以迎其小人。救民于水火之中，取其残而已矣。《太誓》曰：'我武惟扬，侵于⑩之疆，则取于残，杀伐用张，于汤有光。'不行王政云尔，苟行王政，四海之内皆举首而望之，欲以为君。齐楚虽大，何畏焉？"

【简注】① 万章：孟子的弟子。

② 汤居亳：商汤居住在亳地。亳，古都邑名，在今河南省商丘市东南。

③ 葛：夏朝的诸侯国，嬴姓之国，在今河南省宁陵县北。

④ 放：放纵、放肆。

⑤ 要：拦截，遮而止之也。

⑥ 载：开始。

⑦ 有攸不惟臣：有攸，攸国。惟，为。意思是攸国不愿臣服。

⑧ 篚厥玄黄：把黄色、黑色的布帛放进他们的篮子里。篚，筐、篮子。

⑨ 休：美。

⑩ 于：于国，古国名。

【语译】 孟子的学生万章问孟子说:"宋国是个小国,如今要推行王道仁政,这招致了齐国、楚国两个大国的嫉恨,现在他们要来攻打宋国,该怎么办呢?"

孟子说:"商汤居住在亳地,跟葛国相邻。葛伯放纵无道,不祭祀,商汤派人责问他说:'为什么不祭祀?'他说:'因为没有可供祭祀用的牲畜。'商汤就派人送来了牛羊,葛伯吃了牛羊,根本没有用来祭祀。商汤又派人来问:'为什么不祭祀?'他说:'因为没有可供祭祀的谷米。'商汤派亳地的百姓来为他耕种,老弱的人负责给耕种的人送饭。葛伯带着他的人到路上拦截,抢走了酒菜食物,杀了不肯交出饭菜的人。有个小孩子去送饭和肉,他们杀了他,还抢走了他手上的饭和肉。《尚书》上说:'葛伯仇视送饭的人。'说的就是这件事。商汤因为葛伯杀害了这个孩子,而起兵征伐他,四海之内的人民都说:'商汤不是为了天下的财富,而是为了给普通老百姓报仇。'商汤最早的征伐,从葛国开始,前后出征了十一年而无敌于天下。他向东面征伐,西边的夷人就抱怨,他向南面征伐,北方的狄人就抱怨,说:'为什么把我们放在后面,不先来拯救我们?'百姓们盼望他,就像是大旱之年期盼下雨一样。商汤的军队所到之处,在市场进行买卖的人没有停止过交易,耕田的人也不需要放下手头的工作去回避,他杀掉暴君以抚慰当地的百姓,就像是及时雨一般从天而降,百姓都非常欢喜。《尚书》上说:'等待我们的王来,王来了,我们就不再受罪了!''攸国不愿臣服,周武王就向东征伐,安抚男男女女,百姓把黄色、黑色的布帛放进他们的篮子里,希望追随周王以得到荣光,做大周国的臣民。'当时,攸国的官员把黄色、黑色的布帛装在竹篮里,迎接周国的官员。老百姓用竹筐盛饭、用壶盛酒来迎接周国的百姓。周武王出征是把百姓从水深火热之中解救出来,只是除掉了残暴的君王罢了。《太誓》上说:'施展我们的威武,攻占于国的疆土,除掉残暴的君王，使除暴伐罪之功得以伸张，比商汤讨伐夏桀的功绩更加辉煌。'如此看来，宋国国君只是还未推行王道仁政而已，如果真能推行王道仁政，四海以内的百姓都会翘首以盼，并拥戴他当君主。齐国、楚国虽然强大，又有什么好害怕的呢？"

【现代解读】本章记录的是孟子到宋国时，针对万章提出的宋国夹在齐、楚这两个大国之间，究竟应如何自处的问题，重提"仁者无敌"的观点。这次，孟子试着回溯历史，举汤伐葛、武王伐攸国之事，指出行仁政的王者之师，"四海之内皆举首而望之"，因此，只要行王政，"齐楚虽大，何畏焉"。孟子的这个观点，以今日眼光来衡量，未免过于理想化。但是，就像孟子回答滕文公如何面对齐、楚的强权及其吞并的企图一样，孟子一定从他的人性论及民心归向来谈为政之道。他不会像纵横家从利、势的角度提出一些权谋和暂时性的解决策略，因为利益的冲突、形势的转换，都是把生命置于力的拉扯与践踏之下，其中人性的尊严是没有任何保障的，一个儒者绝不会从这个角度来思考问题。所以，孟子总是从长治久安、人心归向等根源处擘画为政之道，投机取巧、见风转舵均非儒者的作为。从这个观点来看，批评孟子过于理想化，其实是肤浅之见。孟子只是据理论事，称理而言罢了。

6.6 孟子谓戴不胜[①]曰："子欲子之王之善与？我明告子。有楚大夫于此，欲其子之齐语也，则使齐人傅[②]诸？使楚人傅诸？"

曰："使齐人傅之。"

曰："一齐人傅之，众楚人咻[③]之，虽日挞而求其齐也，不可得矣。引而置之庄岳之间，数年，虽日挞而求其楚，亦不可得矣。子谓薛居州[④]，善士也，使之居于王所。在于王所者，长幼卑尊，皆薛居州也，王谁与为不善？在王所者，长幼卑尊，皆非薛居州也，王谁与为善？一薛居州，独如宋王何？"

【简注】① 戴不胜：人名，宋臣。
② 傅：辅佐、教导。
③ 咻：喧哗、扰乱。
④ 薛居州：人名，宋臣。

【语译】孟子对戴不胜说："你想要你的君王向善吗？我明白地告诉你方法。比方有一位楚国的大夫在这里，想让他的儿子学会说齐国话，那么，是要请齐国人教他还是请楚国人教他？"

戴不胜说："当然是请齐国人教他。"

孟子说："一个齐国人教他，但许多楚国人在旁边干扰他，即使每天鞭打他，逼他说齐国话，他也办不到啊。如果把他带到齐国最繁华的街里住上几年，即使每天鞭打他，逼他讲楚国话，也都不可能啊。你认为薛居州是个善士良才，让他住在王宫里。如果住在王宫里的人，不论年龄大小地位尊卑，都是像薛居州这样的善士良才，那么君王能够跟谁一起做坏事呢？如果住在王宫里的人，不论年龄大小地位尊卑，都不是像薛居州这样的人，那么君王还能跟谁一起做好事呢？一个薛居州，又能把宋王怎么样呢？"

【现代解读】本章是宋国大夫戴不胜与孟子的对话，也是成语"一傅众咻"的典故来源，主要是说宋王执政团队中的善士良才太少，不足以成大事。不过，这个故事看似简单，却点出许多企业管理的根本问题。也就是说，没有管理团队和与时俱进的组织文化，而只有主政者主观求好的善意，是无法达到组织改革精进的目标的。我们看古往今来多少豪杰帝王,虽有善政的抱负,但没有好的团队,没有彼此扶持成长的组织文化,结果都是徒劳无功。仅凭这一点,我们就不能轻视孟子所具备的深研历史兴革变迁的大智慧与管理才能。

6.7 公孙丑问曰:"不见诸侯,何义?"

孟子曰:"古者,不为臣不见。段干木①逾垣而避之,泄柳闭门而不内②,是皆已甚。迫,斯可以见矣。阳货欲见孔子③,而恶无礼。大夫有赐于士,不得受于其家,则往拜其门。阳货瞰④孔子之亡也,而馈孔子蒸豚,孔子亦瞰其亡也,而往拜之。当是时,阳货先,岂得不见?曾子曰:'胁肩谄笑,病于夏畦⑤。'子路曰:'未同而言,观其色赧赧然⑥,非由之所知也。'由是观之,则君子之所养,可知已矣。"

【简注】①段干木:晋人,魏文侯时的贤者。魏文侯欲见,到了他家门口,他却翻墙避开了。

②泄柳闭门而不内:鲁缪公听说泄柳的贤名要去见他,他却闭门不接见。内,同"纳"。

③阳货欲见孔子:见,召见。阳货想让孔子去见他。

④瞰:同"瞰",窥伺、探听。

⑤胁肩谄笑,病于夏畦:耸起肩膀,做出谄媚的笑,比夏天种田还要累人。

⑥赧赧然:惭愧而面红耳赤的样子。

【语译】公孙丑问孟子:"夫子不主动去拜见诸侯,是什么道理呢?"

孟子说:"在古代,不是臣属就不去拜见。段干木翻墙躲避来访的魏文侯，泄柳闭门不接待来访的鲁缪公，这都太过分了。如果国君有如此的诚意急着求见，还是可以会见的。阳货想召孔子来见他，但怕别人说他失礼。按照当时的礼节，大夫如果对士有所赏赐，而士人未能亲自在家接受，就应当去大夫的门下道谢。于是阳货就趁孔子不在家的时候，给孔子送去蒸熟的小猪，孔子也趁阳货不在家的时候，去回礼道谢。当时，如果阳货先去拜见孔子，孔子哪会避不相见呢！曾子说：'耸起肩膀，做出谄媚的笑，比夏天种田还要累人。'子路说：'跟志向不同的人说话，还要去讨好他，看他内心惭愧而面红耳赤的样子，这种人是我不敢领教的。'由此观之，君子平日的德行修养，就能一目了然。"

【现代解读】本章重点在讨论士为何不见诸侯。依据古礼，士若不为臣属，则不见诸侯，这是段干木翻墙不见魏文侯、泄柳关门不见鲁缪公的缘故。但是，在孟子看来，这些显然都过分了，如果诸侯的诚意到了，坚持要见，还是可以相见的。比如阳货希望孔子来看他，又害怕别人说他失礼，就趁着孔子不在家时，送一只蒸豚给孔子。因为根据礼节，大夫赠礼给士，士若不能亲自在家接受，就应该到大夫家登门致谢。孔子洞悉到阳货的诚意不足，所以也趁着阳货不在家时前去拜谢。当时，若是阳货真有诚意见孔子，孔子怎么会不相见。从这里可以看到君子平日是如何修养自己的，即使面对权贵，也一切依礼来互动，不会趋炎附势，也不会矫情做作。《论语·学而》曰："人不知而不愠，不亦君子乎？"盖君子之所以为君子，正在于内在精神人格饱满充实，不靠外在名位的撑持，也断不会屈己从人，一切以礼为依归，凭人与人之间的真诚情感来互动。

6.8 戴盈之[①]曰："什一，去关市之征，今兹[②]未能。请轻之，以待来年，然后已，何如？"

孟子曰："今有人日攘③其邻之鸡者，或告之曰：'是非君子之道。'曰：'请损之，月攘一鸡，以待来年，然后已。'如知其非义，斯速已矣，何待来年？"

【简注】① 戴盈之：人名，宋国大夫。
② 兹：年。
③ 攘：朱注："攘，物自来而取之也。"

【语译】戴盈之对孟子说："夫子建议敝国征收田税抽取十分之一，并免除关卡集市的赋税，但今年还无法达成。请允许敝国先减轻之前的税，等到明年再废止，您觉得怎么样？"

孟子说："比如有人每天偷邻居家一只鸡，有人告诉他：'这不是君子应有的作为。'那人说：'请允许我减少一点，每个月偷一只鸡，等明年再罢手。'如果真的明白这样做不合道义，就应该立刻停止，为什么还要等到明年呢？"

【现代解读】本章记载的是孟子在宋国时提出了税改计划，一直被借故拖延，孟子以"月攘一鸡"来讽刺宋国这种不负责的态度，以表示强烈不满。此后不久，孟子便离开了宋国。

6.9 公都子①曰："外人皆称夫子好辩，敢问何也？"

孟子曰："予岂好辩哉？予不得已也！天下之生久矣，一治一乱。当尧之时，水逆行，泛滥于中国，蛇龙居之。民无所定，下者为巢，上者为营窟②。《书》曰：'洚水警余③。'洚水者，洪水也。使禹治之，禹掘地而注之海，驱蛇龙而放之菹④。水由地中行，江、淮、河、汉是也。险阻既远，鸟兽之害人者消，然后人得平土而居之。

"尧、舜既没，圣人之道衰，暴君代作⑤，坏宫室以为污池，民无所安息。弃田以为园囿，使民不得衣食。邪说暴行又作，园囿、污池、沛泽多而禽兽至。及纣之身，天下又大乱。周公相武王，诛纣伐奄⑥，三年讨其君，驱飞廉⑦于海隅而戮之，灭国者五十，驱虎、豹、犀、象而远之。天下大悦。《书》曰：'丕显哉，文王谟，丕承哉，武王烈。佑启我后人，咸以正无缺⑧。'

"世衰道微，邪说暴行有作，臣弑其君者有之，子弑其父者有之。孔子惧，作《春秋》。《春秋》，天子之事也。是故孔子曰：'知我者，其惟《春秋》乎！罪我者，其惟《春秋》乎！'

"圣王不作，诸侯放恣，处士⑨横议，杨朱、墨翟⑩之言盈天下，天下之言，不归杨，则归墨。杨氏为我，是无君也；墨氏兼爱，是无父也。无父无君，是禽兽也。公明仪曰：'庖有肥肉，厩有肥马，民有饥色，野有饿莩，此率兽而食人也！'杨、墨之道不息，孔子之道不著，是邪说诬民，充塞仁义也。仁义充塞，则率兽食人，人将相食。吾为此惧，闲⑪先圣之道，距杨、墨，放淫辞，邪说者不得作。作于其心，害于其事，作于其事，害于其政。圣人复起，不易吾言矣。

"昔者，禹抑洪水而天下平。周公兼夷狄、驱猛兽而百姓宁，孔子成《春秋》而乱臣贼子惧。《诗》云：'戎狄是膺，荆舒是惩，则莫我敢承⑫。'无父无君，是周公所膺也。我亦欲正人心，息邪说，距诐行，放淫辞，以承三圣者。岂好辩哉？予不得已也。能言距杨、墨者，圣人之徒也。"

【简注】① 公都子：孟子的弟子。
② 营窟：挖洞建穴，围绕而居。

③泽水警余：泽水，洪水。洪水在警诫我们。

④菹：水草丛生的沼泽。

⑤暴君代作：暴，乱。暴君指夏太康、孔甲、履癸以及商武乙之类。代作，更代而作，非一君也。

⑥奄：国名，朱注："奄，东方之国，助纣为虐者也。"

⑦飞廉：纣王宠幸的臣子。

⑧佑启我后人，咸以正无缺：佑，助。启，开。帮助并启发我们后辈子孙，使大家都能走上正道而无亏缺。

⑨处士：有才德而隐居不出仕的人。

⑩杨朱、墨翟：杨朱，魏国人，相传他反对墨子兼爱学说与儒家思想，主张"贵生""重己""全性保真，不以物累形"，孟子说他"拔一毛而利天下，不为也"，并抨击他的"为我"思想。其人其事见于《庄子》《孟子》《韩非子》《淮南子》等。墨翟，墨家学派的创始人，曾学习儒学，因不满其繁文缛节而自创学说，主张"兼爱""非攻""节用""节葬"等。

⑪闲：捍卫。

⑫戎狄是膺，荆舒是惩，则莫我敢承：膺，抵御。惩，惩罚、痛击。承，抵挡、抗拒。意思是要抵御西戎北狄，迎头痛击荆舒，就没有人敢与我为敌。

【语译】孟子的学生公都子问孟子："别人都说夫子喜欢辩论，请问为什么？"

孟子说："我哪里是喜欢辩论？我是不得已而为之啊！天下有人类以来很久了，忽而安定，忽而动荡。在唐尧的时代，洪水肆虐，中原地区泛滥，龙蛇盘踞，百姓无处安身，低处的人只好在树上架木为巢，高处的人挖洞建穴，围绕而居。《尚书》上记载舜的话说：'洪水是在警诫我们。'洚水就是洪水。舜派禹去治水，禹挖了渠道，将水引入大海，并驱赶龙蛇，把它们放逐到多草的沼泽去。水沿着河道流淌，就是现在的长江、淮河、黄河、汉水。危险阻塞已经被排除了，害人的鸟兽也销声匿迹了，从此以后人民能在平地上安居了。

"尧、舜死后，圣人之道衰微，暴虐无道之君相继出现，他们毁坏民居来开挖深池，使百姓无处安居。破坏农田来当作打猎玩乐的园林，使百姓衣食没有着落。各种荒诞邪僻的言论和残忍的暴行又纷纷出现，随着园林深池、湖泊沼泽的增多，禽兽也纷纷出现。到了商纣的时候，天下愈加动荡。周公辅佐武王，诛杀了纣王，又讨伐助纣为虐的奄国，三年之后讨伐奄国，杀掉奄国的国君，并把纣王宠幸的臣子飞廉驱逐到海边杀死，消灭了助纣为恶的五十个国家，又将老虎、豹子、犀牛、大象驱赶到远方。于是全天下的人民都感到欢喜快活。《尚书》上说：'大大地彰显大道，是文王的谋略；大大地继承先人遗志，是武王的功烈。这些都会启发我们后辈，使大家都能走上正道而无亏缺。'

"后来时势衰落，大道隐微，各种荒诞邪僻的言论和残忍的暴行又纷纷出现。出现了臣子弑杀国君、儿子弑杀父亲的事情。孔子十分忧心恐惧，写下了《春秋》这部书。《春秋》是用来定是非、褒贬以及名分的，这原本是天子的职责所在。所以孔子说：'了解我的人，大概是通过《春秋》吧！责怪我的人，大概也是因为我僭越身份而写下《春秋》吧！'

"圣明的君王不再出现，诸侯放肆，恣意妄为，不当官的读书人乱发议论，杨朱和墨翟的学说充斥天下，以致天下人的言论，不是杨朱一派的，就是墨家一派的。杨朱一派提倡一切为自己而活，这是目无君上；墨家一派讲求无差别的爱，这是目无父辈。目无尊长的人，根本就是禽兽啊。鲁国的贤人公明仪曾说：'国君的厨房里有肥肉，马厩里有肥马，然而百姓却面黄肌瘦，郊野有饿死的人，这简直就像是率领着野兽吃人一样。'杨朱、墨子的学说不停止，孔子提倡的学说就不能得到彰显，因为这些邪僻不正的学说欺骗百姓，阻塞了仁义的道路。仁义的道路被阻塞，就像率领着野兽吃人，人将互相残杀。我因此感到忧惧，于是挺身捍卫仁义之道，反对杨朱、墨翟的学说，驳斥荒谬的言辞，使那些发表邪说谬论的人不能兴起。那些谬论自内心产生，就会妨碍他的行事，既然显露在行事上，就会妨害他的施政。即使是圣人再出现，也不会否定我这些话。

"从前禹治水以遏止洪水肆虐，天下得以太平。周公兼并了西夷、北狄，驱走了猛兽，而使百姓得以安宁，孔子著《春秋》，让叛君的乱臣和背父的贼子戒惧。《诗经》上说：'要抵御西戎北狄，迎头痛击荆舒，谁也不敢与我为敌。'那些目无君父的人，是周公所要打击惩戒的对象。我也想要端正人心，平息消灭邪僻的学说，驳斥荒谬的言辞，并继承大禹、周公、孔子三位圣人之道。我哪里是喜欢辩论呢？我实在是万不得已。凡是能够发表言论来驳斥杨朱、墨翟的人，都是圣人的信徒啊。"

【现代解读】 本章从问答的表面来看，当然是孟子在向公都子解释自己为什么好辩，但深入阅读，却可以看到孟子如何理解历史，如何看待他所处的时代，以及他对自己的历史定位。因此，本章不仅是《孟子》全书的关键，也是进入孟子心灵世界的钥匙，有着举足轻重的地位，读者一定要精准地掌握孟子的观点与立场。

孟子对自己的好辩，从人类的历史开始谈起。孟子表示："天下之生久矣，一治一乱。"亦即，人类的历史基本上是依治乱交替的规律循环进行着，而冲击人类生存及文明的因素，不外乎天灾人祸。在尧、舜的时代，是洪水肆虐，之后，则多半是暴君代作。其造成的灾难则是人不得平土而居，即野兽的侵袭使人类文明几乎无法存续，最后都要靠圣王的出现，才会"鸟兽之害人者消""诛纣伐奄……驱虎、豹、犀、象而远之"，也就是人与自然界的生物重新各安其位，人类的文明得以赓续发展。及至春秋时代，"邪说暴行有作，臣弑其君者有之，子弑其父者有之"，当时，人间秩序又再次陷入混乱，"孔子惧，作《春秋》"，"乱臣贼子惧"，这才又重建君臣、父子间的伦常轨道。因此，在孟子看来，历史的一治一乱，均源于我们有没有圣人的引导，设法走出野蛮，缔造文明，建立足以体现人性尊严的人文秩序。

果如是，那孟子又是怎么看待他所置身的战国时代呢？显然，依据孟子对治乱的分析判别，战国时代是一个更加严峻的时代。因为"圣王不作，诸侯放恣，处士横议"，其中，"处士横议"指的就是"杨朱、墨翟之言盈天下，天下之言，不归杨，则归墨。杨氏为我，是无君也；墨氏兼爱，是无父也。无君无父，是禽兽也"。在孟子看来，"杨子取为我，拔一毛而利天下，不为也。墨子兼爱，摩顶放踵利天下，为之"。前者过度看重自己，有反社会的倾向，后者爱无差等之说，视其至亲无异于他人，有反家庭的倾向。更糟糕的是，无论是拔一毛而利天下，还是磨顶放踵而利天下，两者都只是从功利思潮出发来思考问题，不复知利益之上还有关乎人性尊严的仁义，这将导致"仁义充塞，则率兽食人，人将相食"的严重后果。因此，孟子诊断战国时代的乱象，认为归根结底就是："杨、墨之道不息，孔子之道不著，是邪说诬民，充塞仁义也。"换言之，战国时期价值失序，主要是因为杨、墨所代表的功利思潮弥漫天下，而唯一能够捍卫人性价值的孔子之学却黯然不彰，那么在这种情况下，孟子究竟该如何自处，答案其实是不言而喻的。

在《公孙丑上》"知言养气"章中，我们已经看到孟子自述"乃所愿，则学孔子也"。面对战国乱世，孟子以"圣人之徒"自居，所谓"我亦欲正人心，息邪说，距诐行，放淫辞，以承三圣者"，就是扛起捍卫孔子仁义之道的大旗，与当时弥天盖地的功利思潮相对抗，"岂好辩哉？予不得已也。能言距杨、墨者，圣人之徒也"。我们从本章中孟子解释自己为何好辩可以了解到，孟子之所以与他所处的整个时代的思潮决裂，并以其无碍的辩才，发为"王霸之辩""义利之辩""人禽之辩"的三辩之学，其全部底气都来自深刻的历史意识与自我定位。本章的确可以视为深入《孟子》全书主旨的一章，值得再三阅读。

本章对杨、墨的批评，还可以参读13.26、14.26。

6.10 匡章①曰："陈仲子②，岂不诚廉士哉？居于陵③，三日不食，耳无闻，目无见也。井上有李，螬食实者过半④矣，匍匐往将食之，三咽，然后耳有闻，目有见。"

孟子曰："于齐国之士，吾必以仲子为巨擘⑤焉。虽然，仲子恶能廉？充仲子之操，则蚓而后可者也。夫蚓，上食槁壤，下饮黄泉。仲子所居之室，伯夷之所筑与？抑亦盗跖⑥之所筑与？所食之粟，伯夷之所树与？抑亦盗跖之所树与？是未可知也。"

曰："是何伤哉？彼身织屦，妻辟纑⑦，以易之也。"

曰："仲子，齐之世家也。兄戴，盖⑧禄万钟，以兄之禄为不义之禄，而不食也；以兄之室为不义之室，而不居也。辟兄离母，处于于陵。他日归，则有馈其兄生鹅者，已频顣⑨曰：'恶用是鶃鶃⑩者为哉？'他日，其母杀是鹅也，与之食之，其兄自外至，曰：'是鶃鶃之肉也！'出而哇⑪之。以母则不食，以妻则食之，以兄之室则弗居，以于陵则居之。是尚为能充其类也乎？若仲子者，蚓而后充其操者也。"

【简注】①匡章：齐国名将。

② 陈仲子：齐国人，世称"田仲""陈仲"等。以廉闻名于世。

③ 于陵：齐国地名。

④ 井上有李，螬食实者过半：螬，蛴螬，俗称"地蚕""大蚕"，金龟子的幼虫。意思是井上有李子，已经被金龟子的幼虫吃了大半。

⑤ 巨擘：大拇指，比喻杰出的人才。

⑥ 盗跖：春秋末年有名的大盗，名柳下跖，是柳下惠的弟弟。此指恶人。

⑦ 辟纑：辟，绩麻。纑，练麻。指治麻之事。

⑧ 盖：盖，发语词，一说地名，为仲子兄陈戴之采邑。

⑨ 频顣：频，同"颦"，皱眉。顣，同"蹙"，蹙额。皱眉蹙额，指不愉快的样子。

⑩ 鶂鶂：鹅叫声。

⑪ 哇：吐。

【语译】匡章说："我们齐国的陈仲子难道不算是廉洁的人吗？他住在于陵，三天都不吃东西，导致耳朵听不到声音，眼睛看不见东西。恰好井边有棵李树，李子已经被金龟子的幼虫吃了大半，仲子就爬过去摘来吃，咽了三口，耳朵才听得到声音，眼睛才看得见东西。"

孟子说："在齐国的士人中，我肯定把陈仲子当作首屈一指的人物。然而，陈仲子怎能算是廉洁呢？要是想充分发挥仲子的节操，只有使人变成蚯蚓才办得到。蚯蚓，在地上吃的是干燥的土壤，在地下，喝的是泉水。而陈仲子所居住的房屋，是伯夷那样的人所建的，还是盗跖那样的人所建的呢？他吃的米饭，是伯夷那样的人所种的，还是盗跖那样的人所种的呢？这些都没办法知道。"

匡章说："这有什么关系呢？他亲自编织草鞋，他妻子绩麻练麻，用这些来交换生活用品。"

孟子说:"陈仲子,出生在齐国的宗族世家。他的兄长陈戴,俸禄高达一万钟粟米,但仲子认为他兄长的俸禄是靠不合于义的手段得来的,所以他坚决不用;认为他兄长的房屋是靠不合于义的手段得来的,所以他坚决不住。他回避了兄长,远离了母亲,独自住在于陵。有一天回家,正好有人送他兄长一只活鹅,他皱着眉不高兴地说:'要这种鶂鶂叫的东西做什么呢?'过了几天,他母亲杀了那只鹅,让他吃鹅肉,他的兄长刚好从外面回来,对他说:'你吃的肉正是那种鶂鶂叫的东西呢!'他一听,赶快跑到外头把肉吐了出来。来路不明的食物,母亲给的就不吃,妻子给的就吃,兄长的房屋就不住,于陵的房屋就肯住,这样还能算坚守廉洁节操的典范吗?像仲子这样的人,只有变成蚯蚓才能算坚守充分发挥其廉洁的操守。"

【现代解读】 本章记录的是孟子对当时齐国隐士陈仲子的批评。陈仲子,乃是齐国的贵族,以廉闻名于世。他不屑于当时政治的贪婪腐败,抛家弃母,孟子虽称其为齐国的巨擘,但认为他的做法并不可取。就像孟子批评杨朱的为我一样,陈仲子的行为显然有反社会的倾向,属于隐者一流。但是,一如孔子曾批评隐者,"欲洁其身,而乱大伦",因此,孟子认为陈仲子的廉洁不足以取法。

关于对陈仲子的批评,可参见 13.34。

离娄上

  《孟子》的前三篇记录了许多孟子与时君的对话，有明确的交谈对象和主题，但自《离娄》篇开始，孟子的语录增多，间有一些与学生或其他人的对话，讨论的主题也比较宽泛，有治国之道、品德修养、孝道、经权关系等。在《离娄上》中，第一、二章论"先王之法"的重要性。第三、九、十三章论得民心者得天下，是孟子政治哲学的重要文献。第十七章是孟子与淳于髡论经权关系，反映了孟子哲学弹性灵活的一面。第十九、二十七、二十八章则集中讨论了孝道。

7.1 孟子曰："离娄①之明，公输子②之巧，不以规矩③，不能成方员。师旷之聪④，不以六律⑤，不能正五音⑥。尧、舜之道，不以仁政，不能平治天下。今有仁心仁闻⑦而民不被其泽，不可法于后世者，不行先王之道也。故曰：'徒善不足以为政，徒法不能以自行。'《诗》云：'不愆不忘，率由旧章⑧。'遵先王之法而过者，未之有也。圣人既竭目力焉，继之以规矩准绳，以为方员平直，不可胜用也。既竭耳力焉，继之以六律正五音，不可胜用也。既竭心思焉，继之以不忍人之政，而仁覆天下矣。故曰：'为高必因丘陵，为下必因川泽。'为政不因先王之道，可谓智乎？是以惟仁者，宜在高位，不仁而在高位，是播其恶于众也。上无道揆⑨也，下无法守也。朝不信道，工不信度⑩，君子犯义，小人犯刑，国之所存者，幸也。故曰：'城郭不完⑪，兵甲不多，非国之灾也。田野不辟，货财不聚，非国之害也。上无礼，下无学，贼民兴，丧无日矣。'《诗》曰：'天之方蹶，无然泄泄⑫。'泄泄，犹沓沓也。事君无义，进退无礼，言则非先王之道者，犹沓沓也。故曰：'责难于君谓之恭，陈善闭邪⑬谓之敬，吾君不能谓之贼。'"

【简注】①离娄：古代视力极佳的人。

②公输子：公输般，也作公输班，鲁国人，又叫鲁班。古代有名的建筑工匠，曾制作云梯、刨、钻等工具，被后代奉为建筑工匠的祖师。

③规矩：规，圆规。矩，曲尺。

④师旷之聪：春秋时晋平公的乐师，目盲，听力极佳，善弹琴。

⑤六律：十二律吕中的六阳律，分别是黄钟、太簇、姑洗、蕤宾、夷则、无射。十二律吕是古代校正乐律的律制。

⑥五音：亦称五声，中国音阶名。宫、商、角、徵、羽五个音级。

⑦闻：声誉。

⑧不愆不忘，率由旧章：愆，过失。率，遵循。意思是成王之美德，不失误，不忘本，遵循原本的典章制度。

⑨揆：度量、估量。

⑩度：尺码，一说法度。

⑪完：坚牢。

⑫天之方蹶，无然泄泄：蹶，颠覆。泄泄，犹沓沓，话多的样子。

⑬陈善闭邪：开陈善道，闭绝不正的异端。

【语译】孟子说："拥有像离娄那样极佳的视力，像公输班那样灵巧的技术，如果不借助圆规和曲尺，也不能画出方形和圆形。即便有像师旷那样极佳的听力，如果不借助六律，也不能校正五音。即便有像尧、舜一样的德行，如果不施行仁政，也无法管理好天下。现在，有些诸侯虽有仁爱百姓之心和仁爱的名声，百姓却无法受到他们的恩泽，他们也无法成为后世的典范，因为他们没有遵循先王的王道仁政。所以说：'空有善心没有良法不足以治理好国家，空有良法却没有仁心也无法推行。'《诗经》说：'不要失误，不要忘本，遵循原本的典章制度。'遵循先王的法度而产生过错，这是从来没有过的事。古代的圣人已竭尽眼力，又用圆规、曲尺、水准器、绳墨等工具

离娄上 | 215

辅助，来制造方圆平直的器物，使后人在施工制图上都取用不尽。圣人已竭尽听力，又用六律来校正五音，让音阶可运用无穷。圣人已竭尽心力，施行不忍让人民受苦的仁政，使仁德的恩泽遍布天下。所以说：'要建高台一定要凭借本来就凸起的丘陵，要挖深池一定要凭借本来就低洼的沼泽。'治理国家如果不依据先王的法制，能算得上是明智吗？因此，只有仁者适合高居上位，如果不仁者高居上位，就会把他的罪恶散播到众人身上。在上位者不依道德原则衡量事理，在下位的人民就没有法度可遵守。朝中的大臣不信服道义，工匠不相信尺度，在上位的君子违背义理，在下位的百姓触犯刑罚，国家到这个地步还能存活，完全是侥幸。所以说：'城墙不牢固，军备不充足，算不上国家的灾祸。田野没有开垦，物资没有积聚，算不上国家的灾祸。当在上位的君主缺乏礼义，在下位的臣民缺乏教养，乱民趁机兴起，灭亡就近在眼前了。'《诗经》说：'上天正要颠覆这个国家，不要这样多嘴多言了。'泄泄，就是沓沓，话多胡言乱语的意思。侍奉君主缺乏道义，应对进退缺乏礼节，言谈之间诋毁古代圣王之道，这就叫沓沓，亦即话多且胡言乱语。所以说：'要求国君施行不易达成的仁政，这叫恭，陈述善道并断绝不正的异端邪说，这叫敬，认为国君做不到仁义，这叫贼。'"

【现代解读】本章的重点在明确指出施政治国的基本原则："徒善不足以为政，徒法不能以自行。"亦即"善""法"兼重，才能完整地体现先王之道。孟子先以古代的技艺达人如离娄、公输子、师旷为例，指出他们虽然具备超强的禀赋，但仍要遵从客观的法度，这样才能够获得卓越的技艺。然后，孟子话锋一转，指向如何为政治国，认为一个国家的国君虽有仁心仁闻，但老百姓却没有蒙受治国的恩泽，那问题就出在没有遵行先王之法，没有客观治国的成效足为典范。孟子这么说，究竟有无明确所指呢？回到我们前面读到的文献，如齐宣王面对即将衅钟的牛，"不忍其觳觫，若无罪而就死地"，就是其仁心流露的一个典型例子，但是宣王并没有将此不忍人之心推广为不忍人之政，因此"民不被其泽"，所以宣王最后也没有办法实现"仁覆天下"的王道。换言之，孟子这里揭示的"徒善不足以为政，徒法不能以自行"，并非无的放矢，只给出一个空洞抽象的原则。它是古往今来多少为政者都会犯的一个严重错误，即徒有良善的动机，却没有汲取历史上成败得失的教训，参考资借成功的法典政策，结果私心自用，自以为聪明，却反被聪明所误，造成更大的遗憾。孟子从离娄之明、师旷之聪谈起，提醒世人不可自恃聪明，必须遵循客观法度，不可不谓用心良苦。

因此，本章提出"善""法"并重的治国原则，但论述的展开却显然把重点放在客观法度的沿袭与遵从之上。因为一般的为政者，由于权力的集中，易流于狂妄自大，所谓"上无道揆也，下无法守也"，所以孟子不得不强调先王之法的重要性，其中，更隐含着君臣共治的理念，试图平衡君权独大的危险。因此，孟子对于臣道也有所规定，亦即，为人臣者必须以"尧、舜之道"责成君主，这叫作恭，以先王之法为依归而有所进谏，这叫作敬，说"我们国君做不到"这叫作贼，从这三方面来督促君王走向先王之道。孟子的这个看法，在下一章中也有所发挥。

7.2 孟子曰："规矩，方员之至[①]也；圣人，人伦之至也。欲为君，尽君道；欲为臣，尽臣道。二者皆法尧、舜而已矣。不以舜之所以事尧事君，不敬其君者也。不以尧之所以治民治民，贼其民者也。孔子曰：'道二[②]：仁与不仁而已矣。'暴其民甚，则身弑国亡。不甚，则身危国削，名之曰'幽、厉'[③]，虽孝子慈孙，百世不能改也。《诗》

离娄上 | 217

云：'殷鉴不远，在夏后之世④。'此之谓也。"

【简注】①至：极。引申为标准。

②道二：朱注："法尧、舜，则尽君臣之道而仁矣。不法尧、舜，则慢君贼民而不仁矣。二端之外，更无他道，出乎此则入乎彼矣，可不谨哉？"

③幽、厉：幽，昏暗乱常。厉，暴虐嗜杀。幽和厉都是很坏的谥号，周朝的幽王和厉王因其所为而得此恶谥。

④殷鉴不远，在夏后之世：鉴，镜子。殷商的借镜并不远，近在夏桀之世。意思是说殷人灭夏，殷的子孙宜以覆亡为戒，纣不悟，致被周灭。孟子引之，又欲后人以幽、厉为鉴，而有所警惕。

【语译】孟子说："圆规和曲尺是方和圆的标准，圣人是为人的典范。当国君就要恪遵当国君之道，当臣子就要恪遵当臣子之道。君臣两者之道只要能效法唐尧、虞舜就可以了。不用舜侍奉尧的方式侍奉国君，就是不敬国君的臣子。不用尧治理人民的方式来治理人民，就是残害他的人民。孔子说：'治国之道有两种，讲仁德和不讲仁德罢了。'对待百姓太过残暴，就会招致自身被弑杀和国家灭亡。不太残暴的也自身难保，国家的势力被削弱，死后还有'幽''厉'这样恶劣的谥号，即便后代有孝子慈孙，但经历了百代也不能更改。《诗经》说：'殷商的借镜并不远，近在夏桀之世。'说的便是这个意思。"

【现代解读】在本章中，孟子一方面将圣人定为人伦的极致，另一方面又以尧舜作为圣人的典范，用以规范君道、臣道。尧是什么样的国君？一个以百姓生活福祉为目标的仁君。而舜又是什么样的臣子？一个以尧的治国理想为目标的仁臣。两者在君臣的分位上全都以仁为治理国家的圭臬，所以孔子说治理国家的方法有两种，仁与不仁而已。仁是尧、舜的治理原则，而幽王、厉王却对百姓残暴，至为不仁。

作为幽王、厉王的后代子孙，即使日后有孝慈的美名，也不能改变其祖先的骂名。孟子特别引《诗经》"殷鉴不远"的说法，提醒世人在政治管理上，要严格分判施政的方向。

本章论君臣之道，有关内容可另参看 7.20、8.3、12.14。

7.3 孟子曰："三代之得天下也以仁，其失天下也以不仁。国之所以废兴存亡者亦然。天子不仁，不保四海；诸侯不仁，不保社稷①；卿大夫不仁，不保宗庙②；士庶人不仁，不保四体。今恶死亡，而乐不仁，是犹恶醉而强酒③。"

【简注】① 社稷：社，土神。稷，谷神。代称国家。

② 宗庙：祭祀祖先的宫室。这里指采邑，卿大夫先有采邑，然后有宗庙。

③ 强酒：勉强饮酒。

【语译】孟子说："夏、商、周三代能得到天下，是因为有仁德，后来失掉天下，是因为没有仁德。国家衰败和兴盛、生存和灭亡，也是同样的道理。如此看来，天子没有仁德，就保不住天下；诸侯没有仁德，就保不住国家；卿大夫没有仁德，就保不住宗庙；士人和百姓没有仁德，就无法保全性命。现在的人一方面厌恶死亡，另一方面又喜欢做残暴不仁的事，这就和一面厌恶醉酒，一面又勉强喝酒一样自相矛盾呀。"

离娄上

【现代解读】上一章讲"道二：仁与不仁而已矣"，这一章继续在这个层面上展开。孟子表示，夏、商、周三代之所以得天下，是因为有圣王行仁政，得人心。其所以失天下，也是因为暴君不仁，失去了民心。因此，孟子就继续表示："天子没有仁德，就保不住天下；诸侯没有仁德，就保不住国家；卿大夫没有仁德，就保不住宗庙；士人和百姓没有仁德，就无法保全性命。"为什么会有如此严重的后果？因为在孟子看来，人而不仁，则必自侮而后人侮之，他又将如何立足人间呢？

本章可参读 7.8、7.9。

7.4 孟子曰："爱人不亲，反①其仁；治人不治，反其智；礼人不答，反其敬。行有不得者，皆反求诸己，其身正而天下归之。《诗》云：'永言配命，自求多福。'"

【简注】① 反：反省。

【语译】孟子说："爱别人，别人却不亲近自己，就该反省自己的仁德有没有问题；管理别人，别人却不受管理，就该反省自己的智慧是不是足够；礼敬别人，别人却不回敬自己，就该反省自己的恭敬态度有没有问题。任何行为如果做了却得不到预期的成效，都应回头反省、检视自己，自身端正了，天下的人自然纷纷来归顺。《诗经》说：'符合天命，常保国运，全靠自己努力去寻求福祉。'"

【现代解读】本章所言"反求诸己"，乃是孔孟儒学一贯的修养原则。孔子说"君子求诸己，小人求诸人"，孟子说"反身而诚"，都将品德实践视为自己生命的分内之事，强调自省。孟子此处所言"行有不得者，皆反求诸己，其身正而天下归之"，与孔子所言："一日克己复礼，天下归仁焉。为仁由己，而由人乎哉？"（《论语·颜渊》）在义理上有其一贯之处，值得深研。

本章可参读 3.7、8.28、13.4。

7.5 孟子曰："人有恒言①，皆曰：'天下国家②。'天下之本在国，国之本在家，家之本在身。"

【简注】① 人有恒言：人之常语，大家常常说的话。
② 国家：诸侯之国，公卿大夫之家。

【语译】孟子说："人们有句常说的话：'天下国家。'这句话的意思是，天下的根本是诸侯的国，诸侯国的根本在于家族，而家族的根本在每个人自身。"

【现代解读】本章揭示的是身、家、国、天下之间层层递进扩大的关系，大家要联系上一章讲的"反求诸己"这个主题来了解。《大学》开宗明义地说："古之欲明明德于天下者，先治其国；欲治其国者，先齐其家；欲齐其家者，先修其身。"又云"自天子以至于庶人，壹是皆以修身为本"，说明儒家的社会实践必须从自身做起。这里，"本"有根基起点的含义，但个人与家、国、天下之间的关系，不宜顺着近代西方社会哲学思考的方式来理解，即将个人视为底层的"实在"（reality），家、国、天下乃建基于个人之上的第二层实在。而应该将家、国、天下视为个人修养实践的场域，但在修养实践的功夫次第上，理应从一身为起点，逐步走向家、国、天下。

近百年来，中国哲学界受西方哲学影响，喜用"主体性"

（subjectivity）这个概念来诠释中国重实践的智慧传统，却忽略了西方哲学主体性这个概念背负着非常鲜明的"基础主义"（foundationalism）、"化约主义"（reductinism）的色彩，实际上并不符合中国哲学的基调。读者在接受现代解读的引导时，应保持适度的警觉，不要迷信这些理论标签，一不小心就扭曲、遮盖了传统经典深刻隽永的义理趣味。

7.6 孟子曰："为政不难，不得罪于巨室①。巨室之所慕，一国慕之，一国之所慕，天下慕之。故沛然德教溢乎四海。"

【简注】① 巨室：指有影响力的世家大族。

【语译】孟子说："治理国家并不困难，只要己身端正，不得罪世家大族就可以了。世家大族所仰慕的，一国人都仰慕，一国人仰慕的，天下人都会仰慕。如此，道德教化就能在四海之内盛大流行。"

【现代解读】本章孟子提及为政之道在于"不得罪于巨室"。孟子的这个观点，既不是凭空而发，也不是单纯地慑服于巨室的政治势力，而是建立在对历史的观察之上。事实上，我们检视中国历代历朝，在一些世局混沌不明的情况下，世族也曾发挥过保存文化生命的元气的功能，甚至扭转了局势。南北朝时期，政权更迭，战祸连年，中国文化却不绝如缕，均赖于世家大族的保存文化之功，即是明证。所以，从孟子"不得罪于巨室"之论，可以洞见一般人批评孟子过于理想主义，其实是昧于孟子对历史的深度观察与了解，他其实对现实有非常敏锐的洞察力和掌握能力。

7.7 孟子曰："天下有道，小德役①大德，小贤役大贤。天下无道，小役大，弱役强，斯二者，天也。顺天者存，逆天者亡。齐景公曰：'既不能令，又不受命，是绝物也。'涕出而女于吴②。今也小国师大国而耻受命焉，是犹弟子而耻受命于先师也。如耻之，莫若师文王。师文王，大国五年，小国七年，必为政于天下矣。《诗》云：'商之孙子，其丽③不亿④。上帝既命，侯于周服⑤。侯服于周，天命靡常。殷士肤敏⑥，祼将于京⑦。'孔子曰：'仁不可为众⑧也。夫国君好仁，天下无敌。'今也欲无敌于天下而不以仁，是犹执热而不以濯也。《诗》云：'谁能执热，逝不以濯⑨？'"

【简注】① 役：受役于、侍奉。

② 涕出而女于吴：指齐景公因惧怕吴王阖闾，不得已将女儿嫁给阖闾，临别在郊外哭着送行的情景。

③ 丽：数量。

④ 亿：古代十万曰亿，此言其数甚多。

⑤ 侯于周服：侯，发语词，无义。于周服，服于周之义。

⑥ 肤敏：仪容丰美、聪慧敏达。

⑦ 祼将于京：祼，祭祀名，以郁鬯之酒灌地而降神也。

⑧ 仁不可为众：仁的价值不是以数量众寡来计算的。

⑨ 谁能执热，逝不以濯：执热，手执热的物品。逝，无义。濯，用冷水冲洗。

【语译】孟子说："天下平治有道的时候，德行小的诸侯侍奉德行大的诸侯，才能小的诸侯侍奉才能大的诸侯。天下混乱无道的时候，小国的诸侯侍奉大国的诸侯，弱国的诸侯侍奉强国的诸侯。这两种情况都有着一定的天理。顺应天理者得以存在，违背天理者就会灭亡。

齐景公说过：'既不能命令别人，又不肯接受别人的命令，这就是自绝于人啊。'于是流着眼泪，把女儿嫁到吴国去。现在，小国不修德业，徒效法大国寻欢作乐，却认为接受、臣服于大国的命令是羞耻，这就好比学生认为接受老师的命令是羞耻的。如果真的感到羞耻，不如以文王为老师。能师法文王施行仁政，大国只需要五年，小国只需要七年，就一定能够推行仁政于天下。《诗经》上说：'商朝的子孙后裔，数目何止十万。上天既然已经降命于周，他们只好臣服于周朝。从他们臣服于周朝，可知天命变化不定，总是归于有德者。即便殷商之士仪容丰美、聪慧敏达，也要到商朝的都城参加祼祭，帮助周王祭祀。'孔子读了这首诗发出赞叹道：'仁的价值不是以数量众寡计算的。只要国君真心喜爱仁德，就可以天下无敌手。'现在，君主想要天下无敌手却不依仁德，简直就像手持热的东西，却不把手放在冷水中解热。《诗经》上说：'谁能用手持热的东西，却不把手放在冷水中解热呢？'"

【现代解读】天下有道，以德服人，因此小德、小贤均心悦诚服于大德、大贤之下。但是，天下无道，以力服人，则大役小、强凌弱，拳头决定了谁来发号施令。如果我们处在天下无道的时代，不屑于强国的霸凌，那么翻转这种霸权政治秩序的恰当做法，就是效法周文王，行仁政。因为所谓仁政，基本上就是苦民所苦，乐民所乐，一如《离娄上》第九章所云："所欲与之聚之，所恶勿施尔也。"一旦为政如此，必得民心。得民心者得天下，在孟子看来，要终结霸权时代以力服人的乱象，只有倡王道、行仁政一途。

7.8 孟子曰："不仁者，可与言哉？安其危而利其菑[①]，乐其所以亡者。不仁而可与言，则何亡国败家之有？有孺子歌曰：'沧浪之水清兮，可以濯我缨②；沧浪之水浊兮，可以濯我足。'孔子曰：'小子听之！清斯濯缨，浊斯濯足矣。自取之也。'夫人必自侮，然后人侮之；家必自毁，而后人毁之；国必自伐，而后人伐之。《太甲》曰：'天作孽，犹可违；自作孽，不可活③。'此之谓也。"

【简注】① 菑：通"灾"。

② 缨：帽带，系帽子的丝带。

③ 天作孽，犹可违；自作孽，不可活：参见本书《公孙丑上·四》简注⑨。

【语译】孟子说："对不仁的人，你能跟他说得上话吗？他把危险当作安全，把灾祸当作利益，只喜欢做那些会使他败亡的事。如果对不仁的人还可以跟他讲仁义之道，那么，怎么还会有灭亡的诸侯国和败坏的大夫之家呢？从前有首童谣唱道：'沧浪的水多么清澈啊，可以用来洗我的帽带；沧浪的水多么浑浊啊，可以用来洗我的脏脚。'孔子听了以后说：'弟子们你们听啊！水清澈就用它来洗帽带，水浑浊就用它来洗脏脚了。这不同的待遇，都是由水自身的清浊来决定的。'一个人一定是先轻慢了自己，然后别人才会轻慢他；一个家一定是先自我毁坏，别人才会毁坏它；一个诸侯国一定是先内部互相攻击毁灭，然后别人才会去攻击毁灭他。《尚书·太甲》篇说：'上天降灾尚可躲避，自己造的罪孽无从逃避。'说的就是这个意思啊。"

【现代解读】孟子表示，一个不仁的人，你是跟他说不上话的。为什么呢？《公孙丑上·六》记载，"无恻隐之心，非人也""恻隐之心，仁之端也"，换言之，一个不仁的人，也就是一个没有恻隐之心的人，一个切断人我之间同情共感通道的人，活在自己的世界里，自

离娄上 | 225

私自利，如何能长久立足人间呢？问题是，他无法与人同情共感，不知世界上还有其他人，只知自我欲求的满足，像这样不是极其危险的吗？可是，禁锢在个人的好恶之中，不知尊重他人的人，往往自以为是、狂妄自大，自然听不进旁人的规劝。所以，孟子会说这种人"安其危而利其菑，乐其所以亡者。不仁而可与言，则何亡国败家之有"，换言之，不仁之人在自绝于与他人共处共生的情况下，不可免地会走向家毁人亡。孟子这一席话，看似简单，但何其沉痛啊！

本章可与 7.2、7.3 参读。

7.9 孟子曰："桀、纣之失天下也，失其民也；失其民者，失其心也。得天下有道：得其民，斯得天下矣。得其民有道：得其心，斯得民矣。得其心有道：所欲与之聚之，所恶勿施尔也。民之归仁也，犹水之就下、兽之走圹①也。故为渊驱②鱼者，獭也；为丛驱爵③者，鹯④也；为汤、武驱民者，桀与纣也。今天下之君有好仁者，则诸侯皆为之驱矣。虽欲无王，不可得已。今之欲王者，犹七年之病求三年之艾⑤也。苟为不畜⑥，终身不得；苟不志于仁，终身忧辱，以陷于死亡。《诗》云：'其何能淑⑦？载胥及溺⑧。'此之谓也。"

【简注】①圹：同"旷"，辽阔的原野。

② 驱：同"驱"，驱赶。

③ 爵：同"雀"。

④ 鹯：一种猛禽，似鹞，青黄色，以鸠、鸽、燕、雀为食，身体庞大，不能入树丛。

⑤ 艾：多年生草本植物，可供灸病之用，干久益善，故求艾之干陈三年者。

⑥ 畜：积蓄、储存。

⑦ 淑：善。

⑧ 载胥及溺：胥，互相。溺，陷溺。

【语译】孟子说："桀、纣为什么会失去天下，是因为失去了人民的支持；为什么他们会失去人民的支持，是因为失去了民心。得到天下的方法是取得人民的支持，得到人民支持的方法是先得到民心，得到民心的方法是人民所盼望的就去满足他们，替他们聚积起来，人民所厌恶的，不强加给他们。人民归服于仁君，就像水往下流、野兽往旷野跑一样自然。所以，替深池把鱼驱赶来的，是吃鱼的水獭；替丛林把鸟雀驱赶来的，是吃鸟雀的鹯鸟；替汤武把人民驱赶来的，是行暴政的夏桀和商纣。现在，天下如果有喜好仁德的君主，那么其他不仁的诸侯就会为他把百姓驱赶过来。即便他并未想要统一天下，那也是不可能的。现在那些想要立刻统一天下的人，就像是患病七年，企图用三年的陈艾来医治的人一样。如果没有长期蓄积，一辈子都无法得到天下；如果不重视仁德，一生都会活在忧虑耻辱之中，以致陷入身死国亡的绝境。《诗经》有言：'这样的人怎么能治理好国家？只是彼此互相拉扯导致陷溺于水中。'说的就是这个意思啊。"

【现代解读】本章主旨在于得民心者得天下，失民心者失天下。如何得民心？关键即在于"所欲与之聚之，所恶勿施尔也"。孟子认为，一个国君只要做到这点，其他不行仁政的国家就会像水獭为深渊驱赶鱼群般，驱赶民众自然归向行仁政的国家。但是，孟子在这里也提醒想要翻转战国争霸的国家，"今之欲王者，犹七年之病求三年之艾也。苟为不蓄，终身不得"，七年的沉疴需要三年的陈艾来治疗，若没有长期的努力与累积民望，沽名钓誉的权宜之计是无法奏效的。这也说明了政治的改革，人和固然是关键，但也需要天时的配合，历时的长久与时机的成熟，均是重要的助缘。

7.10 孟子曰："自暴①者，不可与有言也；自弃者，不可与有为也。言非礼义，谓之自暴也，吾身不能居仁由义，谓之自弃也。仁，人之安宅也；义，人之正路②也。旷③安宅而弗居，舍正路而不由，哀哉！"

【简注】① 暴：残害、糟蹋。

② 正路：朱注："义者，宜也。乃天理之当行，无人欲之邪曲，故曰正路。"

③ 旷：荒废。

【语译】孟子说："自己残害自己的人，不能跟他谈论道理；自己放弃自己的人，不能跟他一起有所作为。开口就诋毁礼义，叫作自我残害，认为自己无法心存仁德，随义而行，叫作自我放弃。仁，是足以安顿生命的归宿；义，是最适宜人走的康庄大道。如今荒废着足以安顿生命的归宿而不去住，舍弃了最适宜人走的康庄大道而不去走，真是可悲啊！"

【现代解读】依据孟子的性善论，"仁、义、礼、智，非由外铄我也，我固有之也"（《告子上·六》），因此，行仁践义是不假外求，取决于自我的事。在这个意义上，言语诋毁礼义，行事不依仁循义的人，也就是自暴自弃之人。孟子多次以安宅与正路来喻指仁义在人生命中的地位与角色，原来在孟子心目中，仁就是保障人性尊严、确立人之所以为人的安宅，而义则是引导人生命行动通达外在世界的道路。这是孟子心性论的核心义理，善读《孟子》者，应谨记在心。

7.11 孟子曰:"道在尔①而求诸远,事在易而求诸难。人人亲其亲,长其长②,而天下平。"

【简注】① 尔:近。
② 亲其亲,长其长:前一个亲与长为动词,后一个亲与长为名词。意思是亲爱他的父母,尊敬他的长辈。

【语译】孟子说:"道理就在近处,人却要向远处追求;事情本来容易,人却要从难处下手。若是人人能亲爱他的父母,尊敬他的长辈,天下就太平了。"

【现代解读】本章所论"人人亲其亲,长其长,而天下平",显然是针对治国之道而言的。所谓"尧、舜之道,孝弟而已矣""谨庠序之教,申之以孝悌之义",儒家相信孝悌之道是将"老者安之,朋友信之,少者怀之"的理想落到实处的根本推动力。

7.12 孟子曰:"居下位而不获于上①,民不可得而治也。获于上有道,不信于友,弗获于上矣。信于友有道,事亲弗悦,弗信于友矣。悦亲有道,反身不诚②,不悦于亲矣。诚身有道,不明乎善,不诚其身矣。是故,诚者,天之道也;思诚者,人之道也。至诚而不动③者,未之有也。不诚,未有能动者也。"

【简注】① 获于上:得到在上位者的信任。
② 诚:真诚。
③ 动:感动。

离娄上 | 229

【语译】 孟子说:"身居下位的人如果不能得到长官的信任,就无法管理好百姓。获得长官的信任是有方法的,若不能取信于朋友,就不能够得到长官的信任。获得朋友的信任是有方法的,若侍奉父母不能使他们感到喜悦,就无法得到朋友的信任。侍奉父母使他们感到喜悦是有方法的,若反省自己有不真诚的地方,就无法侍奉父母使他们感到喜悦。使自身真诚无妄是有方法的,如果不懂得什么是善,就无法使自身真诚无妄。所以,诚是上天的原则;勉力让自身真诚,是做人的原则。一个人如果真诚至极却无法感动别人,那是从来没有的事。不真诚的人,也不可能让别人感动。"

【现代解读】 本章在内容上与《中庸》第二十章的一段文字大致相同,仅有个别字句的差异,透露出孟子与《中庸》作者子思在思想上的确有传承或影响的关系。

本章揭示的一个核心命题,"诚者,天之道也;思诚者,人之道也",如果与《告子上》的人性论观念,以及《尽心上》第一章"尽心、知性、知天"的义理合参,可以确定在孟子思想中,天道作为流行不已的造化,其生生不息的表现,也正是人的自我实现、自我完成所应仿效的典范。换言之,《易传》所说"天行健,君子以自强不息",其实也正是"诚者,天之道也;思诚者,人之道也"的另一种表述。问题是,君子自强不息所要体现的内容是什么?孟子在本章中给出了一个明确的答案:"诚身有道,不明乎善,不诚其身矣。"亦即我们必须通过对自己生命价值的体认,找到自我实现的方向。孟子曾明言:"仁、义、礼、智,非由外铄我也,我固有之也。"换言之,一旦我们明乎善,亦即确认人生最重要的价值——仁、义、礼、智——其动能均内在于我,则我们充分地实现这些能力,亦即"诚身",将不但使我们个人走向成德之路,而且在成德的实践场域的层层扩大之中,我们也将由身而渐次扩及家、国、天下，从而促成家齐、国治、天下平的结果。因此，本章所展现的一种实践逻辑，其程序大体可表述如下。

诚（天之道）—思诚（人之道）—明乎善—诚于身—悦于亲—信于友—获于上……国治—天下平。

简言之，一个人要行道于天下，首先要效法天道，在自我实现的成德之路上积健不息。其间，发动的枢纽在于一个人在反求诸己的过程中，能洞悉"仁义内在"，然后忠于自我地行仁践义。只要我们能做到这点，道德生命的挺立必然能赢得父母的喜悦、朋友的信任。既然能得到家庭、同侪、友辈的支持，那么在从政中，自然也就容易上下相孚、君臣庆会，最后治民的抱负也将得以展开。大体而言，这也就是孟子内圣外王之道的一种体现。

本章的义理，必须与《告子上》及《尽心上》中的有关心性论的篇章一并阅读体会。

7.13 孟子曰："伯夷辟纣，居北海之滨①，闻文王作，兴②曰：'盍归乎来？吾闻西伯③善养老者。'太公④辟纣，居东海之滨⑤，闻文王作，兴曰：'盍归乎来？吾闻西伯善养老者。'二老者，天下之大老也，而归之，是天下之父归之也。天下之父归之，其子焉往？诸侯有行文王之政者，七年之内，必为政于天下矣。"

【简注】① 北海之滨：指今河北省昌黎县一带。

② 兴：兴起、起身、现身。

③ 西伯：即周文王。

④ 太公：即姜太公，姜姓，吕氏，名尚，字子牙，号太公望。

⑤ 东海之滨：约在今山东省莒县东部。

离娄上 | 231

【语译】孟子说:"伯夷为了避开商纣,隐居在北海边上,听说周文王兴起,便说:'何不归顺于他呢?我听说西伯善于奉养老人家。'姜太公为了避开商纣,隐居在东海边上,听说周文王兴起,便说:'何不归顺于他呢?我听说西伯善于奉养老人家。'这两位都是德高望重的老人,都去归顺文王,这就等于是全天下百姓的父亲都归顺了他。全天下百姓的父亲都归顺于他,他们的儿子还能去哪儿?诸侯之中如果有施行文王的仁政的人,在七年之内,必能推行仁政于天下。"

【现代解读】本章针对周文王仁政中对弱势群体"鳏寡孤独"的照顾,特别是在奉养老人方面,提出了它的深远影响。在二十一世纪,这个议题格外有其意义。

7.14 孟子曰:"求也为季氏宰①,无能改于其德,而赋粟②倍他日。孔子曰:'求,非我徒也,小子鸣鼓而攻之③可也。'由此观之,君不行仁政而富之,皆弃于孔子者也,况于为之强战?争地以战,杀人盈野;争城以战,杀人盈城。此所谓率土地而食人肉,罪不容于死。故善战者服上刑④,连诸侯⑤者次之,辟草莱⑥、任土地⑦者次之。"

【简注】①求也为季氏宰:求,孔子弟子冉求,字子有。季氏,指季康子,鲁国卿相。宰,家臣之长,家中的总管。

②赋粟:赋,取。言取民之粟。

③鸣鼓而攻之:鸣鼓声讨其罪而责之也。

④上刑:重刑。

⑤连诸侯:朱注:"连结诸侯,如苏秦、张仪之类。"

⑥辟草莱:辟,开垦。草莱,荒芜之地,指开垦荒地。

⑦任土地:任,任使其力。意思是竭尽地力。

【语译】 孟子说:"从前冉求担任季康子的总管,不仅没能改善季康子的品德,反倒使百姓的赋税比之前增加了一倍。孔子说:'冉求,不像是我的学生!你们可以击着鼓去声讨他。'从这里来看,不辅佐国君施行仁政还帮着他敛财致富的人,都是孔子所厌弃的,何况是替国君卖力恃强争战的人呢?为了争夺土地打仗,被杀死的人满山遍野;为了争夺城池打仗,被杀死的人满城都是。这就是所谓的仗土地之势去吞食人肉,即使是死刑也抵偿不了他的罪过。所以,对好战的人论罪应该处以极刑,其次是以合纵连横之策怂恿诸侯打仗的人,强迫百姓开垦荒地、竭尽地力以使诸侯增加打仗资本的罪刑,又次一等。"

【现代解读】 本章孟子引述孔子批评冉求在担任季康子家臣时,为季氏聚敛,进一步提出了他对当时诸侯国君为了追求财富发动战争,罪不可赦的指控。所谓"率土地而食人肉",指的就是"争地以战,杀人盈野;争城以战,杀人盈城"的诸侯争霸。其罪恶极大,"不容于死"。其次就是善于作战的兵家,如孙膑、吴起之流,再其次是宣传合纵连横的纵横家,如苏秦、张仪之流。再等而次之就是主张开垦、尽地利,提倡农战之辈,如李悝、商鞅之流。在孟子眼中,这些人就是造成战国时代诸侯征战不休、民不聊生的元凶首恶,必须一一列明,等待历史的审判。

7.15 孟子曰:"存①乎人者,莫良于眸子。眸子不能掩其恶。胸中正,则眸子了②焉;胸中不正,则眸子眊③焉。听其言也,观其眸子,人焉廋④哉?"

【简注】 ① 存:考察。
② 了:光明、明亮。

③ 眊：蒙眬，眼睛看不清楚的样子。
④ 廋：隐藏。

【语译】 孟子说："考察一个人，没有比观察他的眼睛更好的了。因为眼睛无法掩盖内心的恶念。内心正直，眼睛就会明亮有神；心术不正，眼睛就会昏暗无神。听他的言谈，再观察他的眼睛，这个人的善恶哪还能隐藏呢？"

【现代解读】 本章孟子提出了他的观人之术，即从眼眸的清浊中看出一个人的心术、人品，这个观点可以纳入孟子的"身""心"关系来理解。一般人可能会因为孟子在《告子上·十五》中提出"大体""小体"的区分，将"心"与"身"分作两截，但纵观其他篇章，如孟子在《尽心》篇中提出的"践形"之说，或在《公孙丑》篇中提出的"知言""养气"之说，我们发现孟子并不像西方近代哲学家那样，采取心物二元的立场，而是始终持有"身""心"一体的观点，强调以心摄身、心身一如的修养观。

本章可参见本书 3.2、11.15、13.21、12.38。

7.16 孟子曰："恭者不侮人，俭者①不夺人。侮夺人之君，惟恐不顺焉，恶得为恭俭？恭俭岂可以声音笑貌为哉？"

【简注】 ① 俭者：俭，约。俭者，俭约自律的人。

【语译】 孟子说："对人恭敬的人不会欺侮他人，俭约自律的人不会掠夺他人。欺侮且掠夺他人的君主，生怕人民不顺从，哪里能做到恭敬和俭约自律呢？恭敬和俭约自律哪能用柔和的声音和谄媚的笑容

234 | 孟子的读法

来伪装和掩饰呢？"

【现代解读】 恭与俭是两种体现敬人与自律的高贵品德，具备这两种品德的人当然不会欺侮、掠夺他人。因为会欺侮、掠夺他人的人，唯恐别人不顺从他。他那唯我独尊的骄傲，哪里是可以用声音笑貌掩饰得了的！

7.17 淳于髡①曰："男女授受不亲②，礼与？"

孟子曰："礼也。"

曰："嫂溺，则援之以手乎？"

曰："嫂溺不援，是豺狼也。男女授受不亲，礼也。嫂溺，援之以手者，权③也。"

曰："今天下溺矣，夫子之不援，何也？"

曰："天下溺，援之以道。嫂溺，援之以手。子欲手援天下乎？"

【简注】 ① 淳于髡：姓淳于，名髡，齐国辩士。

② 男女授受不亲：古礼中，男女不能直接以手传递物品。

③ 权：衡量轻重以变通处理。

【语译】 淳于髡问："男女之间不直接以手传递物品，这是礼的规定吗？"

孟子说："是礼的规定。"

淳于髡问："如果嫂子掉进水里，能直接伸手去救她吗？"

孟子说："嫂子掉进水里却不伸手去救她的人，简直是豺狼。男女之间不直接以手传递物品，是礼的规定。然而嫂子掉进水里，直接伸手去救她，是衡量事情的轻重后变通处理的方法。"

淳于髡问:"现在天下人陷在水深火热当中,夫子却不伸手去援救,这是为什么呢?"

孟子说:"天下人陷在水深火热中,要用道去援救。嫂子掉进水里,才要直接伸手去救。你难道想要我直接伸手去援救天下吗?"

【现代解读】本章记录了孟子与当时著名的辩士淳于髡的对话。据历史记载,淳于髡是一个"滑稽多辩""博闻强记,学无所主"的辩士,曾与孟子同时列名稷下学宫,《告子下·六》就记录了他曾为齐宣王挽留孟子的一段对话。目前本章讨论的主题在"经权之辩"上。经者,常道常法也。权者,权宜也,即因时因事的合宜调整。淳于髡认为孟子作为儒者,为礼所困,而忽略了当务之急,所以质疑孟子:"嫂溺,则援之以手乎?"未料,孟子答曰:"嫂溺不援,是豺狼也。男女授受不亲,礼也。嫂溺,援之以手者,权也。"这个答复就是孟子思想中有名的"经权之辩",充分表明孟子是一位格局开阔、心思灵活的智者,而非一般拘困在礼法之内的俗儒。淳于髡得到了孟子的答复之后,以为找到了机会,可以劝孟子继续留在齐国,所以连忙追问:"今天下溺矣,夫子之不援,何也?"孟子则淡定地回答,天下的沉沦,必须援之以道,不是如同嫂溺援之以手这般简单。孟子的这个答复,显然也被淳于髡接纳了,未见继续追问,而苏东坡赞誉韩愈的名句"道济天下之溺",就是从这段对话而来的。

7.18 公孙丑曰:"君子之不教子,何也?"

孟子曰:"势不行也。教者必以正,以正不行,继之以怒。继之以怒,则反夷①矣。'夫子②教我以正,夫子未出于正也。'则是父子相夷也。父子相夷,则恶矣。古者易③子而教之,父子之间不责善。责善则离,离则不祥莫大焉。"

【简注】① 夷：伤害。
② 夫子：此指父亲。
③ 易：交换。

【语译】公孙丑问孟子："君子不亲自教育儿子，为什么呢？"

孟子说："因为情势上行不通。教育儿子一定要用正道，如果用正道行不通，就会怒言责备他。教育儿子本来是爱护他，教到后来却忍不住怒言责备他，反而伤了父子之情。若儿子埋怨道：'父亲用正道教育我，您自己却没能行正道，而是怒言责备。'那么就伤了父子之情了。父子之间伤了感情就糟糕了。古代的人互相交换儿子来教育，父子之间就不会用善道互相责求对方了。用善道互相责求对方，会导致亲子之间产生隔阂，世间没有比亲子之间产生隔阂更糟糕的事了。"

【现代解读】本章主旨在说明中国易子而教的传统，目的是避免父子责善，伤害了感情。这是一个非常有智慧的做法，历代有许多大学者都奉行这种观念。本章谈到"父子责善"这个议题，在《离娄下·三十》中讨论匡章通国皆称不孝时还会触及，可一并参阅思考。

7.19 孟子曰："事，孰为大？事亲为大。守，孰为大？守身①为大。不失其身而能事其亲者，吾闻之矣。失其身而能事其亲者，吾未之闻也。孰不为事？事亲，事之本也。孰不为守？守身，守之本也。曾子养曾皙②，必有酒肉。将彻③，必请所与。问有余，必曰：'有。'曾皙死，曾元养曾子，必有酒肉。将彻，不请所与。问有余，曰：'亡④矣。将以复进也。'此所谓养口体者也。若曾子，则可谓养志也。事亲若曾子者，可也。"

【简注】① 守身：持守自身节操。朱注："持守其身，使不陷于不义也。一失其身，则亏体辱亲，虽日用三牲之养，亦不足以为孝也。"

② 曾晳：曾参的父亲，名点。

③ 彻：取走、撤除。

④ 亡：同"无"。

【语译】孟子说："侍奉长上，什么人最重要？侍奉父母最重要。坚持行正道时，什么最重要？持守自身节操最重要。不丧失自身节操且能够妥善侍奉父母的人，我曾听说过。丧失自身节操而能够妥善侍奉父母的人，我不曾听说过。侍奉长上，谁做不到呢？侍奉父母，是侍奉长上的根本。持守自身节操，谁做不到呢？持守自身节操，是坚持行正道的根本。曾子在侍奉他的父亲曾晳时，每顿饭一定备有酒和肉。用餐完毕将撤除饭菜时，一定请问父亲要把剩下的饭菜给谁。曾晳若觉得这道菜很好吃，希望家人都能吃到，就会问他还有没有多余的。即便没有，为了使父亲安心，曾子一定回答：'有。'曾晳死后，曾子的儿子曾元侍奉曾子，每顿饭一定备有酒和肉。用餐完毕将撤除饭菜时，就不再问父亲要把剩下的饭菜给谁。曾子若问还有没有多余的，曾元就回答：'没有了。但是如果父亲想吃，我会再去准备。'曾子就不忍心多吃了，这就是所谓只是照顾身体罢了。像曾子这样，才可以说是奉养父母的心志，使他们顺心适意。能像曾子那般侍奉父母，才算可以啊。"

【现代解读】本章讨论的是儒家推崇孝道必须注意的两个原则，一是守身，另一是事亲。守身这个观念，小则如《孝经》所记载"身体发肤，受之父母，不敢毁伤，孝之始也"，大则涵盖我们立身处世的行为处境，在《离娄下·三十》章中孟子曾列举五大孝，均要纳入考量范围。至于事亲，孟子在本章中列举曾子养曾晳与曾元养曾子的差异，说明养志的重要性。从上下文可以看出，所谓养志，指的就是父母未言明的心志、想法，子女均要体认、顺从。《论语·为政》记载孔子曰："今之孝者，是谓能养。至于犬马，皆能有养；不敬，何以别乎？"这强调的也是养志。

7.20 孟子曰："人不足与适^①也，政不足间^②也。惟大人为能格^③君心之非。君仁，莫不仁；君义，莫不义；君正，莫不正。一正君而国定矣。"

【简注】① 适：音 zhé，通"谪"，谴责、责备。
② 间：去声，批评、非议。
③ 格：正。

【语译】孟子说："国君用人不当，不值得一一指责，施政不当，也不需要批评、非难。只有大德之人才能够在心态上改正国君的过错。国君若是有仁德，底下的人就没有不仁的；国君若是合于义，底下的人就没有不义的；国君若是正直，底下的人就没有不正直的。所以只要让国君改正了，国家就安定了。"

【现代解读】本章主旨盖指士人投身政治，当以导正君王的心术为首务，至于国君在一般政事上的用人或措施容或不妥，却不是当务之急。但是，"格君心之非"谈何容易。苟非品德学识完备，声誉卓著的大人，是很难撼动高高在上、权力在握的国君的。即使齐宣王令孟子以师儒之尊自持，但对待孟子也只是"礼貌未衰，言弗行也"，而这也是导致孟子致为臣而归的原因。中国古代政治，权力过度集

离娄上 | 239

中，如果不能创立出道统与政统相抗衡的制度，那天下太平就注定要寄托在圣君贤相上，而这在历史的际遇中，偏偏又是寥寥可数的，这不可不说是传统士子的锥心之痛。

7.21 孟子曰："有不虞①之誉，有求全之毁。"

【简注】① 虞：臆度、预料。

【语译】孟子说："有意料之外的赞誉，有过分苛求的毁谤。"

【现代解读】本章主题是一个儒者行道于天下必须通过的课题，亦即人世间毁誉无常的考验。原则上，儒者的成德重在反求诸己。毁誉毕竟是社会外在的无常现象，不足以撼动内在的心性。但也不是完全不理睬，而是将每一次的不虞之誉，或求全之毁，都当作君子自省精进的契机来看待。

7.22 孟子曰："人之易①其言也，无责耳矣②。"

【简注】① 易：轻易、随便。
② 无责耳矣：没有责任担当。一说不值得因其失言而去责备。

【语译】孟子说："一个人说话随便，是因为他缺乏责任担当。"

【现代解读】中国哲学无论儒、道，对言语都有很深刻的反省与批判。虽然传统儒家未像道家一样，采取怀疑、批判的立场，但是也有很高的警觉性。以本章为例，孟子就指出一个人的轻率发言，乃是缺少责任感的表现，这里孟子反映的就是孔子以降，儒家慎言的态度，所谓"君子欲讷于言而敏于行"，就是这个立场。

7.23 孟子曰："人之患，在好为人师。"

【语译】孟子说："人的通病，就在于喜欢当别人的老师。"

【现代解读】儒家重视师道，本章主旨在批评"好为人师"。其中"好为"之过，盖一旦自恃所学足为人师，则人不复虚心求学，反而容易害人害己。我们观察周遭，常见有人喋喋不休、夸耀所识，喜欢高高在上地频频对人下指导棋，这类人其实就是自信不足的"好为人师"之辈。切记！切记！作为读书人，切不可成为"人之患"！

7.24 乐正子从于子敖①之齐。乐正子见孟子。

孟子曰："子亦来见我乎？"

曰："先生何为出此言也？"

曰："子来几日矣？"

曰："昔者②。"

曰："昔者，则我出此言也，不亦宜乎？"

曰："舍馆③未定。"

曰："子闻之也，舍馆定，然后求见长者乎？"

曰："克④有罪。"

【简注】① 子敖：齐国右师王驩，字子敖。驩出使鲁国，乐正子随之到齐国。

② 昔者：昨日。一说前天。

离娄上 | 241

③舍馆：客舍，休息的旅舍。
④克：乐正子之名，见《梁惠王下·十六》简注。

【语译】乐正子跟着出使到鲁国的王驩一起来到齐国。第二天，乐正子去见孟子。

孟子说："你还来看我吗？"

乐正子说："我当然要来呀，老师为什么说这话呢？"

孟子问："你到齐国几天了？"

乐正子答："昨天到的。"

孟子说："既然昨天就到了，那我说这话，不是很合适吗？"

乐正子说："昨天因为住处还没找好，所以没来拜见老师。"

孟子说："你听人说过，要等住处找好后才来求见长辈的吗？"

乐正子说："我错了。"

【现代解读】本章记载了孟子对自己最得意的弟子乐正子的教诲。乐正子名克，曾在鲁国担任卿相，是孟子弟子中成就最高的一位，在《尽心下·二十五》中孟子曾给予他"善""信"的高度评价。而这次他被谴责的原因，表面上是礼节不周到，但其实关键是交友不慎，他与当时齐国的权臣王驩走得太近。王驩，也就是本章所言及的子敖，原本是盖地的大夫，地位不高，曾担任孟子的副手出使滕国吊唁，途中专断独行。后来，因善于逢迎得到齐宣王宠信，担任右师一职，更是趾高气扬。《离娄下·二十七》曾记录了孟子与他的冲突。本章记载乐正子随子敖来齐，却隔日才来拜见孟子，遭到孟子的批评。整个过程，孟子不假辞色，而乐正子勇于受责，师生坦诚如此，应该给予正面肯定。

可参见 4.6。

7.25 孟子谓乐正子曰:"子之从于子敖来,徒铺啜① 也。我不意子学古之道,而以铺啜也。"

【简注】① 铺啜:铺,食。啜,饮。

【语译】孟子对乐正子说:"你跟随子敖来到齐国,只是为了吃喝罢了。我没想到你学古圣先贤之道,竟然是为了吃喝。"

【现代解读】本章接续前一章,可见孟子对弟子教诲之严厉。

7.26 孟子曰:"不孝有三①,无后为大。舜不告而娶,为无后也。君子以为犹告也。"

【简注】① 不孝有三:赵岐注:"于礼有不孝者三事:谓阿意曲从,陷亲不义,一不孝也;家贫亲老,不为禄仕,二不孝也;不娶无子,绝先祖祀,三不孝也。"

【语译】孟子说:"不孝顺父母的事有三种,其中以没有后嗣最为严重。舜之所以没有禀告父母就娶妻,是因为怕不通情理的父母不同意,因此而断绝了后嗣。君子认为这就是禀告过了。"

【现代解读】本章所谈舜不告而娶之事,在《万章上·二》中有更完整的讨论。据古史传说尧以二女许舜,舜若禀告父母,则不得娶,为避免无后,舜不告而娶,以权变来保全孝道。因此,本章又被列举

离娄上 | 243

为"经权之辩"的案例。不过，谈到经权，朱熹在《四书章句集注》中引用的范祖禹的一段话"天下之道，有正有权。正者万世之常，权者一时之用。常道人皆可守，权非体道者不能用也。盖权出于不得已者也，若父非瞽瞍，子非大舜，而欲不告而娶，则天下之罪人也"，对于用权，颇多警示，值得玩味。

7.27 孟子曰："仁之实，事亲是也。义之实，从兄是也。智之实，知斯二者弗去是也。礼之实，节文①斯二者是也。乐之实，乐斯二者，乐则生矣。生则恶可已也？恶可已，则不知足之蹈之，手之舞之。"

【简注】① 节文：节制文饰。

【语译】孟子说："仁的实际内容，是侍奉父母。义的实际内容，是顺从兄长。智的实际内容，是能明白这两者且坚持下去。礼的实际内容，是对这两者能合宜地加以节制并恰当地修饰。乐的实际内容，是乐于行仁践义，快乐就油然而生。快乐油然而生，哪里能够遏制得住呢？无法遏制住快乐，就会情不自禁地摆动身体，手舞足蹈了起来。"

【现代解读】本章论述了仁、义、礼、智、乐的内涵与实际呈现之间的关联。首先，孟子从事亲之孝、从兄之悌来说明人心中仁与义最原初真实的呈现，并进一步表示，智是对这两者的洞察与坚持，礼是对它们的调节修饰，乐是此两者所产生的快乐。孟子这里的说法，与他在《告子》篇中以四端之心来说明仁、义、礼、智的说法不同，但义理上不见得有违和之处。其实，孟子谈论心性与诸德的关系，有时发散来说，如四端之心，有时统合来讲，如仁义之心，甚至以仁心整个概括来说，不一而足。但可以确定的是，以"事亲"与"从兄"

来表诠仁、义，与《尽心上·十五》所言"亲亲，仁也；敬长，义也"是同一理路，反映的就是我们良心善性最初始的呈现，这在《孟子》中应是最典型的一种表达方式。

7.28 孟子曰："天下大悦而将归己，视天下悦而归己，犹草芥也，惟舜为然。不得乎亲，不可以为人，不顺乎亲，不可以为子。舜尽事亲之道，而瞽瞍①厎豫②。瞽瞍厎豫而天下化，瞽瞍厎豫而天下之为父子者定，此之谓大孝。"

【简注】①瞽瞍：舜的父亲。《尚书·尧典》孔氏传曰："无目曰瞽。舜父有目，不能分别好恶，故时人谓之瞽，配字瞍。瞍，无目之称。"
②厎豫：厎，致。豫，乐。招致欢乐。

【语译】孟子说："天下的人民都非常喜悦地要来归顺自己，而把天下人民喜悦地归顺自己，看作草芥一样，只有舜才能如此。不得父母的欢心，就不可以算是人，不能承顺父母的心意，就不可以算是人子。舜竭尽全力侍奉父母，最终得到了父亲瞽瞍的欢心，使他欢乐。能使瞽瞍那样的人都得到欢乐，天下人也受到了感化，能使瞽瞍那样不明理的父亲都得到欢乐，而给天下间的父子关系树立了典范，这就叫作大孝。"

【现代解读】本章重点在说明舜以孝治天下，其精诚恻怛的孝心、孝行足以化民成俗。在中国政治传统中，舜的这套孝治模式，一直被传颂并引为一种典范。在今天或许很少有人相信这一套，但是，如果一个政治人物，其孝心、孝行足为楷模，那他的视听言行在社会上还是具有一定的影响力的。

离娄下

　　《离娄下》共三十三章，主要是语录，间有一些对话。其中，第十九章论"人禽之辩"，及第二十六章"天下之言性也"，这是两则孟子人性论的重要文献。其他篇章主题分散，有论治国之道、君臣关系的，也有对道德修养、为学方法等的讨论的。第三章孟子与齐宣王论君臣关系，曾令明太祖朱元璋不悦，一度将孟子请出圣庙。第二十一章论孔子作《春秋》的用心，以及第三十章孟子评论匡章，都比较重要，且时常被引用讨论的篇章。

8.1 孟子曰:"舜生于诸冯,迁于负夏,卒于鸣条①,东夷之人也。文王生于岐周,卒于毕郢②,西夷之人也。地之相去也,千有余里,世之相后也,千有余岁。得志行乎中国,若合符节③,先圣后圣,其揆④一也。"

【简注】①诸冯、负夏、鸣条:地名,在中国东部,但无可考。②岐周、毕郢:地名,岐周在今陕西省岐山县东北部。毕郢,在今陕西省咸阳市东,周文王、武王及周公皆葬于此。③符节:古代表示印章的物件,多以玉为之,上面篆刻文字,剖为两半,信约双方各执一半,两半相合无误方可确认。④揆:度也,尺度、准则。

【语译】孟子说:"舜出生在诸冯,后来迁居到负夏,死在鸣条,这么看来,舜原来是东方的夷人。文王出生在岐周,死于毕郢,这么看来,文王原来是西方的夷人。他们两人所在之地相距一千多里,时代先后相差一千多年。然而,时空相距甚远的两人,他们得志时在中国所推行的道,就像左右符节一样吻合,可知无论前代的圣人还是后代的圣人,他们奉行仁义的原则是一致的。"

【现代解读】本章指出舜是东夷之人,周文王是西夷之人,两人所处时代不同,所在之地相距千里,但是一朝得志于中国,所有作为均有相似之处，因为他们基本上奉行的都是仁义的原则，而这也是他们都被称为圣人的缘由。但是，孟子所推崇的圣人，以及他所标榜的仁义，均不是一成不变的教条法则。儒家作为成德之教，既然要鼓励每一个人走上成德之路，那么，不同的历史时空环境及个别差异条件，也会让每一个成德的君子、圣贤，都保有其个别性与差异性。

我们在阅读本章时，必须再参考8.29、8.31两章。

8.2 子产①听郑国之政，以其乘舆，济人于溱、洧②。

孟子曰："惠而不知为政。岁十一月③徒杠④成，十二月舆梁⑤成，民未病涉也。君子平其政，行辟人⑥可也，焉得人人而济之？故为政者，每人而悦之，日亦不足矣。"

【简注】① 子产：春秋时郑国的贤相，名叫公孙侨。

② 溱、洧：水名，在今河南省新密市汇为双洎河，入于贾鲁河。

③ 十一月：指周历十一月，即夏历九月，下一句的"十二月"为夏历十月，指秋收后可以抽出人力去修桥梁。

④ 徒杠：杠，独木桥。可徒步走的独木桥。

⑤ 舆梁：可行走车马的大桥。

⑥ 辟人：使人回避。

【语译】子产主持郑国的国政时，曾用他的车子在冬天时载百姓渡过溱水和洧水。

孟子听说后评论道："子产只知施点小恩小惠，却不知如何治国理政。如果能在十一月建造修好百姓徒步走的独木桥，十二月建造修好可供车马行走的大桥，百姓就无须再为渡河而苦恼了。在上位的君子若能妥善处理政事，当他出行时，即使让行人回避也是可以的，哪里需要一个一个地帮助他们渡河呢？所以，处理国政的人，如果要靠行小恩小惠去讨好每个人，就算付出所有时间也不够用啊。"

【现代解读】本章记录子产用自己的马车帮助人渡河，孟子认为这是"惠而不知为政"的表现。因为政务繁杂，为政者若分不清楚轻重、先后、本末，那真的会如孟子所论，"每人而悦之，日亦不足矣"。孟子的批评，看似严厉，却极中肯，因为在组织机构中，有善意的领导者有很多，但真能引领组织进步、成员成长的却不多，问题就出在领导者不知抉择，即面对纷扰的事务与需求，自己无法辨别轻重缓急，最后还是落得不能尽如人意的结果。儒家所期许的君子品德，往往要求"仁且智"，其中的"智"就是明智的抉择，因为一个人的善良没有明智的护持，结果就会像子产一样，"惠而不知为政"，反而有损君子的仁德。

8.3 孟子告齐宣王曰："君之视臣如手足，则臣视君如腹心。君之视臣如犬马，则臣视君如国人。君之视臣如土芥，则臣视君如寇雠。"

王曰："礼，为旧君有服①，何如斯可为服矣？"

曰："谏行言听，膏泽下于民。有故而去，则君使人导之出疆，又先于其所往，去三年不反，然后收其田里，此之谓三有礼焉。如此，则为之服矣。今也为臣，谏则不行，言则不听，膏泽不下于民。有故而去，则君搏执②之，又极③之于其所往。去之日，遂收其田里。此之谓寇雠。寇雠，何服之有？"

【简注】①礼，为旧君有服：指离职的臣子为原先的君主服孝。见《仪礼》："以道去君而未绝者，服齐衰三月。"

②搏执：搜捕。

离娄下 | 249

③ 极：困穷。

【语译】孟子告诉齐宣王："假使国君把臣子当作手足看待，尽心爱护，那么臣子就会把国君当作腹心，竭力保卫。假使国君把臣子当作犬马看待，毫不尊重，那么臣子就会把国君当作路人看待，漠不关心。假如国君把臣子当作泥土和草芥看待，随意践踏，那么臣子就会把国君当作强盗、仇敌，痛恨敌对。"

宣王说："按照礼制，已离职的臣子要为原先的君主服孝。怎么做才能使臣子心甘情愿地为他服孝呢？"

孟子说："臣子的劝谏能听从，臣子的建议能采纳，恩泽能够广施到百姓身上。臣子因故不得不离开，国君就派人护送他出境，并派人先到他要去的国家称扬他的贤能，使他能得到任用，等到他三年之后还不回来，才收回他的土地和房屋，这叫作三有礼。做到这些，离职的臣子才会为原先的君主服孝。现在当臣子的劝谏国君，国君不听，提出建议，国君也不采纳，恩泽无法广施到百姓身上。当臣子因故不得不离开，国君就派人四处搜捕他，搜捕不到，又派人到他将要去的国家破坏他的名声，使他走投无路。臣子离开的那天，就立刻把土地和房屋都收回。这样的国君就叫作强盗、仇敌。既然是强盗、仇敌，为什么要为他服孝呢？"

【现代解读】本章是孟子论君臣关系的一段重要文献。在精神上，孟子的见解与孔子在《论语》中主张的"君使臣以礼，臣事君以忠"一致，都认为君臣关系不是绝对的效忠服从。甚至孟子比孔子更进一步，指出君若不尊重臣，臣也可以仇视君。这种相互平等的君臣关系，与汉儒"三纲"之说里的"君为臣纲"完全不一样。因此，这段文献足以反驳长期以来一些人对儒家的看法，即儒家维护一种绝对的忠君观念，并将"原始儒学"与两汉以后的"帝制儒学"分割开来。

本章可与2.12、3.7、7.4、7.7、7.8、8.28合并参读。

8.4 孟子曰："无罪而杀士，则大夫可以去。无罪而戮民，则士可以徙。"

【语译】孟子说："假如士人没有罪而无辜被杀，那么大夫就可以弃官离去了。假如百姓没有罪而无辜被杀，那么士人就可以迁居避祸了。"

【现代解读】本章孟子针对战国时代越来越高涨的君权，提出代表知识分子的大夫与士阶层，应有不被宰制迫害的权利，而孟子这种想法其实与道统和政统的分立有关。既然二者已经分立，那代表道统的士阶层，就应当有一定的自主性，不必受制于无道的国君。

8.5 孟子曰："君仁，莫不仁；君义，莫不义。"

【语译】孟子说："国君若是有仁德，底下的人就没有不仁的；国君若是有义，底下的人就没有不义的。"

【现代解读】本章内容在《离娄上·二十》中曾出现过，孟子应该还是在强调上行下效。

8.6 孟子曰："非礼之礼，非义之义，大人弗为。"

【语译】孟子说："不合于礼制的似是而非的礼，不合于正义的似是而非的义，德行圆熟的君子是不会去做的。"

【现代解读】"非礼之礼"，指的是似是而非，徒有形式却背离实情之礼。"非义之义"，也是指那种似是而非，经不起良心检验的义。由于历史演变的步伐迅速，礼俗也随之产生了巨大的变化，因此，礼义的形式与意义势必越来越细密、讲究，但也不免流于空洞、背离初衷，需要我们回返初心，重加贞定。在《公孙丑下·七》以及《梁惠王下·十六》中曾记载，孟子葬母时在棺椁选用方面逾越了当时的礼俗标准，遭到他的学生充虞，甚至外人，如鲁平公嬖人臧仓的质疑，但是孟子的做法是回到古礼及孝子的初心，"古者棺椁无度，中古棺七寸，椁称之。自天子达于庶人，非直为观美也，然后尽于人心。不得，不可以为悦；无财，不可以为悦。得之为有财，古之人皆用之，吾何为独不然"，而这就是一个典型的案例，反映的是孟子对"非礼之礼"的态度。至于"非义之义"，不胜枚举。古往今来，似是而非者更多，如闾巷少年的快意恩仇，每以道义相挺，就是明例。再如《公孙丑下·二》孟子拒绝齐宣王的召见，寄宿于景丑氏家，景子就质疑孟子的行为不敬。而孟子以天下之达尊有三，否定了只以朝廷爵位定高低的单一指标，这也是孟子坚决拒绝"非义之义"的典型案例。

本章可与1.2、2.2、2.4、2.5参读。

8.7 孟子曰："中[①]也养不中，才也养不才，故人乐有贤父兄也。如中也弃不中，才也弃不才，则贤不肖之相去，其间不能以寸[②]。"

【简注】① 中：无过无不及的中道。
② 不能以寸：不能用寸量之，表示相差无几。

【语译】孟子说:"能守中道的人教化熏陶不守中道的人,有才能的人协助教导没有才能的人,因此,人人都想有贤能的父兄。如果能守中道的人鄙弃不守中道的人,有才能的人鄙弃没有才能的人,那么,这种贤者和无才德的不肖者之间,就相差无几了。"

【现代解读】人世间,一样米养百样人,贤、愚、不肖,可谓千差万别。但是,如要一个社会能进步,就必须让有德之人、有才之人,熏陶涵育那些无德、无才之人。如果贤德之人嫌弃那些不中、不才的人,那这些人其实与不肖之辈也相差无几。孟子的这个观念,其实就是在强调士阶层在人群中的社会责任。

8.8 孟子曰:"人有不为也,而后可以有为。"

【语译】孟子说:"人有坚持不做的事,然后才可以有所作为。"

【现代解读】孟子此处谈的"不为",指的是有所不为,与道家讲的"无为"有所区别。儒家重视轻重、先后、本末的取舍,志在有所建树,与道家强调的"无为",消解人为的干预、造作和回归自然,是迥然不同的。

8.9 孟子曰:"言人之不善,当如后患何?"

【语译】孟子说:"谈论别人的缺点,结果招来后患,应当如何是好?"

【现代解读】本章重点在告诫人们,议论人之是非,必须考虑后果，反映的是儒家一贯持守的慎言的态度。

8.10 孟子曰："仲尼不为已甚者。"

【语译】孟子说："孔子谨守中道，绝不做过分的事。"

【现代解读】"不为已甚"就是无过与不及，一切言行适中稳当、恰到好处。《万章下·一》记载孟子曾以"圣之时者"来评论孔子，并指出孔子"可以速而速，可以久而久，可以处而处，可以仕而仕"。换言之，孔子一生行事，出、处、去、就皆有所当，而这就是"不为已甚"的一种表现。

8.11 孟子曰："大人者，言不必信，行不必果，惟义所在。"

【语译】孟子说："德行圆熟的君子，能通权达变，说话不是必须守信，行为不必非得果断地贯彻到底，一切依义而行。"

【现代解读】儒家对士君子的期待，本来就是行道于天下，不拘一方。《论语·里仁》记载："君子之于天下也，无适也，无莫也，义之与比。"即一切以是否合于义为考量。这一点其实与上一章所论孔子"不为已甚"，或"圣之时者"之义相通。在儒家的思考里，"言必信，行必果"并非首先要满足的标准。《论语·子路》记载，子路向孔子请教"何如斯可谓之士矣"，孔子说"言必信，行必果"的人，算作第三等的士，即"抑亦可以为次矣"，可谓与本章的旨义相同。

8.12 孟子曰："大人者，不失其赤子之心①者也。"

【简注】①赤子之心：赤子为婴儿，婴儿初生时浑身赤色，赤子之心表示像婴儿一般有纯真无伪、纯朴善良的心。一说赤子之心为民心。

【语译】孟子说："德行圆熟的君子，是不失如婴儿般纯朴善良之心的人。"

【现代解读】"大人"是指德行修养完备之人，大人品德的根基，就是孟子所谓的良知、良能或本心。《尽心上·十五》记载："人之所不学而能者，其良能也；所不虑而知者，其良知也。孩提之童，无不知爱其亲者，及其长也，无不知敬其兄也。亲亲，仁也；敬长，义也。无他，达之天下也。"换言之，本章所言"赤子之心"，亦即未受后来人情世故阻挠、扭曲的本心善性，或良知、良能。一个真正的"大人"，也就是经过人事的历练并养成足堪大事的人，能保有生命原初的纯朴善良。

8.13 孟子曰："养生者不足以当大事，惟送死可以当大事。"

【语译】孟子说："奉养在世的父母，不能算是大事，只有给父母送终，致哀尽礼，才可以算得上大事。"

【现代解读】本章的义理依现代人的生活经验来看并不好解，因为现代人的观点是，生前尽孝要比送终时的铺排讲究更重要。朱熹在《四书章句集注》中说："事生固当爱敬，然亦人道之常耳。至于送死,则人道之大变。孝子之事亲,舍是无以用其力矣,故尤以为大事,而必诚必信,不使少有后日之悔也。"换言之,此处讲的"当大事"与"不足以当大事",是相对而言的,并非说父母健在时尽孝不重要,而是强调父母离世乃子女生命中的大变故,应当慎重面对,对父母生前的遗志、遗愿,务必尽心尽力完成。

8.14 孟子曰:"君子深造之以道,欲其自得之也。自得之,则居之安;居之安,则资①之深;资之深,则取之左右逢其原②。故君子欲其自得之也。"

【简注】① 资:资借、积累。
② 原:同"源"。

【语译】孟子说:"君子要想用对方法学习以深入到达究竟之理,就要于道理有所领会。若对道理有所领会,心就能安定自处;心能安定自处,积累就会逐渐深厚;积累逐渐深厚,就能运用自如,左右逢源,取之不尽,用之不竭。所以,君子学道要对道理有所领会。"

【现代解读】本章主要在讨论为学之方。此处所谈的学问,不是现代意义上的知识、科学,而是儒家传统所谈的修己安人之学。孟子指出,君子之学如要精进不已,必须验之于自己身心之上,在真积力久之后,心灵达到明达无碍,自然能处事圆融,从容不迫。《离娄下》第十八章徐子问孔子为何多次赞美水,孟子解释说,有源头的水滚滚涌出,日夜不停,填平了地上的坑坑洼洼,一直流向大海,这就是有本源的生命力的表现形态。孟子对学问的深造,所期勉的境界就像有本源的活水一样。

8.15 孟子曰:"博学而详说之,将以反说约①也。"

【简注】① 约:简约,最简要的原理、原则。

【语译】孟子说:"广博地学习,详细地解说,是要在融会贯通之后,回过头来能把握住最简约的要旨。"

【现代解读】本章的义理应该联系上一章来理解,强调的是君子之学要由博反约,将所学融会贯通,收束到自家心性上印证运用。

8.16 孟子曰:"以善服人者,未有能服人者也。以善养人,然后能服天下。天下不心服而王者,未之有也。"

【语译】孟子说:"用自身的美德去使人屈服,是不能够使人心服的。用自身的美德去长养他人的美德,才能使天下人心悦诚服。天下人不心服却能统一天下的人,那是从来没有的。"

【现代解读】依据赵岐的说法,"以善服人"与"以善养人"的差异在于,前者"以威力服人",后者"养之以仁恩"。但是朱熹的注解略有不同,前者"欲以取胜于人",后者"欲其同归于善"。我们撷取两家之长,用现代语言来说,"以善服人"就是运用政治法律的手段来管理,而"以善养人"则是以道德教化的力量让上下君臣共趋于善。换言之,前者不免仍停留在法治社会,而后者则已进步到学习型组织了。

8.17 孟子曰:"言无实①,不祥。不祥之实,蔽贤者当之。"

【简注】① 实:实质内容。

【语译】孟子说:"说话没有真凭实据是不好的。这种不好的后果,应该由那些言辞巧诈、阻挡贤才的人去承担。"

【现代解读】本章语义脉络并不明确,历代注解也略显分歧。大体言之,应该是强调言论与实际相符才是正途,言不符实,恐将遮蔽埋没有贤德之人。

8.18 徐子①曰:"仲尼亟②称于水曰:'水哉!水哉!'何取于水也?"

孟子曰:"原泉混混③,不舍昼夜,盈科④而后进,放乎四海。有本者如是,是之取尔。苟为无本,七八月之间雨集,沟浍皆盈,其涸也,可立而待也。故声闻过情⑤,君子耻之。"

【简注】① 徐子:姓徐,名辟,孟子的弟子。
② 亟:屡次。
③ 混混:同"滚滚",涌出之貌。
④ 盈科:盈,满。科,坎。言水充满坑坎。
⑤ 声闻过情:声闻,名声、声望。情,实情。

【语译】孟子的学生徐辟说:"孔子多次称赞水说:'水啊!水啊!'水究竟有何可取之处呢?"

孟子说:"有本源的泉水滚滚奔涌,日夜不停歇,把经过的坑坑坎坎都盈满了才继续前进，一直流向大海。有本源的都是这样，取的就是这一特点。如果没有本源，就像是七八月之间雨水会集，把田中的沟渠都盈满了，但是干涸得也很快，可谓立等可待。因此，如果外在的声誉超过本身实际的德性涵养，君子就会认为那是可耻的。"

【现代解读】 水在中国古代哲学中是一个重要的象征，被赋予了许多重要的哲学意义。老子认为水具备了许多道的特性，如处卑下、不争等。本章则是徐子向孟子请教为什么孔子多次赞美水，孟子明确指出，孔子所称颂的水是有源头的活水，它滚滚涌出，不舍昼夜，跨越坑坑坎坎，始终如一地奔向大海。显然，孟子认为孔子推崇的是有源头的活水的生生不息，它乃是有本之水，而非夏天常见的倾盆大雨，表面上气势惊人，能很快灌满所有沟渠，但是这种水干涸得也很快。因此，孟子进一步得出结论，君子之所以不喜欢那些沽名钓誉、名声超越实际的人，正是因为他们的表现像这种无源之水，顶多喧腾一时，却不能精进不已，日新其德。

8.19 孟子曰："人之所以异于禽兽者几希①，庶民去之，君子存之。舜明于庶物，察于人伦，由仁义行，非行仁义也。"

【简注】 ①几希：几，微。希，少。

【语译】 孟子说："人和禽兽的区别就那么一点点，普通老百姓不知其可贵而抛弃它，君子却知道要保存它。舜不但可以明白万事万物的运行之理，而且能洞察人伦世界的各种关系。他的品德纯粹是顺着本性中的仁义而行，而非照着仁义去做。"

【现代解读】本章讲"人禽之辩",在《孟子》一书中是极为重要的一段文献,研究人性论的大多数学者都会引述其中的内容。但是,由于近百年来西方学术理论及知识语言的大量渗透,本章的诠释也呈现出非常严重的误读,必须仔细地逐一厘清。

本章一开始就点明人与禽兽的差异只是"几希",亦即微小、一点点。但这"几希"的差异究竟是什么?孟子并未言明。从本章结尾"由仁义行,非行仁义"来看,应该指的就是我们内在自主的仁义之心。之所以视此内在的仁义之心为"几希",而且"庶民去之,君子存之",原因正在于它一开始主要是以四端之心的形式呈现,既然谓之"端",就是说恻隐、羞恶、辞让、是非之心,只是仁、义、礼、智的萌芽和开端,它是一种有待生长、发展、完成的能力,而非一种既定的、已经完成的先验法则。因此,一般人在未经察识的情况下,就会忽视它,唯有君子能保存涵养此四端之心,并发展成为仁、义、礼、智的美德。换言之,虽然人与禽兽之间的差异一开始只是"几希",但这"几希"如果得到存养扩充,是可以将这些差异不断地极大化的,而这种极大化典型的例子,在舜的身上就有所体现。

孟子说舜是将此"几希"充分地发展实现的一个典型,而舜的成就主要在于能"明于庶物,察于人伦,由仁义行,非行仁义"。用现代语言来说,舜在特定的历史条件下,引领着那个时代开创新的人文秩序,继往开来,而这一切都源自他内在的仁义之心不容已的自我实现,而不是将仁义当作外在规范,勉强自己去遵行。换言之,"几希"在舜的身上,不但从四端之心充实为自发性的仁、义、礼、智的美德,而且更进一步实现为一种足以明察的能力,这种能力足以参与造化,为"天、地、人、我"这个生命共同体建立价值秩序,使人得以创造文明,并迥别于世界上的一般生物。

果如前述,那么我们必须指出,孟子这种言说"人禽之辩"的方式,透露出非常明确的教化意味，基本是出自一种实践的诉求，以揭示人之所以为人的内涵。这和西方哲学家亚里士多德的通过属加种差的定义法，有着迥然不同的理趣，亚里士多德将人定义为理性的动物，借以确认人的本质，基本上是出自认知的需要，即在物种区别的分类架构下，借着某种足以和其他物种区别开来的通性，如理性，将人和其他动物区别出来。表面上，两者似乎都重视"人禽之辩"，但是孟子强调的是这个差异极细微，有些人甚至忽视遮蔽了它。可是，如果它被识取存养，并充其极地实现、发展，就会像圣人舜一样，那这"几希"的差异就会极大化，提升为一种"明于庶物，察于人伦"的能力，足以开物成务，化成天下，并且成就为一种自发性、不容已的仁义美德。换言之，孟子的"几希之辩"，一方面意在警示告诫，如"庶民去之，君子成之"；另一方面则志在兴发一切人如舜一样，因为四端之心一经存养扩充，不但可以成就吾人仁、义、礼、智的美德，而且它还会提升为一种明察的能力，建立与时俱进的价值理序，令"天、地、人、我"各安其位，共生共长。也就是说，孟子的"人禽之辩"，充满了实践的关怀，是一种教化体系论述，旨在兴发鼓励每个人走向自己的成德之路。可是，亚里士多德的"人禽之辩"就不一样了，他志在通过对本质的寻找，一成永成、一定永定地将人从其他物种中鉴别出来，这是基于认知的理论需求。一如大家所熟知的，亚里士多德表面上放弃了他的老师柏拉图的理型论，实际上却把它转换为本质的理论，仍旧保留了柏拉图两层世界的架构，即一层是经验世界中个别事物生灭流转的领域，另一层则改造为必须是通过理智抽象活动才可以洞见的物种共同性的领域，即本质的领域。借此，为经验世界的变动不已，建立可理解的秩序。所以，亚里士多德通过"人禽之辩"所揭露的人的本质，是一个静止的，已经完成的、抽象的人性概念，它和孟子的"几希"之说相比，理趣其实是南辕北辙的，我们不得不辨明。

虽然我们厘清了孟子与亚里士多德"人禽之辩"的不同，但是，还有一个当代学者在梳理本章时提出的观点需要厘清，即孟子的"由仁义行，非行仁义"，是否要解读为一种自律道德。持这一看法的学者甚多，基本上应该是受到当代新儒家牟宗三先生的影响。但是，近几十年逐渐有一些不同的声音，主要是因为西方伦理学的发展，德性伦理逐渐抬头，与规则伦理并驾齐驱。同时，二十世纪欧洲的存在主义哲学对西方本质主义传统的冲击，一直余波荡漾。这些都使得我们不再将康德伦理学视为圭臬，连带着牟先生通过康德自律道德来诠释儒学的做法，也受到质疑。因此，虽然在《孟子》中，诸如"由仁义行，非行仁义"这些段落，凸显了我们在实践仁义时的自主性，但是，孟子所说的仁义，究竟是当作一种普遍必然的先验道德法则来使用，还是当作一种每个人都可以验之于生活的道德感动来理解，却仍有很大的讨论空间。

事实上，西方哲学在道德思考方面，早期希腊哲学关怀的是为了获得幸福，人类应该具有什么样的美德。可是到了近代，道德哲学的首要任务转向如何建立普遍有效的道德法则，因此，道德哲学发展出两种不同的形态，即或者是德性伦理，或者是规则伦理。而我们现在在诠释孟子时，最尴尬的困境是，稍有不慎，一个西方哲学术语的引入就会为孟子贴上标签，逼迫孟子在各式各样对立冲突的西方理论中选边站，甚至无辜地要左支右绌地面对不同立场的质疑。所以，本章"由仁义行，非行仁义"，是否要解释为康德式的自律道德，现代读者应该还有省思的空间。换言之，我们从文本的角度来看，"由仁义行"的确是在表达行仁践义乃出自我们生命不容已的自我要求，但是就像"乍见孺子将入于井"，怵惕恻隐之心的呈现，一方面固然是缘于内在的不容已，但另一方面也是我们对外在不期而遇的情境中，一项义所当为的道德召唤的领会与回应。这里，前者是自我要求，是一种"自命",后者则是由外而来的客观召唤,是一种"他命"。两者并不冲突,共构汇流为当下怵惕恻隐之心的呈现。也就是说,如果我们参考当代新儒家唐君毅"义命合一"的观点来诠释文本,不但更贴近我们的道德经验,而且也可以完全避开自律道德这条规则伦理的标签,让我们能更原汁原味地汲取孟子这泓智慧的泉水。

8.20 孟子曰:"禹恶旨酒①而好善言。汤执中,立贤无方②。文王视民如伤③,望道而未之见④。武王不泄迩,不忘远⑤。周公思兼三王,以施四事。其有不合者,仰而思之,夜以继日。幸而得之,坐以待旦⑥。"

【简注】① 旨酒:美酒。

② 立贤无方:方,常。惟贤则立,并无常法,则执中有权。

③ 视民如伤:民已安,而视之犹若有伤,表示不敢轻易扰动。

④ 望道而未之见:按朱注,"而"读作"如",义同如,好像。意思是道已至,望之如同未见,表示不自满,终日乾乾惕厉。

⑤ 不泄迩,不忘远:泄,狎。迩,近。意思是不轻狎近之朝臣,不忘远之诸侯。

⑥ 坐以待旦:坐着等待天亮,表示十分急切。

【语译】孟子说:"禹讨厌美酒而喜好善言。商汤做事持守中道,任用贤才不拘泥于常规。周文王看待百姓如同他们受到创伤一样,小心呵护,不轻易扰动,即便大道已在眼前,他也视若无睹,仍然虚心向前追寻。周武王不轻狎身边的朝臣,不忘记远方的诸侯。周公希望自己具备夏、商、周三代君王的长处,以施行禹、汤、文、武的事业。如果自己做得有不符合的地方,他就会仰头苦思,从晚上一直想到白天。如果有幸想通了，就急切地坐着等待天亮，好赶快行动。"

【现代解读】本章表述了历代圣王在施政的过程中表现的美德，并指出周公的伟大在于"思兼三王，以施四事"，也就是说，集三代四圣之大成。

8.21 孟子曰："王者之迹熄①而《诗》亡，《诗》亡然后《春秋》作。晋之《乘》，楚之《梼杌》，鲁之《春秋》②，一也。其事则齐桓、晋文，其文则史③。孔子曰：'其义则丘窃取之矣。'"

【简注】① 王者之迹熄而《诗》亡：平王东迁以后，周王室巡狩之礼废，而王者之迹熄，太史不复陈《诗》，《诗》亦从此亡。
② 《乘》《梼杌》《春秋》：为晋、楚、鲁对史书的别称。
③ 史：文胜质也。

【语译】孟子说："平王东迁以后，圣王巡狩观《诗经》的事迹就消失了，那蕴含褒贬善恶的《诗经》来源也就随之断绝了，《诗经》来源断绝后，各国的史书便接连出现。如晋国的《乘》，楚国的《梼杌》和鲁国的《春秋》，名称虽不同，实际作用都是一样的。史书中记载了齐桓公、晋文公等人的事迹，而为文的笔法则是史官文胜于质的笔法。孔子说：'《春秋》褒贬善恶的大义是我从《诗经》中借来的。'"

【现代解读】本章重点在阐述孔子作《春秋》的用心。在《滕文公下·九》中孟子曾将孔子作《春秋》与禹抑洪水，周公兼夷狄、驱猛兽相提并论，并视为治乱循环中的一治。为什么孟子对孔子作《春秋》给予这么高的评价？本章进行了扼要的说明。孟子指出，各诸侯国的史书，无论是晋的《乘》、楚的《梼杌》，还是鲁的《春秋》，都是在王者采诗制度中断后才出现的。换言之，列国史记的纷呈，意味着王道式微、诸侯放恣，而这些史书记载的内容，多半是齐桓、晋文争霸的事迹，已经放弃了从天下的角度对人间的纷扰给出公正的评价与引导。因此，孔子重新编订鲁的《春秋》，加之以微言大义，寓褒贬于一言之中，其实是取代王者，为动荡的春秋时代重新安排价值秩序，所以孔子说："知我者，其惟《春秋》乎！罪我者，其惟《春秋》乎！"毕竟通过历史对诸侯列国的暴行加以批判，本该是周天子的事，而非一介平民的工作。但是，就像前面第十九章"人之异于禽兽者几希"所言，圣人的"明于庶物，察于人伦"必然会因着他们的历史条件，针对时代的沉沦，振衰起弊，重建人间的价值理序。而孔子作为一介布衣，虽无政统的加持，但"孔子成《春秋》，而乱臣贼子惧"，无异于给礼崩乐坏的春秋时代，指出了新的价值坐标与方向，而孟子也就是在这些意义上，肯定了孔子在历史治乱循环中的重要性与地位。

8.22 孟子曰："君子之泽①，五世而斩②。小人之泽，五世而斩。予未得为孔子徒也，予私淑③诸人也。"

【简注】① 泽：流风余韵。

② 斩：断绝。

③ 私淑：未得到直接传授而自行取得。

【语译】孟子说："在上位的圣贤之流风余韵，影响流传到后代，大约五代就断绝了。小人的流风余韵，影响流传到后代，也大约五代

离娄下 | 265

就断绝了。我没能亲炙于孔子，成为他的弟子门生，幸亏孔子的恩泽影响仍未断绝，我还能从当代的君子那里了解孔子之道。"

【现代解读】本章记载无论君子、小人，其流风余韵大概都不会超过一百五十年，而孟子表示，他虽然不能直接受教于孔子，但仍然能赶得上孔门的流风余韵，成为孔子的私淑弟子。朱熹有一个很敏锐的观察，认为孟子将此章置于前面三章之后，从舜、禹、汤、周公到孔子，最后又交代他所学及志愿均承孔子而来，则"其所以自任之重，亦有不得而辞者矣"。

8.23 孟子曰："可以取，可以无取，取伤廉；可以与，可以无与，与伤惠；可以死，可以无死，死伤勇。"

【语译】孟子说："可以拿取，可以不拿取，如果拿取了，就有损于廉洁；可以施与，可以不施与，如果施与了，就有损于恩惠；可以死，可以不死，如果死了，就有损于英勇。"

【现代解读】孟子指出举凡事在两可之间，而且透露出勉强及自疑的意思，那就要慎重考量是否还要有所取、有所与，或选择死亡，因为正当性已然不充分，就不应逞一时之意气去做选择。这一番话，对身处乱世，还想洁身自好的人来说，太值得再三玩味琢磨了。

8.24 逢蒙学射于羿①，尽羿之道，思天下惟羿为愈己，于是杀羿。孟子曰："是亦羿有罪焉。"

公明仪曰："宜若无罪焉。"

曰："薄乎云尔，恶得无罪？郑人使子濯孺子②侵卫，卫使庾公之斯[3]追之。子濯孺子曰：'今日我疾作，不可以执弓，吾死矣夫！'问其仆曰：'追我者，谁也？'其仆曰：'庾公之斯也。'曰：'吾生矣。'其仆曰：'庾公之斯，卫之善射者也，夫子曰"吾生"，何谓也？'曰：'庾公之斯，学射于尹公之他[4]，尹公之他学射于我。夫尹公之他，端[5]人也，其取友必端矣。'庾公之斯至，曰：'夫子何为不执弓？'曰：'今日我疾作，不可以执弓。'曰：'小人学射于尹公之他，尹公之他学射于夫子。我不忍以夫子之道反害夫子。虽然，今日之事，君事也，我不敢废。'抽矢，扣轮，去其金，发乘矢而后反。"

【简注】①逢蒙学射于羿：羿，有穷国国君，善射。逢蒙，羿的学生和家臣，后来帮助寒浞杀羿。

②子濯孺子：人名，郑国大夫。

③庾公之斯：人名，卫国大夫。

④尹公之他：人名，卫国人。

⑤端：端正、正直。

【语译】逢蒙向羿学习射箭，完全学会了羿的箭术后，寻思全天下只有羿的箭术超过自己，就把羿杀了。孟子说："这件事羿也有罪过。"

公明仪说："似乎不该有什么罪。"

孟子说："罪过不大罢了，哪能说他完全没有罪呢？从前郑国派大夫子濯孺子带兵攻打卫国，卫国派庾公之斯去追击他。子濯孺子说：'我今天旧疾复发，没办法拿起弓，我死定了！'问他的车夫说：'追击我的人是谁？'车夫答道：'是庾公之斯。'子濯孺子说：'我有活路了。'他的车夫问：'庾公之斯，是卫国的神射手，您却说"我有活

离娄下 | 267

路了"，这是为什么？'子濯孺子说：'当初庾公之斯是跟着尹公之他学习的射箭，而尹公之他是跟着我学习的射箭。尹公之他是个正人君子，他选择结交的朋友一定也是个正人君子。'一会儿，庾公之斯追到面前，见子濯孺子并未抵抗，问：'您为何不拿起弓？'子濯孺子说：'我今天旧疾复发，没办法拿起弓。'庾公之斯说：'从前我跟着尹公之他学射箭，尹公之他是跟您学的射箭。我不忍心用您传授的箭术反过来伤害您。虽然如此，但今天是奉国君命令的公事，我不敢完全徇私罢手。'于是抽出箭矢，在车轮上猛砸，把金属箭头砸掉，连射了四箭后返回。"

【现代解读】本章重点在告诫世人在交友用人时，必须考虑人品。孟子将逄蒙学射于后羿，结果逄蒙将后羿杀害一事，与子濯孺子的遭遇进行对比。子濯孺子重人品，虽遭庾公之斯的追杀，但庾公之斯的老师尹公之他曾学射于子濯孺子，而尹公之他乃一正派人物，故子濯孺子得以保全性命。故事虽曲折了点，但主旨很明确，很具启发性。

8.25 孟子曰："西子①蒙不洁，则人皆掩鼻而过之。虽有恶人，齐戒②沐浴，则可以祀上帝。"

【简注】① 西子：春秋时越国的美女西施。
② 齐戒：齐，通"斋"。斋戒。

【语译】孟子说："如果美女西施身上沾染了不洁的污秽，路过的人就会掩着鼻子匆忙避开。相反，即使是相貌丑陋的人，只要他斋戒沐浴，也可以祭祀上帝。"

【现代解读】本章的主旨应是告诫世人，后天的努力可以弥补先天不足，而先天的优势若无护持，一朝折损，一样会被人舍弃。

8.26 孟子曰："天下之言性也，则故①而已矣。故者以利②为本。所恶于智者，为其凿也。如智者若禹之行水也，则无恶于智矣。禹之行水也，行其所无事也。如智者亦行其所无事，则智亦大矣。天之高也，星辰之远也，苟求其故③，千岁之日至④，可坐而致也。"

【简注】① 故：习惯、习性。
② 利：顺应。
③ 故：此指星辰运行的规律。
④ 日至：指冬至。

【语译】孟子说："天下人所讨论的性，不过是从习性来说而已。习性的养成，基本上是以能顺应人的本性为根本。人们之所以厌恶运用巧智的人，是因为他们违反本性，运用巧智满足私心去穿凿附会。如果运用巧智的人能像大禹治水一样大公无私，那么人们就不会厌恶运用巧智的人了。大禹治水，因势利导，只是顺应水的本性而已，并不多加作为。如果运用巧智的人能顺应本性，不多加作为，那么运用巧智的作用就很大了。天是如此之高，而星辰如此遥远，如果能了解星辰运行的规律，那么一千年以内的冬至，都可以轻易地推算出来了。"

【现代解读】本章在《孟子》全书中，一向以难解著称，关键在两个"故"字与一个"利"字应该如何解释。无论是赵岐从"故常之行"来解释"故"，还是朱熹从"其已然之迹"来理解，两家倒都是以"顺"字来理解"利",并无太大分歧。综观两家的诠释内容,其实都言之成理,并且都还能照顾到孟子其他人性论的篇章,只是朱注多了点理气二元的哲学含义。然而,从训诂学的角度来看两家的说法,理据都不够明确,因此面对解释上的差异,很难断是非、做取舍,两家说法都可聊备一说。到了当代的研究,推敲更精细,但这种难以取舍的困境依旧,因为"故"这个关键字在《孟子》中毕竟不常见,所以我们没有确凿的旁证来确定它的含义。直到郭店竹简出土了战国时期儒学的文献,我们理解孟子思想的参考点才变得更丰富,于是,本章关于"故"的判读,也多了一些线索。因此,本章的简注与语译,我们参考了梁涛教授有关《孟子》的一些研究,将"故"解释为"积习""习惯"[①]。其实,将"故"解为"习惯",当代新儒家的一位代表人物徐复观先生,在其大著《中国人性论史·先秦篇》中[②],就直接引述《庄子·达生》中所谓"吾生于陵而安于陵,故也;长于水而安于水,性也;不知吾所以然而然,命也",提出了这样的见解。后来,梁涛教授又参考了郭店竹简《性自命出》,及裘锡圭教授的研究,大大提高了这种解读的说服力。由于他们在训诂考证上的论证过于繁复,我们在这里不可能重现,因此只好略过。

　　果如前述,"故"应作"习惯"解,那本章的主旨似乎也就呼之欲出。显然,孟子在本章所批评的"天下之言性"者,令孟子不满的倒不是他们从后天养成的积习、习惯来理解性,而是有些人不了解好的习性,本来就必须依循人的本性初心来培养,这才可贵。而我们一般人之所以厌恶师心自用的智者,就是因为他们穿凿附会,不根据事物的自然本性来看待事物。如果一个用智的人能像大禹治水一样,那么我们也

[①] 梁涛:《郭店竹简与思孟学派》,北京:中国人民大学出版社2008年版。
[②] 徐复观:《中国人性论史·先秦篇》,台北:台湾商务印书馆1969年版。

就不会厌恶用智之人了。孟子这么说，是否暗有所指呢？事实上在《告子上》第一章中，告子主张"性，犹杞柳也；义，犹桮棬也。以人性为仁义，犹以杞柳为桮棬"，孟子就质疑："子能顺杞柳之性而以为桮棬乎？""如将戕贼杞柳而以为桮棬，则亦将戕贼人以为仁义与？"显然告子就是不根据本性来理解人的道德习性的人。问题是，如果我们后天培养出来的仁义美德，不是源于我们的初心本性，而是要靠改变甚至伤害本性才会养成，那天底下还有谁会向往、涵养仁义这种美德呢？因此，孟子严厉地斥责告子的立场，"率天下之人而祸仁义者，必子之言夫"。果如是，我们发现采取以"习惯"来解释本章，在《孟子》中其实是可以找到呼应的篇章的。也就是说，目前我们选择的解释角度，在义理上应该是可以成立的。

但是，不容否认的是，对于长期以来接受朱熹《四书章句集注》观点的人，或者，因为西方哲学思考的介入，倾向于将孟子的人性概念，视为某种已经先在的，已经完成确定的本质的人，可能无法接受我们目前对本章的解释。可是，梁涛教授曾经费大力气、用大篇幅来处理本章的注解，一方面固然是看到传统注解语焉未详而且彼此冲突，有待厘清。另一方面则是因为梁教授理解到孟子虽然是以心言性，但孟子的性不可以视作某种抽象的本质，而应该理解为一种动态的过程。用梁教授自己的话来说，"孟子的人性论实际是一种性善修习论"，"孟子虽然'道性善'，但并不意味着他所说的善性仅仅是先天的，与后天积习无关，相反，只有经过不断地塑造、培养、完善，性善才能真正实现"。梁教授的这个见解，无疑是有其洞识与用心的。事实上，西方汉学家安乐哲也曾发表过类似的看法[①]。但近几十年来，研

[①] 安乐哲：《自我的圆成：中西互镜下的古典儒家与道家》，河北：河北人民出版社2006年版。

究孟子的主流论述，显然轻忽了孟子学中强调修养功夫的实践特色，以及人性观中动态发展的特性，而过度地凸显了性善乃吾人道德实践的超越根据，或终极保证这个非常具有西方康德味的哲学意涵。因此，梁教授在本章"天下之言性也，则故而已矣"所花费的训诂功夫，虽然曲折，但的确有非常重要及严肃的意义，值得肯定。

8.27 公行子[①]有子之丧，右师[②]往吊。入门，有进而与右师言者，有就右师之位而与右师言者。孟子不与右师言，右师不悦曰："诸君子皆与驩言，孟子独不与驩言，是简[③]驩也。"

孟子闻之，曰："礼，朝廷不历位而相与言，不逾阶而相揖[④]也。我欲行礼，子敖以我为简，不亦异乎？"

【简注】① 公行子：齐国大夫。
② 右师：官名，此指齐国大夫王驩。
③ 简：怠慢。
④ 逾阶而相揖：彼此不同阶而趋迎相揖。

【语译】齐国大夫公行子遭逢长子的丧事，大夫们都奉国君之命前去吊丧，右师王驩也去了。一进门，就有人迎上前去跟右师交谈，又有人离开自己的位置，凑近右师的席位去跟他说话。孟子没有跟右师交谈，右师心中不快，说："各位大夫都来跟我王驩说话，只有孟子一个人不跟我说话，这是瞧不起我王驩啊。"

孟子听到后，说："依照礼法，这个场合与在朝廷所行的礼一样，每个人都有一定的位置，不应离开自己的位置跑去跟别人说话，不该跨越不同边的台阶去向人作揖。我想按照礼法行事，子敖却认为我怠慢他，不是很奇怪吗？"

【现代解读】《孟子》中多次言及孟子与王骥的不和，可见王骥在齐宣王一朝权倾一时，但是孟子始终坚持自己的立场，不为所动，由此更彰显孟子棱角分明、刚直不阿的性格。

8.28 孟子曰："君子所以异于人者，以其存心①也。君子以仁存心，以礼存心。仁者爱人，有礼者敬人。爱人者，人恒爱之；敬人者，人恒敬之。有人于此，其待我以横逆②，则君子必自反也：我必不仁也，必无礼也，此物奚宜至哉？其自反而仁矣，自反而有礼矣，其横逆由是也，君子必自反也：我必不忠。自反而忠矣，其横逆由是也，君子曰：'此亦妄人也已矣。如此则与禽兽奚择③哉？于禽兽又何难④焉？'是故君子有终身之忧，无一朝之患也。乃若所忧则有之：舜人也，我亦人也。舜为法于天下，可传于后世，我由未免为乡人也，是则可忧也。忧之如何？如舜而已矣。若夫君子所患则亡矣。非仁无为也，非礼无行也。如有一朝之患，则君子不患矣。"

【简注】① 存心：存，察。省察自己的内心。
② 横逆：蛮横粗暴。
③ 择：区别。
④ 难：诘难、责难。

【语译】孟子说："君子跟众人不同的地方，就在于他省察自己的内心。君子用仁来省察自己的内心，用礼来省察自己的内心。仁者爱护他人，有礼者尊敬他人。爱护他人的人，他人也会爱护他；尊敬他人的人，他人也会尊敬他。倘若这里有个人，他用蛮横粗暴的态度对待我，那么我一定会先自我反省：我的居心肯定有不仁的地方，肯定有不合乎礼的地方，不然这件事怎么会发生呢？如果君子反躬自省做

离娄下 | 273

到仁，反躬自省做到礼，那个人仍旧粗暴蛮横地对待我，君子一定会再度自我反省：我的居心肯定有不忠诚的地方。反躬自省做到忠诚，那个人仍旧粗暴蛮横地对待我，君子这才感叹道：'这无非是个狂妄的人啊，这样不明事理，跟禽兽有什么不同呢？对于禽兽，又有什么好责难的呢？'所以，君子只有终身的忧虑，没有突发的祸患。至于君子有什么终身的忧虑呢？就像舜是个人，我也是个人。舜成了天下人的典范，他的恩泽能够流传到后世，而我仍难免是个平庸之辈，这才值得忧虑啊。有忧虑该怎么办呢？只有努力让自己像舜一样。如果说君子自己有什么忧患，那是没有的。不仁的事不去做，不合于礼的事不去干。如果哪天飞来横祸，君子也不会因此感到忧心忡忡。"

【现代解读】 本章重点谈君子修身处世的原则，一是"以仁存心，以礼存心"，如遇横逆，必反求诸己。另一是"君子有终身之忧，无一朝之患"。所忧者何？"舜为法于天下，可传于后世，我由未免为乡人也"。换言之，君子念兹在兹者，只是自己进德修业未达完善的标准而已。《论语·述而》记载孔子曾说："德之不修，学之不讲，闻义不能徙，不善不能改，是吾忧也。"这说明君子在成德之路上，自强不息，以成圣为目标，也以天道健动不已为取法的典范。

8.29 禹、稷当平世，三过其门而不入，孔子贤之。颜子当乱世，居于陋巷，一箪食，一瓢饮，人不堪其忧，颜子不改其乐，孔子贤之①。孟子曰："禹、稷、颜回同道。禹思天下有溺者，由己溺之也。稷思天下有饥者，由己饥之也，是以如是其急也。禹、稷、颜子，易地则皆然。今有同室之人斗者，救之，虽被发缨冠②而救之，可也。乡邻有斗者，被发缨冠而往救之，则惑也，虽闭户可也③。"

【简注】①孔子贤之:《论语·雍也》:"子曰:'贤哉回也!一箪食,一瓢饮,在陋巷。人不堪其忧,回也不改其乐。贤哉回也!'"

②缨冠:指急着救人,没空将帽带绑在脖子上,随便缠绕在头上。朱注:"不暇束发,而结缨往救,言急也。"以喻禹、稷。

③闭户可也:喻颜子也。

【语译】夏禹、后稷处在太平盛世,在朝为官,一个忙着治理水患,一个忙着教百姓耕种,夏禹甚至忙得三次路过家门口都没能进去,孔子赞叹他们。颜回处于乱世,隐居在简陋狭小的巷子里不出仕,每天只能吃一小筐饭,喝一小瓢水,其他人都受不了这种贫苦,颜回却始终安贫乐道,孔子赞叹他。孟子说:"夏禹、后稷和颜回处世的道理是一样的。夏禹想到天下有淹在水里的人,就像是自己把他们淹在水里一样。后稷想到天下有挨饿的人,就像是自己让他们挨饿一样,所以他们去救百姓才这么着急。夏禹、后稷和颜回,如果彼此交换处境,也都会做跟对方同样的事。现在,同住一屋的人发生打斗,要去救他,即便披头散发、帽带乱缠,慌忙地赶去劝架,也是可以的。如果是街坊邻居发生打斗,披头散发、帽带乱缠,慌忙地赶去劝架,这就很不明事理了。这种状况,即使关起门不管,也可以的。"

【现代解读】本章主旨在揭示虽然前圣、后圣所处的时代、地位不同,但"易地则皆然",也就是说,换了位置也会做相同的选择。朱熹在《四书章句集注》中说"此章言圣贤心无不同,事则所遭或异;然处之各当其理,是乃所以为同也",显然是从心同理同的哲学观点来解释、看待这个问题的。这或许让我们想到在康德的道德哲学中,对于一个行为是否符合道德标准,即是从这个行为是否可以普遍化来检视。但是,这种"道德的普遍主义"(moral universalism)的

离娄下 | 275

诉求，其实在后现代的社会里，是受到强烈质疑的，因为它否定了具体性、个别性及差异性，无异于否定了人的真实性。事实上，在孟子的人性思考里，一方面固然强调"心之同然"，如"圣人先得我心之所同然耳。故理义之悦我心，犹刍豢之悦我口"，但孟子在评论历代圣人时，又有"圣之和者""圣之清者""圣之时者"的说法，显然保留了圣人这个概念的差异性。因此，孟子"禹、稷、颜子，易地则皆然"的说法，也许不应该采取本质主义、规则伦理学的思维模式，过度强调它的相同性，而应该从"君子和而不同"的角度理解为近似性，并保留圣人这个概念在实践层面上个别性的特征。

8.30 公都子曰："匡章，通国皆称不孝焉，夫子与之游，又从而礼貌之，敢问何也？"

孟子曰："世俗所谓不孝者五：惰其四支①，不顾父母之养，一不孝也；博弈②好饮酒，不顾父母之养，二不孝也；好货财，私③妻子，不顾父母之养，三不孝也；从④耳目之欲，以为父母戮⑤，四不孝也；好勇斗很⑥，以危父母，五不孝也。章子有一于是乎？夫章子，子父责善而不相遇⑦也。责善，朋友之道也，父子责善，贼恩之大者。夫章子，岂不欲有夫妻子母之属哉？为得罪于父，不得近。出妻屏子，终身不养焉。其设心⑧以为不若是，是则罪之大者，是则章子已矣。"

【简注】① 四支：四肢。
② 博弈：弈，围棋。博弈，赌博。
③ 私：私心偏爱。
④ 从：通"纵"，放纵。
⑤ 戮：羞辱。

⑥很：通"狠"。

⑦遇：合。

⑧设心：用心、设想。

【语译】 公都子问孟子："匡章这个人，全国的人都说他不孝，老师却跟他往来，还对他很有礼貌，和颜悦色的，请问这是为什么呢？"

孟子说："世俗人所说的不孝有五种情况：四肢懒惰不勤，不管父母的衣食供养，是第一种不孝；只知道赌博酗酒，不管父母的衣食供养，是第二种不孝；喜好货物钱财，偏爱自己的妻子儿女，不管父母的衣食供养，是第三种不孝；放纵耳目感官的欲望，追求声色的满足，让父母因此而受到羞辱，是第四种不孝；喜欢逞能，好勇斗狠，跟人起纷争，危害到父母，是第五种不孝。这几种章子占其中哪一项了？章子这人，只不过因为父子之间用善道互相责备，导致意见不合，父子关系不和睦。用善道互相责备、劝谏，本是朋友相处之道，父子之间用善道互相责备，是最伤害亲情的。章子，何尝不希望能够拥有夫妻母子之团聚，只因为得罪了父亲，被父亲疏远而不能亲近，在身边奉养。所以他离开妻子儿女，一辈子不敢接受妻子儿女的奉养。他心想，如果不这么做，那他罪过就更大了，章子的为人就是这样。我为什么不跟他往来呢？"

【现代解读】 本章的重点在表明孟子对时人虽多有严厉的批评，如力辟杨、墨，批判陈仲子"蚓而后充其操者也"等，不一而足，但事实上，孟子是一位公正而不失宽厚之人。以匡章为例，虽然通国皆称不孝，但孟子却洞悉隐情，了解到匡章只是因"父子责善"而得罪了父亲，其情可悯，所以并未与之绝交。在这里，孟子显然比大多数人更能公平地对待有难言之隐的人。

然而，除了上述重点之外，本章还有考据上的重要性。因为根据《战国策》记载，齐威王时曾与秦国交战，当时率领齐军作战的将领就是匡章。当时，威王曾允诺匡章，若得胜将为匡章更葬其母，而匡章回应，不是不愿更葬母亲，而是母亲得罪父亲，杀之而埋于马栈之下，父亲死前没有同意更葬，所以不敢欺于死父。齐秦交战期间，即使数度传来匡章投降的消息，威王也对匡章信任不改，只因为威王相信"为人子而不欺死父，岂为人臣欺生君哉"。后来，齐军在匡章的带领下，果然大胜。从这段记载看来，显然孟子与匡章交游时，其不孝之名尚未得以雪清平反，因此钱穆先生在其大著《先秦诸子系年》中，就断定孟子在齐威王一朝时，已初度游齐，只是当时声名未彰，我们并未看到孟子与威王的对话记录。不过，这个考据的结果对我们重建孟子的生平及游历，是非常重要的。

8.31 曾子居武城①，有越寇②。或曰："寇至，盍去诸？"曰："无寓人于我室，毁伤其薪木。"寇退，则曰："修我墙屋，我将反。"寇退，曾子反。左右曰："待先生如此其忠且敬也。寇至，则先去以为民望，寇退，则反。殆于③不可。"沈犹行④曰："是非汝所知也。昔沈犹有负刍之祸⑤，从先生者七十人，未有与焉。"

子思⑥居于卫，有齐寇。或曰："寇至，盍去诸？"子思曰："如伋去，君谁与守？"

孟子曰："曾子、子思同道。曾子，师也，父兄也。子思，臣也，微也。曾子、子思易地则皆然。"

【简注】①武城：鲁邑名，故城在今山东省平邑县南。
②越寇：指越兵。当时越灭吴而有其地，与鲁国相邻，时常

进犯。

③ 于：为、是。

④ 沈犹行：曾子的弟子，姓沈犹，名行。

⑤ 负刍之祸：负刍，人名。一说负刍为背草的人。

⑥ 子思：孔子的孙子，名伋，字子思。

【语译】曾子住在鲁国武城时，有越兵来犯。有人对曾子说："敌兵快到了，为何不避开呢？"曾子就说："我避开时，不要让人借住我的房子，以免毁坏了那些花草树木。"等敌兵撤退，他就说："把我的院墙房屋修好，我要回来了。"于是，敌兵撤退后，曾子就回到了武城。左右的人说："武城人对待先生是何等忠诚恭敬，敌兵一到，就先一步避开，给百姓做了不好的示范，敌兵一撤退，就马上回来。这么做，恐怕不太妥当吧。"曾子有个叫沈犹行的学生说："先生这么做，不是你们所能了解的。从前先生住在我家，有个叫负刍的人作乱，当时跟随先生的七十人全躲开了，没有共患难的。"

子思住在卫国时，有齐兵来犯。有人对子思说："敌兵快到了，何不避开呢？"子思说："如果我避开了，国君和谁一起共同守御呢？"

孟子评论道："曾子和子思处世的道理是一样的。只不过曾子是师长，处在父兄的位置。而子思是臣子，处在下属的位置。曾子和子思，如果彼此变换处境，也都会做跟对方同样的事。"

【现代解读】本章主旨应与《离娄下》第二十九章相近，谈的重点还是圣贤应世之道。亦即不同的人或许会因为时空环境、身份地位的不同，而有不一样的表现，但奉行的原则还是一致的。至于孟子"易地则皆然"的评断，究竟该如何解读？是"相同"，还是"近似"？现代读者可以再深思。

8.32 储子^①曰:"王使人瞷^②夫子,果有以异于人乎?"

孟子曰:"何以异于人哉?尧、舜与人同耳。"

【简注】① 储子:齐国人。

② 瞷:窃视、窥探。

【语译】齐国人储子对孟子说:"齐王派人暗中查探夫子,您真的和一般人有什么不同之处吗?"

孟子说:"我跟其他人哪有什么不同?就是尧、舜也和一般人一样啊!"

【现代解读】本章记载齐王暗中查探孟子有何过人之处,并未明言此齐王是威王,还是宣王,学界也并无一致的看法。不过,从情理来判断,事情应发生在孟子二度游齐、已有一定声望的情况下,只有这样才会引起齐王的好奇。孟子的回应不卑不亢,谦逊中流露出的是儒者一贯的自信。

8.33 齐人有一妻一妾而处室者,其良人^①出,则必餍^②酒肉而后反。其妻问所与饮食者,则尽富贵也。其妻告其妾曰:"良人出,则必餍酒肉而后反。问其与饮食者,尽富贵也,而未尝有显者^③来,吾将瞷良人之所之也。"

蚤^④起,施从良人之所之,遍国中无与立谈者。卒之东郭墦闲^⑤,之祭者,乞其余。不足,又顾而之他,此其为餍足之道也。其妻归,告其妾曰:"良人者,所仰望而终身也,今若此。"与其妾讪其良人,而相泣于中庭。而良人未之知也,施施^⑥从外来,骄其妻妾。

由君子观之,则人之所以求富贵利达者,其妻妾不羞也,而不相泣者，几希矣。

【简注】① 良人：丈夫。

② 餍：饱。

③ 显者：显贵的人。

④ 蚤：通"早"。

⑤ 东郭墦间：郭，外城。墦，坟墓。

⑥ 施施：高兴自得的样子。

【语译】齐国有个人，家中有一妻一妾。丈夫每次出门，一定吃饱喝足了才回家。他的妻子问他跟谁一起吃喝，他说全都是有钱有势的人。他妻子对他的妾说："我们的丈夫每次出门，一定吃饱喝足了才回家。问他跟谁一起吃喝，他说全都是有钱有势的人，但从来没什么达官贵人到家里来过，我打算暗中看看他到底去了什么地方。"

第二天一早起来，她就悄悄地尾随着丈夫出门，但走遍了全城都没有人停下来跟他说话。最后到了东郊外的墓地，丈夫走向正在扫墓祭祀的人，向他们乞讨一些剩菜残酒。如果还吃不饱，便又东张西望去其他坟上乞讨，原来，这就是他每次吃饱喝足的方法。他的妻子回到家，告诉他的妾说："丈夫是我们希望的寄托和终身的依靠，现在居然是这副德行。"于是跟他的妾一起痛骂她们的丈夫，在庭院中相对而泣。而丈夫并不知情，得意扬扬地从外面回来，依旧对他的妻妾显摆。

在君子看来，有些人祈求升官发财的丑态，能够不让他的妻妾感到羞耻且不抱头痛哭的，恐怕很少了。

【现代解读】本章所载是一则讽刺意味强烈的寓言，盖指不顾廉耻追求富贵利达之辈，往往令其至亲之人羞愧相泣。警世意味非常浓厚。

万章上

　　《万章上》共有九章，记录的都是孟子与万章、咸丘蒙之间的对话，基本上都是围绕着古代圣贤出处进退之类的主题。前四章讨论的主题集中在舜的孝行上。第五、六章则讨论到尧、舜的禅让与传子等有关政权转移的主题。第七、八、九章又分别讨论伊尹、孔子、百里奚出处进退的背景等话题。

9.1 万章问曰:"舜往于田,号泣于旻天①。何为其号泣也?"

孟子曰:"怨慕②也。"

万章曰:"'父母爱之,喜而不忘。父母恶之,劳而不怨③。'然则舜怨乎?"

曰:"长息问于公明高④曰:'舜往于田,则吾既得闻命矣。号泣于旻天,于父母,则吾不知也。'公明高曰:'是非尔所知也。'夫公明高以孝子之心,为不若是恝⑤。我竭力耕田,共⑥为子职而已矣。父母之不我爱,于我何哉?帝使其子九男二女⑦,百官牛羊仓廪备,以事舜于畎亩之中,天下之士多就之者,帝将胥⑧天下而迁之焉。为不顺于父母,如穷人无所归。天下之士悦之,人之所欲也,而不足以解忧;好色,人之所欲,妻帝之二女,而不足以解忧;富,人之所欲,富有天下,而不足以解忧;贵,人之所欲,贵为天子,而不足以解忧。人悦之、好色、富贵,无足以解忧者,惟顺于父母,可以解忧。人少,则慕父母;知好色,则慕少艾⑨;有妻子,则慕妻子;仕则慕君,不得于君则热中。大孝终身慕父母,五十而慕者,予于大舜见之矣。"

【简注】①旻天:苍天、上天。朱注:"仁覆闵下,谓之旻天。"

②怨慕:怨自己遭父母厌恶而思慕父母。

③"父母爱之"句:近似《礼记·祭义》的曾子语。原文:"父母爱之,嘉而弗忘。父母恶之,惧而无怨。"

④长息、公明高:长息,公明高的弟子。公明高,曾子的弟子。

⑤恝：无忧无虑的样子，若无其事、不在乎的样子。

⑥共：读音 gōng，通"恭"。

⑦九男二女：尧把二女娥皇、女英嫁给舜为妻，又派遣九个儿子去侍奉舜。

⑧胥：皆、尽。

⑨少艾：年轻貌美的女子。

【语译】万章问孟子说："舜到田间耕作时，对着上天呼号悲泣。他这样呼号悲泣是为什么呢？"

孟子说："是怨自己得不到父母的欢心，同时思慕父母。"

万章问："听说：'身为人子，父母喜爱他，他的内心就感到喜悦而难忘。父母讨厌他，他虽愁苦也不感到怨恨。'那么，舜怨恨他的父母吗？"

孟子说："从前长息问他的老师公明高说：'舜到田间耕作的事，我听老师说过，已经理解了。他对着上天哭诉父母的不是，我却理解不了。'公明高说：'这不是你所能了解的啊！'公明高的意思是，不得父母欢心的孝子，他的心里不该如此若无其事。我尽心竭力地去耕田，好好尽子女的职责就够了。父母不爱我，我有什么办法呢？帝尧派遣他的九个儿子奉舜为师，把两个女儿嫁给舜为妻，跟百官带着准备好的牛、羊、粮食等，到田中去侍奉舜，天下的士人也纷纷前往归附他，帝尧将天下都让给了他。但是舜因为没能使父母顺心，就好像穷途末路的人无所依归。天下的士人爱戴他，这是人人都想要的，却不足以消解他的忧愁；美好的容色，是人人都想要的，舜娶了帝尧的两个女儿为妻，却不足以消解他的忧愁；财富，是人人都想要的，舜拥有全天下的财富，却不足以消解他的忧愁；显贵的身份地位，是人人都想要的，即便舜贵为天子，也不足以消解他的忧愁。人们的爱戴、美好的容色、财富、显贵的身份地位，这些都不足以消解他的忧愁，只有让父母顺心满意才可以消解忧愁。人在幼年时，自然会爱慕父母；长大知道什么是美好的容色时，自然会爱慕年轻貌美的女子；有了妻子以后，自然会爱恋妻子；出仕当官，自然思慕君上，无法得到君上的器重，内心就会焦急如焚。大孝的人一辈子都爱慕父母，到了五十岁还思慕父母的，我只在圣人舜的身上看到了。"

【现代解读】舜在中国历史上一直是体现孝顺这种美德的完美典范，在《孟子》中，这种美德更得到了淋漓尽致的展现。本章记录的是万章询问孟子，为什么舜到田里对天哭诉。孟子借此说明舜作为至孝的典范，其之所以非一般人所能及，是因为他即使居九五之尊，富有天下，也仍不足以消解忧愁。而舜念兹在兹者，"惟顺于父母，可以解忧"，亦即只有让父母顺心才能解除他的烦忧。孟子指出，一般人都是只有在小时候思慕父母，稍长一些就会喜爱年轻貌美的女子，待成家后，又只关心自己的妻小，若是从政，则热衷于君王的宠信。只有舜，终其一生，思慕着父母。所以，一个人到了五十岁，还像小孩一样对父母怀有孺慕之思，也只有在伟大的舜身上能看到。

9.2 万章问曰："《诗》① 云：'娶妻如之何？必告父母。'信斯言也，宜莫如舜。舜之不告而娶，何也？"

孟子曰："告则不得娶。男女居室，人之大伦也。如告，则废人之大伦，以怼② 父母，是以不告也。"

万章曰："舜之不告而娶，则吾既得闻命矣。帝之妻舜而不告，何也？"

曰："帝亦知告焉，则不得妻也。"

万章曰："父母使舜完廪③，捐阶④，瞽瞍焚廪。使浚井，出，从而掩⑤之。象⑥曰：'谟盖都君⑦，咸我绩。牛羊父母，仓廪父母，干戈朕⑧，琴朕，弤朕，二嫂使治朕栖⑨。'象往入舜宫，舜在床琴，象曰：'郁陶⑩，思君尔！'忸怩⑪。舜曰：'惟兹臣庶⑫，汝其于⑬予治。'不识舜不知象之将杀己与？"

曰："奚⑭而不知也！象忧亦忧，象喜亦喜。"

曰："然则舜伪喜者与？"

曰："否。昔者有馈生鱼于郑子产，子产使校人⑮畜之池。校人烹之，反命曰：'始舍之，圉圉⑯焉，少则洋洋⑰焉，攸然⑱而逝。'子产曰：'得其所哉！得其所哉！'校人出，曰：'孰谓子产智？予既烹而食之，曰："得其所哉！得其所哉！"'故君子可欺以其方，难罔以非其道。彼以爱兄之道来，故诚信而喜之，奚伪焉？"

【简注】①《诗》：出自《诗经·齐风·南山》。

② 怼：怨怼。

③ 完廪：修好粮仓。

④ 捐阶：捐，撤除。撤去梯子。

⑤ 掩：掩盖。

⑥ 象：人名，舜同父异母的弟弟。

⑦ 谟盖都君：谟，谋。盖，通"害"。都君，指舜。

⑧ 朕：古人自称，我，秦以后才成为君王自称。

⑨ 栖：床。

⑩ 郁陶：郁闷思念。

⑪ 忸怩：羞愧。

⑫ 惟兹臣庶：惟，思念。庶，人民。我正想着这些臣民。

⑬ 于：为、助。

⑭ 奚：何。

⑮ 校人：主管池沼之小吏。

⑯ 圉圉：困而未舒之貌。

⑰ 洋洋：舒缓摇尾之貌。

⑱ 攸然：赵岐注："迅走趋水深处也。"迅速跑走的样子。

【语译】万章问孟子："《诗经》上说：'娶妻应该怎么做？一定要禀告父母。'如果这话是对的，在孝顺父母这方面应该没有人比得上舜了，然而舜却不告父母就娶妻，这是为什么呢？"

孟子说："因为如果禀告了父母就不能娶妻了。男女成家，是人的重要伦常，如果因为禀告父母而阻碍了人的重要伦常，转而会怨恨父母，所以就不禀告了。"

万章说："舜不禀告父母就娶妻，我听老师说过，已经理解了。但是帝尧将女儿嫁给舜却不告知舜的父母，又是为什么呢？"

孟子说："帝尧也知道若告知舜的父母，就无法将女儿嫁给舜了。"

万章说："舜的父母叫舜去修粮仓，等舜爬上粮仓的顶部，就把梯子撤走，舜的父亲瞽瞍还放火烧仓。又有一次，叫舜去挖水井，不知道舜已从井边的洞穴逃出，还用土把井填上了。舜的弟弟象说：'谋害舜，都是我的功劳。现在他的牛羊分给父母，谷仓也给父母，他的干戈归我，琴归我，弓也归我，让两位嫂嫂帮我收拾床铺。'象走进舜住的地方，却看到舜正坐在床上弹琴，象说：'我十分想念哥哥你！'但因羞愧而感到难为情。舜说：'我正想着这些臣民，你来帮我治理。'不知舜是否知道象想要谋害他呢？"

孟子说："怎么会不知道呢！只是舜在象忧愁时也感到忧愁，在象欢喜时也感到欢喜。"

万章问："这么说来，舜是假装欢喜吗？"

孟子说："不是。从前有人送一条活鱼给郑国大夫子产，子产叫

万章上 | 287

主管池沼之小吏把鱼养在池子里。那个小吏偷偷把鱼煮了吃，跟子产报告说：'一开始把鱼放进池子里，看起来要死不活的样子，没多久就快活地摇着尾巴，悠然自得地游走了，找不到了。'子产说：'它找到了合适的地方啊！它找到了合适的地方啊！'那个小吏出来后说：'谁说子产聪明啊？我已经把鱼煮熟吃掉了，他还一个劲地说："它找到了合适的地方啊！它找到了合适的地方啊！"'所以，对于君子，可以用合乎情理的事情去欺骗他，却不能用不合道理的事情去欺蒙他。象假装敬爱兄长，所以舜信以为真而感到欢喜，怎么会是假装的呢？"

【现代解读】本章谈到了两件事，一件是舜的"不告而娶"，此章在《离娄上·二十六》中已论及，基本上是为了避免无后的不孝，通权达变。另一件则是舜的父亲瞽瞍及弟弟象，屡次加害于舜，欲置之于死地，但舜却真诚相待，与之同喜同忧。万章提出质疑，难道舜不知道象要加害他吗？如果知道，舜还与象同喜同忧，那舜是不是伪装的呢？孟子特别举校人欺骗子产的故事为例，由于舜一心只想博得父母的顺心，维持家庭兄弟间的和乐，所以，即使他知道象有心加害他，但当象表现得很思念舜的样子时，他也由衷地高兴。这就是君子可以欺之以方，但不可"罔以非其道"的地方。

9.3 万章问曰："象日以杀舜为事，立为天子，则放之，何也？"

孟子曰："封之也，或曰放焉。"

万章曰："舜流共工于幽州①，放驩兜于崇山②，杀三苗于三危③，殛鲧于羽山④，四罪而天下咸服，诛不仁也。象至不仁，封之有庳⑤，有庳之人奚罪焉？仁人固如是乎？在他人则诛之，在弟则封之？"

曰："仁人之于弟也，不藏怒焉，不宿怨焉，亲爱之而已矣。亲之，欲其贵也；爱之，欲其富也。封之有庳，富贵之也。身为天子，弟为匹夫，可谓亲爱之乎？"

"敢问'或曰放'者，何谓也？"

曰："象不得有为于其国，天子使吏治其国，而纳其贡税焉，故谓之放。岂得暴彼民哉？虽然，欲常常而见之，故源源而来。'不及贡，以政接于有庳⑥'，此之谓也。"

【简注】①舜流共工于幽州：流，五刑之一，流放远方，终身不得返。共工，水官名，善言语，用意邪僻，尧言其不可用，舜当了天子后就将他流放到幽州。

②放驩兜于崇山：驩兜，尧之臣，因与共工朋比为党，舜即位，将他流放到崇山。崇山，山名，在今湖南省张家界市西南。

③杀三苗于三危：意思是流放、驱赶三苗之君于三危。杀，焦循认为是流放之意。三苗，古族名。三危，山名，在今甘肃省敦煌市东南。

④殛鲧于羽山：殛，诛杀，焦循认为是流放之意，从焦说。鲧，禹的父亲，尧时治水无功，舜即位，放之羽山。羽山，山名，在今山东省蓬莱市东南。

⑤有庳：地名，不可考。

⑥不及贡，以政接于有庳：不及贡，不待及诸侯朝贡之期。以政接于有庳，以政事接见于有庳之君。

【语译】万章问孟子："象成天把杀舜当作正事，但舜即位当天子后，只不过将他远远放逐，这是为什么？"

孟子说："是封他为诸侯，可是有人说是流放。"

万章说："舜把共工流放到幽州，把驩兜流放到崇山，把三苗之君

万章上 | 289

流放到三危山，把鲧流放到羽山，惩处了这四个罪人，使天下人都归顺了，这是惩处不仁的人。象是最为不仁的人，舜不但没有流放他，反而把他封在有庳，有庳的百姓是犯了什么错吗？有仁德的人竟可以这样做吗？其他人犯错就惩处流放，自己的弟弟犯错反而封赏？"

孟子说："仁德的人对于自己的弟弟，心中不隐藏怒气，不会总记着旧怨，只是亲近他、爱他而已。亲近他，就要使他显贵；爱他，就要使他富足。把他封到有庳，就是为了使他富贵。自己当了天子，弟弟却还是平民，这怎么可以说是亲近他、爱他呢？"

万章问："斗胆请教'有人说是流放'，这话是什么意思？"

孟子说："因为象虽然被封在有庳，但不能亲自治理国家，而是由天子派遣官员来帮他治理，然后把收来的赋税、贡品交给象，所以才会有人说是流放。哪能让象残害当地的百姓呢？虽然这样，舜还是想常常跟弟弟象见面，所以让象不断来朝见。古书说：'等不到诸侯定期朝贡的时间，就以处理政事为由接见有庳之君。'就是这个意思。"

【现代解读】本章所谈的主题是舜封象于有庳，但又被说是流放，其中原委就在于舜为天子，弟为匹夫，在情理上说不通，更何况舜是仁厚之人，又顾念兄弟之情，故封之于有庳。但象毕竟是有争议之人，分封为诸侯，恐有欠公正，因此，舜又派遣官吏治理有庳，不让象专政其国，不给他危害百姓的机会，所以象之封于有庳又被称为流放。孟子的这番解释，主要在传达舜对象的处置，不以公义废私恩，亦不以私恩废公义，换言之，在亲亲与公义之间，舜已竭尽其心力去达到平衡。

9.4 咸丘蒙[①]问曰："语云：'盛德之士，君不得而臣，父不得而子。舜南面而立，尧帅诸侯北面而朝之，瞽瞍亦北面而朝之。舜见瞽瞍，其容有蹙②。'孔子曰：'于斯时也，天下殆哉，岌岌③乎！'不识此语，诚然乎哉？"

孟子曰："否。此非君子之言，齐东野人之语也。尧老而舜摄也。《尧典》曰：'二十有八载，放勋乃徂落④，百姓如丧考妣⑤，三年，四海遏密八音⑥。'孔子曰：'天无二日，民无二王。'舜既为天子矣，又帅天下诸侯以为尧三年丧，是二天子矣！"

咸丘蒙曰："舜之不臣尧，则吾既得闻命矣。《诗》，云：'普天之下，莫非王土；率土之滨，莫非王臣。'⑦而舜既为天子矣，敢问瞽瞍之非臣如何？"

曰："是诗也，非是之谓也。劳于王事，而不得养父母也。曰：'此莫非王事，我独贤劳也。'故说诗者，不以文害辞，不以辞害志。以意逆志⑧，是为得之。如以辞而已矣，《云汉》之诗曰：'周余黎民，靡有孑遗⑨。'信斯言也，是周无遗民也。孝子之至，莫大乎尊亲，尊亲之至，莫大乎以天下养。为天子父，尊之至也，以天下养，养之至也。《诗》曰：'永言孝思，孝思维则⑩。'此之谓也。《书》曰：'祗载见瞽瞍，夔夔齐栗⑪，瞽瞍亦允若⑫。'是为父不得而子也？"

【简注】①咸丘蒙：复姓咸丘，名蒙，齐国人，孟子的弟子。

②蹙：不安的样子。

③岌岌：山高貌，喻危险。

④徂落：徂，通"殂"。徂落，死亡。

⑤考妣：古称父母，后世父母死后称考妣。

⑥遏密八音：遏，止。密，静。八音是指金、石、丝、竹、匏、土、革、木所制的八种乐器。

⑦普天之下，莫非王土；率土之滨，莫非王臣：出自《诗经·小雅·北山》。

⑧以意逆志：以己心意推敲作者心意。

⑨周余黎民，靡有孑遗：黎民，庶民、百姓。靡，无。孑，孤独。出自《诗经·大雅·云汉》。

⑩永言孝思，孝思维则：出自《诗经·大雅·下武》。

⑪夔夔齐栗：齐，通"斋"，戒。栗，通"栗"，恐惧。意思是谨慎恐惧貌。

⑫允若：允，信。若，顺。信而顺之。

【语译】孟子的学生咸丘蒙问孟子："古语说：'德行高的人，国君不能以他为臣，父亲不得以他为子。舜做了天子后，尧率领天下诸侯向北面朝拜他，他的父亲瞽瞍也向北面朝拜他。舜看到瞽瞍来朝，脸上的神情惶惶不安。'孔子说：'这个时候，天下危险了，岌岌可危啊！'不知道这话是不是真的？"

孟子说："不是。这肯定不是君子所说的话，而是齐国东边的田野村夫讲的。尧年迈时，舜代其处理政事。《尚书·尧典》说：'舜代理摄政二十八年，尧死了，百姓就像死了父母一样，服丧三年，天下暂停一切音乐。'孔子说：'天上没有两个太阳，百姓也没有两个君王。'假如舜已经成了天子，他又率领着天下的诸侯为尧服丧三年，这样就是有两个君王啊！"

咸丘蒙说："舜不敢以尧为臣，我听老师说过后，已经理解了。《诗经》说：'整个天下，没有一处不是天子的土地；环绕土地四周的百姓，没有一人不是天子的臣民。'然而，既然舜已经是天子了，冒昧请问瞽瞍为什么不算是他的臣子？"

孟子说："这首诗，说的不是这个意思。这首诗的作者勤奋地为天子做事，导致无法奉养父母，忍不住埋怨道：'这些难道不是天子的事，为什么只有我这么辛苦！'所以解说诗文的人，不要拘泥于文字表面而误解了词句的意思，也不要拘泥于词句而误解了作者的本意。要以自己的心意推敲作者的心意，这样才能领会文章的要旨。如果只是照着字面解释，像《云汉》这首诗说：'周朝剩余的百姓，没有一个留存下来。'如果真的像这句话所说，那周朝就连一个遗民也没有了。孝子最大的孝，莫过于尊敬父母，尊敬父母的最高程度，莫过于用天下来奉养父母。舜使瞽瞍成为天子的父亲，可以说是尊敬到了极点，用天下来奉养他，可以说是奉养到了极点。《诗经》上说：'永远怀抱着孝敬之意，这种孝敬之意可以作为天下人的准则。'说的就是这个意思。《尚书》说：'舜恭敬地拜见瞽瞍，态度恭敬谨慎，瞽瞍也信任、顺从于舜。'这难道是父亲不得以他为儿子的意思吗？"

【现代解读】 本章孟子的弟子咸丘蒙依据传统询问孟子，舜即天子位时，不仅尧率领诸侯北面朝见他，连他的父亲瞽瞍也北面朝见他，严重地冲击了君臣、父子间的人伦秩序，以至孔子都认为当时天下真的是岌岌可危，是否有这样的事情。对此，孟子根据他对古史的掌握，认为这是齐东野语，不足信也。事实上是尧老，舜代行天子职权，一直到尧去世，舜守丧三年后，才即帝位。至于舜即帝位后，瞽瞍不能再将舜视为儿子差遣，而只能以臣属身份面对舜，也违离事实真相。因为，孝顺就是要使父母尊贵，而尊亲的极致，就是用天下来奉养父母。在这个意义下，瞽瞍贵为天子的父亲，还有谁比他更为尊贵呢？孟子特别引述《尚书》的记载，舜是如何诚恳恭敬地来到瞽瞍面前，而瞽瞍也确实因此受到感动，借此有力地反驳了民间不实的传闻。

本章孟子又提及解诗的原则，"故说诗者，不以文害辞，不以辞害志。以意逆志"，强调对诗的理解，要能把握作者的"志"，亦即作者的意图、本旨。这个论点，曾经在中国文学传统中被奉为圭臬。不过，在当代诠释学充分展开后，这个原则也备受挑战。现代读者不妨从诠释学的立场来反省这个原则，即以意逆志如何可能？作者的意图是一种客观的存在吗？通达到作者意图的有效的客观程序、方法为何？如此逐渐打开，将拓展我们思考的视野。

9.5 万章曰："尧以天下与舜，有诸？"

孟子曰："否。天子不能以天下与人。"

"然则舜有天下也，孰与之？"

曰："天与之。"

"天与之者，谆谆[①]然命之乎？"

曰："否。天不言，以行与事示之而已矣。"

曰："以行与事示之者，如之何？"

曰："天子能荐人于天，不能使天与之天下；诸侯能荐人于天子，不能使天子与之诸侯；大夫能荐人于诸侯，不能使诸侯与之大夫。昔者尧荐舜于天，而天受之；暴[②]之于民，而民受之。故曰：'天不言，以行与事示之而已矣。'"

曰："敢问：'荐之于天，而天受之；暴之于民，而民受之。'如何？"

曰："使之主祭，而百神享之，是天受之；使之主事而事治，百姓安之，是民受之也。天与之，人与之，故曰天子不能以天下与人。舜相尧二十有八载，非人之所能为也，天也。尧崩，三年之丧毕，舜避尧之子于南河之南[③]。天下诸侯朝觐[④]者，不之尧之子而之舜；讼狱者，不之尧之子而之舜；讴歌者，不讴歌[⑤]尧之子而讴歌舜，故曰天也。夫然后，之中国[⑥]，践天子位焉。而[⑦]居尧之宫，逼尧之子，是篡也，非天与也。《泰誓》[⑧]曰：'天视自我民视，天听自我民听。'此之谓也。"

【简注】① 谆谆：反复叮咛的样子。

② 暴：暴露、显现、公开。

③ 南河之南：黄河在尧都之南，故曰南河。南河之南是舜避居处，为偃朱故城，在今山东省鄄城县。

④ 朝觐：臣子朝见天子。

⑤ 讴歌：歌咏以颂功德。

⑥ 中国：帝都居国之中，故曰中国。

⑦ 而：如。

⑧《泰誓》：《尚书》篇名。

【语译】万章问孟子："尧把天下给了舜，有这件事吗？"

孟子说："没有。天子不能够把天下给予人。"

万章又问："那么舜拥有天下，是谁给予他的？"

孟子说："天给予他的。"

万章说："天给予他的时候，是反复叮咛告诫他吗？"

孟子说："没有。天没有说话，只是用行为和事情示意要把天下给他而已。"

万章说："依照行为和事情来示意，这怎么说呢？"

孟子说："天子能够向上天推荐贤才，不能让上天把天下给他；诸侯能够向天子推荐贤才，不能让天子把职位给诸侯；大夫能够向诸侯推荐贤才，不能让诸侯把职位给大夫。从前尧向上天推荐舜，上天接纳了，把舜公开显现在百姓面前，百姓也接纳了。所以说：'天没有说话，只是依照行为和事情来示意要把天下给他而已。'"

万章说："请问：'向上天推荐，上天接纳了，把舜公开显现在百姓面前，百姓也接纳了。'这又怎么说呢？"

孟子说："让他主持祭祀典礼，所有的鬼神都来享用，这就是上天接纳了的意思。让他主持政事，而政事都能妥善处理，百姓安心且信服他，这就是百姓接纳了的意思。是上天给予他的，是百姓给予他的，所以说天子不能够把天下给予人。舜辅佐尧治理天下二十八年，这不是人力所能办得到的，而是天意。尧死后，三年的丧礼结束，舜为了让尧的儿子顺利继位，避居到南河的南边去。但是天下的诸侯要朝见天子，不去尧的儿子那边，而是去舜那里；要打诉讼官司的，不去尧的儿子那边，而是去舜那里；要歌颂功德的，不去尧的儿子那边，而是去舜那里，所以说是天意。这样之后，舜只好回到国都，继承天子的位置。如果他霸占尧的宫殿，逼走尧的儿子，那就是篡夺王位，不是上天给予的。《尚书·泰誓》说：'上天的观察是经由百姓的眼睛来观察，上天的听闻是经由百姓的耳朵来听闻。'说的就是这个意思。"

【现代解读】本章与下一章，孟子对古代禅让与世袭两种政权的转移方式，提出了解释，因此，这两章通常也被视为孟子政治哲学的两篇重要文献。

我们来论禅让。首先，孟子修正了尧让位于舜这个说法。因为在孟子看来，天下不是天子个人的私有物，所以尧不能将天下但凭己意地给舜，而舜得天下，准确地说，应该是尧推荐舜给上天，上天接纳了，将舜介绍给老百姓，老百姓也接纳了。问题是，我们如何知道上天与老百姓接纳了舜？孟子的回答，简单而深刻。孟子说："使之主祭，而百神享之，是天受之；使之主事而事治，百姓安之，是民受之也。"尤有进者，舜担任尧的宰相长达二十八年，"非人之所能为也，天也"。尧死后，舜避尧之子于南河之南，但天下诸侯、百姓，大小事都去找舜寻求解决办法，这充分说明是天意造化及民心归向决定了将天下给舜。孟子更进一步地引证《尚书·泰誓》中"天视自我民视，天听自我民听"一句，指出尧舜的禅让基本上就是天意，更是民意主导了政权的转移。

孟子的这种解释，有三个特色。第一，孟子对禅让给了更严格的规范。以燕王哙让国于子之为例，孟子就批评两人都没有立场这么做，所以造成燕国内部大乱。因为燕王哙顶多只能将子之荐于天或周天子，而更重要的是，燕王让位于子之前必须"暴之于民"，即，要征得燕民的认可。否则，这种让国就是私相授受。在中国历史上，儒家的禅让，每每演为闹剧，如魏晋之际的禅让，其实就是昧于历史的荒唐之作。第二，根据孟子禅让的观点，即"天子不能以天下与人"，很显然，天下不是天子个人的天下，而是天下之人的天下。天子对天下只有行政管理的权力，没有所有权，他只是受天与民委托的管理者而已。第三，既然天下归属取决于天意，而天意又会随民意而改变，那么在传贤与传子方面，也会随民意而改动。因此，在下一章中，孟子就回溯历史，指出禹让国于益，但禹死后，天下民意却归向禹的儿子启而不从益，于是世袭的政权转移形式从此确立。无论禅让还是世袭，其实都是不同历史条件下民意的选择，无关乎圣王品德的高低。我们不能因为传贤或传子，就断定舜和禹的品德有高低之分。

9.6 万章问曰："人有言：'至于禹而德衰，不传于贤而传于子。'有诸？"

孟子曰："否，不然也。天与贤，则与贤；天与子，则与子。昔者，舜荐禹于天，十有七年，舜崩，三年之丧毕，禹避舜之子于阳城①，天下之民从之，若尧崩之后，不从尧之子而从舜也。禹荐益②于天，七年，禹崩，三年之丧毕，益避禹之子于箕山之阴③，朝觐讼狱者，不之益而之启④，曰：'吾君之子也。'讴歌者，不讴歌益而讴歌启，曰：'吾君之子也。'丹朱之不肖⑤，舜之子亦不肖，舜之相尧，禹之相舜也，历年多，施泽于民久。启贤，能敬承继禹之道，益之相禹也，历年少，施泽于民未久。舜、禹、益相去久远，其子之贤不肖，皆天也，非人之所能为也。莫之为而为者，天也；莫之致而至者，命也。匹夫而有天下者，德必若舜、禹，而又有天子荐之者，故仲尼不有天下。继世以有天下，天之所废，必若桀、纣者也。故益、伊尹、周公不有天下。伊尹相汤，以王于天下，汤崩，太丁未立⑥，外丙⑦二年，仲壬⑧四年。太甲⑨颠覆汤之典刑⑩，伊尹放之于桐⑪。三年，太甲悔过，自怨自艾⑫，于桐处仁迁义⑬。三年，以听伊尹之训己也，复归于亳⑭。周公之不有天下，犹益之于夏、伊尹之于殷也。孔子曰：'唐、虞禅⑮，夏后殷、周继，其义一也。'"

【简注】① 阳城：古山名，在今河南省登封市东北。

② 益：伯益，一称柏翳，虞舜之臣，辅佐禹治水有功，后为启所杀。

③ 箕山之阴：箕山，在今河南省登封市东南。阴，山之北曰阴。

④ 启：禹的儿子，古书亦作"开"，继承禹之位而杀益，在位九年崩。

⑤ 丹朱之不肖：丹朱，尧的儿子。不肖，不似其父之贤。

⑥ 太丁未立：太丁，汤之太子，未立而亡。

⑦ 外丙：太丁之弟。

⑧ 仲壬：外丙之弟。

⑨ 太甲：太丁的儿子，汤的嫡长孙。

⑩ 典刑：常刑。

⑪ 桐：汤的墓地所在。《元和郡县图志》："闻喜县。桐乡故城，在县西南，旧以为伊尹放太甲之所，今考其地，与荣河汤陵近。"

⑫ 自怨自艾：艾，治。自怨自艾，悔悟己非而改过迁善。

⑬ 处仁迁义：以仁自处，见义则迁。

⑭ 亳：汤之国都，在今河南省商丘市。

⑮ 禅：让国于贤者。

【语译】万章问孟子："有人说：'到了禹的时候，道德就衰败了，不传位给贤人，而传位给自己的儿子。'有这回事吗？"

孟子说："没有，不是这样的。上天要传给贤人，就传给贤人；上天要传给儿子，就传给儿子。从前，舜向上天推荐禹，过了十七年，舜死了，三年的丧礼结束，禹为了让舜的儿子顺利继位，避居到了阳城，天下的百姓都归顺于他，就像尧死了，百姓不归顺于尧的儿子而归顺于舜一样。禹向上天推荐益，过了七年，禹死了，三年的丧礼结束，益为了让禹的儿子顺利继位，避居到箕山的北部，而要朝拜天子、诉讼官司的人，不去益那边而到启这里来，说：'这是我们国君的儿子啊！'要歌颂有功德的人，不歌颂益而歌颂启，说：'这是我们国君的儿子啊！'尧的儿子丹朱不贤明，舜的儿子也不贤明，且舜辅佐尧，以及禹辅佐舜，经过的时间长，施予百姓恩泽的时间也久。启贤能，能够恭敬地继承禹的德行，益辅佐禹，经过的时间短，施予百姓恩泽的时间也没多久。舜、禹、益三人辅佐天子相距的时间长短，以及他们儿子的贤明与不贤，都是天意，不是人力所能办得到的。没有谁去做却做成了，这就是天；没有谁去求却自然发生了，这就是命。身为一个普通人而能拥有天下，他的德行必定像舜、禹一样，而且还要有天子的推荐，所以孔子虽是圣人，因没有天子的推荐而不能得天下。继承先世的基业而拥有天下的，上天要废弃的话，必定像桀、纣那样。所以益、伊尹、周公虽贤能，却未能拥有天下。伊尹辅佐商汤，统一了天下，汤死后，太丁还没即位就死了，外丙在位两年，仲壬在位四年。到了太丁的儿子太甲即位，破坏了汤制定的典章制度，被伊尹放逐到桐。三年之后，太甲认识到自己所犯的过错，悔悟己非而改过迁善，在桐那个地方，以仁自处，唯义是从，在这三年之中，完全听从伊尹对自己的训诲，才又回到国都亳当天子。周公不能拥有天下，就像益在夏朝，伊尹在殷商一样。孔子说：'唐尧、虞舜把王位禅让给贤人，夏、商、周的王位由儿子继承，其中的道理是一样的。'"

【现代解读】本章的重点在讨论禹开始传子而不传贤，是否意味着禹的品德不及舜。孟子先是回溯历史，指出两个关键因素决定了继世传子的格局，第一，舜相尧二十八年，禹相尧十七年，但益相禹仅有七年，因此在积累的事功及声望方面，益是无法和舜、禹相提并论的。第二，尧的儿子丹朱不肖，舜的儿子亦不肖，但禹的儿子却非常贤能。在不肖与贤能差距甚大的情况下，百姓选择了启。因此，孟子表示，"益之相禹也，历年少，施泽于民未久。舜、禹、益相去久远，其子之贤不肖，皆天也，非人之所能为也"，换言之，这些历史条件的巨大差异，既然远非人力所能预知、控制，那孟子就将它归之于天，亦即用造化来解释，而不像一般人一样，将传子世袭这种政权转移的形式，径自诿过为禹的德衰。

这里值得我们注意的是，孟子这种诉诸天命的历史解释，究竟在传递着何种形态的天人关系？很显然，天在孟子心目中，首先不是作为宗教信仰的上帝，等待吾人的顶礼与求取福祉。同时，也不像西方古典形上学中的第一因与无限实体，作为一种理论基础，试图在理性上展开对存在界的说明。对孟子来说，"莫之为而为者，天也；莫之致而至者，命也"，当我们对某一历史事件，或者生活中的某一遇合，体认到其中有非人之始料所及者，或非人所能操控决定者，我们便会对天产生真实的体会。换言之，天在孟子思想里，作为造化的根源，固然高高在上、深不可测，但是只要我们敞开心灵，真切地体会到自己生命的有限性时，那么造化的奥秘就会通过时间之流中的某些重大事件,以及我们生命中种种不可预料的遇合,开显为历史的机遇,或者生命中走向成德之路的各种"分位"的挑战。因此,孟子从"非人所能也……天也"的角度,不但解释了为什么"唐、虞禅,夏后殷、周继,其义一也",而且也说明了即令德若伊尹、周公、孔子却不能拥有天下,但遇合始终无碍他们在不同时代树立最完美的人格典范,都被后世尊称为"圣人"。

9.7 万章问曰:"人有言:'伊尹以割烹要汤①。'有诸?"

孟子曰:"否,不然。伊尹耕于有莘②之野,而乐尧、舜之道焉。非其义也,非其道也,禄之以天下,弗顾也。系马千驷,弗视也。非其义也,非其道也,一介③不以与人,一介不以取诸人。汤使人以币聘之,嚣嚣然④曰:'我何以汤之聘币为哉?我岂若处畎亩之中,由是以乐尧、舜之道哉?'汤三使往聘之,既而幡然⑤改曰:'与⑥我处畎亩之中,由是以乐尧、舜之道,吾岂若使是君为尧、舜之君哉?吾岂若使是民为尧、舜之民哉?吾岂若于吾身亲见之哉?天之生此民也,使先知觉后知,使先觉觉后觉也。予,天民之先觉者也,予将以斯道觉斯民也。非予觉之而谁也?'思天下之民,匹夫匹妇有不被尧、舜之泽者,若己推而内⑦之沟中。其自任以天下之重如此,故就汤而说⑧之以伐夏救民。吾未闻枉己而正人者也,况辱己以正天下者乎?圣人之行不同也,或远或近,或去或不去,归洁其身而已矣。吾闻其以尧、舜之道要汤,未闻以割烹也。《伊训》⑨曰:'天诛造攻自牧宫,朕载自亳⑩。'"

【简注】①割烹要汤:割烹,割肉烹羹,为庖人也。要,求。《史记》中记载伊尹为了向国君进言,借着烹饪饮食之道说服商汤,以至王道。

② 有莘：古国名。

③ 一介：介，通"芥"。一芥，喻微末，一点点。

④ 嚣嚣然：无欲，悠然自得的样子。

⑤ 幡然：幡，通"翻"。幡然，改变之貌。

⑥ 与：与其。

⑦ 内：通"纳"。

⑧ 说：游说。

⑨ 《伊训》：《尚书》篇名。

⑩ 天诛造攻自牧宫，朕载自亳：造，始。牧宫，桀之宫。朕，我，伊尹自称。载，始。亳，汤之国都。朱注："伊尹言始攻桀无道，由我始其事于亳也。"

【语译】 万章问孟子："有人说：'伊尹靠着割肉烹羹的厨艺取得了汤的信任。'有这回事吗？"

孟子说："没有，不是这样的。伊尹在有莘国的郊野耕作，以尧、舜之道为乐。如果不合于义理，不合于正道，即使把天下当作俸禄给他，他都不屑一顾。即使有好几千匹马拴在那里要给他，他看都不看一眼。那些不合于义理，不合于正道的，他一丝一毫也不肯给予别人，一丝一毫也不肯收取别人的。汤派遣人拿厚礼去聘请他，他一无所求且悠然自得地说：'我要汤的厚礼做什么呢？这些难道比我独自在田野中以尧、舜之道为乐更好吗？'汤再三派遣使者去礼聘他，然后他才改变心意，说：'我与其独自一人在田野中以尧、舜之道自娱，何不让这个君主成为像尧、舜一样的明君呢？何不让百姓成为像尧、舜时期一样幸福的百姓呢？何不努力重现尧、舜的盛世，让自己可以亲眼见证呢？上天生育了这些百姓，让先知道事理的人去启发后知道事理的人，让先明白道理的人去启发后明白道理的人。我就是上天造就的百姓中先知先觉的那个人，我将要用先知先觉所领悟的道理去启发百姓。能启发百姓明白道理的人，除了我还有谁？'伊尹想到天下的百姓，那些普通的男人、女人，如果有人不能蒙受尧、舜的恩泽，就好像是自己亲手把他们推入水沟中一样。他这样自我要求担负天下的重责大任，所以到汤那里去说服他讨伐夏桀，拯救百姓。我没听说过自己不正而能够纠正别人的人，更何况是污辱自身而能够匡正天下的人呢？圣人的言行表现各不相同，有人远走隐遁，有人出仕当官，有人罢官离去，有人坚守岗位，归根结底，无外乎保持自身品行节操的纯洁无瑕罢了。我只听过伊尹用尧、舜之道来要求汤治理天下，没听说过他用厨艺来博取君王的信任。《尚书·伊训》说：'上天要诛杀、攻打夏桀，始于他自家的宫殿牧宫之内，而我不过是在汤都亳发起的。'"

【现代解读】本章孟子对万章提问伊尹是否以割烹要汤，做出澄清。关于伊尹以烹调之法要汤，其实许多典籍都有记载，如《墨子·尚贤》《庄子·庚桑楚》《吕氏春秋·本味》《史记·殷本纪》，孟子在本章中否定了这些故事性的细节，而直指历史的核心，即伊尹之所以辅佐成汤推翻夏桀的暴政，开启一代太平盛世，其根本在于他慨然以尧、舜之道，拯济水深火热之中的百姓。换言之，是这种自任负重的情操，使伊尹成就了殷朝开国的一段历史。因此，孟子指出圣人的行事各不相同，"或远或近，或去或不去"，他与君主的接触、互动的模式，不一而足，并没有定法，但归根结底的一点是洁身自好，即唯有端正自己，才能匡正他人。因此，孟子总结道："吾闻其以尧、舜之道要汤，未闻以割烹也。"

不过，从现代观点来看，伊尹以割烹之法演绎治国之道，容或有之。但一段历史本来就可以从多个角度来看，有人关注到故事的细节，有

万章上 | 303

人看到治乱的关键，主要在于每个人如何开眼凝视。我们只可以确定一点，我们的孟夫子总是从天人之际着眼，心系万民的福祉、人类的前程，就如北宋张横渠所言："为天地立心，为生民立命，为往圣继绝学，为万世开太平。"而孟子之所以为孟子，就在于他始终活在历史中。

9.8 万章问曰："或谓孔子于卫主痈疽①，于齐主侍人瘠环②，有诸乎？"

孟子曰："否，不然也。好事者为之也。于卫主颜雠由③。弥子④之妻，与子路之妻，兄弟⑤也。弥子谓子路曰：'孔子主我，卫卿可得也。'子路以告。孔子曰：'有命。'孔子进以礼，退以义，得之⑥不得曰'有命'。而主痈疽与侍人瘠环，是无义无命也。孔子不悦于鲁、卫⑦，遭宋桓司马⑧将要而杀之，微服⑨而过宋。是时孔子当厄，主司城贞子⑩，为陈侯周⑪臣。吾闻，观近臣，以其所为主，观远臣，以其所主。若孔子主痈疽与侍人瘠环，何以为孔子？"

【简注】①主痈疽：主，通"住"，舍于其家，以之为主人。此指住在痈疽家，以痈疽为主人。痈疽，亦作雍渠、雍睢等，依《史记·孔子世家》，痈疽是卫灵公宠幸的宦官。

②侍人瘠环：侍人，指宦官。瘠环，人名，与痈疽皆时君所近狎之人。

③颜雠由：亦作颜浊邹，卫国贤大夫，为子路之妻兄。

④弥子：卫灵公的宠臣弥子瑕。

⑤兄弟：姐妹。

⑥之：与。

⑦不悦于鲁、卫：不悦于鲁，是指齐人馈女乐，季桓子受之的

事。不悦于卫,是指招摇过市之事,可参考《孔子世家》所载。

⑧ 宋桓司马:宋国的司马桓魋。

⑨ 微服:变更常服,使人不识。

⑩ 司城贞子:陈国大夫。本宋人,后奔陈。

⑪ 陈侯周:陈国国君,名周。

【语译】万章问孟子:"有人说孔子在卫国,住在卫灵公宠幸的宦官痈疽的家里,在齐国住在齐景公宠幸的宦官瘠环的家里,有这样的事吗?"

孟子说:"没有,不是这样的。那些是喜欢造谣生事的人捏造出来的。孔子在卫国,住在贤大夫颜雠由的家里。卫君的宠臣弥子瑕的妻子,跟子路的妻子是姐妹。弥子瑕对子路说:'如果孔子来住我家,奉我为主,就可以得到卫国卿相的高位。'子路就把这话告诉了孔子。孔子说:'一切自有天命。'孔子依礼而进仕,依义而退隐,无论能不能得到国君重用,都说:'一切自有天命。'然而,如果真的住在痈疽和宦官瘠环的家里,就是不合于义,不知天命了。孔子在鲁国和卫国过得不顺心,还被宋国的司马桓魋拦路截杀,只好乔装改扮悄悄离开宋国。这个时候,孔子的处境艰难,住在司马贞子的家里,当了陈侯周的臣子。我听说,观察朝中的近臣,只要看寄宿在他家的宾客是什么样的人就可以了,观察远方来仕的臣子,只要看他寄宿的主人是什么样的人就可以了。如果孔子住在宠幸之臣痈疽和瘠环的家里,怎么还能是孔子呢?"

【现代解读】本章讨论的是孔子周游列国时是否曾住在卫国的痈疽家,在齐国时是否曾住在瘠环家。孟子明确地驳斥这种说法,认为这是好事者编造出来的谣言。事实上,孔子在卫国是住在卫国贤大夫

万章上 | 305

颜雠由家。即使当时卫灵公的宠臣弥子瑕与子路是连襟，曾邀请孔子住在他家，并宣称如此将可协助孔子得到国卿之位，但也被孔子严词拒绝了，孔子表示："能不能得到国卿之位，取决于命。"换言之，孔子是一个行事严谨之人，进以礼，退以义，是否能得到官位，一切交给命来决定，怎么会选择住在痈疽家及瘠环家？如此，不就是"无义无命"了吗？换言之，不但与礼义原则相悖，而且也是一种不知命的表现！

在此，孟子所谓，如果住在痈疽家、瘠环家，乃一"无义无命"的作为，这个断语透露出孟子哲学中一项非常重要的智慧，即"义命合一"之旨。而这项哲学内涵，通常被当代孟子学诠释的另一种观点"义命分立"所掩盖，当代新儒家的大师唐君毅先生独具慧眼，将这一哲学智慧梳理了出来。因此，有关义命关系的解读，我们势必要略费周章，做出一些交代。

先说"义命分立"，持这一诠释观点的学者，以劳思光先生为代表[1]。而支持这一观点的文献，最有力的一段应该是《尽心上·三》："求则得之，舍则失之，是求有益于得也，求在我者也。求之有道，得之有命，是求无益于得也，求在外者也。"依朱熹之见，所谓"求在我者"，亦即仁、义、礼、智，吾人心性所有者，而"求在外者"，亦即"富贵利达，凡外物皆是"。借劳思光先生的用语，前者亦即吾人道德主体可以主宰的"价值领域"，而后者，既然属于"得之有命"，而"命"代表着"客观之限制"，指涉到的就是必然性律则所决定的事实领域，两者迥然有别。再说"义命分立"，这是先秦儒学人文立教的特色，在经验事实世界之上，以心性自觉所代表的道德主体，另辟一价值世界，以表达人文化成天下的一贯精神。

---

[1] 劳思光：《新编中国哲学史》（一），台北：三民书局1984年版。

劳思光先生的"义命分立说",在其大著《中国哲学史》中,论述严谨、清晰明确,但也引起了颇多争论。其中最尖锐的两个批评,一个是价值与事实的二分,这个近代西方哲学颇多争议的区分,是否在中国哲学中也要理所当然地继承。另一个是依劳先生的观点,价值世界的建立,只要有道德主体性原则就足够了,无须另立一个形上学的基础。因此,在"义命分立"的诠释架构下,没有形上学存在的余地,传统"天人合一"的说法不能成立。坦白说,这第二个批评的确动摇了我们的信心,因为这要迫使我们割舍掉中国哲学中最动人的一项特征,的确需要三思。

事实上,《孟子》中有关义命关系的文献,并没有一边倒地支持"义命分立"的看法,目前我们解读的这一章,其实就是从"义命合一"的观点来理解孔孟儒学更精微的一面。

唐君毅先生在其大著《中国哲学原论·导论篇》中[1]曾言:"由孟子此段话,便知孔子之言命,乃与义合言,此正与《论语》不知命,无以为君子之言通。孔子之所以未尝有主痈疽与侍人瘠环之事,因此乃枉道不义之行,孔子决不为也。弥子谓子路曰:'孔子主我,卫卿可得。'孔子之答又为有命。故孟子之释曰,无义无命。此即言义之所在,即命之所在也。"换言之,孔子行事,进以礼,退以义,一切以礼义为依准,如果为了谋求国卿之位而进退失据,则不但违背了礼义,而且也是一种"不知命"的"无命"之举。亦即,君子唯有安于所当为,不枉道轻举,则义之所在即是对命的领纳、安顿与回应。

果如前论,我们看到孔孟儒学可能并不像劳思光先生所诠释的,将命理解为客观的限制,理解为一个与吾人成德无关的经验事实领域。相反,命在吾人心性觉醒的道德实践中,一直渗透在我们生活的每一

---

[1] 唐君毅:《中国哲学原论·导论篇》,香港:新亚研究所1966年版。

个情境中，以各式各样的当然之义对我们形成召唤，如或当见、当隐、当兼善、当独善、当求生，或当杀身成仁，而我们的进以礼，退以义，其实也正是对命的领纳与回应。因此，在儒学的成德之教中，命之所在，亦即义之所在，只有"义命合一"，我们的道德实践才是点亮生活世界的光，也才是化成天下的真实动力。

9.9 万章问曰："或曰：'百里奚①自鬻②于秦养牲者，五羊之皮，食牛③以要秦穆公④。'信乎？"

孟子曰："否，不然，好事者为之也。百里奚，虞⑤人也。晋人以垂棘⑥之璧，与屈产之乘⑦，假道于虞以伐虢⑧。宫之奇⑨谏，百里奚不谏。知虞公之不可谏而去之秦，年已七十矣，曾不知以食牛干秦穆公之为污也，可谓智乎？不可谏而不谏，可谓不智乎？知虞公之将亡而先去之，不可谓不智也。时举于秦，知穆公之可与有行⑩也，而相之，可谓不智乎？相秦而显其君于天下，可传于后世，不贤而能之乎？自鬻以成其君，乡党自好者不为，而谓贤者为之乎？"

【简注】①百里奚：姓百里，名奚。初事虞君，为虞国大夫，后为秦穆公贤相，人称五羖大夫。

② 鬻：卖。

③ 食牛：替人养牛。食，饲养，动词。

④ 以要秦穆公：要，求。秦穆公，春秋五霸之一。

⑤ 虞：古国名。故城在今山西省平陆县北，春秋时灭于晋。

⑥ 垂棘：古地名，产美玉。

⑦ 屈产之乘：屈，地名，产良马。乘，马四匹，引申为良马。

⑧ 虢：古国名，谓北虢。国都上阳，在今河南省三门峡市南。晋献公因荀息之计，借道于虞以伐虢，灭虢后，又回师灭掉了虞。

⑨宫之奇：虞国的贤大夫，劝谏虞君勿许晋国借道，否则唇亡齿寒，虞君不听，后虞国亡。

⑩有行：有所作为。

【语译】 万章问孟子："有人说：'百里奚把自己卖给秦国饲养牲畜的人，得到五张羊皮，靠替人养牛接近秦穆公，以求取秦穆公的任用。'是真的吗？"

孟子说："没有，不是这样的。那是喜欢造谣生事的人捏造出来的。百里奚是虞国人，当时晋国用垂棘出产的宝玉和屈地所产的良马，向虞国借道想要攻打虢国。宫之奇极力劝阻虞君，百里奚没有进谏。他明白虞君是无法劝谏的，所以离开了虞国而搬到秦国，这时他已经七十岁了，怎么可能会不知道用替人养牛去求取秦穆公的任用是卑劣的行为呢，这能叫作明智吗？知道无法劝谏而不进谏，这能说他不明智吗？知道虞君将要亡国而先行离去，也不能说他不明智。当他被秦国任用时，知道秦穆公可以与他一同有所作为而辅佐他，能说他不明智吗？辅佐秦而使其国君显扬于天下，流传于后世，如果不是贤明的人，能办得到吗？卖掉自己来成就国君的事业，这样的事连乡里那些洁身自好的人都不肯做，你认为贤能的人会去做吗？"

【现代解读】 本章与前四章的旨趣均有相通之处，主要在厘清百里奚的智慧能见人所未见、知人所未知，其贤能足以辅佐秦穆公使秦国富强，这样的人怎么会自污其身以求功名。这种见解显然又是为一些历史上偶然性的故事细节所误导，没有理解到一个能够领导国家、引领时代的人，若不能端正自己、洁身自好，是绝对不可能办到这些的。

万章下

《万章下》共计九章，其中五章记录孟子与万章之间的对话、两章是应答时人之问、两章语录。第一章论圣人的殊异性及孔子作为"圣之时者"的意义。第二章论周代爵禄制度。第三章到第七章，分别讨论交友及出仕应对等课题。第八章则讨论尚友与知人论世，第九章则为孟子与齐宣王论卿的角色及职责差异。

10.1 孟子曰:"伯夷,目不视恶色,耳不听恶声。非其君不事,非其民不使。治则进,乱则退。横政①之所出,横民之所止,不忍居也。思与乡人处,如以朝衣朝冠,坐于涂炭也。当纣之时,居北海之滨,以待天下之清也。故闻伯夷之风者,顽夫②廉,懦夫③有立志。

"伊尹曰:'何事非君?何使非民?'治亦进,乱亦进。曰:'天之生斯民也,使先知觉后知,使先觉觉后觉。予,天民之先觉者也,予将以此道觉此民也。'思天下之民,匹夫匹妇有不与被尧、舜之泽者,若己推而内之沟中。其自任以天下之重也。

"柳下惠不羞污君,不辞小官。进不隐贤,必以其道。遗佚而不怨,厄穷而不悯。与乡人处,由由然不忍去也。'尔为尔,我为我,虽袒裼裸裎于我侧,尔焉能浼我哉?'故闻柳下惠之风者,鄙夫④宽,薄夫⑤敦。

"孔子之去齐,接淅⑥而行。去鲁,曰:'迟迟吾行也!'去父母国之道也。可以速而速,可以久而久,可以处而处,可以仕而仕,孔子也。"

孟子曰:"伯夷,圣之清⑦者也;伊尹,圣之任⑧者也;柳下惠,圣之和⑨者也;孔子,圣之时⑩者也。孔子之谓集大成⑪。集大成也者,金声而玉振之⑫也。金声也者,始条理⑬也;玉振之也者,终条理也。始条理者,智之事也;终条理者,圣之事也。智,譬则巧也;圣,譬则力也。由⑭射于百步之外也,其至,尔力也;其中,非尔力也。"

万章下 | 311

【简注】① 横政：横，不依循法度。暴政。

② 顽夫：无知贪婪的人。

③ 懦夫：柔弱无主见的人。

④ 鄙夫：胸襟狭隘的人。

⑤ 薄夫：性情刻薄的人。

⑥ 接淅：接，承。淅，渍米。意思是洗好米正准备煮，急着要走，用手捧着洗过的米就离开。

⑦ 清：无所杂也。

⑧ 任：以天下为自己的责任。

⑨ 和：随和。

⑩ 时：应时而出，与时俱进。

⑪ 集大成：集先圣之长，以成一已之德。

⑫ 金声而玉振之：凡奏乐，先以钟发声，以磬收韵，奏乐从始至终。

⑬ 条理：脉络，指众乐合奏之节奏。

⑭ 由：同"犹"，如同。

【语译】孟子说："伯夷，眼睛不看不正当的色相，耳朵不听不正当的声音。不是他理想的君主就不去侍奉，不是他理想的百姓就不去管理。局势稳定就出来当官，社会动乱就隐居起来。施行暴政的国家，乱民聚集的地方，他都不愿意去住。他一想到跟乡野村夫相处，就觉得好像身穿礼服、头戴礼帽却坐在肮脏的泥地或炭灰上。当时纣王当政，他隐居在北海边上，等待天下政治清明。所以，凡是听到伯夷风范的人，无知贪婪的人都会变得廉洁，柔弱无主见的人也会立定志向。

"伊尹说：'什么样的君主不可以侍奉？什么样的百姓不可以管

理？'局势稳定要出来当官，社会动乱也要出来当官。他说：'上天生育了这些百姓，让先知道事理的人去启发后知道事理的人，让先明白道理的人去启发后明白道理的人。我是上天造就的百姓中之先知先觉的人，我将要用先知先觉所领悟的道理去启发这些百姓。'他想到天下的百姓，那些普通的男人、女人，如果有人不能蒙受尧、舜的恩泽，就好像是自己亲手把他们推入水沟中一样，他这样自我要求担负天下的重责大任。

"柳下惠不会因为侍奉不好的君王而羞耻，也不会因为自己官职低而自卑。他入朝为官时，不隐藏自己的才能，凡事必定按照自己的原则行事。即使被君王冷落遗弃，也不怨恨，处境困穷，也不忧愁。跟乡野村夫相处，他感到欢喜自得而不愿离去。他说：'你是你，我是我，即使你赤身裸体地在我旁边，又怎么能够玷污我呢！'所以，凡是听到柳下惠风范的人，胸襟狭隘的人就会变得宽容，性情刻薄的人也会变得厚道。

"孔子离开齐国时，急得连米都来不及淘好，捞起米捧着就走。离开鲁国时，他说：'慢慢地走吧！'这是离开祖国的态度。该速去就速去，该久留就久留，该隐居就隐居，该出仕就出仕，这就是孔子的为人。"

孟子说："伯夷，是圣人中最清高自持的人；伊尹，是圣人中最有责任感的人；柳下惠，是圣人中最随和的人；孔子，是圣人中最合时宜、与时俱进的人。孔子，可说是集先圣之长的集大成的人了。所谓集大成，就像是奏乐时先发出金钟清亮的声音，结束时用玉磬沉稳浑厚的声音收尾一样。金钟清亮的声音，是旋律开始的脉络；玉磬沉稳浑厚的声音，是旋律结尾的脉络。旋律开始的脉络，是智的体现；旋律结尾的脉络，是圣的体现。智，犹如技巧；圣，犹如力道。就像是在百步之外射箭，能射到百步之外的距离，靠的是你的力道。能够射中目标，就不是单靠你的力道就能做到的了。"

【现代解读】本章重点在分别讨论了伯夷、伊尹、柳下惠、孔子的人格特质后，聚焦在孔子身上，说明孔子作为"圣之时者"乃一"集大成"的最圆满的形态。在"知言养气"章中，孟子曾表示伯夷、伊尹、孔子的相同处在于："得百里之地而君之，皆能以朝诸侯，有天下。行一不义，杀一不辜，而得天下，皆不为也，是则同。"这说明了他们的品德才能都足以领导一个国家、时代，但绝不会为名位牺牲任何一个无辜的生命。在孟子心目中，孔子是历代圣人中出类拔萃的佼佼者。只是，孔子的与众不同之处究竟在哪里？在"知言养气"章中，并未给出明确的说明。因此，本章的重要性，即在于更精准地点出，孔子为什么在儒者心目中拥有最崇高的地位。

约略言之，伯夷、伊尹、柳下惠的品德才能均已达至圣人的高度，但气质和禀性之偏，使得他们也表现为特定的形态，如表现为"清""任""和"这些特质。但孔子不同，孔子以"集大成"的方式，不拘一偏，兼具各种美德。朱熹在《四书章句集注》中就直言："此言孔子集三圣之事，而为一大圣之事；犹作乐者，集众音之小成，而为一大成也。"换言之，孔子的"可以速而速，可以久而久，可以处而处，可以仕而仕"，基本上就是以一种与时俱进、灵通无碍的方式来自我实现，就像乐曲的演奏，虽然各种乐器随着乐曲的进行交错呈现，各当其时，充满了变化，但又始终维持着基本的旋律与基调。因此，孟子总结道："始条理者，智之事也；终条理者，圣之事也。智，譬则巧也；圣，譬则力也。由射于百步之外也，其至，尔力也；其中，非尔力也。"这也就是说，孔子的"仁且智"，使得他的生命人格更圆融无碍地达至完美的高峰。

10.2 北宫锜①问曰:"周室班②爵禄也,如之何?"

孟子曰:"其详不可得闻也。诸侯恶其害己也,而皆去其籍。然而轲也尝闻其略也。天子一位,公一位,侯一位,伯一位,子、男同一位,凡五等③也。君一位,卿一位,大夫一位,上士一位,中士一位,下士一位,凡六等④。天子之制,地方千里,公侯皆方百里,伯七十里,子、男五十里,凡四等。不能⑤五十里,不达于天子,附于诸侯,曰附庸⑥。天子之卿,受地视⑦侯,大夫受地视伯,元士⑧受地视子、男。大国地方百里,君十卿禄,卿禄四大夫,大夫倍上士,上士倍中士,中士倍下士,下士与庶人在官者同禄,禄足以代其耕也。次国地方七十里,君十卿禄,卿禄三大夫,大夫倍上士,上士倍中士,中士倍下士,下士与庶人在官者同禄,禄足以代其耕也。小国地方五十里,君十卿禄,卿禄二大夫,大夫倍上士,上士倍中士,中士倍下士,下士与庶人在官者同禄,禄足以代其耕也。耕者之所获,一夫百亩。百亩之粪⑨,上农夫食九人,上次食八人,中食七人,中次食六人,下食五人。庶人在官者,其禄以是为差。"

【简注】① 北宫锜:卫国人,姓北宫,名锜。

② 班:列、等级分别。

③ 五等:天子、公、侯、伯、子男,五等的封爵。

④ 六等:君、卿、大夫、上士、中士、下士,六等的职位。

⑤ 不能:不足。

⑥ 附庸:附属于诸侯的小国。

⑦ 视:比照。

⑧ 元士:官名,上士。

⑨ 粪:施肥治田。

万章下 | 315

【语译】 北官锜问孟子："周朝制定的爵位跟俸禄之等级制度是怎样的呢？"

孟子说："详细的规定已经无法知道了。诸侯害怕这些规定会妨碍自己扩张势力，所以把那些记录制度的典籍都销毁了。但是我啊，曾经听说过它的大概内容。天子一个级位，公一个级位，侯一个级位，伯一个级位，子、男同一个级位，爵位总共五个等级，是通行于天下的。国君一个级位，卿一个级位，大夫一个级位，上士一个级位，中士一个级位，下士一个级位，职位总共六个等级，是施行于一国之中的。至于土地，天子管理一千里见方，公侯都是百里见方，伯是七十里见方，子、男是五十里见方，总共四个等级。不足五十里见方的土地，不能够与天子直接联系，只能附属于邻近的诸侯，称作附庸。天子以下的卿受封的土地比照侯爵，大夫受封的土地比照伯爵，上士受封的土地比照子爵、男爵。大国的土地是百里见方，国君的俸禄是卿的十倍，卿是大夫的四倍，大夫是上士的两倍，上士是中士的两倍，中士是下士的两倍，下士的俸禄和在官府当差的平民百姓一样，这样的俸禄足够代替他耕田的收入。中等国家的土地是七十里见方，国君的俸禄是卿的十倍，卿是大夫的三倍，大夫是上士的两倍，上士是中士的两倍，中士是下士的两倍，下士的俸禄和在官府当差的平民百姓一样，这样的俸禄足够代替他耕田的收入。小国的土地是五十里见方，国君的俸禄是卿的十倍，卿是大夫的两倍，大夫是上士的两倍，上士是中士的两倍，中士是下士的两倍，下士的俸禄和在官府当差的平民百姓一样，这样的俸禄足够代替他耕田的收入。耕田的人所得到的，一个成年男子可分到百亩田地。这百亩土地的施肥耕种，上等的农夫可以养活九个人，比上等农夫次一等的可养活八个人，普通中等的农夫可养活七个人，比普通中等的农夫次一等的可养活六个人，下等农夫可养活五个人。至于平民百姓在官府当差的，他们的俸禄也是比照这个标准区分等级的。"

【现代解读】本章所论周代爵禄，孟子所陈与《周礼》《礼记·王制》所载，多有不合，朱熹认为"盖不可考，阙之可也"。不过，程颐认为"今之礼书，皆缀拾于煨烬之余，而多出于汉儒一时之傅会"，似乎也不认同礼书的可靠性，因此孟子这里的陈述，仍有一定的价值。

10.3 万章问曰："敢问友？"

孟子曰："不挟①长，不挟贵，不挟兄弟而友。友也者，友其德也，不可以有挟也。孟献子②，百乘之家也，有友五人焉：乐正裘、牧仲③，其三人则予忘之矣。献子之与此五人者友也，无献子之家者也。此五人者，亦有献子之家，则不与之友矣。非惟百乘之家为然也，虽小国之君亦有之。费惠公④曰：'吾于子思，则师之矣；吾于颜般⑤，则友之矣；王顺、长息⑥，则事我者也。'非惟小国之君为然也，虽大国之君亦有之。晋平公⑦之于亥唐⑧也，入云则入，坐云则坐，食云则食，虽疏食菜羹，未尝不饱，盖不敢不饱也。然终于此而已矣。弗与共天位也，弗与治天职也，弗与食天禄也。士之尊贤者也，非王公之尊贤也。舜尚⑨见帝，帝馆甥⑩于贰室⑪，亦飨舜，迭为宾主。是天子而友匹夫也。用下敬上，谓之贵贵；用上敬下，谓之尊贤。贵贵尊贤，其义一也。"

【简注】①挟：挟持。

②孟献子：鲁国的贤大夫仲孙蔑。

③乐正裘、牧仲：乐正裘，鲁国人，亦作乐正求。牧仲，鲁国人。

④ 费惠公：费国之君。

⑤ 颜般：或作颜敢。

⑥ 王顺、长息：王顺，或作王慎。长息，公明高的弟子。

⑦ 晋平公：悼公之子，名彪。

⑧ 亥唐：晋国贤人，隐居不仕，晋平公尝往造访之。

⑨ 尚：上。

⑩ 甥：赵岐注："礼，谓妻父曰外舅，谓我舅者，吾谓之甥，尧以女妻舜，故谓之甥。"甥，女婿。

⑪ 贰室：副宫。

【语译】 万章问孟子："冒昧请教交友之道？"

孟子说："不要自恃年长，不要自恃身份尊贵，不要自恃兄弟的权势去结交朋友。交朋友，是因为他的品德，不可以有所倚仗。鲁国大夫孟献子，是个有百辆车马的世家子弟，他结交了五个朋友：乐正裘、牧仲，其他三人我不记得了。孟献子跟这五个人做朋友，心中没有自己是贵族世家的想法。这五个人，如果存有孟献子是贵族世家的想法，也就不跟他做朋友了。不只是有百辆兵车的世家大夫是这样，就是小国的国君也是这样的。费惠公说：'我对待子思，以师礼待之；我对待颜般，以朋友相待；至于王顺、长息二人，就只是侍奉我的人。'不仅小国的国君是这样，就是大国的国君也是这样的。晋平公对于亥唐，亥唐叫他进去才敢进去，亥唐叫他坐才坐下，叫他吃才吃饭，即使吃的是粗茶淡饭也没有吃不饱的情况，因为实在是不敢不吃饱。然而晋平公对亥唐，也就只能做到这样而已。没有跟他一起共列爵位，没有跟他一起同理政事，没有跟他一起共享俸禄。这只是士人对贤者的尊敬，不是王公对贤者的尊敬。舜上朝拜见尧帝，尧帝请这个女婿住在副宫，也请舜到宫中吃饭，舜也回请，两人轮流做宾主。

这是天子跟平民交友的典范。在下位的人敬重在上位的人，叫作尊重贵人；在上位的人敬重在下位的人，叫作尊重贤人。无论是尊重贵人还是尊重贤人，道理都是一样的。"

【现代解读】本章论交友之道，孟子认为交友不应依恃年龄、地位或兄弟关系等，应单纯地建立在"友其德"之上。在《离娄下·三十》中孟子解释匡章为何得罪于父亲时，曾提到"责善，朋友之道也"，可以对本章"友其德"的观点进行补充。要言之，朋友交往不需建立在一些条件之上，应单纯地基于品德的考量，彼此以善相劝、相扶持。因此，孟子特别举出历史上尧、舜的互动，孟献子、费惠公、晋平公的交友记录，以说明此点。

10.4 万章问曰："敢问交际①何心也？"

孟子曰："恭也。"

曰："'却之②却之为不恭'，何哉？"

曰："尊者赐之，曰：'其所取之者义乎？不义乎？'而后受之，以是为不恭，故弗却也。"

曰："请无以辞却之，以心却之，曰：'其取诸民之不义也。'而以他辞无受，不可乎？"

曰："其交也以道，其接也以礼，斯孔子受之矣。"

万章曰："今有御③人于国门之外者，其交也以道，其馈也以礼，斯可受御与？"

曰："不可。《康诰》曰：'杀越人于货，闵不畏死，凡民罔不譈④。'是不待教而诛者也。殷受夏，周受殷，所不辞也。于今为烈，如之何其受之？"

曰："今之诸侯取之于民也，犹御也。苟善其礼际矣，斯君子受

万章下 | 319

之,敢问何说也?"

曰:"子以为有王者作,将比⑤今之诸侯而诛之乎?其教之不改而后诛之乎?夫谓非其有而取之者,盗也,充类至义⑥之尽也。孔子之仕于鲁也,鲁人猎较⑦,孔子亦猎较。猎较犹可,而况受其赐乎?"

曰:"然则孔子之仕也,非事道与?"

曰:"事道也。"

"事道奚猎较也?"

曰:"孔子先簿正祭器⑧,不以四方之食⑨供簿正。"

曰:"奚不去也?"

曰:"为之兆⑩也,兆足以行矣,而不行而后去,是以未尝有所终三年淹⑪也。孔子有见行可之仕,有际可⑫之仕,有公养⑬之仕。于季桓子⑭,见行可之仕也;于卫灵公⑮,际可之仕也;于卫孝公⑯,公养之仕也。"

【简注】① 交际:谓以礼仪币帛相交接,此指礼物收受的人情往来。

② 却之:不受而退还对方的礼物。

③ 御:止,此指拦路抢劫。

④ 杀越人于货,闵不畏死,凡民罔不譈:于,取。杀越人于货,指杀人取货。闵,强悍。闵不畏死,强悍不怕死。罔,无。譈,通"憝",怨恨。凡民罔不譈,所有百姓没有不怨恨的。

⑤ 比:连同。

⑥ 充类至义:扩充其类,推究其义。

⑦ 猎较:古时候诸侯将祭则田猎。打猎时互相争夺猎物,以其所得做祭祀之用。

⑧ 簿正祭器:先立簿册,而正宗庙之祭器。

⑨ 四方之食：珍异难得之食。

⑩ 兆：开端。

⑪ 淹：滞留。

⑫ 际可：礼遇周到。

⑬ 公养：国君养贤。

⑭ 季桓子：鲁国正卿季孙斯。

⑮ 卫灵公：卫国国君。

⑯ 卫孝公：《左传》《史记》无记载，疑为卫出公辄。

【语译】万章问孟子："冒昧请教亲友间的往来馈赠，该用什么心态应对？"

孟子说："应该用恭敬的态度。"

万章说："俗话说'一再拒绝别人的礼物是不恭敬的'，这是为什么呢？"

孟子说："如果尊长有所赐予，你心里想着'这个礼物，他是用合于义的方式取得的，还是用不义的方式取得的'，然后才接受，这是不恭敬的，所以不推辞。"

万章说："言语上不直接拒绝，而在心里面拒绝，心里想着'这些礼物都是从百姓身上剥削而来的不义之财'，转而用别的理由委婉推辞不接受，这样不行吗？"

孟子说："只要他是以道义相结交，以礼仪相对待，就算是孔子也会接受他的礼物的。"

万章说："现在有个人在都城郊外拦路抢劫，他以道义与我结交，按照礼仪送我礼物，那我可以接受他抢来的赃物吗？"

孟子说："不可以。《尚书·康诰》上说：'杀了人又抢了他的财物，强横而不怕死的人，百姓没有不怨恨的。'这种人不需要教化就可以处死。这条律法，殷商传承自夏朝，周朝传承自殷商，都不曾改变。现在杀人越货的情况更严重了，怎么能够接受呢？"

万章说："现在的诸侯，从百姓身上取得财物，就像拦路抢劫一样。假如他能够妥善地依礼节往来送礼，那君子就接受他的馈赠，请问这怎么说呢？"

孟子说："你认为，圣王兴起后是会将现在的诸侯都杀光，还是先经过一番教育然后杀掉仍不悔改的呢？所谓把不属于自己的东西拿走就是盗，这只是类推到义理的极端。当初孔子在鲁国当官时，鲁国人每逢祭祀就会互相争夺猎物，孔子也会跟着他们一起。争夺猎物尚且可以，更何况接受馈赠的礼物呢？"

万章说："孔子当官不是为了行道吗？"

孟子说："是为了行道啊。"

万章说："行道怎么能去争夺猎物呢？"

孟子说："孔子先立簿册，用文书规定了祭祀的器物，而不把四方珍异难得的食物列入簿册。"（未列册的猎物无法用于祭祀，孔子希望通过簿正祭器遏止猎较之风。）

万章说："孔子这么做，最后还是没能改变什么，为什么不辞官离去呢？"

孟子说："总得试行一下，如果一个主张可以行得通，而国君却不肯推行，不得已然后才离去，因此孔子从不曾在一个国家停留三年之久。孔子出仕做官，有看到可以行道而去做官的，有因受到特别礼遇而去做官的，有因国君很有诚意养贤而去做官的。季桓子是看到可以行道而去做官的，卫灵公是因受到特别礼遇而去做官的，卫孝公是因国君很有诚意养贤而去做官的。"

【现代解读】 本章从人与人交际互动的原则，谈到乱世之中君子的出仕，其间，万章的提问越来越尖锐，但孟子的回应称理而谈，不失坦荡。万章先询问人与人应酬交际时，应拿出什么态度。孟子在回答"恭敬"后，万章又接着问，为什么我们常常听到"却之不恭"的说法。孟子解释说，那是因为长者所赐，这时还要追究礼物是不是符合义的标准，否则就显得不恭敬了。万章仍有疑虑，接着询问，可不可以在心里拒绝，事后再以别的理由奉还。孟子表示，只要对方以合礼的方式交往，并依礼节行事，就是孔子也会接受。没有想到，万章仍不满意，他将心中的疑虑进一步尖锐化，设想一种极端的情况问道："如果有一个强盗，'其交也以道，其馈也以礼'，我们也要接受吗？"孟子则引用周初的戒律，认为现在世风日下，当然不可以接受。万章在得到预期的答案后，就不再掩饰了，将真正的问题直接提了出来，他质问道："如今天下诸侯个个像强盗一样掠夺百姓，如果他们善于交际，而君子就这样接受礼物，那该如何解释？"

孟子的回应是，即使有圣王出现，也不会在不教而诛的情况下，把天下诸侯一律视同抢劫犯那样杀掉，因为这是对"非其有而取之者，盗也"的一种过度夸大的解释。事实上，孔子在鲁国做官时，也随国人在猎场上争夺猎物，以供祭祀。连争夺猎物都被允许，更何况是国君的馈赠呢？

这时，万章就不解地进一步质问："孔子出仕，不是为了行道于天下吗？为什么不离开这种无道的国家呢？"

这一次孟子的回答就很直接了。孔子出仕，当然是为了行道，但行道总是要试了才知道。于是他明确将孔子的出仕分为三种，见行可之仕、际可之仕、公养之仕。但遗憾的是，孔子的出仕，每一次都不满三年。这一点，我们在证诸《孟子》的其他篇章可以了解到，毕竟那是乱世，出仕固然是为了行道，但退隐也是行其所当然，是回应道之将废的一种适当做法。

因此，总结前文的梳理，应可确认，本章的重点其实是在讨论乱世中君子出仕的原则。

10.5 孟子曰："仕非为贫也，而有时乎为贫。娶妻非为养也，而有时乎为养。为贫者，辞尊居卑，辞富居贫。辞尊居卑，辞富居贫，恶乎宜乎？抱关击柝①。孔子尝为委吏②矣，曰：'会计当而已矣。'尝为乘田③矣，曰：'牛羊茁壮长而已矣。'位卑而言高，罪也。立乎人之本朝而道不行，耻也。"

【简注】①抱关击柝：抱关，守城门的人。击柝，敲更守夜的人。两者皆身份卑微，俸禄微薄。

②委吏：管仓库的小吏。

③乘田：管苑囿的小吏，畜牧牛羊。

【语译】孟子说："出仕当官是为了行道，不是因为贫穷，但有时也是因为贫穷。娶妻是为了子嗣传承，不是为了奉养父母，但有时也是为了奉养父母。因为贫穷而去当官的，应该辞去高位而居于卑位，应该辞去丰厚的俸禄而接受微薄的俸禄。要辞去高位而居于卑位，辞去丰厚的俸禄而接受微薄的俸禄，怎么做才算合宜呢？就去当守城门的人和敲更守夜的人。孔子曾经当过管仓库的小吏，说：'只要进出的账目清楚就好。'他也曾经当过管苑囿的小吏，说：'只要让牛羊长得壮实就好。'地位低微而高谈阔论国事，是有罪过的。在朝廷中当大官却无法实行大道，是可耻的。"

【现代解读】本章接续前章讨论乱世之中出仕的原则，只是这次的情况略有不同。一般而论，君子出仕就是为了行道，但是特殊情况下也可能是为了生计。孟子认为既是为生计而出仕，就不应谋取高官厚禄。孔子曾任职委吏、乘田，这些工作只要尽心负责即可。但是，若位居朝廷要职，却不能行道济世，那就是君子的耻辱。

10.6 万章曰："士之不托诸侯①，何也？"

孟子曰："不敢也。诸侯失国而后托于诸侯，礼也。士之托于诸侯，非礼也。"

万章曰："君馈之粟，则受之乎？"

曰："受之。"

"受之，何义也？"

曰："君之于氓也，固周之②。"

曰："周之则受，赐之则不受，何也？"

曰："不敢也。"

曰："敢问其不敢何也？"

曰："抱关击柝者，皆有常职以食于上，无常职而赐于上者，以为不恭也。"

曰："君馈之，则受之，不识可常继乎？"

曰："缪公之于子思也，亟③问亟馈鼎肉④，子思不悦。于卒也，摽⑤使者出诸大门之外，北面稽首⑥再拜而不受，曰：'今而后，知君之犬马畜伋⑦！'盖自是台无馈也。悦贤不能举，又不能养也，可谓悦贤乎？"

曰："敢问国君欲养君子，如何斯可谓养矣？"

曰："以君命将⑧之，再拜稽首而受，其后廪人继粟，庖人继肉，不以君命将之。子思以为鼎肉，使己仆仆尔⑨亟拜也，非养君子之道也。尧之于舜也，使其子九男事之，二女女⑩焉，百官牛羊仓廪备，以养舜于畎亩之中，后举而加诸上位。故曰：'王公之尊贤者也。'"

万章下 | 325

【简注】 ①士之不托诸侯：士，读书明道而未入仕的人。托，寄托，不仕而食其禄。

②君之于氓也，固周之：氓，从他国迁至此地的百姓。周，救济。

③亟：屡次。

④鼎肉：熟肉。

⑤摽：挥手、指使。

⑥稽首：古代跪拜礼节，跪地，拱手至地，叩首。

⑦伋：子思名。

⑧将：送。

⑨仆仆尔：烦扰的样子。

⑩女：动词，嫁女。

【语译】 万章问："士人不能寄食于诸侯，这是为什么呢？"

孟子说："因为不敢这么做。诸侯失去了他的国家，然后投奔寄食于其他诸侯，这是合乎礼制的。但士人寄食于诸侯，不合乎礼制。"

万章问："如果国君送他粟米粮食，那么他可以接受吗？"

孟子说："可以接受。"

万章问："接受是什么道理呢？"

孟子说："国君对于外来的百姓，本来就该周济。"

万章问："周济可以接受，赏赐却不能接受，这是为什么呢？"

孟子说："因为不敢接受。"

万章问："请问为什么不敢？"

孟子说："守城门和敲更守夜的人都有固定的职务，所以可接受国君的俸禄，如果没有固定的职务而接受了国君的俸禄，便被认为不恭敬。"

万章问："国君有所馈赠，就接受，不知是否可长久持续下去？"

孟子说："从前鲁缪公对待子思，屡次问候，屡次赠肉，子思很不高兴。后来，挥手把使者赶出大门外，面向北方叩首作揖再拜而拒绝接受，说：'现在才知道国君是把我当犬马在豢养。'大概从此以后，鲁缪公就不再给子思送东西了。喜爱贤者却不任用他，又不能够礼遇厚待他，可以说是喜爱贤者吗？"

万章问："请问国君要礼遇厚待君子的话，怎么做才算是礼遇厚待呢？"

孟子说："第一次以国君的命令送礼物来，再拜叩首而接受，之后让管理粮仓的小吏经常送粮食来，厨师经常送肉来时，就不必再传达是国君的命令了。子思不高兴是因为，他认为屡次用国君的命令送来肉食，让自己频频拜谢，这不是礼遇厚待君子的方式。尧对待舜，派遣自己的九个儿子去侍奉舜，又把两个女儿嫁给他，还命百官备齐牛羊、仓库的存粮，使舜在田野中受到礼遇厚待，后来还提拔他登上高位。所以说：'这才是王公尊敬贤人的榜样啊。'"

【现代解读】本章重点在讨论士人应如何面对诸侯的馈赠及诸侯的尊贤奉养之道。孟子认为即使在乱世，士人仍然应该积极出仕，试着争取行道的机会。如果时机不允许，就急流勇退，无须恋栈。但是，孟子并不赞成士人依附寄居在诸侯门下，因为只有诸侯失国，才可以依附寄居于诸侯门下，这是礼制所允许的。但"士之托于诸侯，非礼也"。不过，孟子接着指出，诸侯对士人若是有所馈赠周济，倒是可以接受。只是，馈赠周济可以，赏赐不行。因为"赐"是对有固定职务的士人的一种赏赐，不适用于没有固定职务的士人。

万章这时就又提问到，国君可不可以经常性地给予士人馈赠周济，孟子又以为期期不可，并且以子思拒绝鲁缪公的馈赠为例，指出国君若是尊贤却不能提拔举用，只提供适当的奉养不算尊贤。

问题是，怎样才算是适当的做法呢？孟子表示，以国君为名义的馈赠，一次就足够了，这时，馈赠的士人亦当稽首表达谢意。之后，这些周济就交由事务性小吏进行，不必劳动士人一再地打躬作揖，表达感谢。孟子举尧尊贤的做法，尧是派遣九个儿子、两个女儿、百官，并且齐备着牛羊、粮食去舜的田里敦聘他，这才是真正尊贤的做法。

孟子与万章这对师徒，为什么这样计较士人的取与辞受呢？关键在于战国乱世，礼制崩坏，社会阶层的迅速流动使得士人从以前的统治阶层中游离出来，成为没有固定职位的新阶层——游士。他们肩负着道统存续的任务，却没有任何客观的体制来保障他们，因此，面对日益膨胀的君权，士人必须靠自己身份的自觉，以及行事中的自我定位，才能确保道统优先于政统，使行道于天下成为可能。

我们阅读孟子与学生之间的这些对话时，会发现它们不断地重复，且孟子每每在细节上紧紧守着原则底线，其良苦用心现代读者不可轻忽。

10.7 万章曰："敢问不见诸侯，何义也？"

孟子曰："在国，曰市井之臣，在野，曰草莽之臣，皆谓庶人。庶人不传质[①]为臣，不敢见于诸侯，礼也。"

万章曰："庶人，召之役，则往役。君欲见之，召之，则不往见之，何也？"

曰："往役，义也，往见，不义也。且君之欲见之也，何为也哉？"

曰："为其多闻也，为其贤也。"

曰："为其多闻也，则天子不召师，而况诸侯乎？为其贤也，则吾未闻欲见贤而召之也。缪公亟见于子思，曰：'古千乘之国以友士，何如？'子思不悦曰：'古之人有言，曰事之云乎？岂曰友之云乎？'

子思之不悦也，岂不曰：'以位，则子君也，我臣也，何敢与君友也？以德，则子事我者也，奚可以与我友？'千乘之君，求与之友而不可得也，而况可召与？齐景公田，招虞人以旌，不至，将杀之。'志士不忘在沟壑，勇士不忘丧其元。'孔子奚取焉？取非其招不往也。"

曰："敢问招虞人何以？"

曰："以皮冠②。庶人以旃③，士以旂④，大夫以旌。以大夫之招招虞人，虞人死不敢往。以士之招招庶人，庶人岂敢往哉？况乎以不贤人之招招贤人乎？欲见贤人而不以其道，犹欲其入而闭之门也。夫义，路也；礼，门也。惟君子能由是路，出入是门也。《诗》⑤云：'周道如底⑥，其直如矢。君之所履，小人所视。'"

万章曰："孔子，君命召，不俟驾而行。然则孔子非与？"

曰："孔子当仕有官职，而以其官召之也。"

【简注】① 传质：传，送。质，通"贽"，初次见面的礼物。庶人送礼用鹜。鹜，鸭子。

② 皮冠：加在礼冠上的皮帽，古代打猎时戴的皮帽，可御寒并抵挡风雨。

③ 旃：赤色，用帛制的曲柄旗。

④ 旂：古代旗之一种，帛上画龙，悬铃者为旂。

⑤《诗》：出自《诗经·小雅·大东》。

⑥ 周道如底：周道，大道。底，通"砥"，磨刀石。

【语译】万章问："请问士人不去谒见诸侯，是什么道理？"

孟子说："在都城中的人叫作市井之臣，在郊野的人叫作草莽之臣，两者都叫作平民。如果平民没有送见面礼，就不敢谒见诸侯，这是合于礼的。"

万章问:"一介平民,如果国君召他去服役,他就去服役。国君想要召见他,就召见他,他却不前去拜见国君,这是为什么?"

孟子说:"去服劳役,合于义,前去拜见国君,不合于义。况且国君想要召见他,是为了什么呢?"

万章说:"因为他博学多闻,因为他贤明有德。"

孟子说:"如果是因为他博学多闻而要请教他,那天子尚且不敢召唤老师,何况是诸侯呢?如果是因为他贤明有德,那么我没听说过想要见贤人就随意召见的。缪公屡次会见子思,说:'古代有千辆兵车的大国国君去与士人交友,你觉得怎么样?'子思不高兴地说:'古人是说国君要侍奉贤士,哪是说可以跟他交友呢?'子思的不高兴,难道不是表示:'论地位,你是国君,我是臣下,臣下哪敢跟国君当朋友呢?论德行,你理应来侍奉我,求教于我,怎么可以跟我当朋友呢?'有千辆兵车的国君,想请求跟他做朋友都办不到,更何况召见呢?从前齐景公去打猎,拿召唤大夫的旌旗去召唤管理苑囿的官吏,召唤不来,景公就要杀了他。'有志之士不怕被弃尸在山沟,勇士不怕丧失他的头颅。'孔子称许他哪一点呢?就是对于不合礼节的召唤他便不去。"

万章问:"请问若要召唤管理苑囿的官吏该用什么方式呢?"

孟子说:"要用皮冠。召唤平民应该用红色帛制的曲柄旗,召唤士人应该用画龙系铃的旂,召唤大夫才用饰有羽毛的旌旗。用召请大夫的旌旗去召唤管理苑囿的官吏,管理苑囿的官吏宁死都不敢前去。用召请士人的旂旗去召唤平民,平民哪敢前去呢?更何况用召唤不贤者的礼节去召唤贤人呢?想要求见贤人却不依循合宜恰当的方式,就像是希望人进屋却把门关上一样。义,好比是一条路;礼,好比是一扇门。只有君子能够经由这条路出入这扇门。《诗经》上说:'大道平坦得有如磨刀石,像箭矢一样笔直。是君子所践行的,也是平民所效法的。'"

万章问:"从前孔子一有君命召见,不等车驾准备好就走。那么孔子错了吗?"

孟子说:"孔子当时正在当官,职责所在,鲁君是因为他担任的职务而召见他。"

【现代解读】本章讨论的主题在《滕文公下》中,曾有两度触及,可见这的确是孟子师生当时关切的话题。本章表面上似乎是在谈士庶阶层如要谒见诸侯,必须遵守礼节,但真正的核心思想却是放在"天子不召师",更何况是诸侯。换言之,这也是孟子一贯的原则,"将大有为之君,必有所不召之臣",诸侯对于贤者,必须以礼相待,以师相尊,怎可挟其政统上的高位,怠慢道统上的尊位。本章的主旨,基本上就是要凸显孟子"以德抗位"的观念,而这种思想对中国传统士人的气节风骨的塑造,有极其深远的影响。

10.8 孟子谓万章曰:"一乡之善士,斯友一乡之善士;一国之善士,斯友一国之善士;天下之善士,斯友天下之善士。以友天下之善士为未足,又尚①论古之人。颂②其诗,读其书,不知其人,可乎?是以论其世也,是尚友也。"

【简注】① 尚:同"上"。
② 颂:通"诵"。

【语译】孟子对万章说:"才德冠于一乡的读书人,跟另一位才德冠于一乡的读书人交友;才德冠于一国的读书人,跟另一位才德冠于一国的读书人交友;才德冠于天下的读书人,跟另一位才德冠于天下的读书人交友。如果和才德冠于天下的读书人交友还不够，就进而向上和古圣先贤交友。诵读古人的诗，研读古人的书，却不知道他们的为人，可以吗？所以要去探究他们所处的时代，了解他们的为人，这才是向上和古人交友。"

【现代解读】本章谈交友之道。孟子之所以曾推崇尧、舜远超过人，是因为他们善取人之善，所谓"君子莫大乎与人为善"。本章也是在这个观念下，鼓励一个人的进德修业，必须尽可能地与天下善士相结交。不仅如此，还要突破时空限制，通过读书，尚友古人。问题是，如何尚友古人？本章提出了"知人论世"这个基础原则。亦即，吾人在诵读古人作品时，必须知道古人的生平、性情、思想及其所处的时代，唯有如此，才能真正进入古人的心灵世界，与之神交默契。

西方的诠释学中有一个重要的命题"意义来自脉络"，如要正确地掌握文本的意义，吾人的阅读势必要撑起理解文本的脉络，其中至为关键的，就是作者本人及其所处的时代。本章所提的"知人论世"，与前面《万章上·四》谈及的"以意逆志"，均属中国文学传统中重要的解诗原则，读者宜综合运用以寻其旨。

10.9 齐宣王问卿[①]。孟子曰："王何卿之问也？"

王曰："卿不同乎？"

曰："不同。有贵戚之卿，有异姓之卿。"

王曰："请问贵戚之卿？"

曰："君有大过则谏，反复之而不听，则易位[②]。"

王勃然变乎色。曰："王勿异也。王问臣，臣不敢不以正对。"

王色定[③]，然后请问"异姓之卿"。

曰："君有过则谏，反复之而不听，则去。"

332 | 孟子的读法

【简注】① 卿：古代官名，位在大夫之上，分上、中、下三级。
② 易位：易君之位，更立贤者。
③ 色定：脸色缓和平定。

【语译】齐宣王问关于公卿的职责。孟子说："王问的是哪一种公卿呢？"

宣王说："公卿还有区别吗？"

孟子说："有区别的。有王室宗族的公卿，有非王族的异姓公卿。"

宣王说："请问王室宗族公卿的职责是什么？"

孟子说："国君犯了重大的过错时就加以劝谏，若一再地劝谏，他仍不听，就把他换掉，另立国君。"

宣王听了，突然脸色大变。孟子说："王请勿见怪。既然王问我，我不敢不用正道回复您。"

宣王的脸色稍缓和后，又接着请教孟子异姓公卿的职责。

孟子说："国君犯了重大的过错时就加以劝谏，若一再地劝谏，国君仍不听，就辞官离去。"

【现代解读】本章孟子谈"贵戚之卿"与"异姓之卿"的差异，言简意赅，而齐宣王闻之勃然色变，尽显孟子直言无惧的大丈夫气概。

告子上

《告子上》共二十章，是孟子论人性最集中的一篇。前四章收录的是孟子与告子有关人性论的辩论，第六、七、八章则是孟子提出性善论的重要篇章。第十章由"鱼与熊掌"提出"本心"的观念，第十五章论"大体""小体"，第十六、十七章论"天爵""人爵""良贵"，均属于孟子人性论的重要篇章。其他各章，则聚焦于修养功夫方面，时常被学者关联着人性论的篇章一起讨论。

11.1 告子曰："性，犹杞柳①也；义，犹桮棬②也。以人性为仁义，犹以杞柳为桮棬。"

孟子曰："子能顺杞柳之性而以为桮棬乎？将戕贼杞柳而后以为桮棬也？如将戕贼杞柳而以为桮棬，则亦将戕贼人以为仁义与？率天下之人而祸仁义者，必子之言夫！"

【简注】① 杞柳：落叶灌木，枝条柔韧可为桮棬。
② 桮棬：器名，用枝条编成杯盘之胎，再涂漆加工而成。

【语译】告子说："人性，就像是杞柳；仁义，就像是桮棬。用人性去行仁义，就像用杞柳制成桮棬一样。"

孟子说："你是顺着杞柳的本性制成桮棬，还是要残害杞柳的本性然后制成桮棬呢？如果是残害杞柳的本性才能制成桮棬，那也要残害人的本性才能去行仁义吗？带领天下的人去践踏仁义的，一定就是你这种言论了！"

【现代解读】人性论是中国哲学中最重要的课题，即使到今天，这个课题仍旧吸引着学者们提出各式各样的观点，针对文献做出诠释。而孟子与告子的辩论，无疑是大家关注的焦点。

为什么孔门中连子贡都不可得而闻的人性问题，一百多年后会成为孟子思想的核心议题？我们从出土的竹简中可以确定，孔子其时所

告子上 | 335

慎言的课题，后来有逐渐受到关注并得以展开的轨迹。及至孟子所处的时代，"天下之言，不归杨，则归墨""杨、墨之道不息，孔子之道不著，是邪说诬民，充塞仁义也"。换言之，当时儒家孔子所推崇的仁义之道，受到空前的冲击。其间，首先是墨家的"兼爱"之说，与儒家亲亲、仁民、爱物的"仁爱"之教，似是而非，容易混淆。尤有进者，杨朱近于道家隐士的言论，其"全性保真"的诉求，显然是强调回归自然本性，而将儒家诸如仁义等价值，打落为自然生命的外在束缚。因此，孟子如要力挽狂澜，重振孔子的仁义之道，其首要任务就是建立诸如仁义等儒家力持的价值与人性之间的内在联系。

果如前论，那我们就可以了解孟子与告子为什么会有这一场辩论，以及他们两人对人性理解的基本差异。在先秦经典中，《墨子·公孟》篇中曾提及告子，一般认为是墨子的学生，但这个人是否就是《孟子》中与孟子展开世纪大辩论的告子尚未可知，虽有可能，但是不是同一个人并没有那么重要。因为在《墨子·公孟》篇中有关告子的言论记录不多，与此处人性论的主题，看不出有什么明确的相关性，因此这个臆测可以聊备一说，重要的是告子如何看待人性与仁义之间的关系。

依据本章的文字，告子认为人性与仁义的关系，就像杞柳与桮棬一样，必须经过后天的加工改造，杞柳才能制成桮棬，因此，人性也必须经过后天的塑造改变，才能体现出仁义的美德。孟子质问告子，是顺着杞柳的本性去制作桮棬，还是要伤害杞柳的本性去制作桮棬。如果要伤害杞柳的本性才能制成桮棬，那么，岂不也要伤害了人的本性才能成就仁义吗？孟子这时就警告告子，率领天下人背弃仁义这种价值理想的，一定就是你这种言论！换言之，孟子很明确地洞悉到告子这种从"中性材质"观点来理解人性的危险。也许告子未必反对仁义，可是，如果仁义必须经由对人性的后天改造，甚至伤害才会表现出来，那么一定会有很多人站在维护自然本性的立场来否定、怀疑仁义的价值。因此，孟子站在儒家的立场，并不反对通过后天的修习来养成仁义的美德，但如果是要截断人性与仁义的内在联系，认为人性纯粹是中性的材质，而仁义乃是对人性改造后的加工品，孟子则断然反对，完全不能接受。这也是孟子力持"仁义内在"的观点，以性善论的鲜明立场力驳告子的原因了。

11.2 告子曰："性犹湍水①也，决②诸东方则东流，决诸西方则西流。人性之无分于善不善也，犹水之无分于东西也。"

孟子曰："水信③无分于东西，无分于上下乎？人性之善也，犹水之就下也。人无有不善，水无有不下。今夫水，搏而跃之，可使过颡④，激而行之，可使在山。是岂水之性哉？其势则然也。人之可使为不善，其性亦犹是也。"

【简注】① 湍水：湍急流动的水，一说波流潆洄之水。
② 决：疏导、开缺口。
③ 信：诚然、确实。
④ 颡：额头。

【语译】告子说："人性就像湍急的流水，缺口在东方就向东流，缺口在西方就向西流。人性原本不分善和不善，就像水本就不分东西一样。"

孟子说："水确实没有东西的分别，但难道没有上下的分别吗？人性自然好善，就像水自然往低处流一样。人没有不好善的，水没有不往低处流的。就像水，拍打它使它溅得很高，可以高过人的额头，阻遏水道使它逆流喷涌，可以引上山坡。这难道就是水的本性吗？是外在的情势使它变成这样。一个人之所以可以使他做不善的事，是因为

告子上 | 337

人性会受到形势的影响。"

【现代解读】本章孟子、告子的争辩聚焦在人性是否无分善恶上。告子从材质的观点来理解人性，因为质就是性无分善恶的中性论的立场，所以告子以"湍水"为喻，决诸东方则东流，决诸西方则西流。但是，孟子顺着水这个设喻，指出水诚然无分东西，却有明确的"就下"之性。虽然可以拍击水，让它高过额头，阻挡它，让它逆流上山，可是这改变不了水的本性。换言之，一个人可能受到外在环境的影响，表现得十恶不赦，但这并不意味着他的本性，不具备仁义的资质。对孟子而言，主张性善论并不代表仁义的能力不需要修养培育，也不意味着在现实生活中，人不会受环境影响而沉沦陷溺。但是否定仁义与人性的内在关联，不但会使仁义不再是值得追求实现的价值，而且也是一种昧于人性，使人性尊严无从挺立的偏执之见。

11.3 告子曰："生之谓性[①]。"

孟子曰："生之谓性也，犹[②]白之谓白与？"

曰："然。"

"白羽之白也，犹白雪之白，白雪之白，犹白玉之白与？"

曰："然。"

"然则犬之性，犹牛之性，牛之性，犹人之性与？"

【简注】① 生之谓性："性"从"生"得声，"生"和"性"古音相同。《春秋繁露·深察名号》："性之名非生与？如其生之自然之资谓之性。性者，质也。"生之谓性，言天生之自然质地、资质，就叫作性。

② 犹：类比、如同。

【语译】告子说:"凡天生之自然质地、资质就叫作本性。"

孟子说:"凡天生之自然质地、资质就叫作本性,好比所有白色的东西都叫作白吗?"

告子说:"是的。"

孟子说:"白色羽毛的白如同白雪的白,白雪的白如同白玉的白吗?"

告子说:"是的。"

孟子说:"这么说,难道狗的本性如同牛的本性,牛的本性如同人的本性吗?"

【现代解读】本章孟子对告子的"生之谓性"提出了批判。在中国古文字中,"性"字从"生"字得声,生和性的古音相同。而"生之谓性"这个命题,其实反映的是中国古代人性论的传统,并非告子首先发明。它主要是当作判别什么是性,什么不是性的标准来使用,亦即紧扣着是不是生而具有这个标准,来认定什么是性,什么不是性。所以,严格来说,它是一个说性的原则。孟子对它的批评,不是在说这个原则错了,而是说它过于笼统,过于形式化,不足以精确地鉴别人与禽兽之间的差异。于是为了证明这项原则的不恰当性,孟子就采取了归谬法的程序,孟子首先询问告子:"你所谓的凡生而具有的都可以称作性,是不是就像凡是白色的东西都可以叫作白?"告子回答"是的"。孟子接着询问,根据"白之谓白"的原则,那白羽的白就如同白雪的白,而白雪的白也就如同白玉的白吗?告子也没有觉得不妥,便也回答"是的"。于是,孟子就接着逆推回来,质问告子,根据凡生而具有都可以称作性的标准,则"犬之性"就如同"牛之性",而"牛之性"也就如同"人之性"了。孟子毫不留情地揭露出"生之谓性"作为说性原则的笼统与不恰当。

我们从孟、告之间的这场辩论看到,告子基本上是从人天生的各种"形色"，亦即生理欲望活动来理解人性的，这跟下一章他揭露"食色，性也"的观点完全一致。但问题是，仅从这个观点出发，是无法说明为什么人类可以建构意义世界、创造文明，以及建立道德生活的秩序这种迥然有别于禽兽的生存特性。因此，孟子并不能接受告子仅从生理欲望这个角度来理解人性，而要求从"生之谓性"上升到"人禽之辩"这个高度，唯有如此，才足以察照人之所以为人的全部内涵。

二十世纪以来，许多著名的前辈学者，如陈大齐、牟宗三先生等，他们从名辩逻辑的角度，重新梳理并评论本章及其他孟、告之间的辩论，虽有启发，但讲法不一，反而容易让现代读者在阅读理解方面失焦，所以不再引述。

11.4 告子曰："食色①，性也。仁，内也，非外也；义，外也，非内也。"

孟子曰："何以谓仁内义外也？"

曰："彼长而我长之，非有长于我也。犹彼白而我白之，从其白于外也，故谓之外也。"

曰："异于白马之白也②，无以异于白人之白也。不识长马之长也，无以异于长人之长与？且谓长者义乎？长之者义乎？"

曰："吾弟则爱之，秦人之弟则不爱也，是以我为悦者也，故谓之内。长楚人之长，亦长吾之长，是以长为悦者也，故谓之外也。"

曰："耆③秦人之炙，无以异于耆吾炙，夫物则亦有然者也，然则耆炙亦有外与？"

【简注】① 食色：甘食美色。

② 异于白马之白也：朱熹认为"异于"二字为衍文，宜删。孔广森以为断句应是"异。于白马之白也"，意思是"长"和"白"是不

同的。今从朱说。

③ 耆：通"嗜"。

【语译】告子说："爱吃美食跟喜好美色，是人的本性。仁，是内在的，不是外在的；义，是外在的，不是内在的。"

孟子问："为什么说仁是内在的，义是外在的呢？"

告子说："有个人年长于我，我以长者敬之，这不是因为我心里先有敬长之心。这就好比面对一个白色之物，我就以白色之物视之，完全是因为从外在来看它就是白的，所以我认为义是外在的。"

孟子说："白马的白和白人的白或许没有什么不同。但不知怜惜老马，是否也跟敬长没有什么不同呢？在这种情况下，你说的义，是取决于年长，还是指能敬长的人呢？"

告子说："我弟弟，我就爱，秦人的弟弟，我就不爱，这都是由我的内心决定的，所以说仁爱是内在的。我尊敬楚国的长者，也尊敬我自家的长者，这是以对方的年长为主，所以说义理是外在的。"

孟子说："喜欢吃秦国的烤肉，也喜欢吃自家烤肉，各种事物都有这种情形，那么爱吃烤肉也是外在的吗？"

【现代解读】本章孟子、告子针对"仁内义外"展开了一次辩论。这一次，告子先延续一贯的立场，从我们生而即有的材质、形色来理解性，只是更直白了，直接就表示"食色，性也"。并且，告子又提出了"仁内义外"的新主张。对此，孟子表示不解。于是，告子就先解释他所谓的"义外"，即，面对一个年长之人，我以长者敬之，这不是因为我心里先有敬长之心，这就好比面对一个白色之物，我就以白色之物视之，完全是因为从外在来看它就是白的。换言之，我的敬长也纯粹是因为从外在来看他的确年长于我，所以称之为"义外"。

对于告子的这个解释，孟子立即反驳道，对于一匹白马、一个白人，就其为白物而言，我们固然一体看待、平等视之，但是面对一匹老马和一个老人，虽然同样年长，但对老马我们只有怜悯之情，对老人却有敬长之心，显然两者有别。在这种情况下，我们还可以说决定"敬长之义"的关键，仅在于外在的年长与否，而与我们内在的"敬长之心"无关吗？

面对孟子犀利的诘问，告子将自己诠释"义外"的领域缩小，仅限于针对人而言，无意再扩大到禽兽的范畴，并对照着他主张的"仁内"解释道："我弟弟，我就爱，秦人的弟弟，我就不爱，这是因为我的主观情感有亲疏远近的区别。但是，我尊敬楚国的长者，也尊敬我自家的长者，这是因为外在客观的年长事实决定了我的敬长态度，因此，'仁内义外'。"

这时，孟子基本上也洞悉了告子的立场。鉴于告子倾向于从客观主义、服从外在权威的立场来判断价值，于是孟子便釜底抽薪，请告子再来思考一下道德行为的主动性根源何在。孟子特别举嗜炙为例，喜欢吃秦国的烤肉，也喜欢吃自家烤肉，明明风味迥然有别，却一样喜欢，这不是因为我们本就对烤肉的味道情有独钟吗？孟子以设喻的方式来说明"仁义内在"，许多当代学者认为说服力不强，甚至引喻失当。但是，对于两位当事人，也许清楚完整地陈述己见才是首要任务。

11.5 孟季子[1]问公都子曰："何以谓义内也？"

曰："行吾敬，故谓之内也。"

"乡人长于伯兄一岁，则谁敬？"

曰："敬兄。"

"酌[2]则谁先？"

曰："先酌乡人。"

"所敬在此，所长在彼，果在外，非由内也。"

公都子不能答，以告孟子。孟子曰："'敬叔父乎？敬弟乎？'彼将曰：'敬叔父。'曰：'弟为尸③，则谁敬？'彼将曰：'敬弟。'子曰：'恶④在其敬叔父也？'彼将曰：'在位故也。'子亦曰：'在位故也。'庸⑤敬在兄，斯须⑥之敬在乡人。"

季子闻之曰："敬叔父则敬，敬弟则敬，果在外，非由内也。"

公都子曰："冬日则饮汤，夏日则饮水，然则饮食亦在外也？"

【简注】① 孟季子：朱注："孟季子，疑孟仲子之弟也，盖闻孟子之言而未达，故私论之。"孟季子其人不可考。

② 酌：斟酒。

③ 尸：古代祭祀仪式中受祭的代理人，多半由死者亲属的晚辈或年幼者担任。

④ 恶：如何、为什么。

⑤ 庸：平常。

⑥ 斯须：须臾、暂时的意思。

【语译】孟季子问公都子："为什么说义是内在的？"

公都子说："因为我的尊敬是由内心发出的，所以说是内在的。"

孟季子问："如果有个同乡，他的年纪比我大哥长一岁，那么应该尊敬谁？"

公都子说："尊敬大哥。"

孟季子问："斟酒要先斟给谁？"

公都子说："先斟给同乡。"

孟季子说："明明内心敬爱的是大哥，依义理要尊敬的却是那位乡人，果然义是外在的，不是由内心发出来的。"

公都子答不上来，就把他的话告诉了孟子。孟子说："你问他：'是尊敬叔父还是尊敬弟弟？'他一定会说：'尊敬叔父。'你接着问：'弟弟担任祭祀的尸主时，要尊敬谁？'他一定会说：'尊敬弟弟。'你说：'为什么不是尊敬叔父？'他一定会说：'因为弟弟在尸主的位置。'你也可以顺着说：'给同乡的长辈斟酒也是因为他居宾客的位置。'平时的尊敬是在兄长，暂时的尊敬则是在同乡的长辈。"

孟季子听了孟子这番话，对公都子说："该尊敬叔父时就尊敬叔父，该尊敬弟弟时就尊敬弟弟，尊敬的对象随着外在情形而改变，义果然是外在的，不是由内在发出的。"

公都子反问："冬天就喝热汤，夏天就喝凉水，那么饮食也是外在的吗？"

【现代解读】本章有关"义外"的讨论，与谈的人物有所更动，主要是公都子与孟季子，孟子则是下指导棋的旁观者，而前四章的主角告子在本章缺席。我们仔细研读内文，孟季子的"义外"之论，要比告子的"仁内义外"细腻复杂些。告子只在"仁内义外"的对比中，主张仁爱系于主观情感，故谓之"内"，而敬长之义则属外在客观的普遍规定，故谓之"外"。然而孟季子注意到我们的"敬人之义"，并不完全由年长与否决定，而是不同的情境、场合、地位，都会影响到我们的施敬，因此，他主张"义外"。而公都子虽受教于孟子门下，但在回答孟季子"何以谓义内"时，"行吾敬"这个答案是没问题的，只是他个人的理解尚未透彻，因此一时之间，招架不住孟季子的质疑。在这种情况下，公都子求救于老师，孟子就举了一个祭祀场合中的例子，当弟弟在祭祀时暂时担任尸主时，我们是敬弟弟还是敬叔叔？如果孟季子回答敬弟弟，弟弟此刻居尸主的地位，那么我们就可以理直气壮地回答，因情境转换而身份地位改变，我们尊敬的对象就有所不同,正是取决于我们心中的权衡裁断。换言之,是根据自己的价值判断决定尊敬的对象。

然而,很遗憾的是,孟子的这番论述并没有说服孟季子,反而让孟季子趁机又抢白了一回。孟季子表示,如果情境场合改变,我们施敬的对象就有所不同,那正是外部因素决定了我们怎么做当前的判断。最后,公都子不得已,只好祭出孟子的策略,再次邀请论辩的对手思考一下道德行为的主动性根源何在,并提问道:"夏天我们喝冷水,冬天我们喝热汤,不是随我们的饮食之欲而定吗?"冷水、热汤,四季不缺,但根据时宜而有所选择,正是我们自己的判断。

坦白说,这一场公都子、孟季子有关"义内""义外"的辩论,是公说公有理,婆说婆有理,谁都没有说服对方。但是,如果我们愿意参考孟子在其他地方的讲法,如"仁,人心也;义,人路也""居恶在?仁是也。路恶在?义是也。居仁由义,大人之事备矣",我们就会发现,义这个观念一直在孟子思想中传递着通达到外在世界的意涵,它和仁携手,就足以撑起"天、地、人、我"这个共构的生命共同体,开物成务,化成天下。因此,义这个观念在孟子思想的运用表达中,意义极其丰富,往往随着语境变化而变化,不可因噎废食,胶着于单一的意义。以孟子、告子的辩论为例,"仁义内在"的诉求是要驳斥那些将仁与人性的关联截断的主张,但是根于心性的仁义,却不是孤芳自赏、秘藏于内的绝缘体。相反,它是一往直前,足以冲破一切人我、物我界限,并绾结其他生命存在成为休戚与共的生命共同体的道德能量。所以,仁义的充分实现就像光与热,所到之处,一体透明、一体融化,它具有超越内外、通人我的特征。就这个意义而言,无所谓"义内""义外","行吾敬"就是通内外、人我,公都子与孟季子的争辩反倒是各执一端,虽有主见,却只是蔽于全体真相的一偏之见。

11.6 公都子曰:"告子曰:'性无善无不善也。'或曰:'性可以为善,可以为不善。是故文、武兴,则民好善。幽、厉①兴,则民好暴。'或曰:'有性善,有性不善。是故以尧为君而有象,以瞽瞍为父而有舜,以纣为兄之子且以为君,而有微子启、王子比干②。'今曰性善,然则彼皆非与?"

孟子曰:"乃若其情③,则可以为善矣,乃所谓善也。若夫为不善,非才④之罪也。恻隐之心,人皆有之;羞恶之心,人皆有之;恭敬之心,人皆有之;是非之心,人皆有之。恻隐之心,仁也;羞恶之心,义也;恭敬之心,礼也;是非之心,智也。仁、义、礼、智,非由外铄⑤我也,我固有之也,弗思耳矣。故曰:求则得之,舍则失之。或相倍蓰而无算者⑥,不能尽其才者也。《诗》曰:'天生烝民,有物有则。民之秉夷,好是懿德⑦。'孔子曰:'为此诗者,其知道乎!故有物必有则,民之秉夷也,故好是懿德。'"

【简注】①幽、厉:指周幽王、周厉王,皆昏庸暴虐无道之君。

②微子启、王子比干:微子启,纣之庶兄,名启。微,国名,子,子爵。纣淫乱,微子启屡谏不听,遂去。王子比干,纣之叔父,名干,封于比,故曰比干。谏纣三日不去,纣怒,剖其心而死。

③乃若其情:乃,发语词。若,顺。情,实。顺着本性去做。

④才:草木之初,引申为资质、才能。

⑤铄:以火销金,自外以至内。

⑥倍蓰而无算者:一倍曰倍,五倍曰蓰。无算,无法计算,不可计数。

⑦天生烝民,有物有则。民之秉夷,好是懿德:烝民,众民。物,事。则,法。夷,常。懿德,美好的德行。意思是天生众民,有万事万物,就有法度原则。人民秉持着常道而行,自然喜好种种美德。

【语译】 公都子说:"告子说:'人性原本不分善和不善。'有人说:'人的本性可以行善,也可以行不善。所以文王、武王兴起,人民就喜欢和善。幽王、厉王兴起,人民就偏好暴戾。'有人说:'有的人本性善,有的人本性不善。所以,尧这样的圣君在位时,同时还有象这样的坏人在,有瞽瞍这样愚昧无知的父亲,却有贤明纯孝的儿子舜,有纣这样残暴的人为侄子,而且还当国君,同时却有微子启、王子比干这样仁慈贤明的兄长、叔父。'现在您说人的本性是善的,那么他们说的都不对吗?"

孟子说:"顺着人的真实本性来看,人都具有行善的能力,这就是我所谓的人性善的意义。如果有人做不善的事,不能归咎于他天生的才能。同情怜悯的心,是人人都有的;羞耻憎恶的心,是人人都有的;恭谨尊敬的心,是人人都有的;分辨是非的心,是人人都有的。同情怜悯的心,就是仁的表现;羞耻憎恶的心,就是义的表现;恭谨尊敬的心,就是礼的表现;分辨是非的心,就是智的表现。仁、义、礼、智不是由外在来镕铸赋予我的,而是我原本就有的,只是没有通过反思觉察到而已。所以说,探求就能得到它,舍弃就会失去它。到头来,得到或失去的人,彼此间相差一倍到五倍,甚至无法计算,都是因为不能够充分发挥他本身的才能。《诗经》上说:'天生芸芸众生,万事万物皆有法度原则。人民秉持着常道而行,自然喜好种种美德。'孔子说:'写这首诗的人,大概懂得大道吧!所以万事万物一定皆有它的法度原则。人民秉持着常道而行,所以都自然喜好种种美德。'"

【现代解读】 本章是孟子正式提出自己的性善论立场的文章,历来被引用讨论甚多,意义丰富,兹将重点条列,分述如下。

1. 人性论是当时炙手可热的议题

我们从公都子的提问可以知道，当时除了告子"性无善无不善"的主张外，尚有"性可以为善，可以为不善""有性善，有性不善"等主张。王充《论衡·本性》篇记载："周人世硕以为人性有善有恶，举人之善性，养而致之则善长。性恶，养而致之则恶长。如此，则性各有阴阳，善恶在所养焉。故世子作《养书》一篇。宓子贱、漆雕开、公孙尼子之徒亦论性情，与世子相出入，皆言性有善有恶。"可见孔子死后，人性论逐渐成为学者关注的议题，而已出土的竹简《性自命出》载有"未教而民恒，性善者也"，也可以佐证这个观点。在《告子上》第一章孟子与告子的辩论中，我们曾指出，孟子之所以要参与这项议题的讨论，主要是因为战国时代价值失序，天下之言不归杨则归墨，如要振兴孔子的仁义之道，势必要在人性的基础上说明仁义与人性的关系。而本章与《告子上》的其他几章，无疑是我们了解孟子论述两者关系最重要的线索。

2. 即心善以言性善

本章的重要性在于孟子明确地说出，他在什么情况下主张性善。在《公孙丑上·六》中，我们从孟子谈到"今人乍见孺子将入于井，皆有怵惕恻隐之心"，可以知道孟子认为每个人都有四端之心。在本章中，孟子也是从四端之心着眼，表示"乃若其情，则可以为善矣，乃所谓善也"。我们用现代用语来重新表述，即若论及人性之实（这里的"情"作情实来解，从上下文来看，指的就是人皆有之的四端之心），则每个人都具有实现善行的能力，这就是我所主张性善之"善"的意义。换言之，整个语句中出现了两个"善"字，第一个"可以为善矣"的"善"，是指具体的善行，第二个"乃所谓善也"的"善"，则是指人的可以为善的能力，亦即人性自身，因此，这里孟子言性善的进路，即四端之心以言性善。

问题是，我们应该如何理解四端之心？如实来说，四端之心在孟子思想中应该是指我们的生命在面对现实世界时,最直接、原初、真实的领会与回应的四种基本模式。其中,最典型的例子就是孺子将入于井时怵惕恻隐之心的呈现,因为在全无准备、预期的状况下,我们对孺子的危险感同身受,这时的悲痛与急切不安,就是我们最本真的自我的一种呈现。也许现代读者会质疑为什么是这四种模式?严格地说,这只是孟子为儒学最重视的四种美德仁、义、礼、智,相应地分别提举,其实在不同的意义脉络下,孟子也有不同的说法。重要的是,孟子讲"恻隐之心"为仁之端也,也就是说,它是足以滋长成熟为仁这种美德的端始。所以,在本章中,孟子更进一步直接说"恻隐之心,仁也",并且明示,既然四端之心人皆有之,也就是说"仁、义、礼、智,非由外铄我也,我固有之也"。于是,在这个意义脉络下,孟子从四端之心的提出中直接宣示了他主张性善的立场。

3. "若夫为不善,非才之罪也"

果如前述,孟子是从人皆有四端之心,这种足以行善的能力来主张性善的,那孟子如何解释现实中人之为不善呢?或许,我们也可以这样提问,孟子为什么不从人有嫉妒、贪婪之心等方面,主张人有为不善的能力呢?要回答这个质疑,必须从两方面说起。第一,必须澄清的是,人的生命在投入现实世界中后,心的跃动呈现何止四端,孟子为何独独从四端来认取人性的含义呢?答案的关键就在于"本心、良心"。第二,以乍见孺子将入于井的例子来说明,孟子曾指出:"非所以内交于孺子之父母也,非所以要誉于乡党朋友也,非恶其声而然也。"亦即,此刻怵惕恻隐之心的呈现,完全排除了可能来自我们跟外在世界的利益交换或索取,它纯粹来自我们"本真的自我"(authentical self),这是我们的"本心"的一种不容已的呈现。本心是孟子提出的概念,在《告子上·十》"鱼与熊掌"章中,孟子就曾提问:"如果生存是每个人所渴求的,死亡是每个人所厌恶的,那么在生死交关的一刻,为什么有人会舍生取义呢?难道不是人的道德意识的自我要求,所以抵死也要维护人性的尊严?"我们都知道人在生死交关的情况下,也就是壁立千仞之上,对外在世界无所依傍、攀附,种种寄托、依靠、自欺之论全无用武之地的时刻,亦即人只能面对自己、忠于自己的一刻,在这种情况下,人仍旧选择从容就义,这只能说明仁、义、礼、智这些价值理想的确源自本心,是人最真实的自我选择。因此,即使现实中的生命,在面对各种环境的引诱时变得贪婪、嫉妒,但孟子的观点也不会从这些后来扭曲的心态中,来认取人之所以为人。因为这些扭曲的心态都来自非本真的自我,是一种"失其本心",或本心有所陷溺的表现,孟子在本章中,统称其为"不能尽其才"。

原来,孟子性善赖以成之的四端之心,又被称为才。许慎《说文解字》说:"才,草木之初也。"它正与端这个概念相呼应,指出我们足以为善的能力正处于草木初生的状态,必须经由培养育成的过程,才能成为仁、义、礼、智诸种美德。因此,孟子又说:"求则得之,舍则失之。或相倍蓰而无算者,不能尽其才者也。"换言之,孟子从四端之心所理解的性,不是一个已经发展完成的不变的本质,而是有待培育发展的才,如果我们的才不得其养,不能成才,且表现为种种的不善,那不是我们没有四端之心,没有本心真性之善,只是我们"弗思耳""不能尽其才"罢了。这里,四端之心、本心、性善之性以及才这些概念,其实都是在谈同一件事情,它关乎我们每个人成德的可能,但并不保证现实中我们已是圣人,而是关系到我们每个人的"思","尽其才"与否。可见孟子的性善之说,是一个彻头彻尾的有关实践关怀的课题。

11.7 孟子曰:"富岁,子弟多赖①,凶岁,子弟多暴,非天之降才尔殊也,其所以陷溺其心者然也。今夫麰麦,播种而耰②之,其地同,树之时又同,浡然而生,至于日至之时,皆熟矣。虽有不同,则地有肥硗③，雨露之养，人事之不齐也。故凡同类者，举相似也，何独至于人而疑之？圣人与我同类者。故龙子④曰：'不知足而为屦⑤，我知其不为蒉⑥也。'屦之相似，天下之足同也。口之于味，有同耆⑦也。易牙⑧先得我口之所耆者也。如使口之于味也，其性与人殊，若犬马之与我不同类也，则天下何耆，皆从易牙之于味也。至于味，天下期于易牙，是天下之口相似也，惟耳亦然。至于声，天下期于师旷，是天下之耳相似也，惟目亦然。至于子都⑨，天下莫不知其姣也。不知子都之姣者，无目者也。故曰：口之于味也，有同耆焉；耳之于声也，有同听焉；目之于色也，有同美焉。至于心，独无所同然乎？心之所同然者何也？谓理也，义也。圣人先得我心之所同然耳。故理义之悦我心，犹刍豢⑩之悦我口。"

【简注】①赖：依赖、凭借。朱注："赖，借也，丰年衣食饶足，故有所赖借而为善。"一说通"懒"，懒惰。

②耰：古代弄碎土块使田地平坦的农具。此处作动词用，覆上土。

③硗：土地贫瘠，不肥沃。

④龙子：古代的贤人，事迹不详。

⑤屦：草鞋。

⑥蒉：草筐。

⑦耆：通"嗜"，嗜好、爱好。

⑧易牙：齐桓公的宠臣，名巫，字易牙，善烹饪，其调之味，天下皆以为美。

⑨子都：古之美男子，后沿用为美男子通称。

⑩刍豢：泛指家畜。刍是食草动物，如牛、羊。豢是食谷动物，如猪、狗。

【语译】 孟子说："丰年时，子弟大多懒惰，荒年时，子弟大多残忍暴戾，这不是因为天生资质不同，而是因外在的环境使他们的良心陷落沉溺了。比方说现在有大麦，播撒好种子，覆上土，如果所种的地方相同，栽种的时节也相同，便会蓬勃生长起来，等到夏至就都成熟了。即便有些不同，也只是因为土地有的肥沃，有的贫瘠，雨露有多有少，耕种的人勤惰不一。所以，凡是同类的东西，多半都彼此类似，为什么独独怀疑人性是有所不同的呢？圣人跟我们是一样的。所以龙子说：'不知道脚的大小形状就去编草鞋，我知道无论如何也不会编成草筐的。'草鞋相似，是因为天下人的脚形状雷同。口对于味道，有同样的爱好。厨师易牙就先掌握了我们的口对于味道的爱好。假如口对于味道的感觉，因人而异，就像狗、马跟我们不同类一样，那为什么天下人都喜欢易牙所烹调出来的味道呢？说到味道，天下人都希望能吃到易牙烹调的味道，就表示天下人的味觉大体相似，耳朵的听觉也是这样。说到声音，天下人都希望听到师旷所弹奏的音乐，这就表示天下人的听觉也是差不多的，眼睛的视觉也是这样。提到了子都这位绝世美男子，天下没有人不知道他的俊美。不知道子都俊美的人，简直是没有眼睛的人。所以说，口对于味道，有同样喜好的口感；耳对于声音，有同样喜好的音感；眼对于容色相貌，有同样喜好的美感。至于说到人心，难道独独没有共通之处吗？人心的共通之处是什么？就是理，就是义。圣人只是先了解到人心共通之处而已。所以说，理义可以让我们的内心充满喜悦，就像家畜的肉可以使我们的味觉得到满足一样。

【现代解读】 本章在义理上仍延续上一章的主题，性善与人之为不善。许多读者一直被一种简单的思维模式所困扰，将孟子的性善与人之为不善视为矛盾。其实，这些都是因《孟子》文本而产生的对孟子的误解，在本章中，孟子又进一步地给出了说明。

孟子首先指出，人在现实中表现出的分歧，或善与不善，并不是"天之降才尔殊也"，亦即，并不是上天赋予人的本心真性有何差异，而是后天的环境使人有所陷溺。这一次，孟子以"麰麦"设喻为我们的"本心"和我们的"才"，指出虽然播种的时间、地点相同，但是"地有肥硗，雨露之养，人事之不齐"，所以农作物成熟后结的果有很大的不同，但这个差异主要来自后天的培养、育成不尽相同，并非麰麦的种子不一样。换言之，四端之心人皆有之，但是这个足以为善的能力，一如初生之幼苗，必待后天的调护与培养才能茁壮成长。因此，在孟子思想中，主张性善与承认现实中人之为不善，或有种种差异表现，其间没有任何义理上的冲突与背反。

尤有进者，孟子在本章中更进一步地提出"圣人与我同类者"这个命题，为四端之心以言性善的理路，又铺陈建构了封顶之作。原来，孟子为了彰显人性乃是一动态发展历程的特质，一方面以"端""才"说性的初始义，另一方面则以"圣人"说性之终成义。我们一定要清楚地掌握孟子说性的策略、理路，兼顾两端，即性的初义与终成义，这样才能理解孟子性善论的全部内涵。

对孟子而言，圣人固然是在历史中具体、真实存在的，如尧、舜、文、武、孔子等，但它也可以形而上地指涉着人类中充尽其性、其才的完美人格。因为历代圣人之所以为圣人，就在于他们都是尽性尽才之人，或者是如本章所描述的知理知义之人。不过，在这里必须提醒我们当代读者的是，孟子的"类"思考，与西方哲学家亚里士多德的本质主义的思考形态，迥然有别。对亚里士多德而言，每一类事物都有它们共同一致的本质，这个本质是先在的、固定的、已完成的、静态的共性，它主要作为我们辨识一个事物是什么的依据。但是，孟子的"人禽之辩"，虽然标举"圣人与我同类者""圣人先得我心之所

告子上 | 353

同然"，但他也同时提及"故凡同类者，举相似也"，并非强调同一性，而是允许差异性，这里就凸显了孟子在"类"思考下的人性概念，并不是一种静态、已完成的本质概念。相反，它是一个动态的、有待发展的概念，它允许差异性而只强调相似性。如果我们不能分辨这一点，不仅会错失孟子的人性论中精辟深刻的一面，同时，也会形成一开始我们提及的对孟子的误解，觉得孟子既然主张性善，就一定无法面对人之为不善的一面。其实，回到文本，我们必须指出，孟子在展开他的人性论思想时，一直在面对人之为不善，这中间并无任何违和之处。现代读者务必尊重文本，不可把自己的成见放进《孟子》的文本里。

11.8 孟子曰："牛山①之木尝美矣，以其郊于大国也，斧斤伐之，可以为美乎？是其日夜之所息②，雨露之所润，非无萌蘖③之生焉，牛羊又从而牧之，是以若彼濯濯④也。人见其濯濯也，以为未尝有材焉，此岂山之性也哉？虽存乎人者，岂无仁义之心哉？其所以放⑤其良心者，亦犹斧斤之于木也，旦旦而伐之，可以为美乎？其日夜之所息，平旦之气⑥，其好恶与人相近也者几希⑦。则其旦昼之所为，有梏亡之矣⑧。梏之反复，则其夜气⑨不足以存，夜气不足以存，则其违禽兽不远矣。人见其禽兽也，而以为未尝有才焉者，是岂人之情也哉？故苟得其养，无物不长，苟失其养，无物不消。孔子曰：'操则存，舍则亡。出入无时，莫知其乡⑩。'惟心之谓与？"

【简注】①牛山：山名，在今山东省淄博市临淄区南。
② 息：生长。
③ 萌蘖：萌，芽。蘖，芽之旁出者。指植物的萌芽。
④ 濯濯：无草木之貌，光秃秃的样子。

⑤ 放：放失。

⑥ 平旦之气：平旦，清晨。平旦之气，指清晨初醒，未受到外物扰乱时的精神状态。朱注："平旦之气，谓未与物接之时，清明之气也。"

⑦ 几希：不多，很少。

⑧ 有梏亡之矣：有，通"又"。梏，拘禁、束缚。梏亡，因受束缚而消亡。

⑨ 夜气：经一夜休养生息所生发的清明之气。

⑩ 乡：通"向"，趋向。

【语译】 孟子说："牛山的树木曾经长得很茂盛美丽，可是它邻近大国的郊区，人们常拿着斧头去砍伐它，这还怎么能保持茂盛美丽呢？它经过日夜的生长，雨水的滋润，不是没有枝芽长出来，但一长出枝芽，就又有人放牧牛羊把它吃掉，所以整座山看起来光秃秃的。人们看到整座山光秃秃的，还以为它不曾有过林木，这哪里是牛山的本性呢？依此推想，在一些人身上，难道没有仁义之心吗？有的人之所以丢失了他的良心，也就像斧头对待树木一样，天天砍伐，树木怎么可能保持繁茂呢？这样的人经过日夜的休养生息，天亮刚醒时产生清明之气，使他的好恶有一点跟一般人近似。然而白天的所作所为，又扰乱了那点清明之气，将其消耗殆尽了。如果一再地扰乱消耗它，那么，原本经一夜休养生息所生发的清明之气就无法被保存住，经一夜休养生息所生发的清明之气如果无法被保存住，那这个人与禽兽就相差无几了。人们只看到他和禽兽相近的那一面，就以为他不曾有良善的才能，这哪里是人真实的一面呢？因此，如果能够得到适当的培养，没有东西不会生长得很好，如果失去了适当的培养，没有东西不会消亡。孔子说：'把握住就能长存，舍弃了就会消亡。出入没有定时，不知道它的去向。'说的就是人心吧？"

【现代解读】 本章仍旧延续着前面两章的主题性善论而展开。这次孟子以牛山之木为例，在"旦旦而伐之"的情况下，虽然有"萌蘖之生"，但是牛羊"从而牧之"，使得牛山变得光秃秃的，这时孟子不禁发问："牛山濯濯，人们以为它从来就没有林木之美，难道牛山的本性就是如此吗？"同理，我们看到一个人行为乖张，几近禽兽，就以为他全无仁义之心，但这又岂是他的本性。孟子的这番论述，基本上还是在"才"这个概念层面展开性善论的说明，譬如他说："人见其禽兽也，而以为未尝有才焉者，是岂人之情也哉？"可是关于"性"与"才"这些核心概念，孟子这次又添加了"仁义之心""良心"等词语加以提点，譬如他说："虽存乎人者，岂无仁义之心哉？""其所以放其良心者，亦犹斧斤之于木也。"在此，我们都必须视为对同一题材的多方指涉及描述。

尤有进者，对于性善的说明，本章又提供了新的存在体验，来指引我们察识本心之善的跃动，这就是"平旦之气""夜气"。徐复观先生曾说："此是人的善端最易显露的时候，也是当一个人的生理处于完全休息状态，欲望因尚未与物相接而未被引起的时候。此时的心，也是摆脱了欲望的裹挟而成为心的直接独立的活动，这才真正是心自己的活动，这在孟子便谓之'本心'。"[①]，换言之，平旦之气作为一种人的可验之于己的存在状态，也是我们的"本心"最易呈现的时刻。这里，依据孟子的表述，"平旦之气，其好恶与人相近也者几希"，显然此刻吾人的好善厌恶应属于精神活动的层面，而不宜交给生理活动来说明，这无异于又给我们增加了一条线索，来把握孟子的人性论

[①] 徐复观：《中国人性论史·先秦篇》，台北：台湾商务印书馆1969年版。

述。至于孟子如何理解"心"与"身"的关系，在《告子上》第十五章论"大体""小体"关系时，再做说明。

至于本章结尾孟子提出"苟得其养，无物不长，苟失其养，无物不消"，言简而意赅，其实也就是孟子人性论最核心的诉求。因为孟子人性论的旨趣，本来就不是在知识上去证明性善，其千言万语都意在激发读者走上成德之路，鼓舞大家用自己的生命体验去印证这条由心、性、情、才、平旦之气、夜气等种种名言所铺陈指引的康庄大道。

11.9 孟子曰："无或①乎王之不智也，虽有天下易生之物也，一日暴②之，十日寒之，未有能生者也。吾见，亦罕矣，吾退，而寒之者至矣。吾如有萌焉何哉？今夫弈之为数③，小数也，不专心致志，则不得也。弈秋④，通国之善弈者也。使弈秋诲二人弈，其一人专心致志，惟弈秋之为听。一人虽听之，一心以为有鸿鹄⑤将至，思援弓缴而射之，虽与之俱学，弗若之矣。为是其智弗若与？曰：非然也。"

【简注】 ① 或：通"惑"，怪。
② 暴：通"曝"，晒。
③ 弈之为数：弈，围棋。数，技艺。
④ 弈秋：古代善围棋的人，名秋。
⑤ 鸿鹄：鸿，大雁。鹄，天鹅。

【语译】 孟子说："不能怪齐王如此不智啊，即便有全天下最容易生长的东西，如果只让它晒一天阳光，接着十天都让它受寒，它也无法生长。我与齐王会见的机会，也是很少的，当我离开他时，那些陷王于不义的阴险小人就纷纷到他的身边了。对于他萌发的一点点良心，我又有什么办法呢？现在用下棋的技艺来举例，虽是小技艺，如果不能专注用心地学，也学不好。奕秋这个人，是全国最会下棋的人。如果让奕秋教两个人下棋，其中一个人十分专注用心，一心只听奕秋所教的话。另一个人虽然在听，但心里面一直以为有大雁、天鹅就要飞过来了，想要拿弓箭和缴绳去射它，虽然是跟专心致志的人一起学的，但总比不上对方。难道是因为他的聪明才智不如人吗？当然不是。"

【现代解读】本章重点应在修养功夫方面。孟子以"易生之物"来比喻人的善性，以"一曝十寒"来说明人性如果不加以培养，就难以茁壮成长。并再以学棋为例，即令善弈者教之，若不专心致志，亦难有成效。

11.10 孟子曰："鱼，我所欲也；熊掌，亦我所欲也。二者不可得兼，舍鱼而取熊掌者也。生，亦我所欲也；义，亦我所欲也。二者不可得兼，舍生而取义者也。生亦我所欲，所欲有甚于生者，故不为苟得也。死亦我所恶，所恶有甚于死者，故患有所不辟也。如使人之所欲莫甚于生，则凡可以得生者，何不用也？使人之所恶莫甚于死者，则凡可以辟患者，何不为也？由是则生，而有不用也，由是则可以辟患，而有不为也。是故，所欲有甚于生者，所恶有甚于死者。非独贤者有是心也，人皆有之，贤者能勿丧耳。一箪食，一豆羹[1]，得之则生，弗得则死。呼[2]尔而与之，行道之人弗受。蹴[3]尔而与之，乞人不屑也。万钟则不辨礼义而受之，万钟于我何加焉？为宫室之美、妻妾之奉，所识穷乏者得我与？乡[4]为身死而不受，今为宫室之美为之；乡为身死而不受，今为妻妾之奉为之；乡为身死而不受，今为所识穷乏者得我而为之。是亦不可以已乎？此之谓失其本心。"

【简注】①豆羹：豆，古代食器，木制，用以盛汤或羹。羹，菜汤。

②呼：呵斥唾骂。

③蹴：践踏。

④乡：同"向"，往昔。

【语译】孟子说："鱼，是我想要的；熊掌，也是我想要的。如果两样不能同时得到，就舍弃鱼而选择熊掌。生命，是我想要的；道义，也是我想要的。如果两样不能同时得到，就舍弃生命而选择道义。生命当然是我想要的，可是还有比生命让我更想要的，所以我不愿苟且偷生。死亡也是我所憎恶的，可是还有比死亡让我更憎恶的，所以有些祸患也就不逃避了。假使人们想要的没有比生命更重要的，那么只要是能维持生命的事，为什么不去做呢？假使人们憎恶的没有比死亡更大的，那么只要是能躲避祸患的事，为什么不去做呢？这样做就能存活，却不去做，这样做就能避祸，却不肯做。由此可知，人所想要的，有比生命更重要的，所憎恶的，有比死亡更大的。不只贤人有这样的思想，人人都有，只是贤人能够不丧失它而已。一筐饭，一碗汤，得到了就能活，得不到就会死。呵斥唾骂着施舍给人吃，过路的行人不会接受。用脚踩后再把食物给人，就是乞丐也不屑接受。有一万钟的俸禄，若不清楚这俸禄是否合乎礼义就接受，那一万钟俸禄对我有什么好处呢？是为了房屋的奢华、妻妾的侍奉，还是接济我认识的穷苦朋友呢？从前宁愿死都不肯接受，现在为了房屋的奢华却接受了；从前宁愿死都不肯接受，现在为了妻妾的侍奉却接受了；从前宁愿死都不肯接受，现在为了接济我认识的穷苦朋友却接受了。这些难道是不能弃之不理的吗？这就叫作丧失了本来的良心。"

【现代解读】在《孟子》中，"鱼与熊掌"一章一向为人所津津乐

告子上 | 359

道，其垂示的义理，在中国长期的历史中，对士人的节操风骨有很深远的影响。在孟子的人性论中，本章最重要的意义就在于提炼了"本心"这个概念，使我们对孟子即心言性的理路，有了更明确的认知，知所拣择，而不致错认本真的自我。孟子说："一箪食，一豆羹，得之则生，弗得则死。呼尔而与之，行道之人弗受。蹴尔而与之，乞人不屑也。"在生死攸关的一刻，如果生存是每个人都渴求的，死亡是每个人都厌恶的，为什么有人宁死也要维护自己做人的尊严？难道不是人的本性之中原本就具有羞恶之心，所以抵死也要维护自己的尊严吗？因此，傅伟勋教授曾以"生死关头心性醒悟的论辩"[1]，来凸显本章在人性论哲理上的说服力与强度。

然而，孟子的论述一如其他各章，一方面强调"羞恶之心，人皆有之"，但也从另一方面警示读者，唯有"贤者能勿丧耳"。因为外在世界的引诱，诸如"宫室之美""妻妾之奉""所识穷乏者"的阿谀奉承，都会掩盖、扭曲我们的"本心"，让我们堕入"失其本心"的状态。因此，在成德之路上，前儒每每称之"不为圣贤，便为禽兽"，虽言辞严峻，但修养功夫却都是扣紧着"本心"的识取、存养而发，下一章中所谓的"学问之道无他，求其放心而已矣"，就是这个意思。

11.11 孟子曰："仁，人心也；义，人路也。舍其路而弗由，放其心而不知求，哀哉！人有鸡犬放，则知求之，有放心，而不知求。学问之道无他，求其放心而已矣。"

【语译】孟子说："仁，是人的本心；义，是人的正路。舍弃这条正路不走，丢失了本心而不知道要去找回来，真是可悲啊！有人丢失

---

[1] 傅伟勋：《从西方哲学到禅佛教》，台北：东大图书公司1986版。

了鸡、狗,尚且知道要去寻找,丢失了本心,却不知道要去找回来。学习为人处世之道没有别的方法,就是找回丢失的本心而已。"

【现代解读】孟子在人性论这个课题上,言说方式千变万化,非常灵活,设辞用语、引譬立喻,信手拈来,其用心无非是引导读者走上成德之路,而非建立严格的知识系统。本章孟子又以极其明快的方式,将动态的人性发展,总结为"仁,人心也;义,人路也"来进行整体说明。我们回顾孟子在"即心言性"的理路下,如何来理解人性。四端之心对应的是仁、义、礼、智四种美德,它说明我们每个人都有为善的能力,但是,这个能力是"端"、是"才",如草木之初生,必须培养守护才能茁壮成长。接着,孟子以"圣人与我同类",以充尽其才的"圣人"来彰显人性最终的圆满。

尤有进者,在"牛山之木"章中,孟子又以"仁义之心""良心"来统称我们的人性,并再次以"萌蘖之生"来明示人性必须通过守护培育才能成才。不仅如此,孟子还以生死攸关的"本心"的呈现,来鉴别人的真实自我与"陷溺其心"之诸种非本真的状态,并在本章中明确地指出,儒者所有学问亦只在"求其放心而已矣"。目前,"仁,人心也",孟子一方面将"良心""本心"收摄于"仁",来凸显我们的善性的感通能力。另一方面,"义,人路也",孟子意在强调吾心之仁,必然表现为一种具体的及人、及物的通达之力,不但可以突破人我、物我之间的对立,而且它也志在将天、人、物、我绾结在一体之仁的和谐中。孟子在"异于禽兽"一章中,曾指出人性中的这点"几希",在舜的身上,足以"明于庶物,察于人伦",这是对于"仁义之心"的另一种充尽的描述。在《孟子》中,屡言"居仁由义",以"广居""安宅"喻"仁",以"大道""正路"喻"义",可以说明"仁义之心"的确是孟子四端之心以外,更具代表性的一种对人性的表述。

11.12 孟子曰："今有无名之指，屈而不信[1]，非疾痛害事也，如有能信之者，则不远秦、楚之路，为指之不若人也。指不若人，则知恶之，心不若人，则不知恶，此之谓不知类[2]也。"

【简注】[1] 信：同"伸"。
[2] 不知类：朱注："言不知轻重之等也。"

【语译】孟子说："现在有个人的无名指弯曲着无法伸直，虽然不是什么疾病，也不妨碍日常生活，但如果有人能够使它伸直，那么即使让他跑到秦国、楚国去求医，他也不会觉得路远，为的只是手指不如别人。手指不如别人，都知道厌恶，心不如别人，却不知厌恶，这就叫作不知轻重。"

【现代解读】本章是一则小故事，生动地指出孟子成德之教的修养功夫，在于"知类"，亦即吾人在面对各种引诱时，作为一个立志向道的君子，须在"本心"与非本真的"陷溺心"之间，知道如何选择，如何分辨轻重。

11.13 孟子曰："拱把[1]之桐梓，人苟欲生之，皆知所以养之者。至于身，而不知所以养之者，岂爱身不若桐梓哉？弗思甚也。"

【简注】[1] 拱把：朱注："拱，两手所围也。把，一手所握也。"

【语译】孟子说："两手可以合围、一手可以握住的桐树、梓树，人们如果想让它生长，都知道该怎样培养它。对于自身的德行，却不知要怎么修养，难道爱惜自身的德行还比不上桐树、梓树吗？实在太不用心反思了。"

【现代解读】本章和后面两章都在讨论修养功夫的要领，关键即在识取本心，以仁义之道致养。孟子在这里特别提出"思"这个概念，在下面第十五章，孟子直接将之系属于"心"之下，意即我们的心灵反思、自我贞定的一种能力。通过"思"，吾人自然会在"本心"与非本真的"陷溺心"之间，找到成德之路的方向，其作用不可谓不大。

11.14 孟子曰："人之于身也，兼所爱。兼所爱，则兼所养也。无尺寸之肤不爱焉，则无尺寸之肤不养也。所以考其善不善者，岂有他哉？于己取之而已矣。体有贵贱，有小大①。无以小害大，无以贱害贵。养其小者为小人，养其大者为大人。今有场师②，舍其梧槚③，养其樲棘④，则为贱场师焉。养其一指而失其肩背而不知也，则为狼疾⑤人也。饮食之人，则人贱之矣，为其养小以失大也。饮食之人无有失也，则口腹岂适⑥为尺寸之肤哉？"

【简注】①体有贵贱，有小大：朱注："贱而小者，口腹也；贵而大者，心志也。"
②场师：管理园圃者，园艺师。
③梧槚：梧，梧桐。槚，即榎，纹理致密，古代用其做棺椁。两者皆为美材。
④樲棘：樲，酸枣。棘，荆棘。两者皆非美材。
⑤狼疾：同"狼藉"，昏乱、糊涂。
⑥适：通"啻"，仅仅、不过。

告子上 | 363

【语译】 孟子说："人对自己的身体，每个部位都十分爱惜。既然每个部位都十分爱惜，就要懂得加以保养。没有一尺一寸的肌肤不刻意用心保养。所以要考察他保养得好不好，哪有别的办法？就看他侧重在哪一部分而已。身体各部位有贵贱的差别、有小大的不同。不要因为顾贱而小的口腹，而妨害了顾贵而大的良心。只保养小的口腹就是小人，而存养大的良心就成为大人。现在有个园艺师，舍弃了梧桐、檟树这种好木料，却去培养酸枣、荆棘这种无用的树木，他是个拙劣的园艺师。因为只顾着保养一根手指而失去了他的肩膀脊背，自己还不知道，就成了糊涂的庸人了。只讲究吃喝的人，会被人瞧不起，因为他只知保养小的口腹，而失去了大的良心。如果讲究吃喝的人，并未丢失良心，那么，顾好口腹难道只是为了养护尺寸的肌肤吗？"

【现代解读】 本章的主旨在于"体有贵贱，有小大。无以小害大，无以贱害贵。养其小者为小人，养其大者为大人"，即，成德修养在自我认同上要能分辨小大、贵贱。孰为小？孰为大？在下一章中，我们知道这个抉择即在身、心之间。顺躯壳起念，就不免成为让人看不起的"饮食之人""小人"，但若通过"思"，从"本心"起念，就会成为令人尊敬的"大人"。

11.15 公都子问曰："钧①是人也，或为大人，或为小人，何也？"
孟子曰："从其大体②为大人，从其小体③为小人。"
曰："钧是人也，或从其大体，或从其小体，何也？"
曰："耳目之官不思，而蔽于物。物交物，则引之而已矣。心之官则思，思则得之，不思则不得也。此天之所与我者，先立乎其大者，则其小者不能夺也。此为大人而已矣。"

【简注】①钧：同"均"，同。

②大体：朱注："心也。"良知本心。

③小体：朱注："耳目之类也。"耳目感官。

【语译】公都子问孟子："同样都是人，为什么有的人是大人，有的人是小人？"

孟子说："顺着良心去做的，就是德行圆熟的大人，顺着感官去做的，就是普通人，就是小人。"

公都子问孟子："同样都是人，为什么有的人是顺着良心去做，有的人是顺着感官去做？"

孟子说："像眼睛、耳朵这些接收外在信息的感官无法反思，容易被外在事物蒙蔽。耳目感官不过是一物，这一物与外在事物彼此接触打交道，就会因受到外物的牵引而迷失。心这个感官是会反思的，一反思就能找到放失的本心，若不反思，就得不到。心是上天特别赋予我们的，爱惜养护自身首先要立定大体的心，如此小体的耳目就无法夺走心在人的生命整体结构中的主导权。这样就成为大人了。"

【现代解读】本章孟子提出"大体"与"小体"的不同。"小体"指"耳目之官"，不具有反思、自我贞定的能力，没有自主性，受制于外物，一有接触，则逐物而不返。"大体"指"心之官"，具有反思的能力，能够在面对外物之际，反求诸己，肯认内在的仁义乃上天赋予人最尊贵的"天爵""良贵"。而一个人或为"小人"，或为"大人"，即在于自己是顺从小体"耳目之官"而活，追逐食色，成为"饮食之人"。还是顺从大体"本心"的要求，"仁义忠信，乐善不倦"，成为令人尊敬的有德之人。

本章在区分"大体""小体"之外，还提示了另外一个重点，即"先

告子上 | 365

立乎其大者，则其小者不能夺"，孟子对人性论中的"身"与"心"的关系，提供了一项原则性的说明。我们一般总以为孟子、告子的辩论，是公说公有理，婆说婆有理，因为人性的定义各异，其实也无所谓谁对谁错。但是，唐君毅先生提醒我们："……孟子有大体小体之分。此中可大统小，而涵摄小，小则不能统大而涵摄大。故以心言性之说，亦可统摄以生言性之说。此方为孟子之必以仁义礼智之根于心者，为君子所性，而不即此自然生命之欲以谓之性，以心言性，代其前之以生言性，其决定的理由之所在也。"[①] 换言之，唐先生认为，孟子"即心言性"的决定性理由在于，心之大体，可以统摄耳目之官的小体。唐先生曾从四个方面来说明这种关系，即心对自然生命具有涵盖性、顺承性、内在性、主宰性，兹分述如下。

第一，涵盖性。人之仁心每每不忍见他人之饥寒，更愿世间内无怨女，外无旷夫，此即显示出心灵对自然生命的欲求能加以肯定并涵盖。

第二，顺承性。人之孝心常念身体发肤，受之父母，不敢毁伤，且求嗣续以承宗祀，由此可见，心灵对自然生命的流行，也能有所顺承。

第三，内在性。《尽心上·二十一》所载"君子所性，仁义礼智根于心，其生色也，睟然见于面，盎于背，施于四体，四体不言而喻"，说明仁、义、礼、智之心可落实贯注到形躯活动中，即内在于形躯中，将自然生命转化为道德生命。

第四，主宰性。人之通往心灵更可以杀身成仁、舍生取义，超越生理的自然要求，以显心灵的主宰义。

果如前论，则依据"先立乎其大者，则其小者不能夺"，孟子不但在人"身"与"心"的生命整体结构中，洞悉到心灵具有优先性、主导

[①] 唐君毅：《中国哲学原论·原性篇》，香港：新亚研究所印行1974年版。

性，而且基于这项洞见，孟子提出了即心言性的人性论理路，超越并涵盖告子即生言性的看法，成为一种更深刻、完备的人性论主张。

11.16 孟子曰："有天爵^①者，有人爵者。仁义忠信，乐善不倦，此天爵也。公卿大夫，此人爵也。古之人修其天爵，而人爵从之。今之人修其天爵，以要^②人爵。既得人爵，而弃其天爵，则惑之甚者也，终亦必亡而已矣。"

【简注】① 天爵：天赐予的爵位，指德行。
② 要：求。

【语译】孟子说："有天赋予的爵位，有人为的爵位。仁、义、忠、信，且乐于行善而不厌倦，这是天赋予的爵位。公卿大夫是人为的爵位。古代的人一心修养其天赋予的爵位，人为的爵位自然就跟着来了。现在的人修养天赋予的爵位，是为了求取人为的爵位。等得到了人为的爵位后，就抛弃天赋予的爵位，那就太糊涂了，最终，必定会失去人为的爵位。"

【现代解读】本章孟子将"天爵""人爵"分列对比，强调真正的尊贵，乃是我们每个人都具备的善性及对美德的爱好。并且，孟子将"古之人"与"今之人"相比，反讽"今之人"，即孟子当时的士人追求人爵，舍弃天爵的愚昧。抚今追昔，人在价值选择上的错谬一再重演，良可叹也。

11.17 孟子曰："欲贵者，人之同心也。人人有贵于己者^①，弗思耳。人之所贵者，非良贵也。赵孟^②之所贵，赵孟能贱之。《诗》^③

告子上 | 367

云：'既醉以酒，既饱以德。'言饱乎仁义也，所以不愿[4]人之膏粱[5]之味也。令闻广誉[6]施于身，所以不愿人之文绣[7]也。"

【简注】① 贵于己者：朱注："贵于己者，谓天爵也。"
② 赵孟：即赵盾，字孟。晋国正卿。这里指有权势的人物。
③《诗》：出自《诗经·大雅·既醉》。
④ 愿：羡慕。
⑤ 膏粱：膏，肥美的肉。粱，精美的谷米。
⑥ 令闻广誉：令闻，美名。广誉，名声大、名气大。
⑦ 文绣：华美的绣服。

【语译】孟子说："追求尊贵，是人们共同的心愿。但每个人都有尊贵的天爵在自己身上，只是没有反思觉察到罢了。别人给予的尊贵，不是真正的尊贵。赵孟这位权贵所给予的尊贵地位，赵孟也能使他轻贱。《诗经·大雅·既醉》说：'酒已经使我喝醉，德已经使我饱足。'是说仁义已经使我得到满足，所以不再羡慕别人肥肉精米的美味了。到处皆知的美名、声望在我身上，也就不羡慕别人华美的绣服了。"

【现代解读】本章接续前章的主题，指出"人人有贵于己者"的"天爵良贵"，这当然是指本心善性，但一般人偏偏不能反求诸己、自我贞定，遂汲汲营营于"人爵"。结果，"赵孟之所贵，赵孟能贱之"，生命的尊严依然没有保障。悲夫！

11.18 孟子曰："仁之胜不仁也，犹水胜火。今之为仁者，犹以一杯水，救一车薪之火也。不熄，则谓之水不胜火，此又与[1]于不仁之甚者也，亦终必亡而已矣。"

【简注】① 与：助长。

【语译】孟子说："仁能战胜不仁，就像水可以灭火一样。现在行仁道的仁人，就像拿一杯水去扑灭一整车在燃烧的柴薪。火没有熄灭，就说水不能灭火，这个说法又大大助长了不仁的气焰，最后肯定连这一点点仁都会消失不见啊。"

【现代解读】本章感叹仁者无法战胜不仁者，一如用一杯水救一车木柴之火，因为力量不成比例，所以难以济事。这个情况，就像《告子上》第九章所谈到的："虽有天下易生之物也，一日暴之，十日寒之，未有能生者也。"原来，人之德性的养成，有赖于各种条件的蓄积，非一蹴而就，就是这个道理。

11.19 孟子曰："五谷者，种之美者也。苟为不熟，不如荑稗①。夫仁亦在乎熟之而已矣。"

【简注】① 荑稗：荑，亦通"稊"，稗子一类的草，果实如小米，可食用。稗，稗子，草似谷而果实细如黍粒，可食用。

【语译】孟子说："五谷是所有种子中最好的。可是如果没有成熟，就还不如成熟的稊米、稗子。仁，也是要使它成熟才好啊。"

【现代解读】本章强调四端之心必待存养，方能义精仁熟，成为美德。孟子性善论的精义所在，不是在理论上为人之成圣、成贤提供

告子上 | 369

保证，而是在实践上引导人走上成德之路，因此修养功夫才是孟子成德之教的重点。

11.20 孟子曰："羿之教人射，必志于彀①，学者亦必志于彀。大匠诲人，必以规矩，学者亦必以规矩。"

【简注】① 彀：拉满弓弩，满而后发。

【语译】孟子说："后羿教人射箭，一定要让人把弓拉满，学习的人也一定要努力把弓拉满。高明的木匠师傅教人，一定要依循规矩，学木工的人也一定要依循规矩。"

【现代解读】本章从学射"必志于彀"即拉满弓说起，强调儒者之学亦有其规矩。规矩从何而定，由目标方向而定。儒者之学以成圣成贤为目标，其方向、内容，则不外乎"求其放心而已矣"。

告子下

《告子下》共计十六章，涉论范围广泛，包含孟子与弟子之间的讨论，也收录了孟子与时人有关政治冲突混乱的检讨。其中，第二章论人皆可以为尧舜，第四章与宋牼论义利，第七章孟子从三王、五霸谈起，检讨战国时代混乱的原因，以及第十五章"生于忧患"章，是常被引述讨论的重要篇章。

12.1 任①人有问屋庐子②曰:"礼与食孰重?"

曰:"礼重。"

"色与礼孰重?"

曰:"礼重。"

曰:"以礼食,则饥而死。不以礼食,则得食,必以礼乎?亲迎③,则不得妻。不亲迎,则得妻,必亲迎乎?"

屋庐子不能对,明日之邹④,以告孟子。

孟子曰:"于答是也,何有?不揣⑤其本,而齐其末,方寸之木可使高于岑楼⑥。金重于羽者,岂谓一钩金⑦与一舆羽之谓哉?取食之重者,与礼之轻者而比之,奚翅⑧食重?取色之重者,与礼之轻者而比之,奚翅色重?往应之曰:'紾⑨兄之臂而夺之食,则得食。不紾,则不得食,则将紾之乎?逾东家墙而搂其处子⑩,则得妻。不搂,则不得妻,则将搂之乎?'"

【简注】① 任:古国名,太暤之后,风姓。在今山东省济宁市。

② 屋庐子:名连,孟子的弟子。

③ 亲迎:古代婚姻制度的礼节,新郎亲自至女方家迎娶新娘。

④ 明日之邹:邹,邹国,在今山东省邹城市东南,与任国相距约百里。

⑤ 揣:揣度。

⑥ 岑楼:朱注:"楼之高锐似山者。"

⑦ 一钩金：赵岐注："一带钩之金。"焦循《孟子正义》："才重三分两之一。"表示很轻。此处喻礼有轻于食色者。

⑧ 翅：同"啻"，止也。

⑨ 紾：扭转。

⑩ 搂其处子：搂，掠。处子，处女。

【语译】有个任国人问屋庐子："礼和饮食哪个重要？"

屋庐子说："礼重要。"

任国人又问："女色和礼哪个重要？"

屋庐子说："礼重要。"

任国人说："如果依照礼节去谋食，就会饿死，不依礼节去谋食，就可以得到食物，一定要依照礼节谋食才行吗？遵守新郎亲自迎娶之礼，就得不到妻子。新郎不亲自去迎娶，就能得到妻子，一定要亲自去迎娶吗？"

屋庐子答不上来，隔天就前往邹国，把这段对话告诉了孟子。

孟子说："回答这个问题有什么困难的？如果不揣度地基是否高低一致，只是比较它的顶端，那么一寸厚的木头若放在高处，都可以高过高楼。金子本来就比羽毛重，哪能用一小钩金子去跟一大车的羽毛相比呢？用饮食中最重要的，去跟礼仪中最轻微的相比，何止是饮食重要呢？用女色中最重要的，去跟礼仪中最轻微的相比，何止是女色重要呢？你去回答他就说：'扭伤哥哥的手臂从他手中抢夺食物，才能得到吃的，不扭就得不到，那你会去扭吗？翻过东家的墙去抢夺未出嫁的女子，才能得到妻子，不抢夺就得不到妻子，那你要不要去抢呢？'"

【现代解读】本章讨论礼与食色孰重，孟子指出，必须将二者置

告子下 | 373

于相同的基础之上加以比较，才能得出正确的答案。以食色之重较之礼之轻者，只会混淆视听。

12.2 曹交①问曰："人皆可以为尧、舜，有诸？"

孟子曰："然。"

"交闻文王十尺，汤九尺。今交九尺四寸以长，食粟而已，如何则可？"

曰："奚有于是？亦为之而已矣。有人于此，力不能胜一匹雏②，则为无力人矣。今曰举百钧，则为有力人矣。然则举乌获③之任，是亦为乌获而已矣。夫人岂以不胜为患哉？弗为耳。徐行后长者谓之弟，疾行先长者谓之不弟。夫徐行者，岂人所不能哉？所不为也。尧、舜之道，孝弟而已矣。子服尧之服，诵尧之言，行尧之行，是尧而已矣。子服桀之服，诵桀之言，行桀之行，是桀而已矣。"

曰："交得见于邹君，可以假馆④，愿留而受业于门。"

曰："夫道，若大路然，岂难知哉？人病不求耳。子归而求之，有余师⑤。"

【简注】①曹交：赵岐注："曹君之弟。"但孟子所处的时代，曹国已亡，不详其人其事。

②雏：小鸡。

③乌获：秦国人，孔武有力，曾在秦武王时出仕当官。

④假馆：借馆舍以居，有容身之所。

⑤有余师：有不少老师。

【语译】曹交问孟子："人人都可以成为尧、舜，真是如此吗？"

孟子说："对。"

曹交说:"我听说周文王身长十尺,商汤身长九尺。现在我有九尺四寸这么高,却只会吃饭而已,要怎样才能成为尧、舜那样的圣人?"

孟子说:"这有什么关系呢?只管去践行就是了。如果有个人,他的力气不足以提起一只小鸡,那他就是个没力气的人。如果他能举起三千斤重的东西,那他就是有力气的人。那么,举得起大力士乌获能举起的东西,也可以算是乌获了。人难道还要担心有什么不能做到吗?只是不去践行而已。跟在长辈后面慢慢地走叫作悌,抢在长辈前面快步疾走叫作不悌。慢慢走,难道是人做不到的吗?只是不肯做罢了。成为尧、舜那样的圣人的方法,不过是孝悌二字罢了。如果你穿着尧的衣服,说着尧会说的话,做尧会做的事,那你就跟尧一样了。如果你穿着桀的衣服,说着桀会说的话,做桀会做的事,那你就跟桀一样了。"

曹交说:"我想去拜见邹国国君,跟他借一个馆舍住,希望能留下来在您门下受业。"

孟子说:"道,就像大路一样,怎么会难懂呢?只怕人不肯用心去探求罢了。你回去好好探求,随处都有老师。"

【现代解读】"人皆可以为尧、舜"是孟子思想的重要命题,其成立的基础是人人皆有四端之心,亦即孟子性善论的主张。可是,一般人对孟子这个命题,总会持保留的态度,觉得陈义太高,目前本章曹交的提问,应该也是在这个背景下提出的。而孟子的回答,简单明白,他说:"尧、舜之道,孝弟而已矣。"不但指出了成德之路的入口,而且提出了"子服尧之服,诵尧之言,行尧之行"的建议。如实言之,尧、舜的事功牵涉的条件很广,如他们个人的才艺、遭遇等,无法强求,但尧、舜的品德确实亦只是"仁义而已矣",而仁义之行,也正是从孝悌开始的。因此,孟子以"夫道,若大路然,岂难知哉?

人病不求耳"再次点醒曹交千万不可好高骛远。

12.3 公孙丑问曰:"高子[①]曰:'《小弁》[②],小人之诗也。'"

孟子曰:"何以言之?"

曰:"怨。"

曰:"固哉,高叟之为诗也!有人于此,越人关弓而射之,则己谈笑而道之,无他,疏之也。其兄关弓而射之,则己垂涕泣而道之,无他,戚[③]之也。《小弁》之怨,亲亲也。亲亲,仁也。固矣夫,高叟之为诗也!"

曰:"《凯风》[④]何以不怨?"

曰:"《凯风》,亲之过小者也。《小弁》,亲之过大者也。亲之过大而不怨,是愈疏也;亲之过小而怨,是不可矶[⑤]也。愈疏,不孝也,不可矶,亦不孝也。孔子曰:'舜其至孝矣,五十而慕。'"

【简注】① 高子:齐国人。

② 《小弁》:《诗经·小雅》中的篇名。朱注:"周幽王娶申后,生太子宜臼。又得褒姒,生伯服,而黜申后,废宜臼。于是宜臼之傅为作此诗,以叙其哀痛迫切之情也。"

③ 戚:亲。

④ 《凯风》:《诗经·邶风》中的篇名。朱熹的《诗集传》说:"母以淫风流行,不能自守,而诸子自责,但以不能事母,使母劳苦为词。婉词几谏,不显其亲之恶,可谓孝矣。"闻一多的《诗经通义》认为这是一首名为慰母,实为谏父的诗。

⑤ 矶:激动。

【语译】公孙丑问孟子:"高子说:'《诗经·小弁》这首诗是小人

作的。'"

孟子说:"他为什么这么说呢?"

公孙丑说:"因为诗中有怨。"

孟子说:"高老先生解诗未免太固执了啊!譬如有这么一个人,越国人开弓要射他,他可以谈笑自若地讲这件事,没别的原因,只因他跟越国人关系疏远。如果他的哥哥开弓要射他,他就会痛哭流涕地讲这件事,没别的原因,只因他跟哥哥关系亲近。《诗经·小弁》这首诗隐含的怨,是因为想亲近父亲。想亲近父亲,正是仁心的流露。高老先生解诗未免太固执了啊!"

公孙丑说:"那《诗经·凯风》这篇为什么不怨呢?"

孟子说:"《诗经·凯风》这篇,母亲的过错还算小。《诗经·小弁》这篇,父亲的过错很大。父母的过错大而不怨他们,是感情愈发疏离了;父母的过错小而怨他们,是不能受一点委屈。感情愈发疏离,是不孝,不能受一点委屈,也是不孝。孔子说:'舜大概是最孝顺的人了,到了五十岁还爱慕着父母亲。'"

【现代解读】本章孟子依据一贯的原则,"以意逆志"与"知人论世",分别对《小弁》《凯风》两首诗加以解释,说明为何前者怨,而后者不怨。个中关键,在于前者反映的是"亲之过大者",后者反映的则是"亲之过小者"。《论语·阳货》篇记载,孔子曾说:"《诗》,可以兴,可以观,可以群,可以怨。"怨作为人类情感的一种表达,只要怨而不怒,在孔门诗教中都会给予正面的肯定,更何况是在孺慕之情下的怨,因此孟子批评高子解诗过于固执呆板,少了人情味。

12.4 宋牼[①]将之楚,孟子遇于石丘[②]。曰:"先生将何之?"

曰:"吾闻秦、楚构兵[③],我将见楚王说而罢之。楚王不悦,我

告子下 | 377

将见秦王说而罢之。二王我将有所遇焉。"

曰："轲也请无问其详，愿闻其指④。说之将何如？"

曰："我将言其不利也。"

曰："先生之志则大⑤矣，先生之号⑥则不可。先生以利说秦、楚之王，秦、楚之王悦于利，以罢三军之师，是三军之士乐罢而悦于利也。为人臣者怀利以事其君，为人子者怀利以事其父，为人弟者怀利以事其兄。是君臣、父子、兄弟，终去仁义，怀利以相接，然而不亡者，未之有也。先生以仁义说秦、楚之王，秦、楚之王悦于仁义，而罢三军之师，是三军之士乐罢而悦于仁义也。为人臣者怀仁义以事其君，为人子者怀仁义以事其父，为人弟者怀仁义以事其兄。是君臣、父子、兄弟，去利怀仁义以相接也。然而不王者，未之有也。何必曰利？"

【简注】① 宋牼：在《庄子·天下》《荀子·非十二子》中作宋钘，在《韩非子》《庄子·逍遥游》中作宋荣，为战国时期著名学者，主张反战、寡欲。

② 石丘：地名，亦作石邱，或云宋地。

③ 构兵：构，交、接。双方出兵交战。

④ 指：通"恉""旨"，意向、主旨。

⑤ 大：善。

⑥ 号：主张、看法。

【语译】宋牼将要到楚国去，孟子在石丘遇到了他。孟子说："先生要去哪儿呢？"

宋牼说："我听说秦、楚两国要开战，我要去见楚王，说服他收兵停战。如果楚王不高兴，我再去见秦王，说服他收兵停战。两位君王当中，总有一位会与我意见相投吧。"

孟子说："我不想问详细内容，只希望听听您的主旨大意。您打算怎么去说服他们呢？"

宋牼说："我想告诉他们打仗对他们是不利的。"

孟子说："先生的志向固然好，但先生的主张却不可行。先生用利益去劝说秦、楚的国君，秦、楚的国君因为喜爱利益，所以让三军将士收兵停战，三军将士因能收兵停战而高兴，就喜爱利益了。当臣子的，抱着图利的心去侍奉他的国君；当儿子的，抱着图利的心去侍奉他的父亲；当弟弟的，抱着图利的心去侍奉他的哥哥。这么一来，君臣、父子、兄弟之间，到最后就抛弃了仁义的心，只抱着图利的心来相处，像这样还不亡国的，是从来没有过的事。先生若是用仁义去劝说秦、楚的国君，秦、楚的国君因为喜爱仁义，所以让三军将士收兵停战，三军将士因能收兵停战而高兴，就喜爱仁义了。当臣子的，抱着仁义的心去侍奉他的国君；当儿子的，抱着仁义的心去侍奉他的父亲；当弟弟的，抱着仁义的心去侍奉他的哥哥。这么一来，君臣、父子、兄弟之间，到最后就抛弃了图利的心，只以仁义的心来相处，像这样还不称王统一天下的，是从来没有过的事。何必去谈利益呢？"

【现代解读】 本章记录了孟子与宋牼之间的对话。宋牼，又名宋钘、宋荣子，《庄子》书中对他也有记载。宋牼与孟子相会于石丘，表示要去劝秦、楚罢兵。孟子就好奇地请教他，如何劝两国罢兵。宋牼表示，要告知他们战争的不利之处。孟子听了，一方面对宋牼的志向表示推崇，但认为他止战罢兵的理由不够充分。因为在一个国家中，如果君臣、父子、兄弟之间不知仁义，仅仅知道怀利以相接，那必然会演变为《梁惠王上》中所说的"不夺不餍"的结果。唯有在利益思考之上，看到仁义价值的重要性与不可取代性，这个国家才会走向王道。本章有关"义利之辩"的讨论，与《孟子》一书的首章相互呼应，义理一贯，可以合参。

12.5 孟子居邹，季任[①]为任处守，以币交，受之而不报。处于平陆[②]，储子为相，以币交，受之而不报。

他日由邹之任，见季子。由平陆之齐，不见储子。屋庐子喜曰："连得闲[③]矣。"

问曰："夫子之任见季子，之齐不见储子，为其为相与？"

曰："非也。《书》曰：'享多仪[④]，仪不及物，曰不享，惟不役志于享。'为其不成享也。"

屋庐子悦。或问之，屋庐子曰："季子不得之邹，储子得之平陆。"

【简注】① 季任：任国国君之弟。当时因国君到邻国朝会，遂由季任留守代理国政。

② 平陆：参见《公孙丑下·四》简注①。

③ 连得闲：连，屋庐子名。闲，间隙。

④ 享多仪：言献享以礼仪为重。

【语译】孟子住在邹国时，季任留守任国代理国政，派人送了厚礼来结交孟子，孟子接受了却没有回谢。孟子住在齐国平陆时，储子担任齐国的宰相，也派人送了厚礼来结交孟子，孟子接受了也没有回谢。

过了些日子，孟子从邹国到任国，去拜见了季子。从平陆到齐国，却没去拜见储子。屋庐子高兴地说："我可算发现破绽了。"

屋庐子问孟子："夫子到任国去拜见季子，到齐国却没去拜见储子，是因为他只是宰相吗？"

孟子说："不是这样的。《尚书》有说：'献上礼物要以礼仪为重，如果礼仪轻率比不上礼物的贵重，就等于没有献上礼物，就因为他没有诚心来奉献。'我不去见储子，也是因为他不是诚心来送礼的。"

屋庐子听了很喜悦。有人问他为什么，屋庐子说："因为季子要留守，无法亲自去邹国见孟子，而储子是齐国宰相，是可以亲自去平陆见孟子的呀。"

【现代解读】本章记载孟子在处事接物上的严谨态度。季任与储子都派人给孟子送了礼物，但孟子由邹之任，面拜季任，由平陆之齐，却不面拜储子。弟子屋庐子以为孟子看重季任是任国国君之弟，而轻视储子是齐国之相。但事实上是因为季任守国，不能亲自拜访，而储子可以亲访平陆致敬，却只派人送来礼物。因此，孟子也以不同的方式回报两人。君子出处进退，一丝不苟，这就是我们的孟夫子。

12.6 淳于髡曰："先名实①者，为人也；后名实者，自为也。夫子在三卿②之中，名实未加于上下而去之，仁者固如此乎？"

孟子曰："居下位，不以贤事不肖者，伯夷也；五就汤，五就桀者，伊尹也；不恶污君，不辞小官者，柳下惠也。三子者不同道，其趋一也。一者何也？曰：仁也。君子亦仁而已矣，何必同？"

曰："鲁缪公之时，公仪子③为政，子柳④、子思为臣，鲁之削⑤也滋甚。若是乎，贤者之无益于国也！"

曰："虞不用百里奚而亡，秦穆公用之而霸。不用贤则亡，削何可得与？"

告子下 | 381

曰:"昔者王豹处于淇⑥,而河西善讴。緜驹处于高唐⑦,而齐右善歌。华周、杞梁⑧之妻善哭其夫,而变国俗。有诸内必形诸外。为其事而无其功者,髡未尝睹之也。是故无贤者也,有则髡必识之。"

曰:"孔子为鲁司寇⑨,不用,从而祭,燔肉⑩不至,不税冕而行⑪。不知者以为为肉也,其知者以为为无礼也。乃孔子则欲以微罪行,不欲为苟去。君子之所为,众人固不识也。"

【简注】①名实:朱注:"名,声誉也。实,事功也。"

②三卿:司徒、司马、司空。司徒掌教育,司马掌国防,司空掌外交,孟子居齐为客卿,未授实职。一说为上卿、亚卿、下卿。

③公仪子:公仪,复姓,名休,鲁国博士。相缪公,奉法循理,百官自正,使食禄者不得与百姓争利。

④子柳:泄柳也,鲁国贤士,与子思同为鲁缪公师傅之臣。

⑤削:土地被侵夺。

⑥王豹处于淇:王豹,卫国之善歌唱者。淇,古水名,又称淇河,在今河南省北部。

⑦緜驹处于高唐:緜驹,齐国人,善歌。高唐,齐国邑名,在今山东省聊城市。

⑧华周、杞梁:华周,一作华舟,即华旋,齐国大夫。杞梁,即杞殖,齐国大夫。庄公伐莒时,与华舟同时战死。

⑨司寇:官名,古代六卿之一,掌刑狱。

⑩燔肉:燔,通"膰",祭肉。古代诸侯祭祀宗庙社稷后,必赐祭肉予大夫,与之同福禄也。

⑪不税冕而行:税,同"脱"。冕,祭祀时所戴的礼冠。此言孔子来不及放置礼冠,就匆忙离去。朱注:"盖圣人于父母之国,不欲显其君相之失,又不欲为无故而苟去,故不以女乐去,而以膰肉行。

其见几明决，而用意忠厚，固非众人所能识也。然则孟子之所为，岂髡之所能识哉？"

【语译】淳于髡问孟子："重视名誉事业的人，是为了造福众人；轻视名誉事业的人，是为了独善己身。夫子您位列三卿之中，名誉事业都还未能达到上辅佐君王、下救济百姓，就要离开，难道仁者本来就是这样吗？"

孟子说："身居下位，不愿意以贤才去侍奉不肖国君的人，这是伯夷；五次投奔商汤，五次投奔夏桀的人，这是伊尹；不厌弃昏庸污秽的国君，不拒绝担任卑微小官的人，这是柳下惠。这三人虽然作风不同，但是他们的方向一致。一致的方向是什么呢？就是仁道。君子也只是行仁道罢了，何必非要作风、行径相同呢？"

淳于髡说："鲁缪公的时候，公仪子执掌国政，子柳、子思也都在朝为官，但是鲁国的土地被侵夺得更厉害。贤人对国家没有益处，就像是这样啊！"

孟子说："虞国因不任用百里奚而亡国，秦穆公用了他却称霸于诸侯。不用贤人就要亡国，何止土地被侵夺呢？"

淳于髡说："从前王豹住在淇水旁，使得河西一带的人都善于歌唱。緜驹住在高唐，使得齐国西部的人也都善于歌唱。华周和杞梁的妻子因为哀哭已死的丈夫，改变了齐国的风俗。内在一定会表现到外在，做了事却毫无功效的，我不曾见过。所以说，现在没有贤者，有的话，我一定会知道。"

孟子说："孔子在鲁国当司寇时，不受重用，跟着国君去祭祀，又没看到国君派人送祭肉来，于是孔子来不及脱下礼帽，就匆忙离去。不知道的人，认为孔子是为了祭肉，知道的人，了解孔子是因为国君对他无礼才离去。至于孔子，则是想要借由一点微小的罪名而离开自

告子下 | 383

己的国家，不愿随便辞官，一走了之。君子的所作所为，原本就不是一般人所能理解的。"

【现代解读】本章记录的是淳于髡慰留孟子的一段对话。这一次，淳于髡言辞犀利，以名实相责，可谓咄咄逼人，但孟子深知齐宣王无意推行仁政，因此并不为所动。孟子面对淳于髡的质疑，强调了两个重点，一是说明君子投身政治，出处进退或有不一，但基本上都是求仁得仁，我们不必以单一的行为模式来相责。二是认为贤者治民救国，意义重大，但未必能为时君所识，如虞国不用百里奚，但秦国却因百里奚而霸。孟子更以孔子欲以微罪离开鲁国，一般人却误会孔子，以为孔子是因为没有得到祭肉而离开，此正说明君子的行事，未必能为时人所了解。可见，孟子并没有被淳于髡的激将法所影响。

12.7 孟子曰："五霸①者，三王②之罪人也；今之诸侯，五霸之罪人也；今之大夫，今之诸侯之罪人也。天子适诸侯曰巡狩，诸侯朝于天子曰述职。春省耕而补不足，秋省敛而助不给。入其疆，土地辟，田野治，养老尊贤，俊杰在位，则有庆③，庆以地。入其疆，土地荒芜，遗老失贤，掊克④在位，则有让⑤。一不朝，则贬其爵；再不朝，则削其地；三不朝，则六师移之⑥。是故天子讨而不伐，诸侯伐而不讨。五霸者，搂诸侯以伐诸侯者也，故曰：五霸者，三王之罪人也。五霸，桓公为盛。葵丘⑦之会诸侯，束牲载书而不歃血⑧。初命曰：'诛不孝，无易树子⑨，无以妾为妻。'再命曰：'尊贤育才，以彰有德。'三命曰：'敬老慈幼，无忘宾旅。'四命曰：'士无世官，官事无摄，取士必得，无专⑩杀大夫。'五命曰：'无曲防⑪，无遏籴⑫，无有封而不告⑬。'曰：'凡我同盟之人，既盟之后，言归于好。'今之诸侯，皆犯此五禁，故曰：今之诸侯，五霸之罪人也。长君之恶其罪小，逢君之恶⑭其罪大。今之大夫，皆逢君之恶，故曰：今之大夫，今之诸侯之罪人也。"

【简注】① 五霸：春秋时的齐桓公、晋文公、秦穆公、宋襄公、楚庄王。

② 三王：三代圣王，夏禹、商汤、周文王、周武王。

③ 庆：奖赏。

④ 掊克：搜刮民财的人。

⑤ 让：责让、责罚。

⑥ 六师移之：六师，天子的六军，军队。移，调动。六师移之，指征伐。

⑦ 葵丘：春秋时宋国地名，在今河南省民权县东北。

⑧ 束牲载书而不歃血：束牲载书，指束缚牲畜而不杀，加盟书于牲上。歃血，古代盟会时，嘴唇涂上牲畜的血，以表诚意。

⑨ 树子：树，立。立为世子。

⑩ 专：专断、专擅。

⑪ 曲防：曲为堤防，遍筑堤防，或壅塞不使流入邻国，或决之以邻为壑。

⑫ 遏籴：遏，止。籴，买进谷物。指邻国有灾荒时，不可闭籴使不得食也。

⑬ 封而不告：封，封赏。告，报告盟主。

⑭ 逢君之恶：迎合上意。朱注："君之过未萌，而先导之者，逢君之恶也。"

【语译】孟子说："春秋五霸，都是三代圣王的罪人；现在的诸侯，都是五霸的罪人；现在的大夫，都是各国诸侯的罪人。天子巡行

告子下 | 385

到诸侯的国家，叫作巡狩，诸侯去朝见天子，叫作述职。春天视察百姓耕种的情况，而补充他们农具的不足，秋天视察收成的情况，而救济歉收的人。天子进入诸侯的领土，土地得到开垦，田野整治得井井有条，老人得到赡养，贤人受到尊敬，才能出众的人在朝为官，就给予奖赏，赏赐土地给诸侯。天子进入诸侯的领土，看到土地荒废弃耕，老人被遗弃，贤人不被任用，搜刮民财的人在朝为官，就给予责罚。诸侯一次不来朝见，就降低爵位；两次不来朝见，就削减封地；三次不来朝见，就发动六军去征伐他。所以天子只是下令声讨有罪的诸侯，而不亲自征伐，诸侯则是奉命攻伐有罪的诸侯，而不声讨。五霸是胁迫一部分诸侯去攻伐另一部分诸侯，所以说，五霸都是三代圣王的罪人。五霸当中，以齐桓公势力最大。他在葵丘与诸侯会盟时，只是束缚牲畜，上加盟书，没有歃血。盟约第一条写道：'诛杀不孝的人，不更换已立的世子，不把妾立为正妻。'盟约第二条写道：'尊重贤人，培育英才，表彰有才德之士。'盟约第三条写道：'尊敬长者，慈爱幼小，不怠慢外来的宾客。'盟约第四条写道：'士的职位不得世袭，官员不得兼摄二职，选拔人才要有真才实学，不得专横擅杀大夫。'盟约第五条写道：'不可遍筑堤防，妨碍邻国水利，不得禁止邻国灾荒时购买粮食，不得擅自把土地封赏给大夫而不禀告天子。'最后写道：'凡是与我同盟的人，已经结盟了，就要归于友好安定。'现在的诸侯，都违反了这五条盟约，所以说，现在的诸侯都是五霸的罪人。任凭国君的恶念滋长，这罪恶尚小，迎合助长国君的恶念，罪恶就大了。现在的大夫，都在迎合助长国君的恶念，所以说，现在的大夫是现在各国诸侯的罪人。"

【现代解读】本章孟子在辨别王与霸的差异，更沉痛地指出当时政治败坏的原因。孟子表示"五霸者，三王之罪人也"，认为五霸以力服人，拉帮结派，擅自发动战争，但是，齐桓公葵丘之会的盟约中仍然保留了若干仁道的精神，如诛不孝、尊贤育才等。可是，当今逐霸的诸侯，都做不到葵丘之会的五禁，暴露出拥有政权的人全无政治责任，只是一味贪婪地追求富国强兵。然而，更令人心痛的是政统失坠，后继无人，而肩负道统的士人，一旦投入仕途，也全然放弃理想，不但逢君之恶，助长了战国时代穷兵黩武的军事竞赛，而且以各种言辞，文过饰非，所以孟子说："今之诸侯，五霸之罪人也。……今之大夫，今之诸侯之罪人也。"孟子这番沉痛的批评，反映的是他在政统、道统分裂的情况下，对知识分子更深切的失望与不满。

12.8 鲁欲使慎子①为将军。孟子曰："不教民而用之，谓之殃民。殃民者，不容于尧、舜之世。一战胜齐，遂有南阳②，然且不可。"

慎子勃然不悦曰："此则滑釐所不识也。"

曰："吾明告子：天子之地方千里，不千里，不足以待诸侯。诸侯之地方百里，不百里，不足以守宗庙之典籍。周公之封于鲁，为方百里也，地非不足，而俭③于百里。太公之封于齐也，亦为方百里也，地非不足也，而俭于百里。今鲁方百里者五，子以为有王者作，则鲁在所损乎？在所益乎？徒取诸彼以与此，然且仁者不为，况于杀人以求之乎？君子之事君也，务引其君以当道，志于仁而已。"

【简注】① 慎子：鲁臣，名滑釐，善于用兵。
② 南阳：齐国地名，在今山东省泰山以南、汶河以北一带。
③ 俭：止而不过。

【语译】鲁国有意让慎子担任将军。孟子说："不教百姓礼义就让他们去打仗，这叫作祸害百姓。祸害百姓的人，是不见容于尧、舜的时代的。即使一战打败了齐国，取得了南阳，也不可以。"

慎子脸色突变，不高兴地说："这是我滑釐所不能理解的。"

孟子说："我明白地告诉你，天子的土地方圆千里，没有千里的话，不足以接待诸侯。诸侯的土地方圆百里，没有百里的话，不足以保存宗庙祭祀和典章制度。周公被封在鲁国，管辖方圆百里的土地，并不是周朝的土地不够，才只给他百里。姜太公被封在齐国，也是方圆百里，也并非因为周朝的土地不够，才只给他百里。现在鲁国的土地已经是方圆百里的五倍了，你认为如果有王者出现，那么鲁国的土地应该减少还是增加呢？不耗费兵力，从齐国取得土地给鲁国，仁者尚且不愿意做，更何况杀人去求取呢？君子侍奉国君，务求引导国君走向正道，立志于行仁罢了。"

【现代解读】 本章与前章孟子批评"今之大夫，皆逢君之恶"接续着看，一目了然。慎子之过，不仅在于"不教民而用之，谓之殃民"，而且在于"君子之事君也，务引其君以当道，志于仁而已"，慎子却背其道而行。

12.9 孟子曰："今之事君者曰：'我能为君辟土地，充府库。'今之所谓良臣，古之所谓民贼也。君不乡①道，不志于仁，而求富之，是富桀也。'我能为君约与国②，战必克。'今之所谓良臣，古之所谓民贼也。君不乡道，不志于仁，而求为之强战，是辅桀也。由今之道，无变今之俗，虽与之天下，不能一朝居也。"

【简注】 ① 乡：同"向"，向往、追求。
② 约与国：约，邀约。与国，结交盟国。

【语译】孟子说:"现在侍奉国君的人说:'我可以为国君开拓疆土,充实府库。'这些现在所说的良臣,正是古代称为民贼的人。国君不向往正道,不立志行仁,却还设法使他富足,这等于是使桀富足。'我能为国君结交盟国,每战必胜。'这种现在所说的良臣,正是古代称为民贼的人。国君不向往正道,不立志行仁,却还为他奋力作战,这是在辅佐夏桀。如果顺着现在这条路走,不改变现在的风气,即使把天下送给他,也不能够当一天的太平天子啊。"

【现代解读】本章义理与前章一致,主要在批评当时士人为了逢迎国君,为之求富,为之强战,是"富桀""辅桀"的行为,皆为孟子所不齿。

12.10 白圭①曰:"吾欲二十而取一,何如?"

孟子曰:"子之道,貉②道也。万室之国,一人陶③,则可乎?"

曰:"不可,器不足用也。"

曰:"夫貉,五谷不生,惟黍生之。无城郭、宫室、宗庙、祭祀之礼,无诸侯、币帛、饔飧④,无百官有司,故二十取一而足也。今居中国,去人伦,无君子,如之何其可也?陶以寡,且不可以为国,况无君子乎?欲轻之于尧、舜之道者,大貉、小貉也。欲重之于尧、舜之道者,大桀、小桀也。"

【简注】① 白圭:姓白,名丹,字圭,周人,生活简朴而善经商。欲更税法,二十分而取其一分。

② 貉:又作"貊",古代北方少数民族。

③ 陶:烧窑。

④ 饔飧:熟食。朝曰饔,夕曰飧,朱注:"以饮食馈客之礼也。"

【语译】白圭说："我想把税收改成二十分抽一分，行吗？"

孟子说："你的方法是北方狄国貉国的办法。譬如有一万户的国家，但只有一个人烧制陶器，可行吗？"

白圭说："不行，陶器会不够用。"

孟子说："貉国，各种谷物都不生长，只有黍可以生长。没有城郭、宫室、宗庙、祭祀的礼制，没有诸侯馈赠币帛礼物、宴飨宾客的酬酢，也没有各种官职的分门设立，所以二十分抽一分的税收就足够了。现在你居住在中原，假如抛弃了家庭社会的伦常，没有各级的官吏，那怎么行呢？烧制陶器的人少，尚且不能够使国家得以维持，更何况没有官吏处理大小政事呢？所以想要比尧、舜的税率更轻，就是大貉、小貉那样的夷狄之国；想要比尧、舜的税率更重，就是大桀、小桀那样的暴君。"

【现代解读】本章讨论的是什么财税政策才是合宜的，孟子并没有随白圭的想法，认为主张越低越好，而是以维持国家正常的开支为标准。儒者从政，原来也只是通情达理而已！可是，通情达理看似简单，又有几人能够做到呢？

12.11 白圭曰："丹之治水也，愈于禹。"

孟子曰："子过矣。禹之治水，水之道也，是故禹以四海为壑。今吾子以邻国为壑①，水逆行，谓之洚水。洚水者，洪水也，仁人之所恶也。吾子过矣。"

【简注】① 以邻国为壑：壑，受水处。把邻国当作受水处。

【语译】白圭说："我治水胜过夏禹。"

孟子说："你错了。夏禹治水，是顺着水性疏导，所以夏禹以四海为聚水的大水沟。现在你却是把邻国当作聚水的坑沟，水流逆行倒灌，叫作洚水。洚水，就是洪水，是仁者所厌恶的。你错了。"

【现代解读】本章孟子批评白圭治水，以邻为壑，完全与禹之治水，以四海为壑不同，其差异亦只是仁与不仁而已矣！

12.12 孟子曰："君子不亮[1]，恶乎执？"

【简注】[1] 亮：通"谅"，诚信。

【语译】孟子说："君子如果不诚信，遇事又如何坚守原则呢？"

【现代解读】本章论君子之操守以诚信为原则。

12.13 鲁欲使乐正子为政。孟子曰："吾闻之，喜而不寐。"
公孙丑曰："乐正子强乎？"
曰："否。"
"有知虑[1]乎？"
曰："否。"
"多闻识[2]乎？"
曰："否。"
"然则奚为喜而不寐？"
曰："其为人也好善。"
"好善足乎？"
曰："好善优[3]于天下，而况鲁国乎？夫苟好善，则四海之内，

告子下 | 391

皆将轻千里而来，告之以善。夫苟不好善，则人将曰：'訑訑④，予既已知之矣。'訑訑之声音颜色，距⑤人于千里之外。士止于千里之外，则谗谄面谀⑥之人至矣。与谗谄面谀之人居，国欲治，可得乎？"

【简注】① 知虑：智谋。

② 闻识：见识。

③ 优：有余裕。

④ 訑訑：嗯嗯之声，认为自己已经知道，对别人说的话发出不耐烦的声音。一说自足其智，不嗜善言之貌。

⑤ 距：通"拒"，拒绝。

⑥ 谗谄面谀：谗，说人坏话。谄，巴结。谀，逢迎讨好。阿谀谄媚，逢迎拍马的人。

【语译】鲁国想要让乐正子主持国政。孟子说："我听说了这件事，高兴得睡不着觉。"

公孙丑问："乐正子能力强吗？"

孟子说："不强。"

公孙丑问："乐正子有决断大事的智谋吗？"

孟子说："没有。"

公孙丑问："他阅历丰富吗？"

孟子说："不丰富。"

公孙丑问："那您为什么高兴得睡不着觉呢？"

孟子说："因为他做人喜好善道。"

公孙丑问："喜好善道就足够了吗？"

孟子说："喜好善道的人治理天下都绰绰有余，何况治理一个鲁国呢？如果一个人喜好善道，那么四海之内的人民都会不远千里而来，来告诉他善道。如果一个人不喜好善道，那么就会说：'嗯嗯，我早就知道了。'嗯嗯的语气和脸上的表情，都显现出将他人拒绝在千里之外的态度。士人被拒绝在千里之外，那么阿谀谄媚、逢迎拍马的人就到来了。跟这些阿谀谄媚、逢迎拍马的人在一起，想要治理好国家，办得到吗？"

【现代解读】本章记录了孟子对弟子乐正子的评价"好善"，并指出好善则足以治理天下，因为天下之善士、善策都会为其所用。《公孙丑上·八》记载："禹闻善言则拜。大舜有大焉，善与人同，舍己从人，乐取于人以为善。自耕、稼、陶、渔以至为帝，无非取于人者。取诸人以为善，是与人为善者也。故君子莫大乎与人为善。"可见"好善"这个品德有多么重要。《尽心上·十六》又说："舜之居深山之中，与木石居，与鹿豕游，其所以异于深山之野人者几希。及其闻一善言，见一善行，若决江河，沛然莫之能御也。"更证明了"好善"是舜出类拔萃、卓然于众人之上的关键。

12.14 陈子①曰："古之君子何如则仕？"

孟子曰："所就三，所去三。迎之致敬以有礼，言将行其言也，则就之。礼貌未衰，言弗行也，则去之。其次，虽未行其言也，迎之致敬以有礼，则就之。礼貌衰，则去之。其下，朝不食，夕不食，饥饿不能出门户。君闻之，曰：'吾大者不能行其道，又不能从其言也，使饥饿于我土地，吾耻之。'周②之，亦可受也，免死而已矣。"

【简注】①陈子：赵岐认为是陈臻。陈臻，孟子的弟子。
②周：通"赒"，周济。

告子下 | 393

【语译】 陈臻说:"古代的君子,怎样才可以出来当官?"

孟子说:"要任职的情况有三种,要辞职的情况有三种。国君迎接他时表现出尊敬有礼的态度,并承诺若实行他的主张,就可以去做官。虽然能保持礼貌,但是建议没有得到落实,就辞职离去。次一等的,虽然未能够实行他的主张,但迎接他时表现出尊敬有礼的态度,也可以去任职当官。一旦不能保持礼貌,就辞职离去。最末一等的,是早上没有饭吃,晚上也没有饭吃,饥肠辘辘,饿得不能出门。国君听完之后说:'我在大方向上不能推行他的主张,也不能够听从他的话,还让他在我的土地上挨饿,我感到可耻。'于是就去救济他,这样也可以接受,不过是免于一死罢了。"

【现代解读】 本章提出君子出仕的三原则,赵岐总结为:"听言为上,礼貌次之,困而免死,斯为下矣。"这可与《万章下·四》孟子提及孔子三次出仕的背景,即"见行可之仕""际可之仕""公养之仕",可合并参阅。

12.15 孟子曰:"舜发于畎亩之中①,傅说举于版筑之间②,胶鬲举于鱼盐之中③,管夷吾举于士④,孙叔敖举于海⑤,百里奚举于市⑥。故天将降大任于是人也,必先苦其心志,劳其筋骨,饿其体肤,空乏其身⑦,行拂乱其所为,所以动心忍性,曾⑧益其所不能。人恒过,然后能改。困于心,衡于虑,而后作。征于色,发于声,而后喻。入则无法家拂士⑨,出则无敌国外患者,国恒亡。然后知生于忧患而死于安乐也。"

【简注】 ① 舜发于畎亩之中:舜曾在历山耕种,由畎亩之间起而为天子。其事参见《万章上·一》。

② 傅说举于版筑之闲：傅说，高宗武丁时的相。因罪服刑，在傅岩筑墙。武丁夜梦得圣人，名曰说。武丁视群臣百官皆非，于是访求于野，得说于傅岩。武丁与之语，果圣人，举以为相，殷国大治。遂以傅岩为姓，号曰傅说。

③ 胶鬲举于鱼盐之中：朱注："胶鬲遭乱，鬻贩鱼盐，文王举之。"胶鬲从鱼盐行业中被举用。

④ 管夷吾举于士：管夷吾，即管仲，从狱官之手被举用。士，狱官之长。管仲原是公子纠的家臣，因助公子纠跟后来的齐桓公争位，失败后被禁押回齐。后由鲍叔牙推荐，齐桓公任用为卿，帮助齐桓公以"尊王攘夷"为号召，成为春秋时期的第一个霸主。

⑤ 孙叔敖举于海：孙叔敖，春秋时期楚国期思人（今河南淮滨县东南），曾在期思地区征民工排除积水，又在雩娄兴办灌溉，受楚庄王重用，任为令尹。

⑥ 百里奚举于市：百里奚从交易场所受到举用。百里奚，春秋时秦国大夫，原为虞大夫，虞亡，被晋俘去，作为陪嫁之臣送入秦国。

⑦ 空乏其身：使其身乏资绝粮。

⑧ 曾：通"增"。

⑨ 法家拂士：指法度大臣之家与辅弼贤能之士。拂，通"弼"。

【语译】孟子说："舜由田亩之间起而成为天子，傅说是从筑墙工人中被举用为相的，胶鬲是从贩卖鱼盐的商贩中被举用的，管夷吾是从狱官看管的囚犯中被举用的，孙叔敖是从海边被举用的，百里奚是在市场上被举用的。所以，上天将要降下重责大任给这个人时，必定使他的内心痛苦，使他的筋骨劳累，使他经受饥饿之苦，以致肌肤消瘦，使他受贫困之苦，扰乱他使他做任何事都不顺遂，以此激发他的心志，培养他坚忍的性情，增长他的能力。人常常会犯错，然后才能

告子下 | 395

改正。内心困苦，思虑梗塞不通，然后才知奋发振作。表情显露在脸上，发出了声音，然后才能让人了解。一个国家，如果在内没有知晓法度的大臣与贤能辅弼之士，在外没有敌对的国家和外来的祸患，这种国家往往会灭亡。然后就知道，忧患的环境可以激发人生存的潜力，安乐的环境使人安逸而趋向灭亡。"

【现代解读】本章是《孟子》一书中被传诵很广，引用无数次的著名篇章，曾经激励过若干代在艰苦环境中追求上进的读书人。孟子先是列举历代著名人物的经历，说明唯有艰苦的环境，才能淬炼出大有作为的人物。稍有人事阅历之人，每每读到"苦其心志，劳其筋骨，饿其体肤，空乏其身，行拂乱其所为，所以动心忍性，曾益其所不能"，均恻然有感。儒家之学，总是从正面激发人之向上奋发之心志，但这并非说儒家不知生命的幽暗与艰苦，而是更强调如何通过这些生命的困苦顿挫，激发内在的生命动能向上发展。全文简洁有力，读来铿锵有声，结论"生于忧患而死于安乐"更是洞见历史长河中人类生存的法则，是我们可以持奉一生的警策语。

12.16 孟子曰："教亦多术矣，予不屑之教诲也者，是亦教诲之而已矣。"

【语译】孟子说："教诲人的方法有很多啊，我不屑教诲他，这也是在教诲他呀。"

【现代解读】本章谈教学的方法、策略，孟子表示"不屑之教诲也者，是亦教诲之而已矣"，说明教学以学生自我反省为目标，不屑教之若能令学生猛然省悟，其实不失为一种好策略。

尽心上

　　《尽心上》共四十六章，设论广泛，有关心性论、修养功夫、"王霸之辩"以及时人学术言行之评点，不一而足。其中，以第一章为核心展开的心性论讨论，如第二、三、四、十五、三十、三十八章，均可合参。第二十、二十一章谈"君子三乐"及君子的"所欲""所乐""所性"，第二十六章评论杨、墨，第三十二、三十三章论士的自我定位，第三十五章论"瞽瞍救人"，乃《尽心上》的重点篇章，值得留意。

13.1 孟子曰："尽其心①者，知其性②也。知其性，则知天③矣。存其心，养其性，所以事天也。夭寿不贰④，修身以俟⑤之，所以立命⑥也。"

【简注】①心：朱注："心者，人之神明，所以具众理而应万事者也。"

②性：朱注："心之所具之理。"

③天：朱注："理之所从以出者也。"

④夭寿不贰：朱注："夭寿，命之短长也。贰，疑也。不贰者，知天之至，修身以俟死，则事天以终身也。"夭寿，短命和长寿。贰，有二心。

⑤俟：等待、等候。

⑥立命：朱注："谓全其天之所付，不以人为害之。"

【语译】孟子说："能充分实践自己的本心，就可以知道自己受之于天的本性。能够知道自己受之于天之本性，就可以了解天道。保存自己的灵明本心，顺养自己天赋的本性，依此来侍奉上天。无论寿命长短都不改变态度，修养身心以等待天命的召唤，依此来活出天命。"

【现代解读】在《论语》中，子贡曾感叹："夫子之言性与天道，不可得而闻也。"可是，"性与天道"这个精微深奥的课题，孟子在本章中给出了原则性的提示,并且成为日后宋明理学展开的重要依据。约略言之,有以下三个重要的内涵,值得我们细心体会。

第一,孟子明确揭示性与天道的奥秘,必须以实践的方式,即尽心来通达。然而,什么是尽心?牟宗三先生曾说:"'尽心'之尽是充分体现之意,所尽之心即是仁、义、礼、智之本心。"牟先生的解释,基本上是顺着《告子上·六》的文献,即四端之心以言性善的理路来说的,完全可以成立。但是,必须强调的是,这种通过实践所亲知亲证的性与天道,均不是固定不变的,可以在理论概念的系统说明中,一成永成、一定永定地加以辨识确认的本质或实体。因此,在《孟子》中,我们找不到有关性与天道的定义,顶多只能得到一些间接的指点语,譬如用"非人之所能为也"来提点天,用四端之心、才等来喻指人性。果如是,在尽心中我们所亲知亲证的性与天道,其实是随着我们通往生命的成长,逐步渐次地展开其丰盈深刻的意义。换言之,无论是人性还是天道,在孟子成德之教的实践进程中,都不是一个完成的、固定的现成之物,等待我们的思辨加以辨识、认知而已。

第二,既然尽心可以通达性与天道,可以在实践之中予以亲知亲证,那么,孟子为何还要另立"存其心,养其性,所以事天也"这一命题呢?个中关键,一方面在于四端之心是"求则得之,舍则失之",如要避免心有所陷溺,必须有所存养。另一方面,尽心固然可以知性、知天,但是如同前述,性与天道并非一个固定的现成之物,相反,它们是随着我们道德生命的成长,动态地开显出其丰富的内涵。天道作为无边造化的根源,我们对其"为物不贰""生物不测"的性格体认越是真切,越会自然而然地表现为敬承无违的态度,而这也就是孟子所称的事天。因此,孟子此处所言的事天,并非一种宗教意义下的崇拜奉承,而是在尽心中越是对天之所以为天有所体认,则越会对其生物不测的不测性,如实地尊奉无违,放下一切的智测与计算。所以,严格地说,越是知天，越是会如实地顺承造化以事天。所以孟子的这两句话，其实是要联系起来把握的。

第三，尤有进者，孟子在本章中揭示了心、性、天三者的关联，其与立命这个题旨，有何意义上的联结？如果我们参考《万章上·八》"孔子于卫主痈疽，于齐主侍人瘠环"一章，则从"义命合一"的观点来看，孟子所谓"夭寿不贰，修身以俟之，所以立命"，其实就是面对人生无常的遇合，无论是夭是寿，还是不贰其心、唯义所在，都以一种有义有命的方式，走上君子知天、事天之路。换言之，尽心与立命，在道德实践上也只是一件事。尽心比较强调主观层面上的实现，立命则是客观层面上的回应，但从"义命合一"的观点来看，无所谓主客。因为"义，人路也"，而行义就是从吾心通达到生命实践上的场域，将天、人、物、我绾合为一生命的共同体。所以，以义立命，其实就是尽心的另一种表达。

果如前述，我们发现本章的三句话，其实是对心、性、天三者的关系，从三个方面加以描述勾勒，虽有不同层面的着重强调，但都必须回归到生命真实的履践上，才能落实其内涵，并看出它们之间紧密的联系。我们在之后各章中，还会看到孟子围绕着这个课题从不同角度展开论述，现代读者可以再细加留意。

13.2 孟子曰："莫非命①也，顺受其正。是故知命者，不立乎岩墙②之下。尽其道而死者，正命③也；桎梏④死者，非正命也。"

【简注】①命：朱注："人物之生，吉凶祸福，皆天所命。"赵岐注："命有三名：行善得善曰受命，行善得恶曰遭命，行恶得恶曰随命。唯顺受命为受其正也已。"

②岩墙：即将倾覆的墙。

③ 正命：赵岐注："尽修身之道以寿终者，为得正命也。"
④ 桎梏：刑具，用来束缚犯人的工具。

【语译】孟子说："人的吉凶祸福等一切际遇，无一不是命定的，要顺应承受它的正命。所以，明白知道命的人，不会站在即将倾覆的危墙下。尽力行道而死的人，就做到了正命；犯罪受刑而死的人，就没有做到正命。"

【现代解读】本章在义理上是接着前章的"立命"来展开的。"莫非命也，顺受其正。是故知命者，不立乎岩墙之下"，其实就是告诉我们，"命"是无所不在的。在人的生存中，遇合无常。或许在我们习以为常的日子里，以为生活均在我们的掌控中，但深谙世故的人早已洞悉，人真正可以掌控的事并不多。因此，知命之人，定乎内外之分，不做强求，也不心存侥幸，更不会鲁莽地以身试险，立于危墙之下，而是心有所主地面对生命遇合的召唤、挑战，顺承一切"非人所能也"的命限，并通过它走上自己的成德之路。因此，"正命"就是"立命"，是在"俟命"的基础上，"修身以俟之""尽其道而死"，而不是心存侥幸，狂妄地以为自己可以改变、操控命运，结果却是桎梏而死。因此，一个在"正命"与"非正命"两种生活方式中知所拣择的人，其实生活的每一个遭遇、处境都是求仁得仁最适当的场域，而每一次"苦其心志，劳其筋骨，饿其体肤，空乏其身，行拂乱其所为"，也都是"动心忍性，曾益其所不能"的上天给予的最好的淬炼。于是，一个懂得"立命"之人，必是一个能"尽心""尽其道而死"的人，同时，也是一个在成德之路上"知性""知天"的君子！

13.3 孟子曰："求则得之，舍则失之，是求有益于得也，求在我者①也。求之有道，得之有命，是求无益于得也，求在外者②也。"

【简注】① 在我者：朱注："谓仁义礼智，凡性之所有者。"
② 在外者：朱注："谓富贵利达，凡外物皆是。"

【语译】孟子说："有些东西，探求就能得到，舍弃就会失掉，这是有益于收获的探求，因为所求的就存在于我自身。探求有一定的方法，得到与否却取决于命运。这是无益于收获的探求，因为所求的是身外之物。"

【现代解读】本章若接续着前两章的义理来看，便可进一步领会它在孟子修养功夫中的重要性。本章对于"求在我者"与"求在外者"的区分，不仅攸关如何"尽心"，也决定如何"立命"，影响到我们在成德之路上是否可以"知性""知天"。吾人在生活世界中，因为外在环境的牵动，难免会在起心动念之际，逐物不返，形成陷溺。因此，修养功夫首在识取本心，亦即从"求在我者"的领域，找到真实的自我，而"尽心"所要充分实现者，亦即这个意义下的自我。换言之，在遇合无常的生命过程中，分辨何为"求在我者"，诸如四端之心的跃动，我们自觉地实现它，就叫作"尽心"。同样的，对于"求之有道，得之有命"的"求在外者"，我们也能不做非分之想，不存侥幸之心，"顺受其正""修身以俟之"，这也就是真正的"立命"之道。因此，在功夫论中，本章是孟子心性学最能使力的关键。

13.4 孟子曰："万物皆备于我矣。反身而诚①，乐莫大焉。强恕②而行，求仁莫近焉。"

【简注】①反身而诚：反省自身、反求诸己而能真实无虚妄。
②强恕：强，勉强。恕，推己及人。

【语译】孟子说："万事万物都在我一心的感通中，凝聚成共命的一体之感。反求诸己，真诚无妄地去实现自我，没有比这个更快乐的事了。勉力践行推己及人的恕道，求仁的道路没有比这条路更便捷的了。"

【现代解读】本章"万物皆备于我"，是明代心学宗师王阳明在《大学问》中，首揭"大人者，以天地万物为一体者也"的典据，也是儒学传统中用以描述天人合一的境界语。虽然二十世纪哲学大师冯友兰认为本章透露出孟子有神秘主义的倾向，但是从上下文来看，"万物皆备于我"这种物我无间、浑然一体的境界，来自反求诸己，只要我们能真实无妄地实现自己的仁心，则仁心无私地广被与遍润，不但能突破我们形躯的封限，而且能直达一切人、物，与之形成无隔的生命共同体的一体之感，从而让我们体验到一种生命无比的自由与快乐，并无所谓的神秘主义。如果孺子将入于井，我们毫无疑问地会有怵惕恻隐之心，对当下无辜孺子的危难感同身受，则这种仁心充尽的发用，无疑也会引领我们拥抱整个世界，与之同悲，与之同喜。我们不能因为自己没有这个经验，就否定、怀疑"万物皆备于我"的精神境界，因此，将其贴上神秘主义的标签，未必妥适。盖孟子立言的旨趣，不在建构严密的知识系统，而重在生命的兴发，鼓励每个人走上自己的成德之路，因此"万物皆备于我"这个境界的提示，也有待读者在生命实践上印证。本章文本提及"强恕而行，求仁莫近焉"，就是在实践功夫上给予的提点，读者不妨自行体验印证。

13.5 孟子曰："行之而不著①焉，习矣而不察②焉，终身由之而不知其道者，众③也。"

【简注】① 著：朱注："著者，知之明。"
② 察：朱注："察者，识之精。"
③ 众：孙奭疏："非君子者也，是则为凡众者也。"凡众，一般人、平庸的人。朱注为"多"。

【语译】孟子说："做了却不明就里，习惯了却不知细察原因，一辈子照着做却不明白背后道理的人，就是一般人。"

【现代解读】赵岐注说："人皆有仁义之心，日自行之于其所爱而不能著明其道，以施于大事。仁妻爱子亦以习矣，而不能察知可推以为善；由，用也，终身用之，以为自然，不究其道可成君子，此众庶之人也。"盖指一般人终身凭借仁义之道生存，可惜不能自反而彰明此道，以成君子之德。

13.6 孟子曰："人不可以无耻。无耻之耻，无耻矣①。"

【简注】① 无耻之耻，无耻矣：赵岐注："人能耻己之无所耻，是能改行从善之人，终身无复有耻辱之累矣。"能以无耻为可耻而不行的人，就不会遭受耻辱。

【语译】孟子说："一个人不可以没有羞耻心。能以无耻为可耻，就能终身远离耻辱了。"

【现代解读】羞耻感，其实也正是孟子所谓的羞恶之心的表现，在儒学的成德之教中，有其特殊的重要性。孟子身处乱世，圣王不作，政统失坠，人间秩序的安排，只能寄望于以道统自任的士之上。如果士人面对财货、声色、权位的引诱不能有所坚持，则整个时代势必向下沉沦。因此，在《孟子》一书中，有关士的出处进退及如何面对权势进行自我定位，非常讲究，毕竟这关乎世道、历史的兴衰。然而，如何巩固强化士人的尊严，在社会阶层急速变迁、礼崩乐坏之际，只有靠士的自觉及个人修养中羞恶之心的提升。因此，本章对"耻"的呼吁，有严肃的现实考量，不可轻忽。

13.7 孟子曰："耻之于人大矣。为机变之巧者，无所用耻焉[1]。不耻不若人，何若人有？"

【简注】[1] 为机变之巧者，无所用耻焉：朱注："为机械变诈之巧者，所为之事皆人所深耻，而彼方且自以为得计，故无所用其愧耻之心也。"

【语译】孟子说："羞耻心对人来说实在太重要了。那些专门用机心巧诈行事的人，羞耻心根本毫无用处。不以赶不上他人为羞耻，又怎能赶得上他人呢？"

【现代解读】本章义理上与前章一致，朱熹在《四书章句集注》中曾说："耻者，吾所固有羞恶之心也。存之则进于圣贤，失之则入于禽兽，故所系为甚大。"可谓善解。

尽心上 | 405

13.8 孟子曰："古之贤王好善而忘势①，古之贤士何独不然？乐其道而忘人之势。故王公不致敬尽礼，则不得亟②见之。见且由不得亟，而况得而臣之乎？"

【简注】①势：权势、权力。
②亟：数，屡次。

【语译】孟子说："古代贤明的君王，喜好他人之善道而忘记自身的权势，古代贤明的士人又何尝不是如此呢？他们乐于投身大道而忘记人的小小的权势。所以，王公们如果没有表达敬意，尽到应尽的礼数，就无法常常与贤士见面。连常常见面都办不到，更何况要让他当臣下呢？"

【现代解读】本章讲古之贤王与古之贤士有一些共同之处，即"好善而忘势"，一心向善，无视于世间权势。王公诸侯想与贤士多亲近都不容易，更何况是收为臣属。本章孟子要传递的乃是其一贯的以德抗位的观念。

13.9 孟子谓宋句践①曰："子好游②乎？吾语子游。人知之，亦嚣嚣③，人不知，亦嚣嚣。"

曰："何如斯可以嚣嚣矣？"

曰："尊德乐义，则可以嚣嚣矣。故士穷不失义，达不离道。穷不失义，故士得己焉，达不离道，故民不失望焉。古之人，得志，泽加于民；不得志，修身见④于世。穷则独善其身，达则兼善天下。"

【简注】①宋句践：人名，姓宋，名句践。

② 游：游说。

③ 嚣嚣：赵岐注："自得无欲之貌。"

④ 见：通"现"。

【语译】孟子对宋句践说："你喜欢游说诸侯吗？我告诉你游说之道。别人知道你，你无欲而自得，别人不知道你，你同样无欲而自得。"

宋句践说："要怎么样才可以做到无欲而自得呢？"

孟子说："尊重德行、崇尚义道，就可以无欲而自得了。所以士人穷困不得志时也不做不义的事，亨通得志时也不离正道而行。穷困时不做不义的事，所以士人可以自得其乐，亨通得志时不离正道而行，所以百姓不会对他失望。古代的人，得志时，恩泽广施于百姓；不得志时，修养自身显现于世。穷困时，就独自修养好自身的品德，显达时，就与天下人同归于善道。"

【现代解读】本章记录孟子与宋句践讨论如何才能成为一个进退从容的游说之士。孟子的回答很扼要，"穷不失义，达不离道"。换言之，一个人无论穷困还是显达，只要一切都以道义为依归，完全没有个人得失计较横于胸中，则他的进退就自然从容自在。其实，"尊德乐义"，不只是说一个志在游说天下的士人，应该持守毋忘，其实任何一个读书人的立身行事都应奉行这个基本原则，如此才会从容自得。

13.10 孟子曰："待文王而后兴①者，凡民也。若夫豪杰之士，虽无文王犹兴。"

【简注】① 兴：感动奋发之意。

【语译】孟子说:"等待文王出现才奋发兴起的人,是一般的平民。至于那些才能出众的人中豪杰,即便文王没有出现,他也会奋发兴起。"

【现代解读】豪杰是中国文化中特有的人格典范,与西方崇拜的英雄不同。西方人心目中的英雄总是突出个人的强者形象,并以其不可一世的事功视众人为弱者,而中国人心目中的豪杰,则来自平凡,只有在非常时刻,才以其高尚人品与仁厚之情,担任旁人所不敢承担的重责,引领一个时代走向光明。豪杰的可贵之处,在其品德、人格,而事功只是余事,所以人格光辉所至之处,还可以带动风气,兴发一个时代之人,这是豪杰了不起的地方。孟子此处是强调豪杰不待文王而兴,其所以能承担一个时代的重责大任,全来自自己生命中仁义之心的不容已。

13.11 孟子曰:"附①之以韩、魏之家②,如其自视欿然③,则过人远矣。"

【简注】① 附:增益。
② 韩、魏之家:春秋时晋国的韩、魏两家大臣。赵注:"晋六卿之富者。"
③ 欿然:欿,通"坎"。朱注:"欿然,不自满之意。"

【语译】孟子说:"把晋国最富有的韩、魏两家的财富都给他,如果他仍不自满,那就超过一般人很多了。"

【现代解读】"韩、魏之家"是春秋时代晋国六卿中最富有的家族,而一个人得到如此庞大财富权位的加持，却毫无自满之意，那便说明他有更远大的关怀。朱熹在《四书章句集注》中引尹氏语，"言有过人之识，则不以富贵为事"，就是这个意思。

13.12 孟子曰："以佚道①使民，虽劳不怨。以生道②杀民，虽死不怨杀者。"

【简注】① 佚道：安民之道。
② 生道：保护人民生存之道。

【语译】孟子说："用安民之道去役使百姓，百姓虽然劳苦也不会抱怨。用保民生存之道去诛杀罪人，罪人即使死了也不怨恨杀他的人。"

【现代解读】"佚道"指为民谋求安乐的政策，而"生道"指为民谋取生存的政策。如果一个执政者能真正为民着想，以"佚道"征用民力，百姓即使辛苦劳累也不生怨怼之心，同样，为了让人民生存下去而不得已牺牲百姓的生命，百姓也不会怨恨执政者。本章的重点显然是孟子在劝导国君，施政若能一切从人民的利益出发，则劳而不怨，死亦不怨杀者。

13.13 孟子曰："霸者之民，驩虞①如也。王者之民，皞皞②如也。杀之而不怨，利之而不庸③，民日迁善而不知为之者。夫君子④所过者化⑤，所存者神，上下与天地同流，岂曰小补之哉？"

【简注】① 驩虞：通"欢娱"。
② 皞皞：通"浩浩"，广大自得之貌。

③庸：功劳，此处作动词用，酬功、酬谢之意。
④君子：此处君子非一般所指的有位者，而是指圣君、圣王。
⑤所过者化：其所经过之处，无不受到感化。

【语译】孟子说："霸主的百姓，一副生活欢乐的模样。圣王的百姓，则看起来胸襟宽广、悠然自得的样子。杀他也不会怨恨，给他好处他也不会歌功颂德，百姓天天向善却不知是谁使他们这样做的。一位德行圆熟的圣君，所经过的地方，百姓自然受到他的感化，他停留的地方，所起的作用更是神妙莫测，他的精神人格的力量上与天、下与地，同处在造化之流中，哪里能说只是小有补益而已呢？"

【现代解读】本章主旨是比较王道与霸道在施政效果上的差异，并将君子德化的功能比拟为天地的造化，生动地描绘了天人合德的境界。孟子指出，霸政之下，国家富强，百姓固然欢喜快乐。但王道政治以德服人，所有施政以民之所欲为依归，没有多余的干涉与管理，百姓身受恩泽而不自觉，所谓"皥皥如也"，即完全地怡然自得。这种怡然自得，孟子表述为"杀之而不怨，利之而不庸，民日迁善而不知为之者"。朱熹的《四书章句集注》引丰氏语，进一步解释道："因民之所恶而去之，非有心于杀之也，何怨之有？因民之所利而利之，非有心于利之也，何庸之有？辅其性之自然，使自得之，故民日迁善而不知谁之所为也。"换言之，一种完全以人民需求来施政的做法，正是王道政治的特色，它让老百姓几乎感觉不到政府的管理与介入，于是，百姓日进其德，却浑然不觉背后有任何推手，这是王者之民"皥皥如也"的原因。

果如是，我们就不难理解儒家为什么总是将圣人之治比作天道的造化了。《论语·泰伯》记载："子曰：大哉，尧之为君也！巍巍乎！

唯天为大，唯尧则之。荡荡乎！民无能名焉，巍巍乎其有成功也，焕乎其有文章。"换言之，最理想的政治就是效法天道造化，无不覆盖，无不持载，令万物并育而不相害。因此，本章中孟子特别将助成王道政治的圣贤君子，其人格光辉覆盖之处所带动的教化之功，形容为"所过者化，所存者神，上下与天地同流"，直言之，如同天功造化般，让百姓自适自得。此处"上下与天地同流"的境界，与孟子在《尽心上》第四章所云"万物皆备于我"，往往为学者所津津乐道，乃儒家天人合德的最生动表述，现代读者可细参。

13.14 孟子曰："仁言①，不如仁声②之入人深也。善政，不如善教之得民也。善政民畏之，善教民爱之，善政得民财，善教得民心。"

【简注】①仁言：赵注："仁言，政教法度之言。"朱注："程子曰：'谓以仁厚之言加于民。'"

②仁声：赵注："乐声，雅颂也。"朱注："程子曰：'仁声，谓仁闻，谓有仁之实而为众所称道者也。'"

【语译】孟子说："仁德的言论，不如仁德的声望感人至深。良好的政令，不如良好的教化能得民心。良好的政令使百姓畏服，良好的教化受百姓爱戴，良好的政令可以得到百姓财富的支持，良好的教化可以得到人民的拥戴。"

【现代解读】本章对比了善政与善教的差异，关键不仅在前者以法度禁令行之，还有后者以道德礼乐教之。更重要的是，如《离娄上·四》所言"行有不得者，皆反求诸己，其身正而天下归之"，亦即执政者以身作则，以行动赢得人民的信任。

13.15 孟子曰:"人之所不学而能者,其良能①也;所不虑而知者,其良知②也。孩提③之童,无不知爱其亲者,及其长也,无不知敬其兄也。亲亲,仁也;敬长,义也。无他,达之天下也。"

【简注】① 良能:本然之能也。赵注:"不学而能,性所自能。良,甚也,是人之所甚能也。"
② 良知:本然之知也。
③ 孩提:朱注:"孩提,二三岁之间,知孩笑,可提抱者也。"

【语译】孟子说:"人不经过学习自然就会的,是人的良能;不经过思虑自然就知道的,是人的良知。还在父母怀抱中的小孩,没有不知道爱他的父母的,等到长大了,没有不知道敬他的兄长的。爱父母,就是仁;敬兄长,就是义。学习做人没有别的,只是实践仁义以通达天下。"

【现代解读】本章是孟子人性论里重要的文章之一。在此,孟子正式提出"良能""良知"的概念,来表述人天生具有一种不待学习思考的行善能力。它在孩提之童身上,先是具体表现为爱亲、敬长,也就是仁、义这种美德,在人与人之间最初始的呈现方式,它日后一经扩充,就会发展为君子成德最主要的人格特征。孟子此处所言的"良能""良知",相当于其他篇章里所指的"几希""本心""才",指的是我们生命中开显意义世界、建立价值理序、发展为各种美德的一种能力。其间,孩提之童的爱亲、敬长以及四端之心,是它初始的呈现形式,而圣人则是它究其竟的完美实现。如实言之,孟子的心性论,基本上就是要点出我们每个人都有一种成德成圣的能力,试图启发我们每个人都走上成德之路,从而为天地造化立心,为人间历史开万世之太平。

又，本章宜与下一章合参，将获益更多。

13.16 孟子曰："舜之居深山之中，与木石居，与鹿豕游，其所以异于深山之野人者几希。及其闻一善言，见一善行，若决江河，沛然莫之能御也。"

【语译】 孟子说："过去，舜住在深山之中，和树木、石头共处时，跟麋鹿、野猪交游来往，跟深山里的野人没什么太大差别。但是等到他听闻一句好话，看到一件好事时，就像长江、黄河决堤了一样，浩浩荡荡，谁也挡不住。"

【现代解读】 本章必须关联着上一章来体会，义理才会显豁。孟子指出，舜在深山之中，其良知善性与村野之人相差无几，但是，"及其闻一善言，见一善行，若决江河，沛然莫之能御"。也就是说，当舜跨出相对封闭的深山，面向世界，一经接触"善言""善行"，就会激发其内在的好善厌恶之心，若江河水行，沛然莫之能御。《公孙丑上·八》记载："大舜有大焉，善与人同，舍己从人，乐取于人以为善。自耕、稼、陶、渔以至为帝，无非取于人者。取诸人以为善，是与人为善者也。故君子莫大乎与人为善。"换言之，"人之异于禽兽者"的"几希"，在舜的身上居然可以达到"明于庶物，察于人伦，由仁义行，非行仁义"的完美境地，端在于他一方面充尽内在的四端之心，发展为成熟的仁、义、礼、智的美德。另一方面，良知善性的好善厌恶也鼓励他"善与人同"，凝聚众人的智慧、才艺于他的为人处世及施政当中，让他得大智慧，表现出大作为，最后领导一个时代从混沌中重建人文价值的理序。舜以异于深山野人的"几希"，最后得以开物成务，化成天下，就在于舜的好善厌恶之心，在其充尽的实现过程，"与人为善"，取诸众人之善，从而成就一个时代的光明。换言之，"良能""良知"从"几希"到"明于庶物，察于人伦"，一方面固然是缘于内在的不容已，另一方面也是在外推中不断地向外学习、领纳、融会。在此，我们一定不可简化、忽略良知外推学习的这个过程，否则就会异化为一种像明末王学末流被讥讽为狂禅的情形，现代读者不可不慎。

13.17 孟子曰："无为其所不为，无欲其所不欲，如此而已矣。"

【语译】孟子说："不做自己不该做的，不贪图自己不该要的，做人的道理，就是这样而已。"

【现代解读】《尽心上》第三章所谓"求在我者"及"求在外者"的区分，亦即本章"为""欲"的判准，约而言之，君子所为所欲，必须做到"有义有命"。

13.18 孟子曰："人之有德慧术知[1]者，恒存乎疢疾[2]。独孤臣孽子[3]，其操心[4]也危，其虑患也深，故达[5]。"

【简注】①德慧术知：德行、智慧、道术、才智。
②疢疾：朱注："疢疾，犹灾患也。言人必有疢疾，则能动心忍性，增益其所不能也。"
③孤臣孽子：朱注："孤臣，远臣；孽子，庶子。皆不得于君亲，而常有疢疾者也。"
④操心：用心。

⑤达：通晓事理。

【语译】孟子说："那些有德行、智慧、道术、才智的人，往往是从忧患苦难之中成长起来的。特别是被孤立的远臣和微贱的庶子，他们用心处理各种危机，忧虑的祸患都特别深远，所以能通晓事理。"

【现代解读】本章义理与《告子下》"生于忧患"章，基本上一致，所谓疢疾，亦即生命的忧患，正是激发生命动能，成就品德、智慧、才智、能力最好的助缘。儒家不强调生命负面的经验，总是从正面激发人的心志，我们读到这些篇章，反而特别有感觉。或许大多数人的成长都不免要经历困而知之的过程，有所体会才能深刻。

13.19 孟子曰："有事君人者，事是君则为容悦①者也。有安社稷臣者，以安社稷为悦者也。有天民②者，达可行于天下，而后行之者也。有大人③者，正己而物正者也。"

【简注】①容悦：迎合、讨好对方。朱注："阿徇以为容，逢迎以为悦，此鄙夫之事，妾妇之道也。"
②天民：朱注："民者，无位之称。以其全尽天理，乃天之民，故谓之天民。必其道可行于天下，然后行之。不然，则宁没世不见知而不悔，不肯小用其道以殉于人也。"
③大人：指与天地上下同流、一体无别，德行圆熟的人。朱注："大人，盛德而上下化之，所谓见龙在田，天下文明者。"

【语译】孟子说："有一种侍奉君主的人，侍奉君主就是为了迎合讨好他。有一种安定国家的臣子，他以安定国家为快乐。有一种通达

尽心上 | 415

天德的人，看到大道可以在天下推行，然后才去推行。还有一种与天地上下同流的大人，他先端正自己，然后所有人就自然导正了。"

【现代解读】本章孟子区分了四种人品，第一种容悦事君的佞臣，不足道也。第二种，计安社稷的大臣，硁硁自守，聊备一格。第三种有德无位的天民，一定要等到他的理想可行于天下时，才一肩担负重任，如伊尹之流。第四种，有德有位之大人，所谓"正己而物正者"，亦即《尽心上》第十三章所云"君子所过者化，所存者神，上下与天地同流"的圣人。在孟子心目中，无疑对第三、第四种人最为推崇。

13.20 孟子曰："君子有三乐，而王天下不与存[①]焉。父母俱存，兄弟无故，一乐也。仰不愧于天，俯不怍[②]于人，二乐也。得天下英才而教育之，三乐也。君子有三乐，而王天下不与存焉。"

【简注】① 与存：包含在内。
② 怍：惭愧。

【语译】孟子说："君子有三件使他快乐的事，然而统治天下却不包含在内。父母双亲健在，兄弟没有灾祸，这是第一件快乐的事。抬头无愧于上天，低头不愧对他人，这是第二件快乐的事。得到天下杰出优秀的人才而教育他们，这是第三件快乐的事。君子有这三件使他快乐的事，然而统治天下却不包含在内。"

【现代解读】在本章与下一章，孟子提出了君子的"所乐""所欲""所性"，反映出一个志于道的儒者，面对花花绿绿的世界和人生无常不定的遇合，是如何自处以及进行自我定位的。本章主要谈君子生活中最引以为乐的三件事，而统治天下却不包含其中。君子心目中真正最快乐的三件事，"父母俱存，兄弟无故"，属于天伦之乐，"仰不愧于天，俯不怍于人"，属于修身之乐，"得天下英才而教育之"，属传道之乐。这三种快乐源自我们生命内在纯净的渴望，但能否得到却不完全操之在我，而一旦得到，我们自然会喜出望外。也许有人质疑，第二种无愧怍之乐，难道不是我们个人就能决定的吗？但深谙世故者多能体会，一些气质驳杂之人要做到这一点并不容易。因此，孟子没有将之划归在"所性"之列。

13.21 孟子曰："广土众民，君子欲之，所乐不存焉。中天下而立，定四海之民，君子乐之，所性不存焉。君子所性，虽大行①不加焉，虽穷居不损焉，分②定故也。君子所性，仁义礼智根于心，其生色也，睟然③见于面，盎④于背，施⑤于四体，四体不言而喻⑥。"

【简注】① 大行：广为推行。赵注："谓行政于天下。"

② 分：性分。朱注："分者，所得于天之全体，故不以穷达而有异。"

③ 睟然：润泽貌。

④ 盎：充盈貌。

⑤ 施：延伸。

⑥ 四体不言而喻：喻，晓喻。朱注："四体不言而喻，言四体不待吾言，而自能晓吾意也。"

【语译】孟子说："拥有广阔的土地、众多的百姓，是君子所追求的，但他真正的乐趣却不在这方面。位居天下的中央，安定天下的百姓，是君子的乐趣所在，但他所禀受的天性却不在这方面。君子所禀受的天性，是即使德政广布于天下也不会增加，即使穷困隐居也不会减损，因为所受于天的性分已经确定。君子所禀受的天性，是本于心所发的仁、义、礼、智，所表露出的神色，温和润泽地显现在脸上，充盈溢满于肩背，延伸到四肢，四肢不待吩咐就自然地表现出来。"

【现代解读】本章延续上一章的讨论，重点在强调君子所认定的"性分"，无关乎"所欲""所乐"，即使是得意地统领天下，或者不幸地困隐于世，都不会有丝毫改变，而这就是根于心的仁、义、礼、智。孟子在这里将"所性"与"所欲""所乐"严格区分，关键即在于只有仁、义、礼、智的实现是"求在我者"，亦即操之在我。其他，无论是"广土众民"，还是"中天下而立，定四海之民"，都不是我们所能决定的。

尤有进者，本章还描绘了一幅"君子所性"的道德本心，在我们生命结构中的景象，即"君子所性，仁义礼智根于心，其生色也，睟然见于面，盎于背，施于四体，四体不言而喻"。换言之，孟子虽然是即心言性，但孟子同时洞悉了本心在我们"心""身"一体的结构中，具有优先性、主导性，它不但没有否定形躯，反而可以成全我们形躯的各种要求与活动，进而提升我们的形躯生命，让它显露出精神人格的光辉，而这个观念在《尽心上》第三十八章，孟子正式提出的"践形"思想中，可以看出它的重要性。

13.22 孟子曰："伯夷辟纣，居北海之滨，闻文王作，兴曰：'盍归乎来？吾闻西伯善养老者。'太公①辟纣，居东海之滨，闻文王作，兴曰：'盍归乎来？吾闻西伯善养老者。'天下有善养老，则仁人以为己归矣。五亩之宅，树墙下以桑，匹妇蚕之，则老者足以衣帛矣。五母鸡，二母彘②，无失其时，老者足以无失肉矣。百亩之田，匹夫耕之，八口之家足以无饥矣。所谓西伯善养老者，制其田里，教之树畜，导其妻子，使养其老。五十非帛不煖③，七十非肉不饱。不煖不饱，谓之冻馁。文王之民，无冻馁之老者，此之谓也。"

【简注】① 太公：姜太公，参见《离娄上·十三》注 ④。
② 彘：猪。
③ 煖：同"暖"，温暖。

【语译】孟子说："伯夷为了避开商纣，隐居在北海边上，听说周文王兴起，便说：'何不归顺于他呢？我听说西伯善于奉养老人家。'姜太公为了避开商纣，隐居在东海边上，听说周文王兴起，便说：'何不归顺于他呢？我听说西伯善于奉养老人家。'天下有善于奉养老人家的人，有仁德的人就把他当作自己的依靠。在五亩大的宅院中，在墙下种桑树，让妇女养蚕，那么老人家就都能穿上丝织的衣服。养五只母鸡、两只母猪，不错过其繁育后代之时节，老人家就不怕没肉可吃了。有百亩田地的家庭，给一个男子去耕种，有八口人的家庭就不会有人挨饿了。所谓西伯善于奉养老人家，是指他制定了土地制度，教导人民种桑养畜，引导他们的妻与子，使他们奉养家中的老人。人到了五十岁，若没有丝织衣服可穿，就不觉得暖和，到了七十岁，没有肉吃就吃不饱。穿不暖，吃不饱，就叫作挨饿受冻。文王的子民，没有挨饿受冻的老人，所以才说西伯善于奉养老人家。"

【现代解读】本章孟子讲述的重点在文王推行的仁政上，即他如何通过为民制产，达到"善养老"的施政效果，最后赢得民心。

尽心上

13.23 孟子曰："易①其田畴②，薄其税敛③，民可使富也。食之以时，用之以礼，财不可胜用也。民非水火不生活，昏暮叩人之门户，求水火无弗与者，至足矣。圣人治天下，使有菽④粟如水火。菽粟如水火，而民焉有不仁者乎？"

【简注】① 易：整治。
② 畴：朱注："耕治之田也。"
③ 税敛：税收。
④ 菽：豆之总名。

【语译】孟子说："让百姓耕种他们的田地，并降低他们的赋税，就可以使百姓富足。按照四时节令饮食，消费花用节度合于礼俗，财物就用不完了。百姓没有水火就无法过活，黄昏时敲别人家的门乞求讨要水与火，没有人会不给，因为家家户户都有充足的水与火。圣人治理天下，要使百姓的粮食像水火一样多。粮食像水火一样多，百姓哪能不相亲相爱呢？"

【现代解读】本章重点应该是接续前章，强调仁政首重鼓励生产、降低赋税，使民富足，然后再教之以礼，如此在富裕的生活下，百姓自然会表现出相亲相爱。

13.24 孟子曰："孔子登东山①而小鲁，登泰山而小天下。故观于海者难为水，游于圣人之门者难为言。观水有术，必观其澜。日月有明，容光必照焉②。流水之为物也，不盈科③不行，君子之志于道也，不成章不达④。"

【简注】①东山：朱注："盖鲁城东之高山。"

②"观水有术"四句：朱注："此言道之有本也。澜，水之湍急处也。明者，光之体；光者，明之用也。观水之澜，则知其源之有本矣。观日月于容光之隙无不照，则之其明之有本矣。"

③科：坑坎。

④不成章不达：朱注："成章，所积者厚，而文章外见也。达者，足于此而通于彼也。"积累到一定程度，就会自然显现于外，而贯通畅达。

【语译】孟子说："孔子登上东山，就觉得鲁国变小了，登上泰山，就觉得天下变小了。所以，看过大海的人，就觉得任何水流都无法与大海相比。游学于圣人门下的人，就觉得任何言论都无法与圣人之言相比。观赏水是有门道的，一定要观看它的波澜变化。日月有光亮，凡是能容纳光线的地方，一定能够照到。流水这种东西，不注满坑陷之地是不会向前进的，就像君子立志向道，不累积到可以文章外显的程度，是无法贯通畅达的。"

【现代解读】本章主要谈在学道修养过程中，一个人的视野格局，不可画地自限。功夫累积不但要有所坚持、循序渐进，而且要有明确的目标，持之以恒，待累积到一定程度后，自然就会斐然成章。

13.25 孟子曰："鸡鸣而起，孳孳①为善者，舜之徒也。鸡鸣而起，孳孳为利者，跖②之徒也。欲知舜与跖之分，无他，利与善之闲也。"

【简注】①孳孳：勤勉，努力不懈。

② 跖：人名。指盗跖。

【语译】孟子说："鸡一叫就起床，孜孜不倦地做善事的人，是舜这一类的人。鸡一叫就起床，孜孜不倦地追逐利益的人，是盗跖这一类的人。想知道舜跟盗跖的区别，没有别的，只在追求利益跟行善之间去分辨即可。"

【现代解读】本章在比较舜的学生和盗跖的学生之间的差异，无非"善"与"利"之分而已。这里，"利"是指个人的私利，"善"是可以促进人我和谐共生、长生，亦即符合仁义原则的事物。像《公孙丑上·八》所载："大舜有大焉，善与人同，舍己从人，乐取于人以为善。自耕、稼、陶、渔以至为帝，无非取于人者。"凡是他人的优点、长处，舜都舍己从人、虚心学习，努力集众人之长，不仅成就一己的美德，更创造一个时代、一个国家的太平和乐，而这就是好善的典型。

13.26 孟子曰："杨子取为我①，拔一毛而利天下，不为也。墨子兼爱②，摩顶放踵③利天下，为之。子莫④执中，执中为近之，执中无权⑤，犹执一也。所恶执一者，为其贼⑥道也，举一而废百也。"

【简注】①杨子取为我：杨子，名朱，战国时人，其说在爱己，不拔一毛以利天下。朱注："取者，仅足之意。取为我，仅足于为我而已，不及为人也。"
②墨子兼爱：墨子，战国时鲁国人，名翟，尝为宋大夫，为墨家之祖。兼爱，无所不爱。
③摩顶放踵：从头顶到脚跟都被磨伤，形容不畏劳苦，不顾体

伤。放，到。

④子莫：人名，鲁国的贤人。

⑤执中无权：朱注："权，秤锤也，所以称物之轻重而取中也。执中而无权，则胶于一定之中而不知变，是亦执一而已矣。"

⑥贼：伤害。

【语译】孟子说："杨朱主张为我，就算拔一根毛能对天下有利，他也不做。墨子主张兼爱，哪怕磨秃头顶、磨伤了脚跟，只要对天下有利，就会去做。子莫主张折中，折中看似接近于中道，但如果这种折中是不知变通，其实仍然是固执在一偏之见上。人们之所以厌恶固执在一偏之见的人，是因为他们损害了真正的中道，只执着于一偏之见而废弃了其他可能。"

【现代解读】本章针对杨朱、墨翟的主张，指出他们的失误在于过度偏执，如杨朱的利己、墨翟的利他，都陷于一偏。子莫为调和两家之失，选择了执中的立场，但是执中无权，仍然属于固守一隅，与大道相悖。在孟子的思想中，真正的大道是曲成万物而不遗，不可能举一废百，所以圣人救世的主张，也要能守常达变，其间行权就显得很重要。孟子推崇孔子为"圣之时者"，就是赞扬孔子"可以速而速，可以久而久，可以处而处，可以仕而仕"，换言之，乃是因为孔子懂得通过行权达变，所以才能维持"时中"的精神。

13.27 孟子曰："饥者甘食，渴者甘饮，是未得饮食之正也，饥渴害之也。岂惟口腹有饥渴之害？人心亦皆有害①。人能无以饥渴之害为心害，则不及人不为忧矣。"

【简注】①"饥者甘食"之后七句：朱注："口腹为饥渴所害，故于饮食不暇择，而失其正味。人心为贫贱所害，故于富贵不暇择，而失其正理。"

【语译】孟子说："饥饿的人，觉得什么食物都好吃，口渴的人，觉得什么饮料都好喝，这是因为没能得到正常饮食的味道，而被饥渴损害了口腹的感觉。但又何止口腹会受到饥渴的损害呢？人心也一样。人要是能够使心不因饥渴的损害而受损伤，那么即使不如他人，他也不会感到忧愁。"

【现代解读】本章主旨在说明饥渴会干扰、影响我们的饮食，同理，我们的心灵也有类似的饥渴之害，让我们不知选择。直言之，人能不以贫贱之故而不择富贵，则过人远矣。

13.28 孟子曰："柳下惠不以三公①易其介②。"

【简注】① 三公：太师、太傅、太保，周之三公。
② 介：特立独行的操守。

【语译】孟子说："柳下惠不因身居三公的高位而改变他的操守。"

【现代解读】本章是在赞扬柳下惠不因身居高位而改变其和而不流的操守，诸如进不隐贤、必以其道、遗佚不怨、厄穷不悯、直道事人，凡此，均大有过人之处。

13.29 孟子曰："有为者辟①若掘井，掘井九轫②而不及泉，犹为弃井也。"

【简注】① 辟：譬。
② 轫：通"仞"，八尺也。

【语译】孟子说："有作为的人就像挖井，井挖到九仞这么深，还没看到泉水就罢手了，仍是一口无用的废井。"

【现代解读】此章主旨在鼓励为学做人务必全力以赴，不可半途而废。

13.30 孟子曰："尧、舜，性之①也。汤、武，身之②也。五霸，假之③也。久假而不归，恶知其非有也④。"

【简注】① 性之：言仁义出自本性。赵注："性好仁，自然也。"
② 身之：言身体力行，勉力行仁义。
③ 假之：假借仁义。赵注："假仁以正诸侯也。"
④ "久假而不归"句：赵注："五霸若能久假仁义，譬如假物久而不归，安知其不真有也？"朱注："归，还也。有，实有也。言窃其名以终身，而不自知其非真有。"

【语译】孟子说："尧、舜行仁义，是本性自然地流露。商汤、武王行仁义，身体力行，勉力实践。五霸行仁义，只是为了假借仁义的口号来号令诸侯。可是假借久了，哪里还记得自己不是真的有仁义呢？"

尽心上 | 425

【现代解读】本章讨论了三种体现仁义的方式。"尧、舜，性之也"，是指尧、舜天性浑全，不假修习，自然有仁义之行。而"汤、武，身之也"，修身体道，以复其性，是后来努力自反后而表现出仁义之德。至于"五霸，假之也。久假而不归，恶知其非有也"则是假借仁义之名，以济其贪欲之私，然而窃名既久，竟不知其非真有，亦即最后沦为自欺还不自知。

值得注意的是，孟子在本章中，直接用"性之也"来指称尧、舜，换言之，在孟子心目中，圣人是人性完美的体现，而尧、舜是典型的代表。这种语言表述方式，充分显示出孟子的人性论在实践教化上的用心，如果我们忽略这种言说方式及其背后的用意，将孟子的人性论归类为某种类似西方哲学中的有关人类本质的理论，那将产生非常严重的误解，十分令人遗憾。

13.31 公孙丑曰："伊尹曰：'予不狎于不顺[1]。'放太甲于桐[2]，民大悦。太甲贤，又反之，民大悦。贤者之为人臣也，其君不贤，则固可放与？"

孟子曰："有伊尹之志，则可，无伊尹之志，则篡[3]也。"

【简注】[1] 予不狎于不顺：狎，亲近。朱注："《商书·太甲》篇文。狎，习见也。不顺，言太甲所为，不顺义理也。"

[2] 放太甲于桐：详见《万章上·六》。

[3] 篡：夺取。

【语译】公孙丑说："伊尹说：'我不亲近违背义理的人。'于是把太甲放逐到桐邑，百姓十分高兴。等太甲改过自新，又将他接回来，百姓也十分高兴。贤德的人作为臣子，他的君主不好，就可以把他流放吗？"

孟子说："有伊尹的志向，就可以，没有伊尹的志向，那就是篡位了。"

【现代解读】本章公孙丑询问伊尹放逐太甲的正当性，孟子回答只有持守伊尹之志的情况下才可以，但伊尹之志是什么？《万章下·一》记载："思天下之民，匹夫匹妇有不与被尧、舜之泽者，若己推而内之沟中。其自任以天下之重也。"换言之，伊尹抱持着全然的大公之心，以万民得以蒙受尧、舜之治的恩泽为唯一职志，只有在具备这个条件的前提下放逐太甲才具有正当性。

13.32 公孙丑曰："《诗》① 曰'不素餐② 兮'，君子之不耕而食，何也？"

孟子曰："君子居是国也，其君用之，则安富尊荣。其子弟从之，则孝弟忠信。'不素餐兮'，孰大于是？"

【简注】
① 《诗》：出自《诗经·魏风·伐檀》。
② 素餐：无功而受禄，白吃饭。

【语译】公孙丑问孟子："《诗经》中说'不可以无功而接受俸禄'，君子不耕种却可接受俸禄，这是为什么呢？"

孟子说："君子住在这个国家，国君重用他，这个国家就可以安定富足，尊贵荣耀。他的学生跟随着他，就会变得孝悌友爱，忠厚信实。'不可以无功而接受俸禄'，但还有什么比这功劳更大的呢？"

【现代解读】本章讨论在社会分工的情况下，士人的角色与功能，借以厘清士人为何可以不耕而食。

13.33 王子垫①问曰："士何事②？"

孟子曰："尚志③。"

曰："何谓尚志？"

曰："仁义而已矣。杀一无罪，非仁也，非其有而取之，非义也。居恶在？仁是也。路恶在？义是也。居仁由义，大人之事备矣④。"

【简注】①王子垫：赵注："齐王子，名垫也。"

②士何事：朱注："上则公卿大夫，下则农工商贾，皆有所事。而士居其间，独无所事，故王子问之也。"

③尚志：朱注："尚，高尚也。志者，心之所之也。士既未得行公卿大夫之道，又不当为农工商贾之业，则高尚其志而已。"

④大人之事备矣：朱注："大人，谓公卿大夫。言士虽未得大人之位，而其志如此。则大人之事，体用已全。"

【语译】王子垫问孟子："士人该做什么？"

孟子说："使心志高尚。"

王子垫说："什么叫作使心志高尚？"

孟子说："就是立志行仁义。杀了一个无罪的人，就是不仁，不是自己的东西却拿取，就是不义。要安住在哪里？安住在仁心。他的道路在哪里？行走在义的道路上。居住在仁心，行走在义道，那么成为一位德行圆熟的大人的条件就具备了。"

【现代解读】本章主旨与前章都聚焦在士的角色与自我定位上。

孟子身处的战国时代，士已从周初封建体制贵族底层游离出来，不再以固定职事供职于某一政权为规范，而成为一种新阶层"游士"。在孟子心目中，游士如果想在战国乱世力挽狂澜，必须以道自任，所以对士的职事赋予了新的内涵，亦即以"居仁由义"、做一个"大人"为志向，然后累积条件，创造时机，扭转风气，等待一个大时代的来临。

13.34 孟子曰："仲子[①]，不义与之齐国而弗受，人皆信之，是舍箪食豆羹之义也。人莫大焉[②]亡亲戚、君臣、上下。以其小者，信其大者，奚可哉？"

【简注】① 仲子：即陈仲子。详见《滕文公下·十》。朱注："言仲子设若非义而与之齐国，必不肯受。齐人皆信其贤，然此但小廉耳。其辟兄离母，不食君禄，无人道之大伦，罪莫大焉。岂可以小廉信其大节，而遂以为贤哉？"

② 焉：于。

【语译】孟子说："陈仲子，如果不合道义，即使把齐国给他，他也不愿接受，这是人们都相信的，但这也不过是舍弃一碗饭、一碗汤的小义。对一个人来说，没有比失去亲戚、君臣、上下的人伦关系更大的事了。因为陈仲子的小义，而相信他的大节，这怎么行呢？"

【现代解读】本章孟子再次对陈仲子进行了评论，简言之，顾小节而不能全大义，因为在儒家看来，再也没有比家庭的亲情伦理及社会中的君臣上下的秩序，更值得我们维护的了。

13.35 桃应①问曰:"舜为天子,皋陶为士,瞽瞍杀人,则如之何?"

孟子曰:"执之而已矣。"

"然则舜不禁与?"

曰:"夫舜,恶得而禁之?夫有所受之②也。"

"然则舜如之何?"

曰:"舜视弃天下犹弃敝蹝③也。窃负而逃,遵④海滨而处,终身䜣然⑤,乐而忘天下。"

【简注】① 桃应:孟子的弟子。

② 有所受之:朱注:"言皋陶之法,有所传受,非所敢私,虽天子之命,亦不得而废之也。"

③ 敝蹝:蹝同"屣",鞋子。敝蹝,破草鞋。

④ 遵:循。

⑤ 䜣然:同"欣然",高兴的样子。

【语译】桃应问孟子:"舜做天子,皋陶担任狱官,如果舜的父亲瞽瞍杀了人,该怎么处理呢?"

孟子说:"拘捕他就是了。"

桃应说:"那么,舜不阻止吗?"

孟子说:"舜怎么能够阻止呢?皋陶是依法逮捕的。"

桃应说:"那么,舜该怎么做才好?"

孟子说:"舜把抛弃天下看作像抛弃破草鞋一样。他偷偷背着他的父亲逃跑,隐姓埋名,沿着海边居住,一辈子都欣喜地侍奉父亲,快乐得浑然忘了天下。"

【现代解读】这是《孟子》中非常有名的，涉及亲情与法治冲突的一个两难课题。舜为天子，皋陶为士，瞽瞍杀人，这时舜该如何面对？关键就在舜的身份、角色的转换。当舜为天子时，他必须尊重客观的法治，这时只有搁置亲情，将瞽瞍法办。但是，当舜回到家庭后，身为人子，焉能坐视老父身陷囹圄，这时为了亲情，只好放弃天子之位，背着老父浪迹天涯。这样的处理，反映了儒者在面对亲情与法治冲突时的态度，并重但无法兼顾。因此，面对两难选择，若不能兼顾，就只有放弃一边，成就另一边，并以负责任的态度，承担最后的结果。

13.36 孟子自范①之齐，望见齐王之子。喟然叹曰："居移气②，养移体③，大哉居乎！夫非尽人之子与？"

孟子曰："王子宫室、车马、衣服，多与人同，而王子若彼者，其居使之然也。况居天下之广居者乎？鲁君之宋，呼④于垤泽⑤之门。守者曰：'此非吾君也，何其声之似我君也？'此无他，居相似也。"

【简注】① 范：齐邑，即今河南省范县。
② 居移气：环境会改变气质。
③ 养移体：奉养会改变体态。
④ 呼：怒而发声。
⑤ 垤泽：宋国城门名。

【语译】孟子从范邑到齐国去，远远望见齐王的儿子，感慨道："环境会改变一个人的气质，奉养可以改变一个人的体态，环境对人的影响真大啊！他不也是人之子吗？"

孟子说："王子的住所、车马、衣服，大部分与人相同，但王子

尽心上 | 431

却是那样与众不同，就是他所处的尊贵环境使他这样的。何况那居住在天下最广大的住所的仁者呢？鲁国的国君到宋国，在宋国城门下怒吼。守城的人说：'这不是我们的国君，为什么他的声音气息这么像我们宋国的国君呢？'这没有别的原因，只是因为所处的环境相似。"

【现代解读】本章谈论的重点是身心的居养。孟子感叹，同为人子，但"居移气，养移体"，居处和奉养的差异会使得一个人的气质与体貌有所不同，更何况以"仁"为广居，以"义"为大道的士人君子。孟子在本章中，其实是要引导读者更看重自己的心灵如何定位、安养。

13.37 孟子曰："食①而弗爱，豕交②之也；爱而不敬，兽畜之也。恭敬者，币之未将者也③。恭敬而无实，君子不可虚拘④。"

【简注】① 食：动词，与之食，喂养。
② 豕交：待之如豕，用对待猪的方式与之交往。
③ 恭敬者，币之未将者也：朱注："程子曰：'恭敬虽因威仪币帛而后发见，然币之未将时，已有此恭敬之心，非因币帛而后有也。'"恭敬心是在币帛礼物之前就有的。
④ 虚拘：谓以虚伪之恭敬而拘留其心也。

【语译】孟子说："只喂养他食物而不爱他，就是把人当作猪在对待；只爱他却不知敬重他，这是把人当作牛马一样看待。恭敬的心意，是在送上币帛之类的礼物以前就具备的。如果只有虚伪恭敬的外表，而没有实质恭敬的心，君子是不会被这样虚伪的礼数所留住的。"

【现代解读】本章应是批评当时诸侯对待贤者，徒有礼遇的形式，却没有真正的诚心敬意。如果国君不听从贤者的建言，那么贤者也不必被这些虚假的礼节所绑架。

13.38 孟子曰："形色①，天性也。惟圣人，然后可以践形②。"

【简注】① 形色：形体与容色。
② 践形：形体充分实现与发挥天德良知。朱注："践，如践言之践。盖众人有是形而不能尽其理，故无以践其形。惟圣人有是形而又能尽其理，然后可以践其形而无歉也。"

【语译】孟子说："人的形体与容色，是天性。但只有圣人才能将形体容色充分实现，发挥人本性中的天德良知。"

【现代解读】本章孟子从身心关系的角度，揭示了人性论的另一个侧面。过去我们熟悉的篇章，基本上都是在孟子即心言性这个理路下，阐述心性与仁义等道德价值的关系。但是，本章中孟子首揭"形色，天性也"这个命题，也许一开始会让人错愕，孟子怎么将自己的立场转换到告子"生之谓性"的观点，但深入思考的话，我们会明白，孟子反对告子即生言性的观点，并不是觉得这个观点无可取之处，而是认为其不够充足，不足以帮我们将人之异于禽兽之处彰显出来。相对的，孟子从生命整体结构中，洞见对心、对身具有主导性、优先性的情况下，认为即心言性的观点不但可以超越，而且可以涵盖告子"生之谓性"的观点，所以他的立场本就可以包含"形色，天性也"的观点。

尤有进者，孟子基于前述的立场提出了"践形"的观念，亦即道德心可以渗透到我们形体、容色之上，所谓"君子所性，仁义礼智根于心，其生色也，睟然见于面，盎于背，施于四体，四体不言而喻"。我们的形体可以因为道德心灵的灌注，体现出更高的精神意识与价值。我们从孟子"践形"的观念可以了解到，孟子并不认为自己与告子的差异，仅是定义不同而已，而是认为自己的即心言性超越并可综摄告子的观点。

13.39 齐宣王欲短丧①。公孙丑曰："为朞②之丧，犹愈于已③乎？"

孟子曰："是犹或紾④其兄之臂，子谓之姑徐徐⑤云尔，亦教之孝弟而已矣。"

王子⑥有其母死者，其傅为之请数月之丧。公孙丑曰："若此者，何如也？"

曰："是欲终之而不可得也。虽加一日愈于已，谓夫莫之禁而弗为者也。"

【简注】① 短丧：想要缩短三年之丧的期限。
② 朞：通"期"，一年。
③ 已：止。
④ 紾：扭转。
⑤ 姑徐徐：姑且缓缓地。
⑥ 王子：齐王之庶子。

【语译】齐宣王想要缩短三年之丧的期限。公孙丑说："改成服一年的丧期，总好过不服丧吧？"

孟子说："这个说法就像是有人要扭他哥哥的胳膊，你对他说暂且慢慢扭之类的话一样。你就只要教他孝悌友爱就好了。"

有个王子的生母死了，因为嫡母还在，不能服三年之丧，王子的老师替他请求延长几个月的丧期。公孙丑问孟子："像这件事，您怎么看呢？"

孟子说："这是王子想要服三年之丧却办不到。而之前说即使多增加一天丧期也比不服丧好，主要是针对那些没人禁止却不愿意服丧的人来说的。"

【现代解读】本章孟子针对齐宣王欲短丧，和王室中另一位庶出王子因母丧，碍于礼制希望延长丧期做了对比。两相对比，孟子对齐宣王的不满与失望不言而喻。

13.40 孟子曰："君子之所以教者五：有如时雨①化之者，有成德者，有达财②者，有答问者，有私淑艾③者。此五者，君子之所以教也。"

【简注】①时雨：及时雨。

②财：通"材"。

③私淑艾：淑，通"叔"，拾取、获益。意思是闻人之善以修治己身，如同亲炙门下受教。朱注："私，窃也。淑，善也。艾，治也。人或不能及门受业，但闻君子之道于人，而窃以善治其身，是亦君子教诲之所及。"

【语译】孟子说："君子用来教育的方法有五种，一种是像及时的雨水化育草木，一种是成就他的德性，一种是让他尽量发挥天赋的才能，一种是为他答题解惑，一种是因着本身的学养风范使人私下受益。这五种方法，是君子教育人的方法。"

【现代解读】君子在接引学生的方式上，不拘一格，视条件机缘而定。

13.41 公孙丑曰："道则高矣，美矣，宜若登天然，似不可及也。何不使彼为可几及而日孳孳也？"

孟子曰："大匠不为拙工改废绳墨，羿不为拙射变其彀率①。君子引而不发，跃如②也。中道而立③，能者从之。"

【简注】①彀率：朱注："弯弓之限也。"

②跃如：朱注："如踊跃而出也。因上文彀率，而言君子教人，但授以学之之法，而不告以得之之妙，如射者之引弓而不发矢，然其所不告者，已如踊跃而见于前矣。"

③中道而立：朱注："中者，无过不及之谓。中道而立，言其非难非易。能者从之，言学者当自勉也。"

【语译】公孙丑问孟子："夫子的道那么高，那么美，就像登天一样，似乎高不可攀，无法企及。为什么不降低一点，使它变得可达成，让我们能够天天勤勉学习呢？"

孟子说："大师级的工匠不会为笨拙的徒弟改变或废弃绳墨，后羿不会为笨拙的射手改变张弓的弯度。君子教人，如同射箭一般，把弓张满却不发箭，有股跃跃欲试的态势。所以君子有所坚持地始终站立在正道上，有能力的人就会跟随他。"

【现代解读】本章公孙丑对孟子之道是否陈义太高提出了质疑，认为可调整高度，以利于学生跟进。孟子表示："大匠不为拙工改废绳墨，羿不为拙射变其彀率。"换言之，道有定体，教有成法，不会因人而改变。所谓"君子引而不发,跃如也",是指所有引导工作就绪,答案呼之欲出,但仍必须由学习者自己解答。而"中道而立,能者从之",是指教学非难非易,能者从之,学者需自勉。《论语·述而》记载,"不愤不启,不悱不发",毕竟学者若如无上进之心,再多引导也会落空。

13.42 孟子曰:"天下有道,以道殉身①;天下无道,以身殉道。未闻以道殉乎人②者也。"

【简注】① 以道殉身:殉,通"徇",从也。赵注:"殉,从也。天下有道,得行王道,道从身施,功实也。"

② 以道殉乎人:赵注:"天下无道,道不得行,以身从道,守道而隐。不闻以正道从俗人者也。"

【语译】孟子说:"天下有道的时候,道通过君子践行而显现;天下无道的时候,君子用生命来捍卫道,不惜为道牺牲。没听说过要通过牺牲大道来迁就俗人的。"

【现代解读】不管天下有道还是无道,君子都必须紧紧追随道,甚至以生命捍卫道,绝不能允许道屈从于任何人的淫威之下,这才是真正的君子、大丈夫。

13.43 公都子曰:"滕更①之在门也,若在所礼而不答,何也?"
孟子曰:"挟②贵而问,挟贤而问,挟长而问,挟有勋劳而问,挟故而问,皆所不答也。滕更有二焉。"

【简注】① 滕更：滕文公之弟，学于孟子。

② 挟：倚仗、自恃。

【语译】公都子说："滕更在夫子的门下，似乎也应该在以礼相待之列，可是夫子却不回答他的问题，为什么呢？"

孟子说："自恃地位尊贵来问的，自恃有才能来问的，自恃年长来问的，自恃有功劳来问的，自恃有交情来问的，都属于我不回答的范畴。滕更就占了自恃地位尊贵和自恃有才能两项。"

【现代解读】据赵岐注，滕更乃滕文公之弟。孟子在滕国时，滕更虽在孟子门下，但他挟贵、挟贤来问，所以孟子没有回应。在《告子下·十六》中孟子曾表示："予不屑之教诲也者，是亦教诲之而已矣。"滕更大概就是孟子以不教而教之一类的学生吧！

13.44 孟子曰："于不可已①而已者，无所不已。于所厚者薄，无所不薄也。其进锐者，其退速②。"

【简注】① 不可已：朱注："已，止也。不可止，谓所不得不为者也。"

② 其进锐者，其退速：朱注："进锐者用心太过，其气易衰，故退速。"

【语译】孟子说："对于不该放弃的却放弃，那就没有什么人是不能放弃的。对于该厚待的人却薄待，那就没有什么人不能薄待了。为人处世，进展太迅猛的人，衰退起来也很快。"

【现代解读】本章孟子提出了他对许多人行事风格的观察与批评，认为一个人对不该放弃的却放弃了，那就不必寄望此人能够坚持什么。同样的，应该厚待的人却薄待，那他就不是一个宽厚之人，而一个人对事表现出逾乎常规的积极进取，那不用怀疑，他多半动机不单纯，打退堂鼓也一定比别人快。孟子的批评，显然来自他对人的为人处世的长期省察，唯有为人处世平和中正的人，才可信赖，可长久。

13.45 孟子曰："君子之于物①也，爱之而弗仁②。于民也，仁之而弗亲③。亲亲而仁民，仁民而爱物。"

【简注】① 物：指禽兽草木。

② 爱之而弗仁：赵注："当爱育之而不加之仁，若牺牲不得不杀也。"朱注："爱，谓取之有时，用之有节。程子曰：'仁，推己及人，如老吾老以及人之老。于民则可，于物则不可。统而言之，则皆仁；分而言之，则有序。'"

③ 仁之而弗亲：赵注："临民以非己族类，故不得与亲同也。"

【语译】孟子说："君子对于禽兽草木，爱惜它们却不以仁爱的方式对待它们。对于百姓，仁爱他们而不以对待亲人的方式亲爱他们。君子先亲爱自己的亲人，再推扩到仁爱百姓，从仁爱百姓再推及爱惜万物。"

【现代解读】儒家主张爱有差等，亲亲、仁民、爱物，由近及远，将一切人我、物我纳入生命共同体之中，从共生、长生到生生不息，都是在这一体之仁中得到滋润、生养。儒家以仁为核心的成德之教的实践，大体言之，人就是通过这个路径，达到"万物皆备于我"的境界的。

13.46 孟子曰："知①者无不知也，当务之为急；仁者无不爱也，急亲贤之为务。尧、舜之知而不偏物，急先务也；尧、舜之仁而不偏爱人，急亲贤也。不能三年之丧，而缌小功②之察，放饭流歠③，而问无齿决④，是之谓不知务。"

【简注】① 知：通"智"。

② 缌小功：古代丧礼之五服：斩衰、齐衰、大功、小功及缌麻。缌麻为最轻，关系最远，守丧三个月。小功，守丧五个月。斩衰为最重，守丧三年。

③ 放饭流歠：大口吃饭，大口喝汤，放肆无礼的样子，不敬之大者。

④ 齿决：用牙齿咬断干肉。朱注："啮断干肉，不敬之小者也。"

【语译】孟子说："智者没有不想知道的，但要以当前最紧要的事务为优先；仁者没有不想爱护的人，但以亲爱亲人与亲近贤人为优先。尧、舜的智慧虽高，却不能遍知万物，只是急于知道需优先处理的事务；尧、舜的仁德虽宽厚，却不能关爱照顾到所有的人，因为要优先关爱照顾亲人和贤人。不能守三年之丧的人，却讲究三个月的缌麻与五个月的小功，在长辈面前大吃大喝、放肆不拘，却讲究不能用牙齿咬断干肉的琐碎礼节，这就叫作不知轻重缓急。"

【现代解读】尧、舜被儒家定位为圣人，是"仁且智"的完美人格。但在本章中，孟子却告诉我们，尧、舜的智慧虽欲知晓天下一切事，却以当前要务为先，他们的仁爱，虽说是无所不爱，但以亲人、贤人为先。换言之，圣人的"仁且智"，未必是无所不知、无所不爱的，而是识大体、知先后、本末、轻重，懂得权衡。

尽心下

　　《尽心下》共三十八章，其中有孟子与弟子之间的问答，也有语录，讨论的主题颇为广泛。前四章孟子对春秋以降诸侯之间的好战，提出了严厉的批评。第十四章论"民贵君轻"，第十六章论"仁也者，人也"，第二十四章论"性命对扬"，第二十五章论善、信、美、大、圣的人格境界，第三十八章论尧、舜、禹、汤、文、武、周公、孔子历代圣人的传承，是《尽心下》的重要章节。

14.1 孟子曰："不仁哉，梁惠王也！仁者以其所爱及其所不爱，不仁者以其所不爱及其所爱。"

公孙丑问曰："何谓也？"

"梁惠王以土地之故，糜烂其民而战之，大败，将复之，恐不能胜，故驱其所爱子弟①以殉之，是之谓以其所不爱及其所爱也。"

【简注】①所爱子弟：指太子申。据《史记》记载，惠王三十年，使庞涓将，而令太子申为上将军，与齐人战，败于马陵，齐虏魏太子申，杀将军涓，军遂大破。太子申亦被杀。

【语译】孟子说："梁惠王真是不仁啊！仁人把他的爱心，从他所爱的人扩及他所不爱的人身上，不仁的人却把他酿成的灾祸，从他所不爱的人扩及他所爱的人身上。"

公孙丑问："这是什么意思呢？"

孟子说："梁惠王为了争夺土地，不惜让他不爱的百姓粉身碎骨去作战，结果打了大败仗，想要报复，唯恐不能取胜，又驱使他所爱的子弟去送命，这就叫作把灾祸从他所不爱的人扩及他所爱的人身上。"

【现代解读】本章孟子批评梁惠王为争夺土地兴战，以致牺牲了自己的儿子，因此孟子认为他的这种作为是"以其所不爱及其所爱"，乃不仁之举，害人害己。

14.2 孟子曰："春秋无义战①。彼善于此，则有之矣。征②者上伐下也，敌国③不相征也。"

【简注】①春秋无义战：朱注："《春秋》每书诸侯战伐之事，必加讥贬，以著其擅兴之罪，无有以为合于义而许之者。"

②征：朱注："征，所以正人也，诸侯有罪，则天子讨而正之，此春秋所以无义战也。"

③敌国：对等的国家。

【语译】孟子说："春秋时的战争，都没有合于义的。某一方比另一方稍微好点，那是有的。所谓征，是指天子讨伐有罪的诸侯，同样是诸侯的国家，彼此之间不可互相征讨。"

【现代解读】本章孟子继承孔子的观点，"天下有道，则礼乐征伐自天子出"，批评春秋时期的两百四十二年中，战争不断，却都没有正当性。因为诸侯之间本来就不能相互征讨，说穿了，也只是当时诸侯追求富强、图谋称霸所引发的争战罢了。

14.3 孟子曰："尽信《书》，则不如无《书》。吾于《武成》①，取二三策而已矣。仁人无敌于天下。以至仁伐至不仁，而何其血之流杵②也？"

【简注】①《武成》：《尚书》篇名，已亡佚。朱注："武王伐纣，归而纪事之书也。"

尽心下 | 443

② 血之流杵：朱注："杵，舂杵也。或作卤楯也。《武成》言武王伐纣，纣之前徒倒戈攻于后以北，血流漂杵。"

【语译】孟子说："完全相信《尚书》上的话，倒不如没有《尚书》。我对于《尚书·武成》篇，只相信其中两三片竹简的记载罢了。仁人在天下没有敌手。以周武王最仁爱之人，去讨伐商纣最不仁之人，怎么还会杀到血流漂杵的地步呢？"

【现代解读】本章表明孟子对历史文献的可靠性，一向有自己的独立思考与判断，即所谓"尽信《书》，则不如无《书》"。

14.4 孟子曰："有人曰：'我善为陈①，我善为战。'大罪也。国君好仁，天下无敌焉。南面而征，北狄怨；东面而征，西夷怨，曰：'奚为后我②？'武王之伐殷也，革车三百两③，虎贲④三千人。王曰：'无畏！宁尔也，非敌百姓也。'若崩厥角稽首⑤。征之为言正也，各欲正己⑥也，焉用战？"

【简注】① 陈：通"阵"，行伍之列。
② "南面而征"下六句：亦见于《梁惠王下·十一》及《滕文公下·五》。
③ 革车三百两：革车，用皮革做帷的兵车。两，通"辆"。
④ 虎贲：勇士。
⑤ 若崩厥角稽首：若崩，声势壮大若山崩。厥，通"蹶"，顿也。角，额角。厥角就是稽首，行跪拜礼时，以头叩地。意思是人民纷纷感激地叩头，声势若山崩。
⑥ 正己：朱注："民为暴君所虐，皆欲仁者来正己之国也。"

【语译】孟子说:"有人说:'我很会布阵,我很会打仗。'这是大罪恶啊。国君如果喜好仁,就能在天下间没有敌手了。他向南面征伐,北方的狄人就抱怨;他向东面征伐,西边的夷人就抱怨,说:'为什么把我们放在后面,不先来拯救我们?'武王讨伐殷商,只有战车三百辆,勇士三千人而已。武王告诉百姓:'大家别怕!我是来让大家过安稳日子的,不是来与百姓为敌的。'百姓纷纷感激地叩头,声势若山崩一样。征,就是正的意思,如果人人都想着端正自己,哪里还需要打仗呢?"

【现代解读】本章主旨在批判好战者的罪恶,在孟子的观念里,"国君好仁,天下无敌焉",但回归历史,不战而屈人之兵,其实需要很多条件,孟子在此勉励国君行仁政,大方向上是没有问题的。

14.5 孟子曰:"梓匠轮舆①,能与人规矩,不能使人巧。"

【简注】① 梓匠轮舆:梓匠,木工。轮舆,指专门制造车轮的造车工。

【语译】孟子说:"木匠、造车工匠能教人各种规矩法度,却无法使人巧妙地运用。"

【现代解读】"师父领进门,修行在个人",这是中国的一句谚语,作为本章的注解,再恰当不过了。这句话特别适合实践领域的相关能力、技艺的培养,而儒学成德之教其实也属于这个范畴。特别值得注意的是,"巧"寓意灵活自由,不受规范限制却中规中矩,它往往来自长时间的投入,涵养蕴藉,最后才能达到"熟能生巧"的地步。

14.6 孟子曰:"舜之饭糗茹草①也,若将终身焉。及其为天子也,被袗衣②,鼓琴,二女果③,若固有之。"

【简注】①饭糗茹草:饭,动词,吃。糗,干粮。茹,动词,吃。草,粗食。
②被袗衣:被,穿。袗衣,锦绣之衣。
③果:通"婐",侍候。

【语译】孟子说:"舜还是平民时,啃干粮、吃野菜,好像要这样过一辈子。等他当了天子以后,穿着锦绣华服,弹着琴,身边有尧的两个女儿服侍他,就像一直在这样生活一样,淡然处之。"

【现代解读】《尽心下》第三十三章"尧、舜,性者也",指尧、舜的品德、为人处世均是本心真性的自然流露。对于像舜这样的人,外在的变化,无论是身份地位的转换,或是粗茶淡饭,还是锦衣玉食,都不会改变他行事的原则。一如《尽心上·二十一》中所云,"君子所性,虽大行不加焉,虽穷居不损焉,分定故也",舜正是因为洞悉内外之分,所以即使贵为天子,也不改变自己的操守。

14.7 孟子曰:"吾今而后知杀人亲之重也:杀人之父,人亦杀其父;杀人之兄,人亦杀其兄。然则非自杀之也,一间①耳。"

【简注】①一间:距离很近。朱注:"一间者,我往彼来,间一人耳。"

【语译】孟子说:"我从今以后了解杀害别人亲人的严重性了:杀

了别人的父亲，别人也会杀你的父亲；杀了别人的兄长，别人也会杀你的兄长。虽然我的父兄不是我杀的，但也跟我亲手杀的差不多了。"

【现代解读】本章一开始是"吾今而后知"的发语句，可以看出孟子显然是被一些当时发生的事所触动，有感而发。我们从孟子感叹"杀人之父，人亦杀其父"中来看，孟子应是针对春秋以降，当时社会上大复仇的风气，提出了针砭。《孟子》首章引出"义利之辩"，这个呼吁看似迂阔，却关乎我们居住的世界，不仅是人我相照相温的人间，还是刀光剑影的江湖。因为，一个抛弃仁义理想的社会，一切尚利的结果莫不从利益冲突演变为弱肉强食，这不就是孟子所说的"杀人之父，人亦杀其父"的江湖吗？问题是，这种快意恩仇，与人的互残父兄，差别又有多少？两千多年前，孟老夫子的警策，如今听来还是这么深刻有力！

14.8 孟子曰："古之为关①也，将以御暴②。今之为关也，将以为暴③。"

【简注】① 关：关卡、关隘。
② 御暴：古代设关卡，是为了防御盗贼或敌兵之残暴，所以叫作御暴。
③ 为暴：今人设关卡，是为了征敛捐税，阻难行旅，暴虐人民，所以叫作为暴。

【语译】孟子说："古代设关卡，是为了防御盗贼或敌兵之残暴，保护人民。现在设关卡，是为了征敛捐税，阻挡为难行旅的客商，对人民施暴。"

【现代解读】本章孟子在批评当时的诸侯列国，关防不在御暴，而在稽查施暴。当时诸侯列国间关防之严，确实让人不胜感慨！

14.9 孟子曰："身不行道，不行于妻子。使人不以道，不能行于妻子①。"

【简注】① 不能行于妻子：朱注："不能行者，令不行也。"意思是人若不能以道差使人，即使自己的妻儿都使唤不了。

【语译】孟子说："自身若不能够身体力行实践道，就连妻儿也无法信服。若不能以正道差遣人，即使是自己的妻儿都使唤不了。"

【现代解读】本章旨在劝勉士人既以行道天下自许，就必须以身作则，否则连妻小都不会支持、附和。

14.10 孟子曰："周①于利者，凶年不能杀；周于德者，邪世不能乱。"

【简注】① 周：丰足。朱注："周，足也，言积之厚则用有余。"

【语译】孟子说："财用丰足的人，即使遇到饥荒之年也不会饿死；德行丰厚的人，即使遇到乱世也心志坚定，不会被扰乱。"

【现代解读】为凶年做准备，要有充足的财用储蓄。身处价值观念颠倒混乱的时代，要厚积品德，才不会陷溺沉沦。

14.11 孟子曰："好名之人，能让千乘之国。苟非其人，箪食豆羹见①于色。"

【简注】① 见：通"现"。

【语译】孟子说："喜好名声的人，能把拥有千辆兵车的国家让给别人而面不改色。如果不是这样的人，即使让出一筐饭、一碗汤，脸上也会露出贪争的表情。"

【现代解读】"好名之人，能让千乘之国"，应是指让国的燕王哙。因此，本章孟子是在批评那些矫情干誉之辈，认为他们并非真正慷慨谦让的君子。

14.12 孟子曰："不信仁贤，则国空虚①。无礼义，则上下乱，无政事②，则财用不足。"

【简注】① 国空虚：赵注："不亲信仁贤，仁贤去之。国无贤人，则空虚也。"朱注："言若无人然。"

② 无政事：赵注："无善政以教人农时，贡赋则不入，故财用不足。"

【语译】孟子说："国君如果不信任仁人贤士，国家就会缺乏人才。如果不讲礼义，上下的秩序就会混乱，没有良好的政治措施教民生产，国家的财物就不够用。"

【现代解读】孟子认为施政有三大要务，第一仁人、贤者在位，这代表国力充实。第二重礼义教化，如此则上下有序，各安其位。第三有良好的政治措施，如此则财用充足。为政其实不难，国君若能谨守这三项，国家就会安和乐利。

14.13 孟子曰："不仁而得国者，有之矣；不仁而得天下，未之有也。"

【语译】孟子说："不仁的人能得到国家，成为诸侯，那是有的；不仁的人能得到天下，成为天子，那是从来没有过的。"

【现代解读】不仁之人或可侥幸得到一个国家，但要想得到天下，就不可能了。也许，更正确的说法是，即使其窃取了国家、天下，也不能长久，因为不得人心。

14.14 孟子曰："民为贵，社稷次之，君为轻。是故得乎丘民①而为天子，得乎天子为诸侯，得乎诸侯为大夫。诸侯危社稷，则变置。牺牲既成，粢盛②既洁，祭祀以时，然而旱干水溢，则变置社稷。"

【简注】① 丘民：朱注："田野之民。"指民众。
② 粢盛：黍稷曰粢，在器曰盛。粢盛指供祭祀的黍稷。

【语译】孟子说："百姓是最重要的，社稷其次，国君分量最轻。所以，能得到所有百姓的拥戴就能成为天子，能得到天子的赏识就能成为诸侯，能得到诸侯的赏识就能成为大夫。如果诸侯的胡作非为已经危害社稷，就把诸侯换掉，另立一位新的诸侯。如果用作牺牲的牛羊已经养肥了，祭品洁净，并且按时祭祀，但是仍有干旱水涝的灾祸，那就把原本的社稷换掉，另立一个新的。"

【现代解读】本章是孟子政治思想中最重要的一段文献，二十世纪初，有些学者根据这类篇章指出孟子是中国两千多年前民主理论的先驱，大加推崇。但五四运动与之前的新文化运动合流后，孟子的"民本说"又被批评为根本不是一种民主学说。其实，西方的民主制度，也是到二十世纪初才发展完备的。虽说早在希腊雅典城邦时，民主制度就已现雏形，但不分男女、老少、贵贱的全民参政权，也是近两百多年来，才在宪法上得到保障的。因此，以近百年来才发展完备的民主政治的标准，求全于两千多年前的孟子，委实是过于严苛了。同理，以西方民主是由宪法赋予人民选举、罢免等参政权这个标准，来质疑孟子所说的"得乎丘民而为天子"，并不是在肯定人民是政治主体，甚至连孟子的民本论都不能说，一定要修正为君本论或理想化的君本论的做法，是不尊重孟子思想基本关怀，且对其矫枉过正的一种过度诠释。

首先，我们必须回归文本，看看孟子是如何为人民在政治中定位的。在本章中，孟子指出"民为贵，社稷次之，君为轻"，可见人民在孟子心目中，显然比社稷、国君更占据着核心的位置，更为尊贵。如果我们再参考《尽心下》第二十八章"孟子曰：诸侯之宝三：土地、人民、政事。宝珠玉者，殃必及身"，还有第十二章"孟子曰：不信仁贤，则国空虚。无礼义，则上下乱，无政事，则财用不足"，我们就会发现，孟子的政治思考主要集中在人民的生活福祉、教育文化及任用贤能等课题上，反映出孟子的关怀重点，的确是放在政治管理的绩效上，更放在能否保障人民生存的基本权利上。而这一点，在孟子仁政的蓝图中，以《梁惠王上·七》"保民而王"章的论述为例，可以充分印证。换言之，孟子在"王霸之辩"中，极力推广的内容聚焦在以人民为中心的生存福祉、教育文化等方面的事务，政权的来源与分配并不是重点，这也并不意味着孟子的思考未触及政权的课题，在《万章上·五》孟子对舜之有天下，认为并非尧的私相授受，而是"尧荐舜于天，而天受之，暴之于民，而民受之"，亦即"天与之，人与之"的结果。这也就是说，孟子虽然保留了"君权天授"的形式，但是人民对君主的接受与支持，却在一定程度上构成了君主统治合法性的基础。特别是"天子不能以天下与人"的这个说法，反映了天下并非天子的私有物，而是天下人之天下。天子只不过是受天与民委托的管理者，对于天下只有管理权，并不具有所有权。因此，在孟子的思考里，君权不是绝对的，如果他不能在管理上做到保民、教民，便可易位、诛杀，所以汤武革命是顺天应人，完全合理的一种政权转移方式。

果如前论，我们回到本章，看到"诸侯危社稷，则变置""牺牲既成，粢盛既洁，祭祀以时，然而旱干水溢，则变置社稷"，面对这些变置的言论，我们大概不应再怀疑人民在孟子的思考中是否具有核心地位。或许，将孟子这种民贵君轻的观念，径自解读为"人民乃政治的主体"，容易引起误解。虽然孟子对政权的来源、分配、转移，并没有从法制层面给予明确的规范，但是就孟子的主要关怀本来就在政治治理的目标、成效方面上，而且人民的福祉、教养一直就是孟子仁政思想的核心内容来看，传统以民本论来涵盖孟子这一方面的思想，其实并不为过。反而坚持从西方宪政的标准，硬说孟子是君本论，而罔顾孟子对君权的各种严厉批判，以及忽略孟子根据"天与人受"来判断国君继位是否合理，倒是一种失之简化、偏激的看法。

14.15 孟子曰："圣人，百世之师也，伯夷、柳下惠是也。故闻伯夷之风者，顽夫廉，懦夫有立志。闻柳下惠之风者，薄夫敦，鄙夫宽①。奋乎百世之上，百世之下，闻者莫不兴起也。非圣人而能若是乎？而况于亲炙②之者乎？"

【简注】①"故闻伯夷之风者"之后六句：并参见《万章下·一》。
② 亲炙：亲受圣人之教化，就像熏炙一样。

【语译】孟子说："圣人，是百代人的老师、表率，伯夷、柳下惠就是这样的人。所以凡是听到伯夷风范的人，无知贪婪的人都变得廉洁，柔弱无主见的人也会立定志向。凡是听到柳下惠风范的人，胸襟狭隘的人都会变得宽容，性情刻薄的人也会变得厚道。他们在百代以前奋起发扬的德行，使得百代以后，听闻他们事迹的人没有不受感动而振作发奋的。如果不是圣人，哪能够影响这么深远？更何况是能够亲身受到圣人教化熏陶的人呢？"

【现代解读】本章主旨在强调圣人典范既立，其教化之功，历久弥新，百世不衰。中国传统教育一向重视经、史的研习，其中影响最深的就是历代圣人的言行风范。

14.16 孟子曰："仁也者，人也①。合而言之，道也②。"

【简注】① 仁也者，人也：朱注："仁者，人之所以为人之理也。"
② 合而言之，道也：朱注："然仁，理也；人，物也。以仁之理，合于人之身而言之，乃所谓道者也。"

【语译】孟子说:"仁,就是人之所以为人的关键能力。人而能仁,就是道的展开。"

【现代解读】仁心,亦即"人之所以异于禽兽者几希"的本心、真性。一个人,唯有充分实现此一本心,才能走上成德、成圣、成贤之路,实现人之所以为人的尊严与价值。从本章中我们可以看到,孟子在谈到人性时,或者从仁、义、礼、智四端之心谈起,或者又总持为"仁义之心"来表达,但归根结底,人之所以为人,就在于有一颗能够无外地感通一切生命的仁心。

14.17 孟子曰:"孔子之去鲁①,曰:'迟迟吾行也。'去父母国之道也。去齐,接淅而行,去他国之道也。"

【简注】①孔子之去鲁:参见《万章下·一》。

【语译】孟子说:"孔子离开鲁国时,他说:'慢慢地走吧!'这是离开祖国的态度。离开齐国时,急得连米都来不及淘好,捞起米捧着就走,这是离开他国的态度。"

【现代解读】本章为《万章下·一》之重出,反映出孔子离开母国与离开他国,自有其不同之处。

14.18 孟子曰:"君子①之厄②于陈、蔡之间,无上下之交③也。"

【简注】①君子:指孔子。
②厄:困厄。鲁哀公六年,吴伐陈,楚救陈,师于城父。时孔子

在陈、蔡之间，绝粮，从者病，莫能兴。

③ 无上下之交：朱注："君臣皆恶，无所与交也。"

【语译】孟子说："孔子为什么被困在陈、蔡两国之间，是因为两国的君臣都无德，所以孔子跟两国的君臣都不往来。"

【现代解读】本章说明孔子困于陈国、蔡国之间，主要是与这两个国家的君臣都没有交情之故。

14.19　貉稽①曰："稽大不理②于口。"

孟子曰："无伤也。士憎兹多口③。《诗》云：'忧心悄悄，愠④于群小。'孔子也。'肆不殄厥愠，亦不陨厥问⑤。'文王也。"

【简注】① 貉稽：赵注："貉姓，稽名。"或曰："北方之貉种人名稽。"

② 理：利、顺。

③ 士憎兹多口：憎，增。士者益为此众口所讪也。

④ 愠：怨、怒。

⑤ 肆不殄厥愠，亦不陨厥问：出自《诗经·大雅·绵》。肆，发语词，无义。殄，绝。陨，失坠。朱注："本言太王事昆夷，虽不能殄绝其愠怒，亦不自坠其声问之美。"

【语译】貉稽说："众人对我的风评不太好。"

孟子说："没有关系。士人总会受到许多非议。《诗经》上说：'内心充满了烦忧，被小人所怨恨。'说的就是孔子。'虽然不能消灭他们的怨恨，但也不会损害自己的名声。'说的就是文王。"

尽心下　｜　455

【现代解读】人间毁誉无常，因此《论语》首章即揭示儒家君子之道的第一要务："人不知而不愠，不亦君子乎？"勉励行道之人，尽其在我，行其所安，自超拔于人间毁誉口舌之上，才能无惧无惑，长长久久地行道于人间。

14.20 孟子曰："贤者以其昭昭[①]，使人昭昭。今以其昏昏，使人昭昭。"

【简注】① 昭昭：明白。

【语译】孟子说："古代的贤人因为他本身明理，而使人明理。现在的人自身不明事理，却还想要去教人明理。"

【现代解读】《离娄上·二十三》记载，"人之患，在好为人师"，这些人多半都是"以其昏昏，使人昭昭"，其结果可想而知。

14.21 孟子谓高子曰："山径之蹊间[①]，介然[②]用[③]之而成路。为间[④]不用，则茅塞之矣。今茅塞子之心矣。"

【简注】① 山径之蹊间：赵注："山径，山之岭。"朱注："蹊，人行处也。"
② 介然：专一、坚持。《荀子·修身》："善在身，介然必以自好也。"
③ 用：由。
④ 为间：少顷，过了一段时间。

【语译】孟子对高子说:"山岭上的小径阻隔不通,人们坚持一直走的话,就能慢慢踩出一条道路。如果隔一段时间没去走,它就又被长出的茅草堵塞住了。现在,茅草堵塞住了你的心啊。"

【现代解读】本章重点在说明本心之明,愈用愈出,若舍弃不用,就容易顺从躯壳起念,或遭外境牵引,于是茅草盘结于途径,原来通达人情事理的道路不再畅通。"茅塞顿开"的典故,即由本章而来,与《庄子·逍遥游》所批判的"有蓬之心"异曲同工,颇有相通之处。

14.22 高子曰:"禹之声①,尚②文王之声。"

孟子曰:"何以言之?"

曰:"以追蠡③。"

曰:"是奚足哉?城门之轨,两马④之力与?"

【简注】①禹之声:禹之乐。

② 尚:胜过。

③ 追蠡:追,钟钮。蠡,虫蛀木。引申为器物久经磨损将断的样子。

④ 两马:两,通"辆",车辆。指车马。

【语译】高子说:"夏禹时期的音乐,胜过文王时期的音乐。"

孟子说:"为什么这样说呢?"

高子说:"因为禹的钟钮已经快用断了,就像被虫啮咬过一样,频繁地被使用。"

孟子说:"这怎么能证明呢?就好比城门内的车轨痕迹深,哪里只是当时行经的车辆的力道造成的呢?"

尽心下 | 457

【现代解读】本章与前一章均为孟子对弟子高子的批评与指点。而高子之失，即在于昧于人情事理，惑于事情表象，不究原委，草率地议论、判断，因此受到了孟子的批评。

14.23 齐饥。陈臻曰："国人皆以夫子将复为发棠①，殆不可复②？"

孟子曰："是为冯妇也。晋人有冯妇者，善搏虎，卒为善士。则之野，有众逐虎，虎负嵎③，莫之敢撄④。望见冯妇，趋而迎之。冯妇攘臂下车，众皆悦之，其为士者笑之。"

【简注】①发棠：开仓发粮以赈灾。棠，齐邑。朱注："先时齐国尝饥，孟子劝王发棠邑之仓以赈贫穷。至此又饥，陈臻问言齐人望孟子复劝王发棠邑。"

② 殆不可复：殆，恐。赈不可再。

③ 负嵎：负，依。嵎，山曲。

④ 撄：触犯。

【语译】齐国发生了饥荒。陈臻问："齐国的百姓都以为夫子会再去请求齐王打开棠邑的仓库，开仓赈灾，恐怕不能再这么做了吧？"

孟子说："再做就成了冯妇。晋国有个人叫冯妇，擅长赤手空拳和老虎搏斗，后来成为善士，就不再与虎搏斗。有一天到野外，看到很多人在追老虎，老虎蹲踞在山曲处，没人敢靠近。大家看到冯妇，就快步上前迎接他。冯妇又卷起袖子高举手臂下车，大家都很高兴，可是其他士人却讥笑他。"

【现代解读】本章孟子借着冯妇因为分不清楚自己的际遇、场合，误以为自己仍是以前的打虎英雄，徒遭同侪讪笑，表达了自己不会因为齐国的饥荒，再次开口请宣王发棠赈灾。朱熹推测，当时齐王已不能重用孟子，而且孟子也即将离开齐国，所以孟子才会有这样的回答。

14.24 孟子曰："口之于味也，目之于色也，耳之于声也，鼻之于臭①也，四肢之于安佚②也，性也，有命焉，君子不谓性也。仁之于父子也，义之于君臣也，礼之于宾主也，智之于贤者也，圣人之于天道也，命也，有性焉，君子不谓命也。"

【简注】① 臭：通"嗅"，气味，此指香气。
② 安佚：佚，通"逸"。安逸。

【语译】孟子说："口对于美味，眼睛对于美色，耳朵对于音乐，鼻子对于香气，四肢对于安逸，这些都是出自本性的倾向，但能不能得到却有其命限，不能够操之在己，所以君子不把它们看作本性的展现。仁对于父子，义对于君臣，礼对于宾主，明智对于贤人，圣人对于天道，各有其命限，但其实现则有赖于本性是否充分贯彻，所以君子不把它们看作命限。"

【现代解读】本章在孟子心性论中意义丰富而深刻，值得深研。我们发现，孟子并没有否定"小体"，即耳目之官，包括四肢形体是我们生命中的重要组成部分，认为它们合理地具有性的身份。但是，"小体"对于味、色、声、臭、安逸的追求，其得与不得，毕竟还是属于"求在外者"，因此，君子不将它们视为人之尊严所系的性。

相对的，我们本心的好善厌恶，对于仁、义、礼、智及成圣的向往，当然也是真诚而无伪的，但是回归现实生活，即使仁在父子之间的表现，亦多有不足为外人道的艰难处，所谓父不得其子，子不得其父者，如舜之于瞽瞍者，在历史上亦屡见不鲜。其他，如义在君臣之间，礼在宾主之间，智在贤者之间，圣人对天道体证得如何？多少？其实都不免有一些际遇上的限制。但是，对于仁、义、礼、智及成圣的向往与落实，毕竟属于"求则得之，舍则失之"这个领域，因此，虽然人的际遇多少会限制着我们实现这些愿望，但它们既然属于我们最本真的向往，关乎人之所以异于禽兽的真正尊严，所以，君子不谓命，而是将其视为我性分内事。

从孟子将"小体"与"大体"之活动所欲实现的目标，依据自主性的标准，即"求在外者"或"求在我者"这个区分，再进一步加以定位，进而确认何者属于"性也，有命焉，君子不谓性"，以及何者属于"命也，有性焉，君子不谓命"。我们发现，孟子根本不像西方哲学家那样，试图从本质上——一个高高在上，静止不动的超越层面——覆盖性地说明人的一切相关的经验现象，从而回答"人是什么"的问题。相反，他自始至终都是从生命活动发展的立场出发，指点我们从人之异于禽兽者处，活出一个人的尊严。因此，他的论述，与其理解为在回答"什么是人"，不如视为在指点我们"如何成为人"，这种属于孟子思想里实践关怀的特色，我们一定不要忽略，不能急于为孟子思想做知识包装，而掩盖了孟子这种强烈的实践诉求。

14.25 浩生不害[①]问曰："乐正子，何人也？"

孟子曰："善人也，信人也。"

"何谓善？何谓信？"

曰："可欲之谓善，有诸己之谓信，充实之谓美，充实而有光辉之谓大，大而化之之谓圣，圣而不可知之之谓神。乐正子，二之中，四之下也。"

【简注】① 浩生不害：赵注："浩生，姓。不害，名。齐人也。"

【语译】 浩生不害问孟子："乐正子是个怎么样的人呢？"

孟子说："是个善人，是个信人。"

浩生不害问："什么叫作善？什么叫作信呢？"

孟子答："向往那值得追求的叫作善，自身实有其善叫作信，使自身充实饱满地具有善就叫作美，已充实饱满了美善又进一步发扬光大就叫作大，已经发扬光大进而化育万物叫作圣，到达圣的境界又能变化万千，使人无从预测知晓就叫作神。乐正子的修养就在善跟信之间，在美、大、圣、神这四等以下。"

【现代解读】 本章孟子借浩生不害询问乐正子是怎么样的一个人，提出了个人修养的不同境界，大体言之，共有六个等级，即善、信、美、大、圣、神。第一个等级"可欲之谓善"，应指这个人能顺本心好善厌恶之情，追求美善。《告子下·十三》孟子回答公孙丑之问，指乐正子"其为人也好善"，正是指他在"求在我者"与"求在外者"之间能清楚鉴别，向往真正值得人追求的美德，或嘉言懿行。第二个等级"有诸己之谓信"，指一个人能持守好善厌恶的原则，如恶恶臭，如好好色，到一丝不爽，皆实有之，则可谓信人。第三个等级"充实之谓美"，是指完全拥有四端之心，"其生色也，睟然见于面，盎于背，施于四体，四体不言而喻"，表现为一种身心一体的践形之美。第四个等级"充实而有光辉之谓大"，这是在"充实之谓美"的基础上，更上层楼，如朱熹在《四书章句集注》中所云："和顺积中，而英华发外，美在其中。而畅于四肢，发于事业，则德业至盛而不可加矣。"亦即将生命人格的力度更进一步客观化为外在的事功德业。第五个等级"大而化之之谓圣"，这是将巍巍泰山的高大再化掉，如春风化雨

尽心下 | 461

般形成一种极大的人格感召的气场，足以为百世之师。至于最高等级的"圣而不可知之之谓神"，程颐说"圣不可知，谓圣之至妙，人所不能测。非圣人之上，又有一等神人"，言下之意，不是圣人之上又有一个等级，只是指圣人的功化到了妙不可测的境界。以上六种精神人格的境界，乃孟子留给后代儒学品鉴修养的重要参考指标，影响非常深远。

14.26 孟子曰："逃墨必归于杨，逃杨必归于儒。归，斯受之而已矣。今之与杨、墨辩者，如追放豚，既入其苙①，又从而招②之。"

【简注】①苙：猪栏。

②招：朱注："招，罥也。羁其足也。言彼既来归，而又追究其既往之失也。"

【语译】孟子说："抛弃墨家学说的人必定会归向杨朱一派，抛弃杨朱学说的人必定会归向儒家。既然来归向儒家，接受他就好了。现在那些跟杨朱、墨翟两派辩论的儒家，就像是追逐逃出猪圈的猪，已经抓回来了，还要把它的双脚捆起来。"

【现代解读】本章有两个重点值得玩味。第一个是为何"逃墨必归于杨，逃杨必归于儒"？孟子的这个判断透露出他对一般人心志、情感发展轨迹的洞见，即人们一开始总是过于热情地投入人间，在不分亲疏远近地承担责任后，往往不胜负荷，遭受挫折受伤，于是由近于墨家情怀的生命态度，又迅速地退缩为近于隐者的杨朱式的生命立场，放下一切对人间社会的使命承担，只求一己生命的存全，疗伤止痛，回归生命原点。待杨朱隐者的生活抚平伤痛逐渐复原后，生命由务外而不情到趋简而近实,终于可以务实地面对真实自我,乃至无所逃于天地之间的父子、君臣关系的召唤,于是又回归儒家平和中正的生命态度,由亲亲、仁民而爱物,重建天、地、人、我一体和谐的生命共振模式。孟子这种逃墨归杨、逃杨归儒的判断,其实是建立在对生命发展轨迹的深刻观察之上的,值得现代读者细加体会。

第二个是,孟子认为,对于来归的杨墨之徒,"归,斯受之而已矣"。反对追究其既往之失,与孟子之前力辟杨墨的严峻态度迥然不同。朱熹在《四书章句集注》中表示:"圣贤之于异端,距之甚严,而于其来归,待之甚恕。距之严,故人知彼说之为邪;待之恕,故人知此道之可反,仁之至,义之尽也。"可谓善解。

14.27 孟子曰:"有布缕之征①,粟米之征②,力役之征③。君子用其一,缓其二。用其二而民有殍④,用其三而父子离。"

【简注】① 布缕之征:征布帛之税。
② 粟米之征:征粮食税。
③ 力役之征:征民力以供役。
④ 殍:饿死。

【语译】孟子说:"古代有征收布帛的税,有征收粮食的税,有征用人力的税。君子治理国家只采用其中一项,另外两项暂缓。如果同时征收两项,就会有百姓饿死,同时征用三项就会导致父子骨肉分离。"

【现代解读】本章孟子针砭当时的赋税,主张用其一,而缓其二,表达出仁政反对横征暴敛,主张照顾人民的基本生活。

14.28 孟子曰:"诸侯之宝三:土地、人民、政事。宝珠玉者,殃必及身。"

【语译】孟子说:"诸侯有三样宝藏:土地、人民、政事。而那些把珍珠美玉当宝藏的诸侯,必定会大祸临头。"

【现代解读】宝者,珍贵之物。孟子认为诸侯应视人民为最珍贵之物,而非财货珠玉之类。人民自始至终都是孟子仁政思想关怀的核心。

14.29 盆成括[①]仕于齐。孟子曰:"死矣,盆成括!"
盆成括见杀。门人问曰:"夫子何以知其将见杀?"
曰:"其为人也,小有才,未闻君子之大道也,则足以杀其躯而已矣。"

【简注】① 盆成括:赵注:"盆成,姓;括,名也。尝欲学于孟子,问道未达而去,后仕于齐。孟子闻而嗟叹。"

【语译】盆成括在齐国当官。孟子说:"盆成括快死了!"
盆成括果然被杀了。学生问孟子:"夫子怎么知道他会被杀?"
孟子说:"他为人有点儿小才华,但不懂得君子修身养性的大道,这就足以招致杀身之祸了。"

【现代解读】孟子预言弟子盆成括仕齐见杀的下场,门人询其故,孟子表示,"其为人也,小有才,未闻君子之大道也"。这不是说孟子有神巫季咸的本事,只是练达人情事理,故能见微知著也。

14.30 孟子之滕，馆于上宫①。有业屦②于牖③上，馆人求之弗得。或问之曰："若是乎从者之廋④也？"

曰："子以是为窃屦来与？"

曰："殆非也。"

"夫子之设科⑤也，往者不追，来者不拒。苟以是心至，斯受之而已矣。"

【简注】①馆于上宫：馆，动词，住宿。上宫，楼馆，赵注："楼也。孟子舍止宾客所馆之楼上也。"

②业屦：还没编织好的草鞋。

③牖：窗。

④廋：藏匿。

⑤夫子之设科：赵注："孟子曰：夫我设教授之科，教人以道德也。"

【语译】孟子到滕国，住在上宫。旅馆的人把还没编织好的草鞋放在窗户上，却怎么也找不到了。就跑来问孟子说："是您的随从把鞋子偷藏起来了吗？"

孟子说："你认为他们是为偷草鞋而来的吗？"

那人说："大概不是。"

孟子说："我教授学问，对于离开的学生从不追回，对于前来学习的也从不拒绝。只要是有心来学习道理的，我都接纳他们。"

【现代解读】本章孟子表示自己设科接引学生，往者不追，来者不拒，只要诚心学习，都会接纳。本章可合参《尽心下》第二十六章，反映的就是孟子性格宽容的一面。

14.31 孟子曰:"人皆有所不忍,达之于其所忍,仁也;人皆有所不为,达之于其所为,义也①。人能充无欲害人之心,而仁不可胜用也;人能充无穿窬②之心,而义不可胜用也。人能充无受尔汝③之实,无所往而不为义也。士未可以言而言,是以言餂④之也,可以言而不言,是以不言餂之也。是皆穿窬之类也。"

【简注】①"人皆有所不忍"之后六句:朱注:"恻隐羞恶之心,人皆有之,故莫不有所不忍不为,此仁义之端也。然以气质之偏,物欲之蔽,则于他事或有不能者。但推所能,达之于所不能,则无非仁义矣。"

②穿窬:掘穿墙洞为偷窃也。窬,一作"逾",赵注:"穿墙逾屋,奸利之心也。"

③尔汝:直呼"你",古代用于尊长称呼卑幼,如果平辈之间这样称呼,则有轻贱的意思。

④餂:原指以舌舐物,引申探取之义。

【语译】孟子说:"每个人都有他不忍心做的事,把不忍心做的事推扩到他忍心做的事上,这就是仁;每个人都有他不愿意做的事,把不愿意做的事推扩到他愿意做的事上,这就是义。如果人能够扩充不想害人的心,仁就用不完了;如果人能够扩充不肯穿墙偷窃的心,义就用不完了。人能落实不受人轻视的自律自重,无论走到哪里都不会做不义的事。士人不该交谈的人却与之交谈,这是拿言语去探取好处,可以与之交谈的却不交谈,这是用沉默试探他人心意。举凡这类表现都属穿墙偷窃一类的行为。"

【现代解读】本章孟子鼓励士人要充分发挥自己的"不忍""不为"

之心，让自己的仁义之德卓然自立，无往而不行仁践义。"不忍"亦即恻隐之心、不害人之心，"不为"亦即羞恶之心、不窃取之心，要让自己的恻隐之仁、羞恶之义，见诸生命的每一情境，甚至每个言说的行为中，即无论是有所言说还是沉默不语，均应光明磊落，不可存探取别人想法的念头。

14.32 孟子曰："言近而指远者，善言也；守约而施博者，善道也。君子之言也，不下带①而道存焉。君子之守，修其身而天下平。人病舍其田而芸②人之田，所求于人者重，而所以自任者轻。"

【简注】① 不下带：带，腰带。朱注："带之上乃目前常见至近之处也。举目前之近事，而至理存焉，所以为言近而指远也。"表示浅近的。

② 芸：通"耘"，锄草。

【语译】孟子说："言语浅近而意旨深远的，这是善言；守住简约的原则而广施恩惠，这是善道。君子的言辞，浅易近人而蕴含着道理。君子的操守，从修养自己的身心做起，进而使天下太平。人最怕的是舍弃自己的田地而去耕耘他人的田地，要求别人很多，自己承担的却很少。"

【现代解读】本章孟子还是针对士人的修为有所提撕，即，言语要中肯切近，但立意可验之长久。操守要简单，一切以仁义为原则，但行事要能嘉惠于广大群众。更重要的是，严以律己，薄责于人，不可以求人者重，却自任者轻。

尽心下 | 467

14.33 孟子曰："尧、舜，性①者也；汤、武，反之②也。动容周旋中礼③者，盛德之至也。哭死而哀，非为生者也。经德不回④，非以干禄也。言语必信，非以正行⑤也。君子行法，以俟命而已矣。"

【简注】①性：朱注："性者，得全于天，无所污坏，不假修为，圣之至也。"

②反之：赵注："殷汤、周武，反之于身，身安乃以施人，谓加善于人。"朱注："反之者，修为以复其性，而至于圣人也。"

③动容周旋中礼：指动作仪容以及来往应对，种种细微曲折，皆合于礼节。

④经德不回：经，遵行。回，违背。意思是遵从德而不违背。

⑤非以正行：赵注："庸言必信，非必欲以正行为名也，性不忍欺人也。"

【语译】孟子说："尧、舜行仁义，是本性之自然流露；商汤、武王行仁义，是勉力回到仁义之本性。一举一动、仪容与往来应对都合乎礼仪，这是德行的最高表现。为死者悲伤痛哭，不是为了做给活人看。遵守常道而不违背，不是为了求取俸禄。说话真实不虚假，不是为了刻意表现自己有端正的言行。君子依法度行事，以等待天命。"

【现代解读】本章我们再一次看到孟子用性这个概念，直接表述如尧、舜这样的圣人。这种情况，像《尽心上》的第三十章一样，说明了在孟子思想中，尧、舜的品德与事功，乃其本性的自然流露，而像汤、武这样的圣王，则是后天努力回归本心后的成果。这些圣人的共同点，就是举止行为都进退有据，一切表现都是从本性中流出，中规中矩，依法度行事，恭敬地等待天命造化的召唤。

14.34 孟子曰："说大人①，则藐②之，勿视其巍巍然。堂高数仞，榱题③数尺，我得志弗为也。食前方丈④，侍妾数百人，我得志弗为也。般⑤乐饮酒，驱骋田猎，后车千乘，我得志弗为也。在彼者，皆我所不为也，在我者，皆古之制也，吾何畏彼哉？"

【简注】① 大人：指地位尊贵的达官显贵。
② 藐：轻视。
③ 榱题：屋檐之端，此处借指屋檐。
④ 食前方丈：谓馔食罗列，广及方丈。
⑤ 般：大。

【语译】孟子说："要想游说达官显贵，就得轻视他们，不要把他们当成高高在上的人看待。厅堂高达几丈，屋檐宽达几尺的大房子，如果我得志，不会想要那么做。琳琅满目的美食一大桌，服侍的姬妾有好几百人，如果我得志，不会想要那么做。大肆饮酒作乐，驰骋打猎，后面跟着的车子有上千辆，如果我得志，不会想要那么做。他们所做的，都是我不想做的，我想要追求的，都是符合古圣先贤的礼制法度，我有什么好怕他们的呢？"

【现代解读】依孟子的人性论，每个人都有"天爵""良贵"，本就不需屈服世俗的权贵，所以有"说大人，则藐之"的说法。值得注意的是，孟子这种以德抗位的底气，不但是来自个人的自信，而且是因为有丰富的历史经验与教训的支撑，所以孟子有"虽千万人，吾往矣"的大丈夫气概。

尽心下 | 469

14.35 孟子曰："养心莫善于寡欲①。其为人也寡欲，虽有不存焉者，寡矣。其为人也多欲，虽有存焉者，寡矣。"

【简注】①寡欲：寡，使减少。欲，朱注："欲，如口鼻耳目四肢之欲。"

【语译】孟子说："修养心性没有比减少欲望更好的了。一个人能够减少欲望，即使本心善性有所失，失去的也少。一个人有很多欲望，即使本心善性有所保留，保留的也少啊。"

【现代解读】孟子的人性论在实践修养的功夫上，最重要的就是存养本心。问题是，如何存养？孟子在这里给出的答案就是"寡欲"，要节制我们的欲望，不让欲望干扰了本心的当家作主。不过，必须澄清的是，孟子这里说的是寡欲，而不是否定欲望。在面对生理欲望与需求时，儒家比道家、佛教更持包容与肯定的态度。

14.36 曾晳嗜羊枣①，而曾子不忍食②羊枣。公孙丑问曰："脍炙③与羊枣孰美？"

孟子曰："脍炙哉！"

公孙丑曰："然则曾子何为食脍炙而不食羊枣？"

曰："脍炙所同也，羊枣所独也。讳④名不讳姓，姓所同也，名所独也。"

【简注】①羊枣：即黑枣，因形状色泽似羊屎，俗称羊矢枣。
②不忍食：曾子之父嗜之，父殁之后，食必思亲，故不忍食。
③脍炙：脍，细切的肉。炙，烤肉。

④ 讳：隐而不敢宣之也。殷以前，未有讳法，讳始于周。因人尊神，故为讳名。君父之名，不敢直言，所以尊之也。

【语译】曾子之父曾晳爱吃羊枣，曾子因此不忍心吃羊枣。公孙丑问孟子："烤肉跟羊枣哪个好吃？"

孟子说："当然是烤肉！"

公孙丑说："那么曾子为什么吃烤肉却不吃羊枣？"

孟子说："肉是大家都爱吃的，但羊枣是个别的人爱吃的。就像古代的避讳，只避讳名字而不避讳姓氏，因为姓氏是家族所共有的，而名字是一个人所独有的。"

【现代解读】本章孟子借公孙丑询问曾子为何不忍食羊枣，点明曾子是因为父亲独钟羊枣，故不忍食。"他人有心，予忖度之"，孟子之善体人意，由此可见。

14.37 万章问曰："孔子在陈①曰：'盍归乎来！吾党之士狂简②，进取③，不忘其初。'孔子在陈，何思鲁之狂士？"

孟子曰："孔子不得中道而与之，必也狂獧④乎！狂者进取，獧者有所不为也。孔子岂不欲中道哉？不可必得，故思其次也。"

"敢问何如斯可谓狂矣？"

曰："如琴张、曾晳、牧皮⑤者，孔子之所谓狂矣。"

"何以谓之狂也？"

曰："其志嘐嘐⑥然，曰：'古之人，古之人。'夷考其行而不掩焉者也。狂者又不可得，欲得不屑不洁之士而与之，是獧也，是又其次也。孔子曰：'过我门而不入我室，我不憾焉者，其惟乡原⑦乎！乡原，德之贼也。'"

曰:"何如斯可谓之乡原矣?"

曰:"'何以是嘐嘐也?言不顾行,行不顾言,则曰:"古之人,古之人。"行何为踽踽凉凉⑧?生斯世也,为斯世也,善斯可矣。'阉然媚于世⑨也者,是乡原也。"

万章曰:"一乡皆称原人⑩焉,无所往而不为原人,孔子以为德之贼,何哉?"

曰:"非之无举也,刺之无刺也。同乎流俗,合乎污世,居之似忠信,行之似廉洁。众皆悦之,自以为是,而不可与入尧、舜之道,故曰德之贼也。孔子曰:'恶似而非者:恶莠,恐其乱苗也;恶佞,恐其乱义也;恶利口,恐其乱信也;恶郑声,恐其乱乐也;恶紫,恐其乱朱也⑪;恶乡原,恐其乱德也。'君子反经⑫而已矣。经正,则庶民兴,庶民兴,斯无邪慝⑬矣。"

【简注】①"孔子在陈"之后四句:参见《论语·公冶长》第二十二章,文字略有不同。

②狂简:志向高远而处事粗疏。朱注:"狂简,志大而略于事也。"

③进取:朱注:"谓求望高远。"

④獧:同"狷",狷介,有所不为,知耻自好,不为不善之人也。

⑤琴张、曾皙、牧皮:赵注:"琴张,子张也;曾皙,曾参父也;牧皮,行与二人同。皆事孔子学者也。"

⑥嘐嘐:形容志向远大,言语夸张。

⑦乡原:原,通"愿"。乡里中貌似忠厚,实际与乡人同流合污的人。

⑧踽踽凉凉:踽踽,独行不进貌。凉凉,冷漠。

⑨阉然媚于世:曲意逢迎,谄媚世俗。

⑩ 原人：忠厚老实之人。

⑪ "恶利口"之后六句：参见《论语·阳货》第十八章。

⑫ 反经：反，通"返"。返回经常之道。

⑬ 邪慝：慝，恶。邪恶之行。

【语译】万章问孟子："孔子在陈国时感叹道：'何不回去呢！我家乡还有一群志向高远而处事粗疏的年轻人，但是他们发奋进取，而且不忘初衷。'孔子人在陈国，为什么要想着鲁国的狂士呢？"

孟子说："孔子曾说他没能找到持守中道的人相来往，就一定是找狂者和狷者了！狂者积极进取，狷者有所不为。孔子难道不想和持守中道的人往来吗？因为不一定找得到这样的人，所以只能退而求其次了。"

万章问："请问什么样的人可以称作狂者呢？"

孟子说："像琴张、曾晳、牧皮这类人，就是孔子所说的狂者了。"

万章问："为什么说他们是狂者呢？"

孟子说："他们志向远大、言语夸张，开口闭口就说'古时候的人啊！古时候的人啊'！可是考察他们的行为，却无法与他们的言论相称。如果连狂者都找不到，就找那些洁身自好的人相来往，那就是狷介的人，这是更次一等的。孔子曾说：'经过我的门口却没有进来我的屋室，不会令我感到遗憾的人，大概就是那群乡愿了！这群乡愿，是戕害道德的贼人啊。'"

万章问："什么样的人可以称作乡愿呢？"

孟子说："他们会说：'那些狂放的人为什么这样志向远大，语言夸张呢？说话不顾念行为，做事不顾念自己说的话，开口闭口都说'古时候的人啊！古时候的人啊'！而那些狷介的人，行为举止为什么那么落落寡合的样子呢？活在这个时代，就做这个时代的事，大家都说我好就行了。'像这样曲意逢迎讨好世俗的人，就是所谓的乡愿。"

万章问："全乡的人都称赞乡愿是老好人，他也到处表现出老好人的样子，孔子却认为他是戕害道德的贼人，为什么？"

孟子说："这种人，要指责他却又举不出实例，要责骂他却又找不到理由。混同于流俗，迎合着污浊的世情，为人看似忠厚老实，行为好像廉洁清白。大家都喜欢他，他自己也认为自己是正确的，可是却无法与他一起行尧、舜之道，所以说他们是戕害道德的贼人。孔子说：'我最憎恶那些似是而非的东西：厌恶莠草，唯恐它和禾苗混淆了；厌恶花言巧语的人，唯恐他让人混淆了道义；厌恶口齿伶俐的人，唯恐他让人混淆了真相；厌恶郑国的淫声，唯恐它跟雅乐混淆了；厌恶紫色，唯恐把它跟红色混淆了；厌恶乡愿，唯恐他让人把他与真正有德行的人混淆了。'君子只是使一切回归常道正轨罢了。回到正轨，百姓自然会振作，百姓振作了，也就不会有邪恶出现了。"

【现代解读】本章孟子借万章之问，评论了四种人，即中道、狂、狷、乡愿四类。中道之士，可遇而不可求，在孔孟儒家心中，狂、狷之士，也可共赴大道。唯有乡愿，貌似忠厚，心中却全无道义理想，但苟活于世而已。因此，孔孟批判这类人乃"德之贼也"。

14.38 孟子曰："由尧、舜至于汤，五百有余岁，若禹、皋陶，则见而知之。若汤，则闻而知之。由汤至于文王，五百有余岁，若伊尹、莱朱①则见而知之。若文王，则闻而知之。由文王至于孔子，五百有余岁，若太公望、散宜生②，则见而知之。若孔子，则闻而知之。由孔子而来至于今，百有余岁，去圣人之世，若此其未远也。近圣人之居，若此其甚也。然而无有乎尔，则亦无有乎尔③。"

【简注】①莱朱：赵注："汤贤臣。或曰即仲虺也，为汤左相。"

②散宜生：散氏，宜生名，文王的贤臣。赵注："吕尚有勇谋而为将，散宜生有文德而为相，故以相配而言之也。"

③则亦无有乎尔：感叹将没有继承大道的人了，孟子隐以自任。

【语译】孟子说："从尧、舜到商汤，经过了五百多年，大禹、皋陶是亲眼见证而了解到圣人之道，商汤则是通过耳闻而了解到圣人之道。从商汤到文王，经过了五百多年，伊尹、莱朱就是亲眼见证而了解到圣人之道，文王则是通过耳闻而了解到圣人之道。从文王到孔子，经过了五百多年，太公望、散宜生是亲眼见证而了解到圣人之道，孔子则是通过耳闻而了解到圣人之道。从孔子到现在，只有一百多年，距离圣人的时代不算久远，距离圣人的家乡是这么近，然而已经没有人能亲眼见证并了解到圣人之道了，已经没有人能通过耳闻而了解到圣人之道了。"

【现代解读】本章作为《孟子》全书的最后一章，在编辑安排上，当然有其寓意与用心。对《孟子》文本接触愈多，感悟愈深的就是孟子生命中那种深厚的历史感，支持着他不惜与战国整个时代的风潮决裂，也要捍卫孔子的仁义之道。孟子初到梁国时，梁惠王急着询问："叟！不远千里而来，亦将有以利吾国乎？"孟子却坚定地回答："王何必曰利？亦有仁义而已矣。"这个令司马迁弃书而叹的答案，其背后的洞见，就是来自孟子对历史治乱的观察，以及守护人类文明的勇气与智慧。

孟子在本章中，又是从尧、舜说起，细数了这段圣圣相传的历史，历经禹、皋陶、成汤、伊尹、莱朱、文王、太公望、散宜生，一直到孔子。对孟子而言，他们不仅是从尧、舜到孔子时历史发展各阶段的代表人物，而且也记录了一次又一次人性光辉冲破历史黑暗的奋斗历程。这些人都是以其个人高尚的品德，引领一个时代，他们不但捍卫了人间重要的价值理想，而且也开创了新时代的文明秩序。我们若再印证《滕文公下·九》"予岂好辩哉"一章孟子的自述，可以清楚地感受到，孟子的自我期许与定位，都来自这段圣圣相传的历史认知与兴发，"我亦欲正人心，息邪说，距诐行，放淫辞，以承三圣者"。忽略这段历史，我们也将错失打开孟子生命世界的钥匙。

本章文末"由孔子而来至于今，百有余岁，去圣人之世，若此其未远也。近圣人之居，若此其甚也。然而无有乎尔，则亦无有乎尔"，孟子感慨之深，溢于言表。尤其是最后两句，"然而无有乎尔，则亦无有乎尔"，似感叹后继无人，又似默许自任。在感慨的语气中，又好像在传递着疑问之情，果真没有后继者了吗？每次读到这两句，都似乎能感应到孟老夫子迈开脚步走在齐鲁平原的泥土地上，其高大的身影，在落日余晖中，孤独而又坚定，像是在召唤着我们加快脚步，赶紧跟上去。

附录：孟子人性论现代诠释的困境与翻转——从中西哲学的基本差异谈起[1]

本文原收录于2020年版《孔孟学报》

一、缘起与问题的提出

"求观圣人之道者，必自孟子始"[2]，这原是唐代韩愈在《送王秀才序》一文中提出的见解。但南宋以降，经朱熹编定《四书章句集注》，这个看法就成为公论，殆无疑义。孟子在传承孔子之道中，究竟有何重大贡献？朱熹在《孟子序说》中引二程说"孟子性善、养气之论，皆前圣所未发"[3] "孟子有大功于世，以其言性善也"[4]，无异于表示性善论就是孟子在先秦儒学发展史中最重要的成就。

问题是，孟子性善论究竟该如何理解？同属战国时代中期，稍晚于孟子的荀子，同样自认为是孔门的传人，却不同意孟子的主张，另

---

[1] 本部分内容，与"导读"部分略有重复，为便于读者进一步了解作者对孔孟之学的研究成果，故予以了保留。——编者注
[2] （宋）朱熹编著：《四书章句集注》，台北：鹅湖月刊社1984年版，第198页。
[3] 同上，第199页。
[4] 同上。

持性恶的立场。于是，人性究竟是善是恶，抑或无善无恶，甚至善恶相混，就成为两千多年来中国思想史上不断重复出现的议题。及至宋明，儒学成为主流，人性的展开，或主"理"，或主"心"，或主"气"，各种论述与论辩，不一而足。但是，无论程朱的理学、陆王的心学，还是船山的气学，都在心、性、才、情、知、意的分析上各有轻重，但与孟子主性善或孟子即本心以言性善的立场，应无重大分歧。

然而，孟子人性论诠释的分化，到了当代，特别是近三十年，却有了戏剧性的转变。学者对孟子人性论的理解，已然跳出理气二分的架构，也不再围绕着心、性、才、情、知、意的框架，各拥据点，展开论述。相反，前仆后继的学者主要聚焦在下面四个议题展开他们的研究。

第一，孟子的人性论是否含蕴着一种形上学？

第二，孟子的人性论作为一种伦理学，究竟是规则伦理学，还是德性伦理学？是自律，还是他律？

第三，孟子的人性论是一种本质主义，还是更近于非本质主义？

第四，孟子是人性本善论，还是人性向善论？

第一个议题反映的是劳思光先生与牟宗三先生的差异。有趣的是，两位前辈是二十世纪港台地区哲学界的重镇，他们相识多年，都是研究康德的专家，而且英雄所见略同，都援引"主体性"的概念来诠释孟子的人性论。但劳先生认为，心性作为孟子价值论的主体性原则，充分自足，无须另立一形上学的第一原理，所以孟子的尽心以知天，其实是叠床架屋，未能将古代"形上天"的信仰尽脱，只能作话头看待[①]。然而，牟先生不以为然，认为孟子尽心、知性以知天，是在道德实践中证知天作为超越实体，其创生万物的意义，完全由吾人道德

---

① 劳思光：《新编中国哲学史（一）》，台北：三民书局1984年版，第81页。

心灵所决定,因此孟子这段话反映的是一种"道德的形上学",而非"形上学的道德学"[1]。

第二个议题是诠释争议的壁垒,参与的学者很多,其中将这个议题的争议性充分挑明的人,是香港中文大学的石元康教授。石元康在《二种道德观——试论儒家伦理的形态》[2]一文中,首先将规则伦理学与德性伦理学清楚地区分出来,并暗示先秦儒学也许从德性伦理来看更恰当。石元康任教的香港中文大学哲学系本来就是当代新儒家的大本营,唐君毅、牟宗三先生曾在那里培养了许多人才,而牟先生一向是从康德的自律伦理来界定儒学的,所以石元康这篇文章的发表,其实对当代新儒家阵营形成了严峻的挑战。但是,据我观察,近二十年来,牟先生的弟子如李明辉、李瑞全、杨祖汉等教授,仍然坚持师说,立场并未松动。但内地学者如余纪元、王庆节等教授,却已自觉地扬弃从规则伦理学来诠释儒学,并且逐渐地吸引了更多青年学者的追随。

第三个议题,在学界被意识到的最早,但也最黏手难缠。二十世纪五十年代,牟宗三先生写《论无人性与人无定义》一文,就曾表示孟子的人性概念不宜理解为西方哲学的本质,也不可以像亚里士多德一样给出定义。但是,我们观察牟先生稍晚的著作[3],当牟先生顺康德哲学从"主体性"或"先验的道德理性"来梳理孟子人性论的内涵时,牟先生又不知不觉地回到西方哲学本质主义的理路。换言之,本质主义作为西方传统哲学的主流论述,曾经支配了西方哲学两千年,我们所熟悉的概念语言,无不带有本质主义的色彩,想要摆脱这种印记并

---

[1] 牟宗三:《圆善论》,台北:台湾学生书局1985年版,第133—134页。
[2] 石元康:《从中国文化到现代性:典范转移?》,台北:东大图书公司1998年版,第105—123页。
[3] 牟宗三:《圆善论》,台北:台湾学生书局1985年版,第133—134页。

非易事。虽然二十世纪存在主义崛起，稍稍让开一些空间。可是一般人如果警觉性不高，即使精神上相契于存在主义，但只要仍使用西方传统哲学的语言，就不可避免会陷入一种进退维谷、两边不搭的窘境。类似的情形，在许多学者身上都可以发现，如傅佩荣教授在提出他的人性向善论时，一方面严正地表示他不认同以本质主义的路线来诠释孟子，可是另一方面，当他使用亚里士多德动力论的语言，如"潜能""实现"来诠释孟子的人性论时[1]，还是困陷在他所唾弃的本质主义的框架中。

第四个议题，孟子是人性本善论，还是人性向善论？这个问题已经争辩了三十多年。力持人性向善论的学者主要就是傅佩荣教授一人。二十世纪九十年代，傅教授质疑性本善无法解释人为何为不善，确实获得许多年轻人的支持。但是在学界，傅教授的诠释却遭到许多学者的批评。第一，傅教授以向说性并非新见，唐君毅先生在《中国哲学原论·原性篇》中早已明言[2]。第二，傅教授将善界定为"人与人间适当关系之实现"[3]，并表示"孟子明白使用'善'字时，毫无例外地都是指'行为'而言"[4]。前者是外加的，而后者的论断是没有文本依据的。萧振声博士曾经从分析哲学的观点，全面检讨傅教

---

[1] 傅佩荣：《儒家哲学新论》，台北：业强出版社1993年版，第170页。
[2] 唐君毅：《中国哲学原论·原性篇》，香港：新亚研究所1974年版，第9页。
[3] 傅佩荣：《人性向善论的理据与效应》，《中国人的价值观国际研讨会论文集》，台北：汉学研究中心，1992年版，第786页。
[4] 傅佩荣：《儒家"善"概念的定义问题》，发表于2008年5月15日"传统中国伦理观的当代省思"国际学术研讨会。论文网址：http://blog.sina.com.cn/s/blog_4a57bcc90100g3n9.html（检索日期2020年6月28日）。

授的论点，暴露出傅说缺点甚多[①]。可是，令人不解的是，傅教授多年来丝毫不愿改变自己的立场，而且，一般社会人士还是有很多人觉得向善论比本善论更能说明孟子的人性论。

　　事实上，前述四个议题，在过去十几年中，我曾多次发表论文予以梳理[②]。如今回顾旧作，觉得语多含蓄保留，论证分析不够充实饱满，以至于立场不够明确。为什么会形成这种论述的遗憾？现在检讨起来，原因主要就是我尚未充分反思当代孟子学的这种现代诠释为什么会跟传统的孟子学有如此大的差异。换言之，如果中西哲学的交遇是孟子学现代诠释兴起的原因，那么很显然，现代诠释不能充分正视中西哲学的基本差异，一味地凑合西方哲学的理路框架来展开孟子人性论的内涵，虽说是为孟子人性论取得了现代学术的包装，却也将孟子推到西方理论思考二分性的对立与撕裂中。目前孟子学现代诠释的争议与混乱，依我个人过去多年的观察与反省，其实就是未能先将孟子人性论的义理形态进行恰当定位，就草率地运用西方哲学理论的语言为孟子镀金所招致的后果。因此，本文之作旨在修补我过去研究的遗憾，翻转孟子现代诠释的困境。我将逐一从中国哲学现代诠释的兴起与挑战开始，到反思中西哲学的基本差异，从而为孟子人性论的义理归属重新定位，并在此基础上，对前述孟子人性论的现代诠释给出评议。

[①] 萧振声：《论人性向善论——一个分析哲学的观点》，《中央大学人文学报》第五十一期，桃园：中央大学出版中心2012年版，第81—125页。

[②] 袁保新：《先秦儒学成德之教的现代诠释与商榷》，《孔孟月刊》第九十二期，台北："中华民国孔孟学会"2014年版，第201—221页。

二、中国哲学现代诠释的兴起与挑战

"中国哲学的现代诠释"是什么？这个概念在学术界并无公认的定义，它泛指运用西方哲学的知识语言来诠解中国哲学经典的学术活动。它究竟起于何时，迄今也无定论。但我个人习惯以 1912 年中国学制改革为起点来区分中国哲学各时期的发展，并以此标定现代中国哲学的起始点。

为什么要从 1912 年谈起？翻开中国近现代的大事年表，1912 年绝对是热闹的一年。从中国学术传统的发展来看，它的意义无比重要，而且影响更深远。因为那一年，教育总长蔡元培先生正式颁布了新的学制系统，即"壬子学制"，确立了近代中国完全与西方大学相似的大学教育体制[1]。换言之，从那一年起，传统以"学究天人，道贯古今"自我期许的高级知识分子，都必须在西方大学的知识分类规范与架构下，有逻辑地、有系统地进行学术活动，并成为不同学科里的学者专家。壬子学制的划时代意义，对照十年前（即 1902 年）的"壬寅学制"，就可以充分显示出来。盖壬寅学制是清末吏部尚书张百熙为当时的京师大学堂（北京大学前身）复学所拟定的新学制，此学制是参考日本人的做法，首度将大学的知识活动安排在七科三十五目的分类架构下。其中，"科"相当于大学里分设的学院，而"目"则相当于学系。但有趣的是，当时的文学科（即文学院），下设了七目（系），即经学、史学、理学、诸子学、掌故学、辞章学、外国语言文字学。换言之，壬寅学制并未遵循西方大学知识分类的逻辑，而是保守地沿袭了中国老传统中经、史、子、集及义理、辞章、考据的分类名目，仍旧在传统与现代化中拉扯，充满了妥协、过渡的色彩。而蔡元培所提倡的壬

---

[1] 金以林：《近代中国大学研究》，北京：中央文献出版社 2000 年版，第 36 页。

子学制，完全师法西方大学的知识分类，文科下设哲学、文学、历史学、地理学四系，与壬寅学制迥然不同。因此，1912年壬子学制的施行，意味着从此中国老学术传统的研究如果要延续下去，就必须栖身在新制大学的殿堂之下，依照西方知识活动的标准来进行。换言之，"刚日读经，柔日读史"，书院里师生讲习论道，或发为简篇，或寄情诗文这种传承模式，已经完全行不通了。从此，中国哲学在近现代的传承与发展注定要与大学里的知识活动绑在一起，而知识化也就成为百年来有志于中国哲学研究无法逃避的首要课题。

但是，什么是知识化？中国哲学究竟应该如何知识化？这些问题远比我们想象得要复杂。事实上，这些年来我对百年来中国哲学的发展有一项与众不同的观察。我发现，近现代中国哲学知识化的进程，基本上就是在走一条"格义化"的途径。只是，这一次的"格义"不是像魏晋南北朝一样，运用本土道家哲学的语言来接引消化外来的印度佛学，而是倒过来，运用西方哲学的分类架构及概念语言重新阐述中国传统哲学的内涵。因为，这一时期中国哲学的发展，无可避免地一定要在中西哲学交遇对话的脉络中展开。尤有进者，为了服膺大学里知识活动的规范、标准，中国传统哲学即事言理、不重分析却强调综合表意的言说方式，都必须加以拆解重整，分置于西方哲学的分类架构下，诸如形上学、知识论、伦理学等，再经由与西方哲学中相应的学派理论，或概念的对比说明，以新瓶装旧酒的方式赋予传统文献新的诠释。但问题是，这种"格义"模式的知识化会不会对中国传统智慧造成扭曲与误解？答案其实是不言而喻的。

我们翻开胡适先生的《中国古代哲学史》[①]，看到庄子被理解为某种进化论主张的先驱人物，而大名鼎鼎的冯友兰先生也认为孟子具

---

① 胡适：《中国古代哲学史》，台北：台湾商务印书馆1981年版，第115页。

有神秘主义的倾向[1]，就不难想象百年来中国哲学的知识化千奇百怪、不一而足。但是，我提出"格义"的说法，虽有反讽之义，却并不否认中西哲学的交遇。中西交遇不仅有其时代的必然性，而且其中形成的穿凿附会之说有时也会带来丰富传统的效益。只是，百年来前辈学者前仆后继地投入中国哲学的诠释，究竟是削足适履，还是调适上遂，纵然没有绝对的标准，但无论如何，我们仍然要进行妥当适切与否的相对鉴别。

问题是，如果中国哲学在取得其现代意义与表达形式中，已经无法不使用西方哲学的语言，而只要运用西方哲学语言，西方哲学的思维模式及理论架构就会不知不觉地渗入中国哲学之中，形成传统智慧在义理性格上的混淆，那么，我们面对的挑战就是：如何避免这种"格义"过程的混淆，亦即如何在赋予中国哲学现代意义时，仍旧保有传统哲学智慧的理趣，不至于装了新瓶却失了原味？

1997年，我在与大陆学者刘笑敢教授讨论有关中国哲学现代诠释的"格义化"时曾经指出，唯一可以避免"格义"可能带来的混淆的做法，就是将"差异对比"带到诠释中[2]。也就是说，既然"格义"是借两个概念的相似性来彼此说明，那么唯一可以补救这种因为"求同"所以不免混漫的策略，就是在方法学的运用上，再继之以"别异"，亦即通过动态的对比，让每个概念都先回归到它自身的历史脉络中，在相似中保有差异性，以避免现代诠释因为求同而牺牲了中国传统哲学的个性。

果如前述，我们不难理解，为何孟子学的现代诠释与宋明理学阶段所呈现的形态有如此大的差异。关键就在于百年来中西文化的交遇

---

[1] 冯友兰：《中国哲学史》，香港：三联书店1992年版，第127页。
[2] 袁保新：《从海德格、老子、孟子到当代新儒家》，台北：台湾学生书局2008年版，第272页。

冲击，使我们不得不采取西方学术标准的知识形式来重新表述中国哲学的内涵。而不幸的是，这个知识化的工程注定要以"逆格义"的方式进行，借西方哲学的概念语言来诠释中国哲学经典的意义。于是乎，断章取义的错谬，就在过去一百年来中国大学的知识工厂里不断上演。所幸的是，这种"格义化"带来自我理解的异化，随着岁月的推移，不断地推陈出新，在愈转愈精的情况下，也逼得我们开始面对这种现代诠释所衍生的混乱，反省中西哲学的基本差异，试图通过"别异"来翻转现代诠释过度"求同"所带来的困境。换言之，如果我们想要在孟子学现代诠释的困境中知所抉择，那么可以肯定的是，通过中西哲学基本差异的对比，为孟子人性论的义理形态重新定位，是唯一能够帮助我们拨云见日、为各种争议找到出路的做法。

三、中西哲学的基本差异

中西哲学的交遇，当然不是从1912年才开始的。沈清松教授指出，早在十六世纪，天主教耶稣会神父利玛窦就通过翻译引进西方哲学、科学，展开了长期中西哲学的对话[1]。但是，本文所提到的中国哲学现代诠释，的确是从二十世纪的大学校园里开始的。这不仅是因为中国在高等教育制度上引进西方大学的模式，更根本地看，这也是当时的中国面对西方强势文化的入侵，为了救亡图存，知识分子自觉地放下了泱泱上国的姿态，主动学习与接纳西方文化，才揭开了中国哲学发展史的新篇章。

我们不难想象，二十世纪中国的知识分子，面对西方强势文化，

---

[1] 沈清松：《从利玛窦到海德格》，台北：台湾商务印书馆2014年版，第47—88页。

从抗拒到接纳的心路历程是如何的曲折与复杂。因此，中西哲学差异这个问题，在前辈学者的研究中，不可能没有理会。但是，西方哲学毕竟是一个源远流长的大传统，两千多年来，多少杰出的心灵投入这个智慧传承的长流，其累积的学术成果当然也不可能在短时间内被中国学者所消化吸收。因此，既能够在中国哲学的现代诠释中斐然成章，又能对中西哲学的差异提呈深刻的洞见，形成广泛影响的著作，确实为数不多。其中，在近五十年中国台湾、香港哲学界中举足轻重的，当推牟宗三先生。

牟先生无疑是当代中国哲学界最具影响力的哲学家。目前我们在探讨的孟子学现代诠释的分化，其实也都是围绕着牟先生展开的。牟先生是新儒家的代表性人物，刘述先教授就曾表示："牟先生精研康德哲学，我曾将牟先生在当代中国哲学的地位比之于康德在西方哲学的地位：你可以超过他，却不可以绕过他。"[①] 而牟先生之所以有此崇高的地位与影响力，正在于他在致力于中国哲学现代诠释工作时，一直在中西哲学对比的脉络中，一方面引经据典，立足于文献，另一方面在援引西方哲学概念时求同又兼别异，并非一厢情愿的，而是有所批判、有所保留地运用。

牟先生是如何看待中西哲学的基本差异的？

> 中国既然确有哲学，那么它的形态与特质怎样？用一句最具概括性的话来说，就是中国哲学特重"主体性"（subjectivity）与"内在道德性"（inner morality）……西方哲学刚刚相反，不重主体性，而重客体性。它大体是以"知识"为中心而展开的。它有很

[①] 刘述先：《〈牟宗三先生全集〉出版在今日的意义》，2004年。文章网址：http://bbs.gsr.org.tw/cgi-bin/view.cgi?forum=36&topic=97（检索日期2020年6月28日）。

好的逻辑，有反省知识的知识论，有客观的、分解的本体论与宇宙论：它有很好的逻辑思辨与工巧的架构。但是它没有很好的人生哲学[①]。

它（中国哲学）没有西方式的以知识为中心、以理智游戏为一特征的独立哲学，也没有西方式的以神为中心的启示宗教。它是以"生命"为中心，由此展开他们的教训、智慧、学问与修行。[②]

……对于西方哲学的全部，知道得愈多、愈通透，则对于中国哲学的层面、特性、意义与价值，也益容易照察得出，而了解其分际[③]。

前引三段文字，摘自牟先生《中国哲学的特质》，发表于1963年，相信研究中国哲学的学者，多半阅读过。六十年后重览，仍可感受到前辈独特的洞见与睿识。不过，我现在阅读的立场跟年轻时不同，我觉得我们越是理解支持第二、三段的文字，对于第一段中牟先生用"主体性"及"内在道德性"来标示中国哲学的特质，就越会觉得不妥，而更倾向于用牟先生书中比较松散的名词，诸如"生命""存在的实践"来贞定中国哲学的特质。为什么要做这样的改动？借牟先生的用语，西方以知识为中心所欲建构的存在界的"可理解性"（intelligibility），与中国以生命为中心的意义世界，在形态上有非常重大的不同。而牟先生所使用的"主体性"及"内在道德性"，其实都属于西方知识活动中的理论概念，不但有特定的理论含义，而且远离生活世界，不再具有有意义的灵动性及弹性，不宜用来传递中国这种实践的生命学问的特质。

[①] 牟宗三：《中国哲学的特质》，台北：台湾学生书局1974年版，第4页。
[②] 牟宗三：《中国哲学的特质》，台北：台湾学生书局1974年版，第5页。
[③] 牟宗三：《中国哲学的特质》，台北：台湾学生书局1974年版，第8页。

为了进一步说明这一点，让我们思考一下西方科学所追求的"定律"（law）。二十世纪欧洲知名学者波亨斯基（J. M. Bochenski），在一场讨论"定律"的演讲里①，首先指出科学所发现的定律不仅是今日科技发明的基础，同时也是使我们的世界变得清楚及合理的基本要素。定律其实是当今西方科技文明的必要条件，深深地影响着我们的生活。西方哲学之所以能够成就今天二十一世纪如此盛大的科技文明，端在于它们一开始就将存在界的"可理解性"（intelligibility），定在普遍必然的定律上，认为只要我们的理智可以找到定律，这个变动不居的杂乱世界就不但可以被解释，而且还可以被我们精准地预测控制。对于这么重要的事物，我们的确应该想一想，定律究竟是什么？它和我们周遭的世界有什么关系？

然而，一经我们正式提问思考，我们就会立刻发现，定律与我们周遭所经验到的事物迥然不同。我们在经验中所接触的每一个事物，都存在于某时某地，有它的出生日，也都有消失的一天，并且，它们都会起变化，是个别的，也是偶然的。可是，科学家所追求的定律，不具有时间性，超越一切方位，不起变化，而且，它还具有普遍性、必然性。那么，问题来了，定律究竟存在于哪里？它如何跟我们的经验世界发生关联？

第一种解决模式，就是索性不承认定律是客观真实的，认为定律是吾人思想主观虚构出来的。持这种立场的代表就是英国哲学家大卫·休谟（David Hume），他运用当时的联想心理学，将定律的必然性解释为人的习惯，譬如生活中看到水加热就会沸腾，久而久之，心里就习惯两者的关联，认定两者具有必然的因果联系。休谟的这种解决模式虽富有人情味，将定律赶出了我们的世界，可是他的问题在于，

---

① 波亨斯基著，王弘五译：《哲学讲话》，台北：鹅湖出版社1977年版，第3—14页。

没有提出如何解释定律在我们的世界客观实际的效力。因此，休谟并没有真正解决我们的问题。

第二种解决模式，根据波亨斯基的理解，也就是西方哲学的主流立场，基本上承认定律是独立于我们思想而存在的真实事物。换言之，西方传统哲学的解决模式并不将实在界局限于经验领域，而是承认在经验世界之上还有一个理念性的领域，亦即定律作为一种"理想的存有物"（ideal being）自居于另一真实的世界。问题是，理想存有物的存在方式是什么？波亨斯基认为不外乎三种可能。

第一种可能是柏拉图的解决方式，亦即理想的事物超越变动不居的世界，它独立自存，自己构成另外一个特别的世界，名之为"理型世界"。其中，没有时空、没有变化，是一个永恒、静止、普遍、必然的领域。

第二种可能是亚里士多德的解决方式。他认为理想的事物并没有脱离实际的东西而存在，而是以一种固定不变的结构或形式，也就是所谓的本质，存在于实际的事物里。尤有进者，我们的理智可以通过抽象作用辨识事物的本质，从而找到法则或定律。换言之，定律可以呈现在我们的思想里，但并非存在于我们的思想里，它在事物自身中有它成立的根基，因此对这个世界是有效的。

第三种可能是近代德国最伟大的哲学家康德提出来的解决方式。康德认为定律并不高踞在理型世界，也不深藏在事物不变的本质里，而是以一种先验的认知形式内在于我们理性的机能里。为什么定律会对这个世界有效？这是因为事物的结构乃是我们理智内定律的一种投影。

波亨斯基在扼要地说明了这三种解决方式后，还很有自信地补充了一句，指出西方两千年传统哲学其实不外乎这三种可能。果如前述，我们会赫然发现，在波亨斯基对定律的解说下，无论亚里士多德、康德与柏拉图如何不同，究其实，他们在面对变动不居、杂多混乱的经验世界时，都是依靠理念世界的探索，通过普遍必然的律则，给出了存在界的可理解性。换言之，西方两千多年来，名之为哲学也好，科学也罢，基本上，知识活动的展开都是采取两层世界的区分：一个是变动不居的"经验世界"，另一个是定律栖息的永恒静止的"理念世界"。然后，哲学对变动的现象世界的拯救，就是理智通过理念世界的探险，以静制动，借普遍必然的定律，穷尽性地解释预测了存在界的一切变化。这个理念世界系着存在界终极的可理解性，在柏拉图称之为"理型世界"，在亚里士多德称之为"本质"，在中古世纪天主教里则收束在"上帝的理智"这个概念里，到近代哲学则卷之于"主体性"或"先验理性"各式名义之下，及至近代新兴物理学兴起，它又被称为"自然律"。但是，不管它名称如何改变，理念世界作为存在界可理解的基础，始终高踞于流变不居的世界之上，常驻于永恒静止之域。二十世纪英美历程哲学的代表性哲学家怀特海（A. N. Whitehead）认为，欧洲传统哲学两千年来不过是为柏拉图哲学做注解[1]，良有以也。

果如前论，我们也就理解到，为什么近期深受海德格尔[2]影响的后现代主义将西方传统哲学均视为基础主义、本质主义了。因为，两千年来的西方哲学基本上都是诉诸一个永恒不变的本质领域，试图穷尽性地说明这个变动不居的世界。可是当我们运用定律解释并精准预测这个世界的变化时，这个世界的变化也就被解释掉了，因为这个世界根本不再允许任何的创新与丰富。海德格尔批判西方传统哲学"遗

---

[1] A. N. Whitehead, *Process and Reality* (New York: Free Press, 1978), p.39.
[2] 海德格尔，即前文提到的海德格。——编者注

忘存有"①，其实指的就是西方哲学不能忠于造化而思之。

如何忠于造化而思之？我们从海德格尔哲学里得到的提示就是，放弃本质主义的思考方式，不再通过理论概念企图对存在界给出终极性的系统解释，而是在真实的存在历程中，倾听接纳"存有的召唤"。用牟先生的话，以"生命实践""当下自我超拔的实践方式""存在的方式"，展开有关人生与世界的教训、智慧、学问、修行。换言之，中国哲学之所以未能开展出西方以知识为中心的形态，关键即在于中国哲学自始就是忠于生命、忠于造化的实践之学，它没有牢不可破的两层世界的构造，也从未坚持一定要从永恒不变的理则来穷尽性地说明不断推陈出新的生命与造化。以孟子为例，人之所以为人的性，以及天之所以为天的天，只有通过生命真实的履践，亦即尽心的功夫，才得以亲证揭显。我们在《孟子》中发现，无论是心，还是性、天，都没提升到知识理论层次，或者被提炼成一种西方伦理学、哲学人类学、形上学的严格概念来使用，它们仍旧停留在生活世界，活泼地、弹性地提点并邀请它的受众，回到自己的生命经验中咀嚼、印证其丰富的内涵。

要言之，中国哲学以生命为中心，一开始存在界就不是作为对象等待吾人的理智去说明它、解释它。相反，中国哲学的更多关怀是放在人自己身上，关心生命的实现与完成。但是，天地万物作为人类生命展开的行动之场或生活世界的成员，与我们生命的实践原本就形成了共在、共生、共命的关系，于是，如何让人我、物我均能各安其位、各畅其生，就有待于我们在寻求自我实现的每一时刻，敬领天道造化的奥义，由"尽己之性"到"尽人之性""尽物之性"，最后"天

---

① Martin Heidegger, *Being and Time*, trans. by Joan Stambaugh (Albany: State University of New York Press, 1996).

地位焉，万物育焉"。换言之，对中国哲学而言，世界只有一个，就是行动之场中一切人我、物我所共成的生命共同体，而维持着这个世界生生不息的"道"，并不是高踞在这个造化多端的生活世界之上、之外。相反，"人能弘道，非道弘人"，"道"一直等待人性觉醒后的积极参与。因此，中国哲学这种生命的学问，永远注定要在时间之流中进行着（on the way 在路上，海德格尔语），它产生不出客观系统性的知识。

对于前引牟先生的三段文字，我为什么在接受第二、三段文字之余，却对第一段文字持保留态度，理由越来越明显。虽然牟先生在使用"主体性"这个概念时参考了早期存在哲学的用法——这时，它彰显了一些"存在的"（existential）、"非本质的"（nonessential）思维理趣，但是，当牟先生用"内在道德性"来联结"主体性"概念时，其实是依照康德伦理学的理路来理解儒家的。问题是，虽然康德是西方近代哲学的巨擘，有其举足轻重的地位，但他的思考模式却地地道道是西方哲学思维的产物，带有明显的基础主义、本质主义的色彩，跟中国生命学问的忠于造化、忠于生活世界的实践进路，属于异质异层，实不宜拿来标定中国哲学的特质。因此，在我们要进一步为孟子人性论的义理性格定位时，谨守中国哲学是一种生命的学问，是一种"当下自我超拔的实践方式""存在的方式"所展开的教训、智慧、学问与修行，以此来自我鉴别于西方哲学，或许是更明智的做法。

四、孟子人性论义理性格的再定位

依据前文的分析与梳理，我们首先确认了孟子人性论诠释的争议主要源自百年来中国文化的特殊际遇。换言之，面对西方强势文明的入侵，大学教育全面移植西方学术活动的标准与模式下，中国哲学的讲论与传承，必须采取现代诠释的形式。亦即，中国传统经典的哲学智慧，都要依照西方学术的分类，参考西方理论概念与语言，重新表诠出它的现代内涵。但问题是，这种大量西方理论概念语言的引入，会不会演成"逆格义"，会不会带来更多的曲解或形成徒劳无功的假议题？尤有进者，我们应该如何确保这种现代诠释，在中西哲学会通之余，仍不失原来的旨趣。这个答案，端在于我们致力于现代诠释之时能否充分地掌握中西哲学的特性，并尊重两者的基本差异。

果如是，我们面对孟子人性论现代诠释的困境突破翻转的关键，就必须回到文本，对孟子人性论义理性格做出明确的定位。因此，我们的分析，将依循下述几个问题来展开。

第一，孟子人性论思考提出的时代机缘是什么？

第二，孟子如何理解人性？孟子谈的人性，与西方哲学的本质概念有何差异？

第三，孟子的人性论是本善论，还是向善论？

第四，天在孟子哲学中承担的义理角色是什么？

第五，我们究竟应该如何定位孟子的人性论？

首先，在回答第一个问题前，让我们先回到《孟子》文献，再确认孟子思想提出的问题意识。

文献一：《孟子·滕文公下·九》

公都子曰："外人皆称夫子好辩，敢问何也？"

孟子曰："予岂好辩哉？予不得已也！天下之生久矣，一治一乱。当尧之时，水逆行，泛滥于中国，蛇龙居之。民无所定，下者为巢，上者为营窟。《书》曰：'洚水警余。'洚水者，洪水也。使禹治之，禹掘地而注之海，驱蛇龙而放之菹。水由地中行，江、淮、河、汉是也。险阻既远,鸟兽之害人者消,然后人得平土而居之。

"尧、舜既没,圣人之道衰,暴君代作,坏宫室以为污池,民无所安息。弃田以为园囿,使民不得衣食。邪说暴行又作,园囿、污池、沛泽多而禽兽至。及纣之身,天下又大乱。周公相武王,诛纣伐奄,三年讨其君,驱飞廉于海隅而戮之,灭国者五十,驱虎、豹、犀、象而远之。天下大悦。《书》曰:'丕显哉,文王谟,丕承哉,武王烈。佑启我后人,咸以正无缺。'

"世衰道微,邪说暴行有作,臣弑其君者有之,子弑其父者有之。孔子惧,作《春秋》。《春秋》,天子之事也。是故孔子曰:'知我者其惟《春秋》乎!罪我者其惟《春秋》乎!'

"圣王不作,诸侯放恣,处士横议,杨朱、墨翟之言盈天下,天下之言,不归杨,则归墨。杨氏为我,是无君也;墨氏兼爱,是无父也。无父无君,是禽兽也。公明仪曰:'庖有肥肉,厩有肥马,民有饥色,野有饿莩,此率兽而食人也!'杨、墨之道不息,孔子之道不著,是邪说诬民,充塞仁义也。仁义充塞,则率兽食人,人将相食。吾为此惧,闲先圣之道,距杨、墨,放淫辞,邪说者不得作。作于其心,害于其事,作于其事,害于其政。圣人复起,不易吾言矣。

"昔者,禹抑洪水而天下平。周公兼夷狄、驱猛兽而百姓宁,孔子成《春秋》而乱臣贼子惧。《诗》云:'戎狄是膺,荆舒是惩,则莫我敢承。'无父无君,是周公所膺也。我亦欲正人心,息邪说,距诐行,放淫辞,以承三圣者。岂好辩哉?予不得已也。能言距杨、墨者,圣人之徒也。"

这是我们探索孟子心灵世界非常重要的一章。在这一章里,我们可以清楚地看出三件事：第一件事是孟子如何理解人类历史的进程，即"天下之生久矣，一治一乱"。亦即，人类的历史，基本上是依着治乱交替的循环进行着，而治乱的关键在于"鸟兽之害人者消，然后人得平土而居之"，以及孔子作《春秋》以匡正人伦。换言之，治乱之分，端在于人能否有别于禽兽，有尊严地建立人伦秩序，在大地之上展开文明生活。第二件事是孟子如何诊断他立足的时代，即"圣王不作，诸侯放恣，处士横议，杨朱、墨翟之言盈天下，天下之言，不归杨，则归墨""杨、墨之道不息，孔子之道不著，是邪说诬民，充塞仁义也。仁义充塞，则率兽食人，人将相食。"换言之，孟子认为他所处的时代，是一个价值严重失序的时代。当时，杨、墨所代表的功利思潮，弥漫天下。于是在所有人背弃孔子的仁义之道时，人们盲目地追求利益，也就演为弱肉强食的局面。"率兽食人""人将相食"，充分表明孟子所处的时代人性尊严已荡然无存。问题是，面对这样的乱世，孟子如何自处，如何进行自我定位？这段文献告诉我们的第三件事就是，孟子以"圣人之徒"来自我期许。换言之，"我亦欲正人心，息邪说，距诐行，放淫辞，以承三圣者"，孟子认为他的历史任务就是捍卫孔子的仁义之道，重建足以彰显人性尊严的价值观。

文献二：《孟子·告子上·一》

告子曰："性，犹杞柳也；义，犹桮棬也。以人性为仁义，犹以杞柳为桮棬。"

孟子曰："子能顺杞柳之性而以为桮棬乎？将戕贼杞柳而后以为桮棬也？如将戕贼杞柳而以为桮棬，则亦将戕贼人以为仁义与？率天下之人而祸仁义者，必子之言夫！"

文献三：《孟子·告子上·三》

告子曰："生之谓性。"

孟子曰："生之谓性也，犹白之谓白与？"

曰："然。"

"白羽之白也，犹白雪之白，白雪之白，犹白玉之白与？"

曰："然。"

"然则犬之性，犹牛之性，牛之性，犹人之性与？"

孟子如何"闲先圣之道"，如何"距杨、墨""正人心"？在这两段孟子与告子的论辩中，孟子指责告子"生之谓性"这个立场最大的问题就在于不能严"人禽之辩"，以及"率天下之人而祸仁义者，必子之言夫"。我们看到，孟子认为要捍卫仁义之道，当务之急就是说明仁义与人性的内在关联。因此，孟子人性论的提出，其实是孟子作为一个圣人之徒的儒者，为了回应他的历史任务，不得不提出的一项主张。

接着，让我们继续处理第二个问题，孟子如何理解人性？

文献四：《孟子·告子上·六》

公都子曰："告子曰：'性无善无不善也。'或曰：'性可以为善，可以为不善。是故文、武兴，则民好善。幽、厉兴，则民好暴。'或曰：'有性善，有性不善。是故以尧为君而有象，以瞽瞍为父而有舜，以纣为兄之子且以为君，而有微子启、王子比干。'今曰'性善'，然则彼皆非与？"

孟子曰："乃若其情，则可以为善矣，乃所谓善也。若夫为不善，非才之罪也。恻隐之心，人皆有之；羞恶之心，人皆有之；恭敬之心，人皆有之；是非之心，人皆有之。恻隐之心，仁也；

羞恶之心，义也；恭敬之心，礼也；是非之心，智也。仁、义、礼、智，非由外铄我也，我固有之也，弗思耳矣。故曰：求则得之，舍则失之。或相倍蓰而无算者，不能尽其才者也。《诗》曰：'天生烝民，有物有则。民之秉夷，好是懿德。'孔子曰：'为此诗者，其知道乎！故有物必有则，民之秉夷也，故好是懿德。'"

文献五：《孟子·公孙丑上·六》

孟子曰："人皆有不忍人之心。先王有不忍人之心，斯有不忍人之政矣。以不忍人之心，行不忍人之政，治天下可运之掌上。所以谓人皆有不忍人之心者，今人乍见孺子将入于井，皆有怵惕恻隐之心。非所以内交于孺子之父母也，非所以要誉于乡党朋友也，非恶其声而然也。由是观之，无恻隐之心，非人也；无羞恶之心，非人也；无辞让之心，非人也；无是非之心，非人也。恻隐之心，仁之端也；羞恶之心，义之端也；辞让之心，礼之端也；是非之心，智之端也。人之有是四端也，犹其有四体也。有是四端而自谓不能者，自贼者也；谓其君不能者，贼其君者也。凡有四端于我者，知皆扩而充之矣，若火之始然，泉之始达。苟能充之，足以保四海；苟不充之，不足以事父母。"

"仁义内在"是孟子、告子人性论的争议点。但问题是，仁义如何内在于性？孟子又是如何理解人性的？从前引的两段文献我们看到，孟子是从四端之心（即恻隐、羞恶、辞让、是非之心）人皆有之的论点，来说明他为何主张性善。因为，在孟子看来，恻隐、羞恶、辞让、是非之心，虽然仅是人体现仁、义、礼、智的"端"，即开端，但只要得到存养扩充，他们就会表现为仁、义、礼、智的"懿德"，即美德也。因此，孟子人性论的展开，基本上是采取"即心以言性"

的路数。

但是，人的生命在投入生活世界的过程中，心的跃动呈现，何止四端，孟子为何独独从四端来认取人性的含义？这样的选取有何重大的理由？我们必须对文献五再加以阐述了。

我们为什么会有怵惕恻隐之心呢？孟子的提示语"乍见"，至为关键。因为这时对将入于井的孺子所生起的不忍人之心，全然是在没有任何预期、准备的心理下，一种不容已的、自然而然的表现。尤有进者，"非所以内交于孺子之父母也，非所以要誉于乡党朋友也，非恶其声而然也"，孟子指出，这时的怵惕恻隐之心，完全排除了可能来自我们对外在世界的利害思考或索取。换言之，孟子认为，这时人所呈现的怵惕恻隐之心，乃是"本心"的不容已的呈现，它是"本真的"存在，与我们长期外在世界滚动积淀所形成的"陷溺之心""非本真的"存在，是全然不同的。

文献六：《孟子·告子上·十》

孟子曰："鱼，我所欲也；熊掌，亦我所欲也。二者不可得兼，舍鱼而取熊掌者也。生，亦我所欲也；义，亦我所欲也。二者不可得兼，舍生而取义者也。生亦我所欲，所欲有甚于生者，故不为苟得也。死亦我所恶，所恶有甚于死者，故患有所不辟也。如使人之所欲莫甚于生，则凡可以得生者，何不用也？使人之所恶莫甚于死者，则凡可以辟患者，何不为也？由是则生，而有不用也，由是则可以辟患，而有不为也。是故，所欲有甚于生者，所恶有甚于死者。非独贤者有是心也，人皆有之，贤者能勿丧耳。一箪食，一豆羹，得之则生，弗得则死。呼尔而与之，行道之人弗受。蹴尔而与之，乞人不屑也。万钟则不辨礼义而受之，万钟于我何加焉？为宫室之美、妻妾之奉、所识穷乏者得我与？乡为身死而不受，今为宫室之美为之；乡为身死而不受，今为妻妾之奉为之；乡为身死而不受，今为所识穷乏者得我而为之。是亦不可以已乎？此之谓失其本心。"

文献七：《孟子·尽心上·十五》

孟子曰："人之所不学而能者，其良能也；所不虑而知者，其良知也。孩提之童，无不知爱其亲者，及其长也，无不知敬其兄也。亲亲，仁也；敬长，义也。无他，达之天下也。"

文献八：《孟子·告子上·八》

孟子曰："牛山之木尝美矣，以其郊于大国也，斧斤伐之，可以为美乎？是其日夜之所息，雨露之所润，非无萌蘖之生焉，牛羊又从而牧之，是以若彼濯濯也。人见其濯濯也，以为未尝有材焉，此岂山之性也哉？虽存乎人者，岂无仁义之心哉？其所以放其良心者，亦犹斧斤之于木也，旦旦而伐之，可以为美乎？其日夜之所息，平旦之气，其好恶与人相近也者几希。则其旦昼之所为，有梏亡之矣。梏之反复，则其夜气不足以存，夜气不足以存，则其违禽兽不远矣。人见其禽兽也，而以为未尝有才焉者，是岂人之情也哉？故苟得其养，无物不长，苟失其养，无物不消。孔子曰：'操则存，舍则亡。出入无时，莫知其乡。'惟心之谓与？"

孟子对"本心"这个强调本真的概念，其实还有许多启发性的提示。在文献六中，孟子就曾严肃地质问，如果生存是每个人所渴求的，死亡是每个人所厌恶的，那么在生死交关的一刻，为什么有人会舍生取义呢？难道不是人的本心真性中原有的仁、义、礼、智的要求，所以抵死也要维护人性的尊严？孟子的设问，义正而词严，因为人在生死交关的情况下，也就是在壁立千仞之境，在对外在世界无所依傍、攀附，种种寄托、依靠、自欺之论全无用武之地的时刻，即人只能面对自己、忠于自己的一刻，在这种情况下，人仍旧选择从容就义，除了说明仁、义、礼、智"我固有之也"，再也没有什么别的理由可以解释了。因此，孟子在"乍见孺子将入于井，皆有怵惕恻隐之心"以外，又以"生死交关，心性醒悟"的经验情境，引领我们从本心的呈现跃动中，洞见人之所以为人的人性。

尤有进者，孟子也借着孩提之童"无不知爱其亲""敬其兄"的"良知""良能"来说明"仁义内在"。盖孩提之童，生命尚未经历成人世界洗礼，是最原初本始的生命状态，他的好善厌恶当然也接近本心的表现。不止于是，孟子还指出，即使是一个为不善之人，在经历夜晚的休息后，当天将微明之时，其自然生命也会呈现一种平旦之气，而这种平旦之气所表现的好善厌恶，几与贤者无异。这说明了，一个人的本心，即令为后天习气熏染，但只要稍稍间隔了惯性的生活模式，一样会表现为正常人的好善厌恶。孟子又将这种好善厌恶的本心，称为"才"。才，许慎《说文解字》说"才，草木之初也"，又有能力的含义。总起来讲，孟子认为四端之心，或所谓本心，就是人生命最原初本始的能力。孟子认为，只要存养扩充这种能力，人就会体现为仁、义、礼、智的美德。

文献九：《孟子·离娄下·十九》

孟子曰："人之所以异于禽兽者几希，庶民去之，君子存之。舜明于庶物，察于人伦，由仁义行，非行仁义也。"

文献十：《孟子·尽心上·三十》

孟子曰："尧、舜，性之也。汤、武，身之也。五霸，假之也。

久假而不归，恶知其非有也。"

孟子即四端之心、本心以言性的目的，是要指出人的行仁践义来自人最原初本始的能力。这个能力，作为人与禽兽的基本差异，孟子用"几希"来形容，意思是非常微小。可是，这个用以彰显人之所以为人的本心或才，虽然微小，甚至"庶民去之，君子存之"，可能遭到淹没，但是只要它得到存养扩充，以舜为例就可以发用为"明于庶物，察于人伦"，也就是说，可以显发为安排人间秩序、建立文明的圣人事业。我们如果再参照文献十就会发现，孟子一方面从本心，亦即行仁践义的初始能力来辨识人性，另一方面，他又从本心充分实现所成就的圣人来揭示人性最丰富的内涵。换言之，孟子的人性概念始终紧扣人的行仁践义来说明。其中，四端之心、本心要传递的是人性的初始义，而圣人如尧、舜，则代表着本心充分实现后人性最饱满的终成义。果如是，那么孟子的人性概念与西方哲学的本质概念，是否可以等同视之，答案也就不言而喻了。孟子虽然盛言"人之所以异于禽兽者几希"，但是孟子并没有亚里士多德那种将所有事物分门别类的多元论世界观的架构，也没有属加种差的定义法，因此，将孟子人性论做本质来征定，其实是一个不当的比附。约五十年前，牟宗三先生就有论述来鉴别这个问题。可惜的是，牟先生之后，劳思光及傅佩荣教授，仍然忽略了这个问题，做了错误的比附。

然而，根据本文的梳理，不宜将孟子的人性论看作一种有关人的本质的学说，其实还有更精微重要的理由。这就是本质这个概念在西方哲学理论的思考中，担负的是"是什么"问题的回答，答案一经验出，就一成永成、一定永定，没有更动的余地。换言之，本质在亚里士多德的哲学里，虽然没有高踞于理型世界，但作为事物内一再重复出现的结构或形式，它仍然是理想的实在，没有变化的一成永成。但是，《孟子》书中对"即心以言性"的表述，与其视为是在回答"什么是人"，还不如理解为孟子通过自身的修行体验，或历史上圣王的人格事业，在回答我们"如何成为人""如何在生命实践中成就仁、义、礼、智的品德""如何成为圣人"的问题。换言之，孟子围绕心性所提供的论述，是在回应"如何"问题，而孟子给出的答案，不是来自理论的思辨，而是基于一般人均可反省亲证的存在体验之上。

我们仔细思考玩味孟子回答他如何理解人性，无论是怵惕恻隐之心、本心，孩提之童爱亲敬兄的良知、良能，甚至如尧如舜的圣人，都不是理论系统内的意义明确的概念。相反，这些概念其实是指点语或一种启发性的示例。它们更像是人类实践修行地图上的路标，即一路走向成德、成圣之路上的指引牌、地标，它丰富明确的意义，只有在它的受众也走上了这条路之时，才得以显豁。就这个意义而言，不仅是把孟子的人性概念当作西方哲学的本质来理解是错误的，就是牟先生用道德主体性，或者把孟子的人性论解读成是在为普遍必然的道德法则提供超越根据或保证，也都是一种不能忠于生命学问的过度解读。

接下来处理的第三个问题是，孟子的人性论究竟是本善论还是向善论？对于这个争议，三十多年来已有太多的讨论，似可不必再花大篇幅厘清。根据前人的讨论以及我们前文的分析，傅教授的问题不是提出了"从向说性"的看法，而是像大部分学者一样，对孟子做了过度的解读。首先，傅教授将"善"界定为人与人之间适当关系之实现，并坚持孟子使用"善"字时，都是指行为而言，其实是没有文本依据的。前引文献四，"乃若其情，则可以为善矣，乃所谓善也"，用现代白话文来说，若顺人性之实而言，则每个人都具有实现善行的能力，这就是我所谓的"性善"之"善"的意义。换言之，整个语句中出现了两个"善"字，第一个"可以为善矣"的"善"，是就具体的善行而言的。第二个"乃所谓善也"的"善",则是指人的可以为善的能力,亦即就人性自身而言。前者是即事而言的"事善",后者是即性而称的"体善"①。换言之,孟子本人在语言使用上非常有弹性,并不拘于一格,傅教授似不必急于为"善"下定义,将孟子框定在某个套路里。傅教授虽曾明确表示,他不赞成用本质主义来理解孟子,他强调的是一种动力论,但是当他用"潜能""实现"来说明四端之心和善的关系时,其实是暗度陈仓,又将亚里士多德的本质主义带了进来。因此,我认为傅教授的人性向善论,仍旧陷于一种过度诠释中。

不过,值得一提的是,为什么傅佩荣的人性向善论,获得了许多非学术界读者的接纳?关键即在于他抓着本善论者的立场,不断地质疑,如果人性本善,人为什么又会表现为不善?傅教授的这种质疑,其实反映了大部分人的心声。但是,这个质疑到底有多大的力道,是不是足以摧毁本善论的说法,关键全在于你是否采取了一种本质主义的立场。如果你坚持人的本质是善的,或者将心性过度理解为道德主体性,一种道德法则的超越根据,那么,这个质疑或许有些力道。可是,如果你愿意接受本文的诠解,将孟子"即本心以言性善"理解为孟子是在提点我们回到真实的生活经验,去亲证我们确有一种行善的能力,如"乍见孺子将入于井,皆有怵惕恻隐之心",那么,孟子回答得很清楚,"凡有四端于我者,知皆扩而充之矣,若火之始然,泉之始达。苟能充之,足以保四海;苟不充之,不足以事父母""人见其禽兽也,而以为未尝有才焉者,是岂人之情也哉?故苟得其养,无物不长,苟失其养,无物不消"。换言之,人之为善或不善,关键全在于我们能不能"尽其才",而不是"未尝有才焉者"。

---

① 事善与体善之区分,可参见牟宗三《心体与性体(第二册)》,台北:正中书局1971年版,第463页。

我们细绎《孟子》文本，孟子从未否认人可能为不善，在这种情况下，孟子仍主性善，那孟子的言说显然是在教化的立场，针对人生命的可能发展，提点我们识取本心，从而走上人皆可成尧、舜的成德之路。换言之，孟子的人性论，不是对人性提出某种哲学人类学的理论，将人类的种种经验方面的表现收束在理念层，通过理论概念的营构，穷尽性地说明"人是什么"。因此，只要本善论不是被当成某种哲学人类学的理论，而是在回答"如何成为人"，从成德之教来把握，傅佩荣教授执意将孟子解读为人性向善论，其实就是一种画蛇添足。

我们的第四个问题是，天在孟子哲学中承担的义理角色是什么？这个问题牵涉到孟子的人性论是否具有一种形上学的内涵。其实，过去二十多年来，我数度为文对此加以厘清[①]。现在为了精简篇幅，简述如下。

劳思光先生在他的大著《中国哲学史》中，认为孟子的人性论作为一种价值学，无须另立形上学。并且将孟子的"尽心、知性、知天"中的"天"，视为古代宗教信仰的残余，是一种话头。劳先生的分析，坚持的是他一贯理论的立场，而且，其中也不乏精彩之处。只是，天在孟子思想中，真的只是古代宗教信仰的残余，是一种可有可无的话头吗？

文献十一：《孟子·梁惠王下·十六》

鲁平公将出。嬖人臧仓者请曰："他日君出，则必命有司所之。今乘舆已驾矣，有司未知所之，敢请。"

公曰："将见孟子。"

曰："何哉？君所为轻身以先于匹夫者，以为贤乎？礼义由贤

---

① 袁保新：《从海德格、老子、孟子到当代新儒家》。

者出，而孟子之后丧逾前丧，君无见焉。"

公曰："诺。"

乐正子入见，曰："君奚为不见孟轲也？"

曰："或告寡人曰：'孟子之后丧逾前丧。'是以不往见也。"

曰："何哉？君所谓逾者？前以士，后以大夫，前以三鼎，而后以五鼎与？"

曰："否。谓棺椁衣衾之美也。"

曰："非所谓逾也，贫富不同也。"

乐正子见孟子曰："克告于君，君为来见也，嬖人有臧仓者沮君，君是以不果来也。"

曰："行，或使之；止，或尼之。行止，非人所能也。吾之不遇鲁侯，天也。臧氏之子，焉能使予不遇哉？"

文献十二：《孟子·万章上·六》

万章问曰："人有言：'至于禹而德衰，不传于贤而传于子。'有诸？"

孟子曰："否，不然也。天与贤，则与贤；天与子，则与子。昔者，舜荐禹于天，十有七年，舜崩，三年之丧毕，禹避舜之子于阳城。天下之民从之，若尧崩之后，不从尧之子而从舜也。禹荐益于天，七年，禹崩，三年之丧毕，益避禹之子于箕山之阴。朝觐讼狱者，不之益而之启，曰：'吾君之子也。'讴歌者，不讴歌益而讴歌启，曰：'吾君之子也。'丹朱之不肖，舜之子亦不肖，舜之相尧，禹之相舜也，历年多，施泽于民久。启贤，能敬承继禹之道，益之相禹也，历年少，施泽于民未久。舜、禹、益相去久远，其子之贤不肖，皆天也，非人之所能为也。莫之为而为者，天也；莫之致而至者，命也。匹夫而有天下者，德必若舜、禹，而又有天子荐之者，故仲尼不有天下。继世以有天下，天之所废，必若桀、纣者也，故益、伊尹、周公不有天下。伊尹相汤，以王于天下，汤崩，太丁未立，外丙二年，仲壬四年。太甲颠覆汤之典刑，伊尹放之于桐。三年，太甲悔过，自怨自艾，于桐处仁迁义。三年，以听伊尹之训己也，复归于亳。周公之不有天下，犹益之于夏、伊尹之于殷也。孔子曰：'唐、虞禅，夏后殷、周继，其义一也。'"

从前引两段文献中我们看到，天在孟子生命中，不是那么遥远冷漠、不食人间烟火般高踞永恒神圣的领域，孤芳自赏。相反，天在孟子思想中，不但是他生命重大际遇理解接纳的根据，比如"吾之不遇鲁侯，天也"，而且它也是渗透到变动的时间领域，是我们解释说明历史重大事件的意义基础，比如"舜、禹、益相去久远，其子之贤不肖，皆天也，非人之所能为也"。劳先生将孟子的人性论诠释为一种价值学，认为心性作为主体性即足以说明整个价值领域，无须另一说明事实界形上的原理。虽说在西方理论哲学思考中，有其严肃的理由，但是，因为这个理由就遣散了孟子的天这个概念，其实是一种诠释上的施暴。就这一点而言，牟宗三先生保留天这个概念在孟子的人性论中的地位，是应该被尊重的。

然而，为什么劳思光先生与牟先生相识数十年，却始终不能接受牟先生的诠释？我认为问题就在于，牟先生仍旧将天定位为"超越实体"这个地道的西方传统形上学的概念。但是，在西方形上学中，超越实体是负责一切有限存有物存在的基础，它作为第一因，其超越性在于它创生了一切物，但其自身却不是被创造的。换言之，它不属于受造物的世界，而是高踞于一个没有时间、没有变化、完满自足的永恒领域。问题是，孟子的天真的是如此遥不可及、高高在上、不食人间烟火吗？只要回到原文，我们就会发现，孟子的天作为造化，其实一直渗透在流变的历史洪流之中，等待人的领会与回应。它不可能成为一个超越实体被我们亲证到。

因此，多年以来，我一直是根据唐君毅先生"义命合一"的说法来解释孟子的天人关系。唐先生在说明孔子义命关系时曾说："孔子之言义与命，皆恒与人于其所处之位、所在之时之遇合，相连而言。……盖凡人之处不同之位于不同时，有不同之遇合，非己之所自然能决定，亦非他人所能决定，即皆可说其出于天。"我将唐先生这项洞见带到对《孟子》的解读中，"孟子曰：'尽其心者，知其性也。知其性，则知天矣。存其心，养其性，所以事天也。夭寿不贰，修身以俟之，所以立命也。'"对孟子"尽心、知性、知天"中的"尽心"，从后文"夭寿不贰，修身以俟之，所以立命也"的"立命"来掌握，这样一来，不但有文献的支撑，而且也保住了天的形上学的理趣。只是，这种存在的体会，与西方的理论形上学不同，它不负责解释万物何以存在，而是通过人的生命体验、古今之变，不断传递天道造化的奥义，我们姑且名之为"实践形态的形上智慧"。

最后回答第五个问题，让我们综合前述，试着给孟子人性论的义理性格一项新定位。

第一，孟子曰："乃所愿，则学孔子也。"[1] 从历史基源来看，孟子的人性论的提出，基本上是为了捍卫人性尊严，重振孔子的仁义之道，建立"仁义内在"的关联而发展出来的。

第二，依据孟子"尽心、知性、知天"的说法，我们可以确认，孟子对人性及天道的理解，是建立在生命实践的基础上的，不是理论思辨的产物。

---

[1] 《孟子·公孙丑上》第二章。

第三，孟子对人性的理解，不可概括为西方哲学的本质概念。换言之，孟子所谈的人性，不可以从一成永成、一定永定，即一个固定不变，既有且已完成的角度来理解。它必须从生命实践历程的角度来掌握，其中四端之心、本心是人性的初始义，圣人是人性的终成义。这里，至为重要的，无论是怵惕恻隐之心、四端之心、本心，还是平旦之气、圣人……孟子这些指涉人性的概念都是指点语，是实践上的启发性概念，它是回应"如何成德""如何成为人""如何成为圣人"这个生命的问题，是一张修行地图上的路标。

第四，四端之心、本心，孟子又称之为"才"，亦即行仁践义的能力，"成己""成德""成人"的能力。因此，人性本善论，如果是说每个人都有成己成圣的能力，其实并没有任何问题，因为《孟子》文本就是这么说的。但是，如果我们要进一步贞定本心为一种"超越的道德性"，那么问题就来了，即，人在现实上又缘何为不善呢？因此，在前文的梳理中，我始终只忠于文献，将本心解读为"成己""成德""成人"的能力。但是，这个能力又不宜理解为潜能，因为这样会不知不觉地将本质主义又读进孟子的人性论中去。这里，我们能参考海德格尔在存在分析中所运用的概念，将之理解为一种"生之能力"（seinkönnen，ability-to-be）[1]。

果如前论，孟子人性论的义理性格，如果在现代诠释中，不陷进"逆格义"所带来的争议，那么它就必须谨守在成德之教的理路中来掌握。换言之，孟子现代诠释所带来的争议，基本上都是在中西哲学对话中急于为孟子人性论赋予现代含义，而轻忽了中西哲学基本差异所造成的结果。如果我们真的洞悉到西方哲学之所以最后发展为近代科学的

---

[1] Martin Heidegger, *Being and Time*, trans. by Joan Stambaugh (Albany: State University of New York Press, 1996), p135.

知识，端在于它一开始就将存在界的可理解性，系于超越静止、永恒不变的本质领域，以静制动，试图通过普遍必然的定律穷尽性地解释、预测、控制变动不居的存在界，那么，我们就会小心地使用西方哲学概念语言，避免用本质主义的框架，去限定中国哲学"人能弘道，非道弘人"这种在时间之流中，与时俱进地，用生命实践来展开生活世界意义的传统智慧。当孟子义正词严地表示，"我亦欲正人心，息邪说，距诐行，放淫辞，以承三圣者"，我们清楚地看到，孟子的伟大动人之处，正在于他的真诚的学思，都是他在历史中活出来的，不是乞灵于遥不可及、不食人间烟火的那个非时间的本质领域。

这里，或许有人仍不禁要问，孟子的成德之教，诚然不是西方哲学意义上的哲学人类学，但是他对道德生活的训示，难道没有伦理学的内涵？孟子在伦理学的立场，究竟是规则伦理，还是德性伦理？我们的答案，应该是很明确的。孟子的人性论，在严格意义上讲，既不是规则伦理学，也不是德性伦理学。因为这两种伦理学，都是循着本质主义的理路来思考道德问题的。但是，比较起来，孟子的立场显然更重视品德的养成，而不是像规则伦理，志在建立普遍必然的法则来判定何种行为是道德的或不道德的。不过，无论如何，孟子的哲学并没有固定不变的人的本质可以依靠。同时，他也不会像亚里士多德一样，将沉思上帝的智德，视为最高的品德。至于孟子的人性论与自律道德的关系，我们当然不会怀疑孟子要激发一切人自觉地去行仁践义，并要人对自己的为不善负责，就这一点而言，孟子的确更接近自律道德。可是，当孟子提出他的经权之教时，譬如"男女授受不亲，礼也。嫂溺，援之以手者，权也"，显然他也没有把一个人的成德，寄托在先验理性给出的普遍必然的道德法则之上。

五、结论

中西文化的交遇,是中国历史进程中三千年未有之巨变,而中国高等教育的改变,也使得中国传统学术的传承,不可避免地要走上现代诠释的道路。所谓现代诠释,其实也就是借中西思想的比较、会通,反复相明,为传统经典披上知识的外衣,找到现代意义的表达形式。这个知识化工程充满了挑战,它一方面会为经典带来更丰富的意义,但另一方面也可能会带来曲解及虚假的议题。而避免曲解的关键,就在于我们在进行现代诠释时,谨守中西哲学的差异。

二十世纪,牟宗三先生作为当代中国哲学的巨擘,其最大的成就,即在于通过中西哲学的对比,来诠释中国哲学的胜义。他对孟子人性论的疏解,无疑是一座高峰,一块里程碑。然而,一如牟先生所见:"对于西方哲学的全部,知道得愈多,愈通透,则对于中国哲学的层面、特性、意义与价值,也益容易照察得出,而了解其分际。"[①] 二十世纪九十年代以后,逐渐有一些年轻学者纷纷提出了一些修正性的诠释,这些研究成果未必比牟先生更理解孟子,但后辈学者站在近代西方后现代思潮的新历史阶段,自然对西方哲学的省察,较诸牟先生的时代,会有不同的领略,因此对孟子人性论的现代内涵,自然也会赋予一些新标签。只是,标签多了,一时之间,反倒让我们无所适从。本文之作,基本上就是要突破这些现代诠释的分歧,重新为孟子人性论的义理性格做定位。事实上,以成德之教来定位儒学,牟先生早已说过,并非我个人的创见。只是本文通过知识与生命学问根源性的比对,更清楚地揭露了孟子的成德之教与西方各式的伦理学、形上学,迥然有异,不容混漫。但必须强调的是,将孟子的人性论再次定位为成德之教的

[①] 牟宗三:《中国哲学的特质》,台北:台湾学生书局1974年版,第7—8页。

用心，不是要否定现代诠释的价值与意义，因为中西哲学的交遇，已是不可逆的一项挑战。我真正的目的，是要提醒我们现代诠释工作者，不可过度诠释，扭曲遮蔽了孟子学的真正义理性格。唐君毅先生曾说："孟子之言人性之善，则下在使人自别于禽兽，上则在使人由自兴起其心志，以为圣贤。故言'舜何人也，予何人也，有为者亦若是'。为政则重在以天下为己任者，自兴起于草野之中，更升举于上位，以为民望。于是吾对整个孟子之学之精神，遂宛然见得其中有一'兴起一切人之心志，以自下升高，而向上植立之道'，自以为足贯通历代孟子学三大变中之义旨。"[1] 善哉斯言，孟子的成德之教，是要兴发一切人之心志。如果我们现代诠释工作者，在传达孟子人性论的现代意义时，不能释放出道德感动的力量，让我们的读者走上实践修养之路，来一一亲证孟子学的内涵，那么，再多的知识说明都是对孟子学的异化与偏离。

如何找到儒学感人的力量？我想，我们必须谨守孟子成德之教的义理风格来发言。

---

[1] 唐君毅：《中国哲学原论：原道篇（一）》，台北：台湾学生书局1986年版，第212页。